智能交通研究与开发丛书

5G 与智慧交通
加速未来出行大变革

主编 吴冬升 董志国

参编 开　山 陈朝晖 蔡刚强 李大成
　　　刘　斌 禾加页 曾　明

机械工业出版社

本书分析了 5G 技术和智慧交通的现状和发展趋势，并探讨了未来出行服务行业的深刻变革；对 5G 技术、智慧交通、自动驾驶和出行服务进行了较为系统的阐述，使读者可以在这些领域的理论和实践两方面获益。

本书可供智能交通相关的产业界、学术界、研究界人士参考，也可以供汽车、交通、信息通信、电子、互联网等众多行业从业者参考阅读。同时，适合在校本科生、研究生及相关专业的学生参考使用。

图书在版编目（CIP）数据

5G 与智慧交通：加速未来出行大变革／吴冬升，董志国主编.
—北京：机械工业出版社，2023.5（2025.1 重印）
（智能交通研究与开发丛书）
ISBN 978 - 7 - 111 - 72963 - 1

Ⅰ.①5… Ⅱ.①吴… ②董… Ⅲ.①智能运输系统 Ⅳ.①F502

中国国家版本馆 CIP 数据核字（2023）第 059721 号

机械工业出版社（北京市百万庄大街 22 号 邮政编码 100037）
策划编辑：李 军　　　　　　责任编辑：李 军 丁 锋
责任校对：肖 琳 陈 越　　责任印制：张 博
北京建宏印刷有限公司印刷
2025 年 1 月第 1 版第 3 次印刷
169mm×239mm·20.75 印张·2 插页·404 千字
标准书号：ISBN 978 - 7 - 111 - 72963 - 1
定价：99.00 元

电话服务　　　　　　　　　网络服务
客服电话：010 - 88361066　　机 工 官 网：www.cmpbook.com
　　　　　010 - 88379833　　机 工 官 博：weibo.com/cmp1952
　　　　　010 - 68326294　　金 书 网：www.golden-book.com
封底无防伪标均为盗版　　机工教育服务网：www.cmpedu.com

5G与智慧交通是当下信息产业、交通产业各自的重点发展方向，二者均取得了显著进展。在信息产业与交通产业交叉渗透的大背景下，5G与智慧交通正在融合发展。同时，我国汽车产业也处于转型升级关键时期，自动驾驶产业快速蓬勃发展。

在"5G+智慧交通"、自动驾驶的赋能下，交通出行服务出现新范式——出行即服务（MaaS）。以此为背景，城市公共交通、共享出行、智慧物流均进入新的发展阶段。

市面上已经有不少与5G、智慧交通、自动驾驶、出行服务相关的专业书籍，但都是单独介绍各自领域的知识，缺乏探讨多方融合发展的专业书籍。本书在分析5G技术、智慧交通与自动驾驶技术的基础上，深入探讨"5G+智慧交通"融合发展的情况，以及智慧出行的最新进展，并进一步探讨受5G技术、智慧交通和自动驾驶技术赋能的城市公共交通、共享出行、智慧物流领域的最新情况。

在第1章5G产业发展中，针对5G标准、5G技术、5G市场、5G行业应用进行分析，并对6G进行展望。

在第2章智慧交通产业发展中，详细介绍智能交通（ITS）体系框架和内容、外国智慧交通发展情况，并着重分析了智慧交通管理系统进展与智慧高速系统进展。

在第3章5G与智慧交通融合发展中，阐述5G车联网发展整体情况，深入探讨5G车联网如何赋能城市智慧交通与高速公路智慧交通，并分别对城市全息路口和数字孪生路口，以及高速公路车路协同应用场景进行分析。最后简要介绍5G赋能智慧交通其他典型案例。

在第4章自动驾驶产业发展中，首先分析自动驾驶产业整体情况、自动驾驶全球测试进展与商业化进程；其次详细介绍自动驾驶关键技术，包括芯片、激光雷达、毫米波雷达、高精度地图、高精度定位；最后分析自动驾驶主要应用场景，包括自动驾驶出租车、自动驾驶公交车、自动驾驶环卫车、自动驾驶矿用货车。

在第 5 章出行即服务（MaaS）中，介绍 MaaS 理念、MaaS 系统架构、全球 MaaS 发展情况，尤其分析了我国 MaaS 快速发展的多重驱动因素，最后介绍 MaaS 的一个典型案例，即智慧停车。

在第 6 章城市公共交通中，没有重复介绍在高等院校交通专业教材里面所讲的城市公共交通相关的系统组成、线网规划、站场规划、停靠站设计、轨道交通线网规划、客流预测等内容，而是着重社会实践层面，基于 5G 与智慧交通科技创新带来的机遇和挑战，加速政府优化调整城市公共交通规划与管理的进程，促进公共交通企业经营者改变经营模式与服务方式，引导乘客主动融入交通大系统，在总体上改变未来出行格局。本章着重介绍城市公共交通整体情况、政府侧与企业侧变革需求，以及解决方案情况，并对未来的城市公共交通发展进行了展望。

在第 7 章共享出行中，分析了共享出行整体情况，进一步介绍共享出行的具体应用，包括网约车、汽车分时租赁、共享公交、共享两轮车，并探讨了未来绿色低碳交通出行。

在第 8 章智慧物流中，分析了智慧物流整体情况与智慧物流技术，并对智慧物流干线运输、智慧物流港口、智慧物流配送场景进行探讨。

本书由吴冬升、董志国主编，参与编写的还有开山、陈朝晖、蔡刚强、李大成、刘斌、禾加页、曾明，各位编者均在汽车、交通和信息通信技术领域有多年从业经验。其中，吴冬升、董志国负责全书整体审核校对，开山、陈朝晖撰写第 1 章，李大成、吴冬升撰写第 2 章，吴冬升、蔡刚强撰写第 3 章，吴冬升、禾加页撰写第 4 章，刘斌撰写第 5 章，董志国撰写第 6 章，开山、曾明撰写第 7 章，陈朝晖、曾明撰写第 8 章。

期待本书能对汽车行业、交通行业、信息通信行业、电子行业、互联网行业等领域的从业者有所裨益，并对相关产业发展贡献绵薄之力。由于作者水平和编写时间的限制，本书难免有不足之处，恳请广大读者谅解。

吴冬升　董志国

目录
CONTENTS

第1章
5G 产业发展

1.1 5G 标准进展

2015 年，国际电联无线电通信部门（ITU-R）将第五代移动通信技术 5G（5th Generation Mobile Communication Technology）正式命名为 IMT-2020，并推进5G 研究，随后 5G 成为电信行业主要关注的技术，并在与千行万业融合的过程中得到了产业界普遍关注。在标准层面，5G 的主要标准组织 3GPP（第三代合作伙伴计划）在 2019 年冻结第一个 5G 完整标准 R15；随后在 2020 年 7 月 3 日，R16标准冻结；2022 年 6 月 9 日，3GPP RAN 第 96 次会议上，宣布 R17 标准冻结。至此，5G 首批 3 个标准全部完成，如图 1-1 所示。

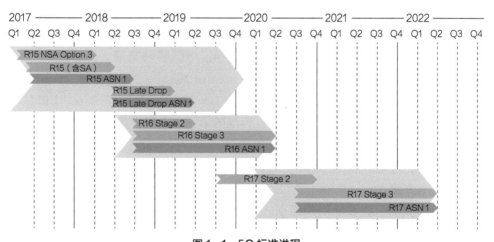

图 1-1 5G 标准进程

Q1—第一季度　Q2—第二季度　Q3—第三季度　Q4—第四季度

从 R18 开始的标准将被视为 5G 的演进，命名为 5G-Advanced。实际上在这之前，R18 的 Stage1 的工作已经开启，并初步给出了 Stage 2 和 Stage 3 的大致时间，预计整个标准工作将在 2024 年第二季度完成。5G-Advanced 标准进程如图 1-2 所示。

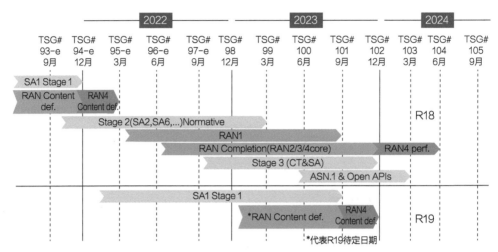

图1-2　5G-Advanced标准进程

关于5G-Advanced标准演进，预计仍然将会有3个标准，也就是R18、R19、R20。与此同时，关于6G的前期研究工作也在开展，目前还处于需求阶段。按照一年半一个标准、10年一代标准的速度，预计R21将会成为首个6G的标准，将在2028年左右推出[1]。

1.1.1　第一个5G"可用"标准R15

3GPP在2016年开始启动5G需求和技术方案的研究工作，确定了5G三大应用场景，到目前已广为人知。5G应用场景包括：增强移动宽带（enhanced Mobile Broadband，eMBB），大规模机器类通信（massive Machine Type of Communication，mMTC），超低时延高可靠通信（Ultra-Reliable Low-Latency Communication，URLLC）。2017年启动R15的标准研究，作为5G标准的第一个阶段，主要针对eMBB场景和部分URLLC场景，满足5G的商用需求。

R15标准为之后的5G发展奠定了基础，5G相对于4G，其创新性主要体现在以下几个方面：

（1）新架构　在核心网层面引入了服务化架构（Service-Based Architecture，SBA）和软件定义网络（Software Defined Network，SDN）技术，可以说首次真正实现了移动通信系统软硬件的解耦，为网络提供了更多的灵活性，同时也能更好地实现一张物理网络满足不同场景用户需求的"通信即服务（Communications-as-a-Service，CaaS）"目标。

（2）新技术　包括无线接入网最具创新性的大规模天线阵列（Massive Multiple-Input Multiple-Output，Massive MIMO）技术，是实现频谱效率和容量密度目标的基础技术；网络切片技术则是一种新型网络架构，在同一个共享的网络基础设施上提供多个逻辑网络，每个逻辑网络服务于特定的业务类型或者行业用户。每个网络切片都可以灵活定义自己的逻辑拓扑、服务等级协议（Service Level Agreement，SLA）需求、可靠性和安全等级，以满足不同业务、行业或用户的差异化需求。运营商通过网络切片可以降低建设多张专网的成本，而且可根据业务需求提供高度灵活的按需调配网络服务，从而提升运营商的网络价值和变现能力，并助力各行各业的数字化转型；5G 移动边缘计算（Mobile Edge Computing/Muti-access Edge Computing，MEC）技术在架构上将 5G 和边缘计算融合起来，在 5G 网络边缘提供 IT 服务环境和云计算能力，以满足行业应用本地化部署、高安全管控的要求。

（3）新服务　首先是通过更灵活的 SBA、端到端网络切片等带来的网络灵活性，以及满足行业客户不同 SLA、安全性要求的基础能力，提供不同的专网服务，改变了传统专网建设和运营模式；其次是定义了范围更广、灵活性更强的能力开放架构和网元。

1.1.2　R16 继续增强 5G 基础能力

如果说 R15 主要针对 eMBB 场景和部分 URLLC 场景进行了标准制定，那么 R16 在 R15 的基础上，进一步完善了 URLLC 场景和 mMTC 场景的标准规范，从而贡献了第一个 5G 完整标准，也是第一个 5G 演进标准。R16 持续强化 5G 能力三角，主要包括以下方面：

（1）基本功能增强　无线接入网（Radio Access Network，RAN）侧增强主要包括 Massive MIMO 增强、移动性增强、集成接入和回传（Integrated Access and Backhaul，IAB）、2 步随机接入信道（2-step Random Access Channel，2-step RACH）、双连接和载波聚合（Dual-connectivity and Carrier Aggregation，DC and CA）、用户设备（User Equipment，UE）节能等。

（2）业务流程和核心网架构　主要包括服务化架构增强（eSBA）、会话管理功能（SMF）/用户平面功能（UPF）拓扑架构增强（ETSUN）、网络切片增强（e_NS）、5GC 接口负载和过载控制（LOLC）、基于服务的接口协议改进等。

（3）垂直行业能力扩展　主要增强了支持垂直行业组网和专网建设的时间敏感网络（Time-Sensitive Network，TSN）、5G LAN（Local Area Network）、5G NPN（Non-Public Network）等，扩展了 5G 能力三角的 URLLC，在可靠性和时延上都有增强，5G V2X 逐渐完善，增强了无线定位技术，此外对非授权频谱部署 5G 进行了研究。

（4）网络自动化运维和智能化　主要通过最小化路测（Minimization Drive Test，MDT）和层二测量的增强，强化了自组织网络对系统的自优化；对时分双工（Time Division Duplexing，TDD）部署 5G 普遍存在的远端干扰问题提出了解决方案；重点规定了网络数据分析功能（Network Data Analytics Function，NWDAF）的框架和扩展了其应用范围，为大数据和人工智能在网络智能化的应用提供了良好的基础。

1.1.3　R17强化行业应用能力，让5G"好用"

在R15、R16的基础上，R17进一步从网络覆盖、移动性、功耗和可靠性等方面扩展5G能力基础，将5G拓宽至更多用例、部署方式和网络拓扑结构，作为承上启下的一个标准版本，既"查漏补缺"，将5G变得更好用，又引出了一些新的演进方向，将在5G-Advanced，甚至6G中进行研究。

R17主要在以下方面强化其应用能力：

（1）Massive MIMO进一步增强　包括增强的多波束运行、增强的多发射和接收点（TRP）部署、增强的八天线探测参考信号（SRS）触发或切换、信道状态信息（CSI）测量或报告。

（2）上行覆盖增强　针对Sub 7GHz频段、毫米波、非地面网络的多样化部署，为上行控制和数据信道设计引入多个增强特性，包括上行数据通道（PUSCH2）、上行口控制通道（PUSCH3）、Message 3，尤其是增加了重传次数以提升可靠性，还有跨多段传输和跳频的联合信道估计。

（3）终端能效增强　为进一步延长终端续航时间，处于空闲态/非活跃态模式、连接态模式的终端带来节电增强特性，比如减少非必要的终端寻呼接收、无线链路的终端测量放松等。

（4）IAB增强和简单中继器　支持增强的集成接入与回传（IAB），支持同时收发（即空间分离全双工），可提供高效的5G部署，尤其是毫米波部署。此外，R17还引入了简单中继器（放大和转发中继器），可扩大频分双工（Frequency Division Duplexing，FDD）、时分双工（TDD）的网络覆盖。

（5）URLLC增强　持续优化工业4.0、工业物联网等严苛应用，为URLLC引入全新增强特性，比如增强物理层反馈、提升免许可频谱兼容性、终端内复用和优先级排序、增强的时间同步、服务质量（Quality of Service，QoS）网络增强等。

（6）NR-Lite或RedCap　为了高效支持更低复杂度的物联网终端，比如传感器、可穿戴设备、视频摄像头等，将Sub 7GHz载波带宽从100MHz缩窄至20MHz，同时将终端天线数从4根减少到1根或者2根，提升能效的同时，支持RedCap终端与其他新无线电（NR）终端共存。NR-Lite的性能与成本介于eMTC/NB-IoT与NR eMBB/URLLC的性能与成本之间。

（7）非地面网络（Non-terrestrial Network，NTN）　正式引入了面向NTN的5G NR支持。NTN包含两个不同的项目，一个是面向CPE的卫星回传通信和面向手持设备的直接低数据速率服务，另一个是支持 eMTC 和 NB-IoT 运行的卫星通信。

（8）设备到设备（Device to Device，D2D）支持　基于 R16 C-V2X 的 PC5 设计，R17 带来一系列全新的直连通信增强特性，比如优化资源分配、节点、全新频段，还将直连通信扩展至公共安全、物联网，以及其他需要引入直连通信中继操作的全新用例。

（9）NR 定位增强　进一步提升了 5G 定位，以满足厘米级精度等更严苛用例的需求，同时降低定位时延，提高定位效率以扩展容量，实现更优的全球导航卫星系统（GNSS）辅助定位性能。

（10）扩展广播/多播服务　支持独立组网广播增强特性，支持合模式，比如面向独立组网广播，增加支持 6MHz/7MHz/8MHz 的载波带宽，以及通过广播和单播间的同时/动态切换为 5G NR 定义多播操作。

（11）XR 评估　研究和界定各种类型的 XR 流量，包括 AR、VR、云游戏，为已经确定的 XR 流量类型定义需求和评估方法，并确定未来 R18 标准的提升范畴。

1.1.4　5G-Advanced 描绘 5G 演进蓝图

R18 作为 5G-Advanced 的第一标准，已经完成了 Stage 1 的主要工作，目前主要工作见表 1-1。

表 1-1　R18 Stage 1 主要工作

标准组	小组	主要立项
RAN	RAN1	• WI：Massive MIMO 演进、Sidelink 演进、定位演进、RedCap 演进、网络节能、进一步覆盖增强、网络控制直放站、DSS、多载波增强 • SI：AI/ML-Air、双工演进、低功耗 WUS
	RAN2	• WI：移动性增强、XR 增强、Sidelink 中继增强、NTN 演进-NR、NTN 演进-IoT、MBS 演进、UAV、多 SIM 卡增强、设备内共存增强、小包增强
	RAN3	• WI：IAB/VMR、AI/ML for NG-RAN、SON/MDT 增强、QoE 增强 • SI：gNB-CU-CP 弹性增强
	RAN4	• WI：<5MHz 专用频谱带宽
SA	—	• XR 和多媒体增强、服务化 UPF、端到端确定性、测距及定位增强、网络大数据智能分析、个人物联网、卫星网络增强、下一代实时通信新业务……

R18 标准有以下重点方向：

（1）极致网络　通过空天地一体（NTN + ATG）、Sidelink relay 增强、Smart repeater、IAB 增强进一步增强覆盖能力；通过双工演进、上行覆盖增强、Massive

MIMO 演进、移动性增强、干扰增强、Sidelink 增强等项目提升性能；通过 XR 增强、多播/广播业务增强、高精度定位增强等项目扩展业务支持能力。

（2）智简网络　通过引入人工智能和机器学习增强 5G 网络智能化程度、增强组网和运维能力（SON/MDT）、提升业务体验（QoE）；同时在满足多样化需求的基础上，进一步增强 RedCap 和 NR-Lite。

（3）绿色网络　通过多级网络节能、降低终端能耗（低能耗节能信号、多 SIM 卡增强）、高效使用频谱（多载波增强、动态频谱增强、小包传输增强）等项目，提高 5G 网络的能效。

可以预见，以上三个方向也会是 5G-Advanced 持续研究和工作的方向。同时，为了进一步探讨 5G-Advanced 网络技术的演进方向，运营商、中国信息通信研究院、设备厂商、终端厂商等25家单位联合发布了《5G-Advanced 网络技术演进白皮书2.0》，对其中的主要技术方向描述如下：

（1）智能化网络　在 NWDAF 和 MDAS 框架下，引入机器学习作为网络智能的基础技术；以认知技术为基础，增强网络运营智能化程度，以实现复杂多样的业务目标；意图驱动网络使得运营商能够定义期望的网络目标。

（2）行业网融合　主要包括基于 5G LAN 的网络组网互通增强、网络管理增强、网络安全增强等几个方面。

（3）家庭网融合　重点通过将 5G 与家庭网络进行融合，以解决家庭场景移动流量高峰的问题。

（4）天地一体化网络融合　在目前 5G 网络已支持基站采用 5G NR 空口制式，允许终端通过卫星基站接入统一 5G 核心网的基础上，进一步增强其业务承载能力，降低传输时延，以满足更多场景的业务需求。

（5）交互式通信能力增强　针对云游戏和 XR 等交互式业务的 5QI 和 QoS 实现，在 5G-Advanced 阶段，需要 IMS Data Channel、分布式服务化融合媒体、通话应用可编程、第三方 ID 可信接入、全新 QoS 机制、增强多媒体数据协同、增强网络能力开放、增强移动性管理和节能机制、XR 业务体验保障等技术的支撑。

（6）确定性通信能力增强　包括增强确定性网络服务的管理与部署能力、度量能力、调度与协同保障能力等，以及 TSN 增强和时间同步能力增强。

（7）用户面演进　主要包括 UPF 的按需下沉、按需能力扩展、灵活能力开放等，以强化其除了包转发之外的应用和管理能力。

（8）网络切片增强　主要包括网络切片的功能进一步演进、智能配置、SLA 保障，以及网络切片与垂直行业的结合。

（9）定位测距与感知增强　增强核心网独立的感知分析能力，实现多维、多粒度的环境感知和目标感知，满足在目标识别、状态监测等方面的需求，为 5G-Advanced 网络后续通信感知一体化打好基础。

（10）组播/广播增强　包括在单播和广播/组播服务之间灵活和动态地分配资源以改进系统效率和用户体验、采用人工智能技术根据实际用户体验实现高效的资源分配、灵活的终端接入广播服务机制，以及支持用户设备在无须建立空口连接的情况下接收组播 MBS 数据，从而兼顾传输效率和能效，同时考虑支持多PLMN（Public Land Mobile Network）的接入网资源共享。

（11）邻近通信增强　进一步完善 5G 邻近通信。例如除支持 UE 直连基站外，也支持 UE 通过中继 UE 连接到基站并接入 5G 网络，使 5G 网络有效地提高了 UE 接入网络的可靠性和数据速率。

（12）移动算力感知及调度　在网络架构不进行重大调整的前提下，各网络子域可聚焦业务场景分别构建移动算力网络相关能力。

（13）无源物联网　推动无源通信设备与蜂窝通信设备结合，通过极简网络架构、极简网络协议、轻量化安全认证等技术，不仅可以实现室内外连续覆盖，同时还通过网络的管理与协调，实现快速组网，提升网络覆盖水平，降低系统部署成本，满足物联网终端无源、极低成本和超大规模接入的要求。

1.2　5G 技术进展

5G 关键技术包括无线技术（空口技术）、网络技术（网络架构）和运营技术（服务和运营），相对于 4G 技术，5G 技术具有一些全新的特性[2]。

1.2.1　5G 新空口：无线技术及演进

新空口主要包括大规模天线阵列技术、移动通信多址接入技术、频谱和多载波技术、编码技术、双工技术和终端直通技术。

1. 大规模天线阵列技术

大规模天线阵列技术（Massive MIMO）可以说是推动 5G 实现频谱效率和容量密度目标，让 5G 走向商用的核心关键技术。其基本原理是通过大幅度增加基站中的天线数量，从而对不同的用户形成独立的窄波束覆盖，基于用户的空间隔离系统同时传输不同用户的数据，从而提升数十倍系统吞吐量。除此之外，由于Massive MIMO 不仅有水平方向的波束，还有垂直方向的波束，对于城市大楼以及低空无人机、港口岸桥、钢铁有色工厂等需要立体覆盖的场景，Massive MIMO 能够提供更好的覆盖性能。

Massive MIMO 技术的产品化需要信道估计、基带算法、硬件技术、人工智能技术等系统性的突破。首先在产品形态上，4G 时代广泛使用的天线和射频单元（RRU）就整合为一个有源天线单元（AAU）。其次在频谱上，由于 TDD 频段使用的是时分双工，上下行在同一个频谱上传输，具有信道互易性，也就是说基站可以通过接收的上行信号对下行信道进行估计，所以率先成熟商用。对于 FDD 频段，则需要通过算法校正，以解决信道估计问题。最后，Massive MIMO 指数级增加了网络优化的难度，因此引入人工智能技术进行参数优化成为必然。

解决了 Massive MIMO 的基本商用能力后，其演进方向包括：更高的性能，如在 R16、R17 中，实现多用户增强、多波束增强、多 TRP 传输增强、八天线探测参考信号（SRS）触发或切换增强、信道状态信息（CSI）测量或报告等；更广频谱应用，如在更高频谱如毫米波上，以及更低频谱如 Sub1GHz 实现商用；更多的部署场景，如在数字化室分系统中的应用；更绿色节能，如通过产品设计提高部署中的天面利用效率，以更窄的业务信道波束实现配置更低的发射功率，达到与更高发射功率等同的覆盖效果，以降低基站能耗，不增加发射功率，实现更好的体验覆盖效果和边缘体验速率，从而降低基站建设数量与综合成本。

2. 移动通信多址接入技术

移动通信多址接入技术是满足多个用户同时进行通信的必要手段，即许多用户同时通话，以不同的移动信道分隔，防止相互干扰的技术方式。移动通信多址接入技术的设计既要考虑业务特点、系统带宽、调制编码和干扰管理等层面的影响，也要考虑设备基带能力、射频性能和成本等工程问题的制约。3GPP RAN1 在 2016 年会议决定：eMBB 场景的多址接入方式应基于正交的多址方式（Orthogonal Multiple Access，OMA），而非正交多址接入（Non-Orthogonal Multiple Access，NOMA）只限于 mMTC 的上行场景。

正交多址主要包含以下几类：时分多址（Time Division Multiple Access，TDMA）、频分多址（Frequency Division Multiple Access，FDMA）、码分多址（Code Division Multiple Access，CDMA）、空分多址（Spatial Division Multiple Access，SDMA）。LTE 系统中，采用的正交频分多址（OFDMA）多址方式相当于 TDMA 和 FDMA 的组合。

主流的 NOMA 技术方案包括基于功率分配的 NOMA（Power Division based NOMA，PD-NOMA）、基于稀疏扩频的图样分割多址接入（Pattern Division Multiple Access，PDMA）、稀疏码分多址接入（Sparse Code Multiple Access，SCMA）以及基于非稀疏扩频的多用户共享多址接入（Multiple User Sharing Access，MUSA）等。此外，还包括基于交织器的交织分割多址接入（Interleaving Division Multiple Access，IDMA）和基于扰码的资源扩展多址接入（Resource Spread Multiple Access，RSMA）等 NOMA 方案。其中，PDMA 由大唐提出，SCMA 由华为提出，MUSA 由中兴提出，RSMA 由高通提出。

3. 频谱和多载波技术

对于无线通信来说，载波就像一条高速公路一样，在手机与基站之间来回运载数据。载波带宽越大，单位时间内传送的数据流越多，这好比道路越宽敞，车流越多越快，无线网速就越快。而频谱则是配置载波的基础资源，因此对于 5G 来说，如何规划频谱，以及在此基础上设置载波就成为一种关键技术[3]。

3G、4G 的无线通信使用 Sub7GHz 的频谱资源，而为了获得更高传输速率，5G 提出了移动毫米波技术，如 28GHz、39GHz 等。在标准层面，R15 定义了对 Sub7GHz 和毫米波的支持，在 R16 中引入对免许可频谱（NR-U）的支持，也就是说除了授权频谱以外，其他的一些非授权频谱如 WiFi 等使用的频谱也可以接入 5G 网络。R17 中扩展了 5G NR 的设计，将毫米波频段扩展到 71GHz，并且支持 60GHz 免许可频段。毫米波频段分成了两个部分，一部分是 FR2-1，这是 R15、R16 中定义的毫米波，最高能到 52.6GHz；另一部分是 R17 新扩展的 FR2-2，也就是从 52.6GHz 到 71GHz 的频段。随着对传输带宽的要求越来越高，可见光通信技术、太赫兹（THz）通信技术也在研究范围中。

在载波技术中，有两种技术不得不说。一是载波聚合技术，简单地说就是将多个载波合并为一条道路来使用，起到提升传输速率、解决频谱碎片化、提升频率资源利用率的作用。在 4G 中使用的载波聚合技术如图 1-3 所示。

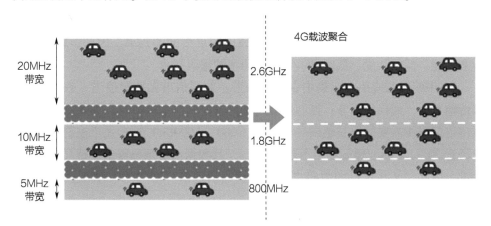

图 1-3 4G 载波聚合

还有一个是动态频谱共享技术。随着移动通信的发展，大量低频段频谱资源被之前的通信技术使用，而利用这些黄金频段最简单、最直接的方式是频谱重耕（Re-farming），即将老制式移动网络所占用的频谱腾出来给新制式的网络使用，比如将 2G 网络清退，腾出频谱资源供 4G 网络使用。以前是泥泞土路，现在升级为柏油路，利旧了土地资源，让车速提升了不少。但实际情况并非这么简单，由于运营商的网络现在都是 2G、3G、4G 和 5G 多制式共存，这样一刀切的做法有可能损害消费者利益，不利于多种制式的平滑过渡。而动态频谱共享（Dynamic Spectrum Sharing，DSS）让不同制式的网络可以共享相同的频谱资源。比如，如图 1-4 所示，动态频谱共享技术可在 4G 和 5G 之间智能动态分配频谱，从而实现了频谱资源的高效利用。

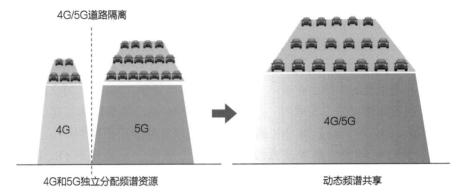

图 1-4　动态频谱共享

4. 编码技术

伟大的香农公式给出了通过信道编码技术来提升频谱效率，实现可靠通信的途径。然而设计一种具备良好性能和低计算复杂度的编码技术并不简单，5G 提出超高带宽、超低时延的需求，同时，由于 5G 面向更多应用场景，对编码的灵活性要求更高，需要支持更广泛的码块长度和更多的编码率。因此，5G 需要选择高性能、低复杂度、低时延、灵活编码率的编码技术。

5G 中编码的应用主要集中在两类信道：数据信道和控制信道。数据信道用来传输数据，如视频业务；控制信道用于传输控制指令等信息，如寻呼信令。数据信道编码所需要的码长范围（40bit 到 6 000 ~ 8 000bit）远远大于控制信道（一般场景 20 ~ 100bit，极端场景上限 300bit），且数据信道编码需要支持高速率数据传输，因此，又有长码和短码之分，而控制信道由于对码长有限制，即不超过100bit，因此，控制信道只有短码。

目前 3GPP 标准中，确定将极化码（Polar 码）作为 eMBB 场景的信道编码技术。其中 LDPC 码作为数据信道的编码方案，Polar 码作为控制信道的编码方案。

当然，这仅仅是目前确定的 5G 编码采用的技术，随着需求的进一步出现，以及编码技术本身的发展，将会有更多的方案提出。

5. 双工技术

由于 5G 网络要支持不同的场景和多种业务，因此需要 5G 系统能根据不同的需求，灵活智能使用 FDD/TDD 双工方式，发挥各自优势，全面提升网络性能。5G网络对双工方式总体要求为：支持对称频谱和非对称频谱，支持uplink、downlink、sidelink、backhaul，支持灵活双工（Flexible Duplex），支持全双工（Full Duplex），支持TDD上下行灵活可配置。

5G提出全双工和灵活双工技术。全双工主要目的是提升FDD与TDD的频谱效率，并消除其在频谱资源使用和管理方式方面的差异性。基于自干扰抑制理论和技术的同时同频全双工技术（CCFD）成为实现这一目标的有效解决方案。理论上，同时同频全双工可提升一倍的频谱效率。

灵活双工则能够根据上下行业务变化情况动态分配上下行资源，有效提高系统资源利用率。灵活双工技术可以应用于低功率节点的小基站，也可以应用于低功率的中继节点。在FDD时域方案中，每个小区可根据业务量需求将上行频带配置成不同的上下行时隙配比；在FDD频域方案中，可以将上行频带配置为灵活频带以适应上下行非对称的业务需求。同样的，在TDD系统中，每个小区可以根据上下行业务量需求来决定用于上下行传输的时隙数目，实现方式与FDD中上行频段采用的时域方案类似。

6. 终端直通技术

终端直通（Device-to-Device，D2D）技术是指在两个对等的用户节点之间直接进行通信的一种通信方式。在D2D通信网络中，用户节点同时扮演伺服器和客户端的角色，用户能够意识到彼此的存在，自组织地构成一个虚拟或者实际的群体。

D2D有以下好处：带来频谱效率的提高，用户数据直接在终端之间传输，避免了蜂窝通信中用户数据经过网络中转传输；带来用户体验的提升，相邻用户间近距离的数据传输是一个不可忽视的增长点；可以扩展通信应用，在无线网络覆盖盲区的终端，可借助D2D，多跳到有网络覆盖的终端，进而接入蜂窝网络。

D2D技术也是车联网中的一种重要技术。5G V2X中的V2I、V2P、V2V通信通过PC5接口，而PC5接口就是D2D通信，可以不依赖运营商网络而进行直接通信，使用5.9GHz频段。

1.2.2　5G新架构：网络技术及演进

1. SDN/NFV技术

5G网络架构中引入了软件定义网络（SDN）和网络功能虚拟化（NFV）两种技术来解决之前核心网存在的耦合问题。

SDN（Software Defined Network）即软件定义网络，是一种新型网络创新架构，实现了网络的虚拟化，其主要作用是将控制面和数据面分离，可以使得部署用户平面功能变得更灵活。比如，SDN可以将用户平面功能部署在离用户无线接入网更近的地方，从而提升用户服务质量体验，比如降低时延、提高数据安全性等，同时大量的数据传输无须通过传输网回传到核心机房，也能降低传输网的建设成本。

NFV（Network Function Virtualization）即网络功能虚拟化。其主要有两个目的，一是实现软、硬件的解耦，即改变以往专用硬件的方式，采用通用硬件，可以有效降低网络设备成本。二是实现软件功能的虚拟化、服务化，实现新业务的快速开发和部署，并基于实际业务需求进行自动部署、弹性伸缩、故障隔离和自愈等，大大提高5G业务创新的能力。

2. 网络切片技术

3GPP从R14开始引入网络切片的概念，进行网络切片的研究。网络切片是提供特定网络能力的、端到端的逻辑专用网络。结合网络切片的几个特性，可以将网络切片扩展理解为：在同一个物理网络上构建端到端、按需定制和隔离的逻辑网络，提供不同的功能、性能、成本、连接关系的组合，支持独立运维，为不同的业务和用户群提供差异化的网络服务。这样一来，就将原本QoS的"业务类别/业务特性"二维扩充成了"网络切片/业务类别/业务特性"三维，同时满足了行业用户对网络的安全隔离和独立运维的要求，同时借助网络切片端到端的设计、监控和保障，可以提供对网络SLA的可保障服务，不会因为公共网络资源竞争方式影响业务质量，满足行业用户对通信可靠性的要求。

网络切片依赖于几个关键技术的支持。一是基于SDN/NFV的核心网SBA架构实现了软、硬件解耦、网元功能解耦，为核心网提供了极大的灵活性和弹性，减少了新业务上线的时间和成本。二是核心网控制面和用户面分离（CUPS），可以灵活地对业务进行分流，实现不同的组网性能和满足不同的安全隔离要求。三是无线接入网（RAN）提供灵活的资源保障机制，包括基于5QI（5G QoS识别码）的调度、基于DRB的接纳控制和基于PRB的物理资源比例保障、频谱隔离、AAU隔离等多种方式，提供了不同的业务资源隔离和硬件隔离的组合，满足不同安全和业务质量保障的需求。四是传输网基于FlexE创新技术的软、硬切片技术。五是端到端网络切片管理和编排技术。

网络切片在R15就定义了基本的端到端架构，在R16、R17主要是增强漫游、4G/5G互操作，以及提升网络切片的服务可确定性、运维智能化等方面的优化。

3. 多接入边缘计算（MEC）技术

ETSI和3GPP共同定义了5G MEC的系统架构，如图1-5所示。

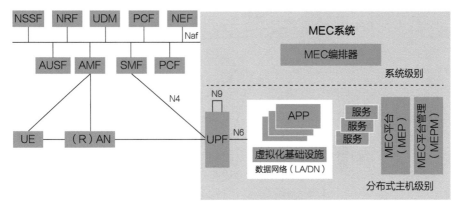

图1-5 5G MEC系统架构

MEC 与 5G 的结合，涉及 NEF、PCF、SMF、UPF 等网元或功能。控制面上，MEC 平台作为 AF 与核心网控制面（PCF/NEF 等网元）对接，调用 5G 网络提供的功能，同时可以通过边缘 MEC 平台，为边缘应用提供 5G 网络功能。用户面上，5G 网络 UPF 通过 N6 接口对接 MEC 边缘主机，本地分流功能由 UPF 实现。

3GPP 在后续标准中将继续对 5G MEC 进行研究，R16 主要体现在 5G 核心网/5G NR 的增强，对核心网和 NR 的核心要求包括 RAN 的能力开放、5G 增强的移动宽带媒体分发机制、5G 核心网网管增强支持 MEC，比如 N6 接口配置能力、CAPIF 增强支持多 API provider 等。R17 主要体现在 5G 系统增强，主要包括：AS 地址发现、AS 切换、I-SMF 插入、策略和计费增强、CAPIF 针对 MEC 进行增强、UE 和 AS 的应用层接口增强、为典型的 MEC 应用场景（如 V2X、AR/VR、CDN）提供部署指南等。

4. C-RAN 技术

5G 基站的架构相对于 4G 来说，也在进行重构。4G 基于分布拉远基站，云接入网 C-RAN 将所有或部分的基带处理资源进行集中，形成一个基带资源池并对其进行统一管理与动态分配，在提升资源利用率、降低能耗的同时，通过对协作化技术的有效支持而提升网络的性能。

5G 基站的架构将重构为 CU 和 DU 两个逻辑网元，可以合一部署，也可分开部署，根据场景和需求确定。网元之间的网络功能将重构，部分核心网功能将下沉至 CU，BBU 部分功能将上移至 RRU/AAU。

在此架构下，5G 增加了前传网的概念，具体是指连接 RRU/AAU、DU 和 CU 之间的网络，5G 时代基站数目的增加、高速率传输以及高频通信技术的应用，使得前传网络的流量压力急剧增加。前传网络将采用不同的技术以达到低时延、节省光纤资源等目的。C-RAN 技术如图 1－6 所示。

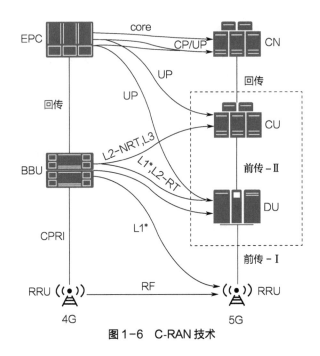

图 1-6　C-RAN 技术

5. 5G TSN 技术

尽管 5G 提供了毫秒级的网络时延，可以满足很多 OT 域通信网络的要求，但 5G 网络同样是一个尽力而为的网络，无法满足确定性时延的需求，因此 IEEE 与 3GPP 联合在 5G 中定义了 TSN 集成架构，如图 1-7 所示。

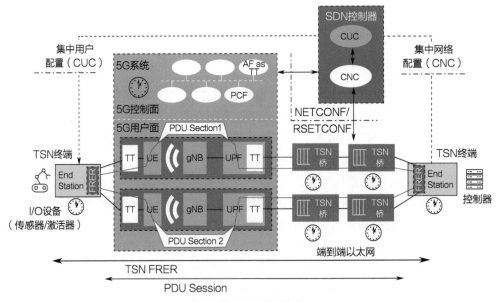

图 1-7　TSN 集成架构

TSN 集成架构中将整个 5G 系统当作 TSN 网络中的一个逻辑网桥。TSN 对 5G 系统的主要要求包括：LBO（Local Break-Out）的协议数据单元（PDU）会话能力、以太网 PDU 会话类型支持能力，为了实现 TSN 的主要功能，5G 系统需要支持网桥/端口管理功能、TSN 时钟同步功能、5QI 增强功能、报文保持和转发功能。5G 系统和 TSN 对接则需要支持多 TSN 域的时钟同步功能、网络拓扑发现（LLDP）功能、5G 系统网桥注册到 TSN/CNC，以及 CNC（Centralized Network Configuration）配置管理功能。

除了将 5G 系统作为一个 TSN 桥融合进 TSN 网络中以外，为了满足 TSN 网络对确定性的要求，5G 还需要在以下几个关键点进行加强。时间同步：包括 NG-RAN 的时间同步和桥域的时间同步，NG-RAN 只需根据 5G 系统内部时钟进行同步，而桥域的同步需要 5G 系统提供桥两端 TT 之间的传输时延并加到同步数据包中；低时延传输：3GPP 需要增强物理层和 MAC 层，以支持低时延；可靠性：3GPP 功能，包括先进的新天线技术、鲁棒的控制信道设计、冗余方案等，以确保通信的可靠性；资源管理：3GPP 功能，例如增强调度以支持周期性业务。

6. 5G NPN 技术

5G 非公共网络（Non-Public Network，NPN）是利用 5G 技术为非公共用途而部署的 5G 系统，支持两种部署模式：独立的非公共网络（Stand-alone Non-Public Network，SNPN），即由 NPN 运营商运营且不依赖 PLMN 提供的网络功能；公共网络集成 NPN（PNI-NPN），即在 PLMN 支持下部署的非公共网络。

SNPN 和运营商网络可以互通，分为两种情况：一是已在 SNPN 注册的 UE 可以通过 SNPN 接入 PLMN 的非 3GPP 互操作功能（Non-3GPP Inter-working Function，N3IWF），从而访问 PLMN 的服务。这时，UE 需要同时注册 PLMN。SNPN 对于 PLMN 来说，相当于非可信 Non-3GPP 接入；二是已在 PLMN 注册的 UE 可以通过 PLMN 访问 SNPN，UE 同样必须先通过 PLMN 向 SPNN 注册。PLMN 对于 SNPN 来说，相当于非可信 Non-3GPP 接入。

公共网络集成 NPN（PNI-NPN）是通过 PLMN 获得的 NPN，其实现方式可以理解为向 NPN 分配专用 DNN 或者分配一个（或多个）网络切片（Network Slice）的实例。当 PLMN 使 PNI-NPN 可用时，则 UE 必须注册 PLMN 才能访问 PNI-NPN。

7. 5G LAN 技术

5G LAN 是在 5G 网络上构建局域网类型服务（5G LAN-type Service）的技术，可以为特定终端组提供 IP 类型或者以太网类型的通信服务，如图 1－8 所示。

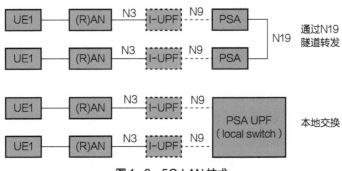

图1-8　5G LAN技术

5G 虚拟网络（VN）是 5G LAN 解决方案的重要概念，它由一组使用专用通信方式进行 5G LAN 类型服务的 UE 组成。5G 系统支持 5G VN 组标识（外部组 ID 和内部组 ID 标识）和组成员（GPSI 唯一标识）、5G VN 组数据（可以包括以下参数：PDU 会话类型、DNN、S-NSSAI 和应用程序描述符、与辅助身份验证/授权有关的信息）的管理。5G VN 组管理可以由网络管理员配置，也可以由 AF 动态管理（NEF 开放服务提供给 AF）。

5G VN 组通信允许使用三种类型的流量转发方法：基于 N6，其中 5G VN 组通信的 UL/DL 业务被转发到 DN 或从 DN 转发出去；基于 N19，其中用于 5G VN 组通信的 UL/DL 通信通过 N19 在不同 PDU 会话的 PSA UPF 之间转发，N19 基于共享单个 5G VN 组的 PSA UPF 的共享用户平面隧道进行流量转发；本地交换，如果该 UPF 是同一 5G VN 组的不同 PDU 会话的通用 PSA UPF，则流量由单个 UPF 在本地转发。

1.2.3　5G 新服务：业务及演进

1.5G V2X

车联网作为重要的物联场景，得到广泛关注，3GPP 的车联网标准之路从 4G 开始。在 R14 引入了 LTE-V2X，进行了广泛测试和验证；在 R15 对 LTE V2X 进行了功能增强，包括可在 Sidelink 接口上进行载波聚合、支持 64QAM 调制方式、进一步降低时延等；R16 中开始研究 NR-V2X。

R16 标准的 NR-V2X 与 LTE-V2X 互补和互通，它定义支持 25 个 V2X 高级用例，其中主要包括四大领域：车辆编队行驶；通过扩展传感器的协作通信；通过交换传感器数据和驾驶意图实现自动驾驶或半自动驾驶；支持远程驾驶，可帮助处于危险环境中的车辆进行远程驾驶。

R17 V2X 进行了以下功能的增强：NR Sidelink 直接通信的应用场景从 V2X 扩展到公共安全、紧急服务、D2D 通信；优化 Sidelink 的功耗、频谱效率、可靠性、时延等。

2. 5G 广播和多播服务

个人移动通信业务通常指的都是单播通信系统，即信息是点对点传输的，比如基站给用户 A 传输一个数据包。广播和多播都属于点对多点传输，广播是对所有用户进行信息传输，而多播是对组内用户进行信息传输。一般来说，区域内所有用户都能接收广播信息，而只有在对应分组内的用户才能接收多播信息。

4G（LTE）中做过广播和多播系统的标准化，如 MBMSF、SC-PTM 和 LTE EN-TV 等。5G（NR）的 R15 和 R16 都没有对广播和多播做标准化，5G 中有广播功能，主要是用来发送如 SIBx 和 Paging 等系统消息。

R17 对广播和多播业务设置了以下研究重点：组调度机制，UE 同时处理广播业务和单播业务，即不影响现有功能；单播、广播和多播之间动态转换并且保证业务的连续性；广播和多播的移动性管理；在单播系统架构上尽量少做改动以支持广播和多播业务；采用 UL 反馈等机制提供符合应用/服务要求的可靠性业务；广播和多播区域管理，用户控制广播和多播的受众用户；RRC IDLE/INACTIVE 态下的广播和多播。

3. 5G 定位

由于卫星定位在室内无法使用，5G 在 R16 标准中增加了定位功能，利用 Massive MIMO 的多波束特性，定义了基于蜂窝小区的信号往返时间（RTT）、信号到达时间差（TDOA）、到达角测量法（AoA）、离开角测量法（AoD）等室内定位技术，定位精度可达到 $3 \sim 10\text{m}$。

R17 确定了以下定位增强目标：在商业应用下，对 90% 用户的水平定位精度小于 1m、垂直定位精度小于 3m、端到端定位估计时延小于 100ms；在 IIoT（Industrial Internet of Things）用例下，对 90% 的用户的水平精度和垂直精度分别小于 0.2m 和 1m，端到端定位时延小于 100ms。

R17 对定位有以下增强：通过减少 UE 以及 gNB（5G 基站）相关的收发时延来增强定位精度，包括基于下行、上行和上下行结合的定位技术，以及基于 UE（UE-based）和 UE 辅助（UE-assisted）的定位技术来减少时延。增强定位信令和流程来降低定位时延，包含基于下行、上下行结合的定位技术。降低时延的技术包括：定位测量、定位估计以及定位辅助数据相关的请求和响应流程；UE 测量所需时间的增强；UE 测量间隙相关的增强。支持基于 UE（UE-based）和基于网络（Network-based）的非激活（RRC_INACTIVE）态 UE 的定位，包括支持 UE 在非激活态的定位测量以及上报测量结果的下行定位，以及支持 gNB 测量非激活态上行信号的上行定位和上下行结合的定位技术。

1.3 5G 市场进展

1.3.1 外国5G市场进展

全球5G整体发展良好。据统计，截至2022年5月底，全球已有150个国家和地区的493家运营商正在投资5G网络。其中，85个国家和地区的214家运营商已推出了一项或多项符合3GPP的5G服务，80个国家和地区的205家运营商推出了5G移动服务，46个国家和地区的85家运营商推出了符合3GPP的5G固定无线接入服务（占已推出5G服务的运营商的39%）。全球已发布1 400款5G设备，相比2021年同期的873款增加了60%以上。其中，5G手机有735款，比2021年初的278款增长了164%。频谱方面，5G网络部署时使用最多的频段是C波段、700MHz、26/28GHz、2.1GHz和2.5GHz。5G设备支持最多的频段是C波段、2.5GHz、2.1GHz、1 800MHz和700MHz。

1. 韩国

自2019年4月5G全球首发之后，韩国5G部署进展超预期。三大运营商SK Telecom、KT和LG U＋在网络部署、个人服务和行业应用上取得了一系列成果。

韩国是最早实现5G全国覆盖的国家之一。2020年初，其5G人口覆盖率已超过90%。截至2021年底，韩国已在85个城市实现了5G网络覆盖，包括4 000多个地铁站、火车站和20条高速公路。同时，KT于2021年7月推出了5G SA网络，LG U＋在2020年底就开通了毫米波。截至2022年第一季度，韩国5G基站的占比已经超过12%，并将继续投入。SK Telecom、KT和LG U＋在2022年继续进行5G基础网络部署，重点用于首尔和其他周边城市的网络覆盖。韩国政府希望通过一系列的税收优惠政策，2023年建设45 000个5G基站，2025年将韩国5G覆盖率提升至70%。同时，韩国5G网络速率全球领先，根据OpenSignal数据，韩国5G网络速率全球最快，达到400Mbit/s。

韩国5G用户数增长迅速。自从2019年4月5G商用以来，韩国的5G用户数在69天内突破100万，随后一直延续快速增长的趋势。2021年3月韩国的5G用户数已达1 447万，截至2021年11月底，这一数字升至2 019万，全球仅次于中国，占韩国移动用户数的28%左右。具体到运营商方面，SK Telecom拥有952万5G用户，其次是KT的616万5G用户和LG U＋的446万5G用户。在5G快速发展的同时，4G用户数开始下降，截至2021年11月底，韩国4G移动用户数量下降至4 855万，占韩国移动用户总数的67%。

频谱方面，韩国共分配2 680MHz的5G频谱，包括3.5GHz频段中的280MHz和28GHz中的2 400MHz。SK Telecom、KT和LG U＋在3.5GHz频段分别

获取了100MHz、100MHz和80MHz频段频谱，在28GHz频段分别获取800MHz频段频谱。运营商们可以对3.5GHz频段频谱使用10年，28GHz频段频谱使用5年。

随着韩国的5G用户数在2021年底突破2 000万，每月5G数据流量占总流量比例达到50%，已经超过4G数据流量，2021年用户平均每月5G数据流量约26GB，是同期4G的3倍左右。这和韩国运营商优惠的套餐以及丰富的个人应用有关。韩国三大运营商都推出了价格非常具有吸引力的不限量5G数据套餐，从而吸引用户升级5G。据统计，韩国目前的5G用户中，大约有80%选择了不限量5G数据套餐。套餐捆绑非常受欢迎的云游戏及VR/AR应用是韩国5G发展一大亮点。用户可获得在观赛、直播、培训等时的沉浸式体验。LG U+和NVIDIA合作推出Geforce NOW云游戏平台，并通过2019年推出的一系列U+5G品牌，实现VR在各种体育赛事直播上的服务能力。

韩国在推出5G后，用户单用户平均收入（Average Revenue Per User，ARPU）值结束了2019年之前的连续下降趋势，虽然增速并不快，但是鉴于之前ARPU值已经连续多个季度下滑，ARPU的首次正增长依然值得重视。随着客户快速增长以及数据流量的提升，韩国运营商业绩实现增长。SK Telecom 2020年获得利润1.35万亿韩元，同比增长21%，其中无线服务1.02万亿韩元，同比增长7.5%。KT在2020年实现经营利润1.18万亿韩元，同比增长2.1%。LG U+在2020年实现利润8 862亿韩元，同比增长29%。在2021年，三大运营商利润依然实现同比增长，增长幅度为2.5%~4.5%。

2. 美国

自从2019年5G正式开始商用之后，由于中频段部署滞后、政府部门缺乏协调、监管不确定性等，美国5G网络发展滞后。根据Opensignal 2022年初的数据，美国5G网络速率为全球最慢，只有50.9Mbit/s。

美国是全球较早推出5G服务的国家之一，但与韩国和中国不同，美国在进行5G网络部署的初期是围绕毫米波展开的，包括拍卖的首个5G频谱以及首批5G终端等。但目前来看，美国的运营商们已经开始关注使用低频段频谱以及动态频谱共享（DSS）来加速进行5G网络的全范围覆盖。正是这样的发展背景，美国三大运营商都拥有两个不同的5G网络名称，以此来区分不同频段的5G。

数据显示，截至2021年第二季度，AT&T已实现14 000个城镇中2.3亿人的5G低频段的网络覆盖，同时5G毫米波已在38个城市部署。频段方面，AT&T拥有低频850MHz以及高频段的28GHz和39GHz频谱。T-Mobile利用其低频600MHz的5G网络实现了2.9亿人的5G网络覆盖，利用中高频段实现2亿人的5G网络覆盖。Verizon则通过高频段实现2.3亿人以上的5G网络覆盖。用户数方面，T-Mobile 由于其在 5G 网络覆盖人数上的先发优势而在 5G 用户发展上也领先一步。

中频段频谱部署 5G 可以很好平衡 5G 网络的覆盖范围和速率。2021 年美国进行了 C 频段频谱拍卖。在此之前，T-Mobile 是唯一一家拥有中频段频谱的运营商。中频段频谱的拍卖有助于美国进一步推动 5G 覆盖范围提升。首批被拍卖的 100MHz 的 C 频段频谱覆盖了美国的六成以上人口，2022 年可以使用，剩余 180MHz 则预计 2023 年底才可以使用。从拍卖结果上看，Verizon 是拍卖最大受益者，投入总金额 529 亿美金，赢得可在 2022 年使用的 60MHz 中频段频谱，以及可在 2023 年底使用的 160MHz 中频段频谱。截至 2021 年底，Verizon 已建成 8 000 个基站，并计划在 2022 ~ 2023 年将 C 频段 5G 覆盖人口从 1 亿提升到 1.75 亿，并最终在 2024 年覆盖 2.5 亿人。AT&T 在拍卖中共投入 274 亿美金，获得了可在 2021 年使用的 40MHz C 频段频谱，以及可在 2023 年底使用的 80MHz 中频段频谱。AT&T 计划在 2023 年底实现中频段 5G 网络覆盖 2 亿人口。T-Mobile 由于已有中频段频谱，因此在此次拍卖中投入较少，共投入 93 亿美金，获得可在 2023 年使用的 40MHz 频谱。

C 频段频谱的部署在 2022 年初遇上了一些困难，美国联邦航空管理局警告，C 频段频谱 5G 网络可能干扰飞机内的无线电高度表，酿成灾难性危机。美国 10 家大型客运和货运航空企业的首席执行官向白宫"联名上书"，要求推迟在机场部署新的 5G 网络。按照这些航空企业的说法，如果美国各大枢纽机场不能排除潜在的"5G 信号干扰风险"，估计每日会有超过 1 100 架次航班、10 万乘客的行程受影响。这一问题可谓"美国独有"。国际航空业人士分析认为，欧洲和亚洲的数十个国家的机场已广泛开通 C 频段频谱 5G 网络服务，并未发现安全问题。这也再次表明美国在推广 5G 的过程中，政府各部门之间的协调缺失导致民航界对于这种干扰的存在与否有很大分歧。

美国在 5G 数据套餐上采用和 4G 无差别的策略，不论用户使用 4G 手机还是 5G 手机，三家运营商提供的不限量套餐都一样。只要用户有 5G 信号，采用了不限量 5G 数据套餐而且使用的是 5G 手机，那么他就是 5G 用户。但是，套餐中有个别内容只有 5G 手机用户可以使用，比如一些云游戏的服务。同时，美国运营商大力推出免费送手机活动，希望用户能尽快使用 5G。2021 年美国三大运营商推出了 46 款 5G 手机，其中 AT&T 推出了 26 款，Verizon 推出了 12 款，T-Mobile 推出了 8 款。

随着 C 频段 5G 网络覆盖的推进，以及面向个人用户的种种优惠措施的提出，未来几年美国 5G 有望加速普及。据 Omdia 预计，到 2025 年底，美国预计超过三分之二的用户使用 5G。

3. 欧洲

欧洲整体 5G 进度严重滞后，5G 覆盖人口目前仍然不足 10%。相比中国 60% 以上，韩国 90% 和美国 45%，欧洲 5G 网络人口覆盖率处在较低的水平。沃达丰首席执行官 Nick Read 在 2022 世界移动通信大会上表示，欧洲地区至少在未来 10 年后才能实现 5G 全地区覆盖。

欧盟成员国行动缓慢的原因包括 5G 频谱分配、监管的阻力等问题。根据欧盟的战略目标，截至 2025 年，必须确保欧盟地区城市和交通走廊实现 5G 网络不间断覆盖。ECA（欧盟机构欧洲审计院）报告指出，大多数欧盟成员国预计将难以完成 2025 年 5G 发展共同目标。到 2025 年，欧洲预计将仅有 35% 的移动连接以 5G 技术为基础，低于北美的 51% 和澳大利亚、日本、新加坡的 53%。欧盟大多数成员国很可能也难以实现 2030 年的 5G 发展目标，即届时成员国的所有人口在各个领域均能享受 5G 服务。欧盟经济中服务业约占 70%，5G 技术预计将带来数据需求的极速增长，欧盟可能因 5G 发展落后而遭受巨大经济损失。据全球移动通信系统协会（GSMA）数据，2020—2025 年，欧洲移动运营商将投资 1 450 亿欧元，其中 90% 左右将投资在 5G。

自 2021 年 7 月拍卖 700MHz 频谱后，西班牙政府于 2021 年底发布了新的国家频率归属图，首次纳入 26GHz 频段，这表明西班牙政府拟在毫米波上继续推动 5G 加快部署。同时在 2 300～2 400MHz 频段内预留了 20MHz 频段，用于工业应用。西班牙的四个运营商为 Movistar、Orange、Vodafone 和 Yoigo。2022 年 1 月中旬，Vodafone 宣布已在西班牙 30 个省的 109 个市推出 700MHz 5G 服务。Movistar 的 3.5GHz 5G 频谱已经覆盖了西班牙 25 个城市，其中 17 个城市也将获得 700MHz 5G 服务，包括马德里、巴塞罗那、瓦伦西亚、塞维利亚、马拉加、萨拉戈萨、瓦拉多利德和穆尔西亚。2021 年 12 月底，Yoigo 声称其 5G 网络覆盖率达到 54%。在 2022 年 1 月初，Orange 的 5G 人口覆盖率被报道为 52%，运营商正在努力将其增加到 90%。

在挪威，Telenor 和 Telia 分别于 2020 年 3 月和 5 月推出了 5G 商用服务。自 5G 推出以来，挪威运营商已经在多个频段获得了额外的 5G 频谱。2021 年 10 月，挪威国家通信管理局（NKOM）在 2.6GHz 和 3.6GHz 频段上总共拍卖了 590MHz。NKOM 此前曾于 2007 年将 2.6GHz 频段分配给移动运营商，使用期为 15 年。Telenor 在 2.6GHz 频段获得了 80MHz，在 3.6GHz 频段获得了 120MHz，而 Telia 在 2.6GHz 和 3.6GHz 频段分别获得了 60MHz 和 100MHz。挪威第三家移动运营商 ICE 在 3.6GHz 频段获得了一个 80MHz 的频段频谱。但是，并不是这些新频谱都能立即部署，3.6GHz 频段将从 2022 年 1 月 1 日起释放，而 2.6GHz 频段从 2023 年 1 月 1 日起可用。然而，2022 年初，NKOM 就为本地 5G 网络开放

3.8~4.2GHz 频段发起了一次咨询。在收到相关方的积极反馈后，NKOM 在 2022 年上半年开放 3.8~4.2GHz 频段这一额外频谱的应用。

芬兰三家移动运营商 DNA、Elisa 和 Telia 的 5G 频谱位置非常相似，在最近的 700MHz、3.5GHz 和 26GHz 5G 频谱拍卖中都获得了相同数量的频谱。在 2019 年 12 月开始推出其家庭 5G 服务后，DNA 在 2021 年 11 月已经实现 53% 5G 人口覆盖率。Elisa 于 2019 年 5 月开始其 5G 移动设备预售和计划，到 2021 年 10 月，5G 网络覆盖超过 60% 的人口。Telia 在 2019 年 10 月推出了它的第一台 5G 设备和服务，到 2021 年 10 月，5G 网络覆盖了超过 54% 的人口。

意大利有四家移动运营商，分别为 Iliad、TIM、Vodafone、WindTre。这四家意大利移动运营商在 2019 年 6 月至 2020 年 12 月期间陆续推出 5G 服务。2021 年底，WindTre 称 5G DSS 覆盖了 95% 以上的人口，即同时使用其 1 800MHz 和 2 600MHz 的 4G 和 5G 频率。WindTre 也在部署 3.7GHz 频段，据其称覆盖了 40% 以上的人口。Iliad、TIM、Vodafone 则在 2018 年的 5G 频谱拍卖会上购买了 3.7GHz 频段的频谱，并在意大利主要城市进行 5G 网络建设。2021 年底，Vodafone 的 5G 网络已覆盖 60 个城市，TIM 的 5G 网络覆盖约 20 个城市，Iliad 的 5G 网络覆盖了 27 个城市。Iliad、TIM、Vodafone 还获得了低频段 700MHz 频段使用许可，但在 2022 年 7 月才开始正式使用该频段，在低频段部署 5G 有助于提升铁路沿线及人烟稀少地区的网络覆盖率。

德国移动运营商正在扩展其 5G 网络，同时也在测试新技术，以改善用户连接 5G 时的体验。德国电信的目标是实现德国 90% 的 5G 网络人口覆盖率；O2 一直在测试直接在 5G 网络内建立电话连接的新空口承载语音（VoNR）；Telekom 展示了 5G 端到端网络切片功能，实现了视频流的"按需性能"模式，客户可以根据性能质量需求自动控制和更改其服务；Vodafone 已考虑在慕尼黑部署一个独立 5G 网络，以测试其移动性，并声称已在其足迹范围内推出欧洲首个独立 5G 网络。

4. 日本

日本 5G 商用发展相对滞后，2022 年初，日本 5G 网络人口覆盖率仅为 30%。2020 年 3 月，日本三大电信运营商推出了 5G 网络商用服务，这一发布的时间比韩国和美国晚了整整一年。不仅起步晚，日本后续的 5G 基站建设速度也未达预期。数据显示，截至 2022 年 3 月，日本的 5G 基站建设数量不足 1 万个，预计 2024 年达到 8 万个。目前 5G 基站建设进度远未达到运营商当初所定下的目标。

2022 年初，日本政府宣布计划到 2023 年 5G 网络人口覆盖率提高至 90%。日本政府将继续加快 5G 基站部署，通过 5G 和数据中心的建设提升日本经济活力。这一宏大的目标到底能否实现存在一定不确定性。为了推动 5G 基站建设进度，日本政府曾宣布对软银的"5G"特定基站铺设计划进行指导，并要求软银尽快采取改进措施解决基站数量不足的问题。另一方面，2021年11月，日本宣布延长原定两年的减税计划从而支持5G投资，推动扩大可使用的5G地区，但这些举措从目前的效果来看，并不理想。

1.3.2 我国5G市场进展

2022年是我国5G牌照正式发放的3周年。截至2022年7月，我国已建成全球规模最大的5G网络，累计开通5G基站185万个，占全球5G基站的60%以上，5G网络用户超过4.5亿，占全球5G网络用户的70%。2022年上半年，三大运营商继续加强5G网络覆盖，持续优化用户体验，5G用户规模持续提升，流量释放成效显著。

2022年上半年，中国移动5G套餐用户数达到5.11亿，相比2021年净增1.24亿，规模保持行业领先。移动用户ARPU增至52.3元。5G相关投资共计587亿元，累计开通5G基站达百万个，其中700MHz 5G基站30万个，服务5G网络用户达到2.63亿户，5G专网项目超4 400个，有力支撑公众市场5G流量释放和政企市场行业赋能升级。VoNR（Voice over New Radio）率先实现商用，5G to B核心网能力全面提升。中国联通2022年上半年5G套餐用户数净增2 999万，达到18 492万，5G套餐渗透率达到58%，移动用户ARPU为44.4元，用户结构进一步优化。5G中频规模和覆盖水平与行业相当。5G通话已在我国125个城市启动试商用，5G用户满意度保持行业首位。中国电信5G套餐用户数达到2.32亿，渗透率达到60.3%，持续保持行业领先水平。中国电信2022年上半年总投资为417亿元，其中5G相关投资175亿元。移动用户ARPU达到46元，继续保持增长。

2022年上半年，中国电信与中国联通共建共享5G基站18万个，在用5G基站达到87万个，目标2022年底在用5G基站超99万站，5G网络覆盖至我国全部市县和重点乡镇。同时，双方新开通5G室分基站9万个，双方累计开通5G室分基站20万个，建成了全球规模最大的5G共建共享网络。另外，中国电信与中国联通还强化4G和5G协同，对中低业务区域的4G基站整合共享。2022年上半年，双方新增共享4G基站21万个，累计共享87万个。2022年重点加快推进室内4G共享，中国电信与中国联通计划三年完成4G一张网整合，实现提质、减量、增效。目前，中国电信与中国联通的4G和5G共享基站已全部纳入区块链管理平台，网络协同效率大幅提升。中国移动深入推进与中国广电的5G网络共建共享，着力打造700MHz频段打底网，有序推进室内5G覆盖建设、精准建设2.6GHz与4.9GHz频段，其中累计开通700MHz 5G基站30万个。

2022年上半年，我国三大运营商实现营收合计约9 133.8亿元，净利润约

933.5亿元。其中，中国移动营业收入、归母净利润均实现两位数增长；中国联通归母净利润、中国电信营业收入实现两位数增长。结合工业和信息化部发布的报告，2022年上半年，以运营商为代表的通信业整体运行平稳向好。电信业务收入稳步增长，电信业务总量保持较高增幅；5G和千兆光网等新型基础设施建设和应用加快推进，通信供给能力不断提升；云计算等新兴业务增势突出，移动数据流量持续快速增长，行业发展新动能持续增强。

1. 中国移动

2022年上半年，中国移动营运收入达到4969亿元，同比增长12%，实现归母净利润703亿元，同比增长18.9%，继续保持双位数增速。其中，通信服务收入达到4264亿元，同比增长8.4%；销售产品收入达到705亿元，同比增长39.8%。CHBN（即个人市场、家庭市场、政企市场及新兴市场）客户规模、收入规模全面增长，分别实现营收2561亿、594亿、911亿、199亿元，分别同比增长0.2%、18.7%、24.6%、36.5%，其中家庭、政企、新兴市场收入占主营业务收入比达40%，较2021年全年提升4.3%。聚焦"网＋云＋DICT"规模扩展，DICT收入至482亿元，同比增长44.2%，其中移动云收入实现翻倍增长至234亿元，同比增长103.6%，公有云份额排名国内第七。

2. 中国电信

2022年上半年，中国电信实现营业收入2402亿元，同比增长10.4%，其中服务收入为2214亿元，同比增长8.8%，继续保持高于行业平均增幅。同期，中国电信净利润为182.9亿元，同比增长3.1%；扣非净利润为183.8亿元，同比增长12.1%，基本每股收益为0.20元。分业务来看，2022年上半年，中国电信的移动通信服务收入达到990亿元，同比增长6.0%，继续保持良好增长。固网及智慧家庭服务收入达到599亿元，同比增长4.4%，其中，宽带接入收入达到408亿元，同比增长7.1%。有线宽带用户数达到1.75亿，其中千兆宽带用户数达到2068万，渗透率提升至11.8%，实现行业领先。智慧家庭业务价值贡献持续提升，宽带综合ARPU达到47.2元，继续保持良好增长。

3. 中国联通

财报显示，中国联通2022年上半年实现主营业务收入1610亿元，同比增长8.3%，增速创近年同期新高；归母净利润达48亿元，同比增长18.7%。2022年上半年中国联通移动主营业务收入为849亿元，同比提升3.4%。宽带接入收入230亿元，同比提升4.3%，增长较2021年同期的0.7%提升3.6%。物联网业务2022年上半年收入达到43亿元，同比增长44.1%。产业互联网实现收入369亿元，较2021年同期增长31.8%。其中联通云收入实现翻倍，达到187亿元，同比增长 143.2%。

未来几年是我国 5G 商用发展的关键期，需要在政策牵引下，整合产业界各方力量，构建较为完备的 5G 创新生态，为 5G 应用创新的爆发和繁荣奠定坚实基础，具体包括：

第一，5G 网络覆盖继续向农村延伸。未来可充分探索适合农村场景的低成本、广覆盖的 5G 技术和产品方案，支持农村及偏远地区的 5G 信息基础设施建设。同时深入 5G 网络共建共享，充分利用 700MHz 频段低频段广覆盖优势，在"两路一村"（高速公路、高速铁路、农村）开展接入网共建共享，实现 5G 网络的广泛覆盖。

第二，探索多频协同的差异化网络。"低频 + 中频"多频叠加，可进一步完善 5G 网络的广度和深度覆盖，更好地支持 5G 广域覆盖和高速移动场景下的通信体验以及海量的设备连接，推进 5G 多场景应用。

第三，持续推进行业 5G 专网建设。5G 专网是 5G 在各行业应用中的重要基础，需要持续推进，并解决 5G 专网定制化成本高、与行业融合难度大等问题。实现行业网络设备的轻量化和低成本，探索行业专属的部署模式和运维模式。依据行业原有的网络安全体系、架构和要求，结合行业 5G 融合组网架构，建立行业 5G 安全保障模板，以行业为主体形成新型安全体系。

1.4 5G 行业应用进展

1.4.1 外国 5G 主要行业应用进展

全球积极开展 5G 应用探索，但是总体上看，全球 5G 应用仍处于初期，在工业互联网、智慧交通和智慧城市、医疗健康、公共安全及应急领域已有一定范围的落地，但仍需不断探索。

1. 韩国

韩国政府强化政策支持，推进布局业务应用落地。韩国政府在 2019～2021年围绕 5G + 战略连续发布 3 个落实计划，并在 2021 年再度发布《5G + 融合服务发展战略》。韩国政府通过成立先导行业委员会、强化对内容的政策扶持、成立联盟和工作组等方式，确保 5G + 战略全面实施。

韩国运营商非常重视行业应用市场，探索 5G 在工厂、港口、医疗、交通和城市公共安全等领域的试点试用，应用场景包括 5G + AI 机器视觉质检服务、远程数字诊断、病理学和手术教学、远程控制机器人和无人机的应急救援服务，以及基于 5G 自动驾驶的场内配送等。

在 5G 专网方面，韩国专门规划并颁布了专用频谱，同时为降低建网成本，韩国政府对5G专网频谱采取较优惠的收费政策。在边缘云方面，SK Telecom与AWS合作推出"SKT 5GX Edge"服务，此项服务成为韩国首个推出的边缘云服务。其支持相关企业客户使用AWS服务、API和其他工具在互联网、视频游戏等方面构建应用，能够帮助客户开发超低时延的应用。SKT和AWS还在自动驾驶、农业等领域不断探索合作可能性。

韩国个人应用市场保持领先水平，5G个人用户在流量占比、渗透率、平均每户每月上网流量（DOU）等方面均高于其他国家。韩国运营商将XR内容作为突破口，通过专设机构、内容牵引、捆绑销售、打造产业生态四个举措驱动5G个人应用发展。同时，发展元宇宙应用。比如"Ifland"是SK Telecom在2021年7月推出的元宇宙应用，SK Telecom计划通过运营"社交VR"和"虚拟聚会"等Metaverse服务而积累的先进技术和专业知识，将"Ifland"发展成5G时代具有代表性的Metaverse平台。2022年SK Telecom计划在80个国家和地区推出元宇宙产品"Ifland"，将开放该平台，允许用户生成内容，并引入支持区块链的虚拟市场。Ifland自2021年7月以来使用量一直快速增长，2021年底其月度活跃用户数已达到110万。

2. 美国

美国产业链主体密切合作，利用各自优势推动5G应用落地。美国互联网巨头、工业企业等创新主体协同，结合各自在边缘计算、人工智能和先进制造等领域的技术优势，利用创新中心、孵化器等实体，积极打造5G行业应用良好生态。值得关注的是，美国国防部重视5G技术的大规模试验和原型设计，正通过加大资金投入展开测试和评估，推进5G在美国作战人员中的应用。

5G应用方面，美国运营商主要聚焦在个人应用的尝试阶段，包括4K视频、云游戏、AR/VR和赛事直播等领域。大部分不限量套餐绑定了4K视频及云游戏服务。AT&T创新性地独家提供3D AR儿童读物应用，免费提供为期6个月的服务。体育赛事的虚拟体验是运营商非常关注的领域。AT&T从2019年就开始在达拉斯提供各种各样的球迷体验，用逼真的3D实时自由视角和AR体验来吸引用户。2021年6月，NBA东西部决赛期间，AT&T还举办了5G Courtside Concert，从而展示5G技术。Verizon在2021年2月的超级碗中，为球迷提供沉浸式、交互式的观赛体验，球迷可通过手机使用7个不同摄像角度观赛。T-Mobile在2021年7月同美国职业棒球大联盟合作，提供3D球场视图和互动，以及观赛看球的运动轨迹等各种数据。

5G面向企业应用方面，美国运营商目前大部分处于早期阶段，包括医疗、农业和制造业的探索，仍处于起步阶段。其中T-Mobile凭借其在5G覆盖上处于领先地位，也在加大力度积极探索5G服务。其希望在未来五年内将面向企业的服务从不到 10% 提升到 20%。2022 年 T-Mobile 推出边缘计算和专网服务，使得 5G 与分布式计算结合，满足企业对有较高数据安全保障的专用网络的服务需求。在 FWA（固定无线接入）领域，T-Mobile 自 2021 年 4 月推出 5G FWA 服务后，到 2021 年底已经达到并超过了 50 万 FWA 用户的目标。T-Mobile 计划通过不断地推广 FWA 服务，到 2025 年底发展到 700 万 FWA 用户。

3. 日本

日本依托 2020 年东京奥运会提供面向个人用户的 5G 创新应用，头部企业积极创新，但整体进展相对落后。机器人方面，东京奥组委发布"2020 年东京奥运会机器人计划"，吸引丰田、松下等企业合作。丰田远端机器人 T-TR1 搭配大屏传输实时画面，构建"无人参赛"环境下运动员和观众们的实时互动通道。赛事直播方面，东京奥组委与日本运营商 NTT、英特尔公司合作，在帆船、游泳和高尔夫球场馆用 5G 网络和 AR 设备传输动态高清实时图像。安全保障方面，东京奥组委通过配备无人机和机器人，在海量人群中甄别可疑行为。

1.4.2　我国 5G 主要行业应用进展

我国 5G 应用发展水平全球领先。5G 正式商用以来，我国 5G 在技术标准、网络建设和产业发展等方面取得了积极进展，为 5G 应用奠定了坚实基础。凭借超大规模市场基石，我国 5G 应用在政策和产业的多重驱动下不断发展，5G 融合应用日趋活跃，已占有一定程度的领先优势。行业应用方面，我国 5G 应用从"样板间"转变为"商品房"，解决方案不断深入。比如为 2022 年北京冬季奥运会场外观众提供 360°视角观赛体验，智慧工厂中远程设备操控，流水线上机器视觉质检等。5G 应用正在成为赋能千行百业加速数字化转型的重要驱动力。在个人应用领域，我国基础电信企业和互联网企业在游戏娱乐、赛事直播、居家服务、文化旅游等消费市场加大探索，推动 5G 网络用户向 5G 应用用户快速转化。

"十四五"时期是我国开启全面建设社会主义现代化国家新征程的第一个五年，也是我国 5G 规模化应用的关键时期。"十四五"规划纲要将 5G 发展放在一个重要位置，提出要"加快 5G 网络规模化部署，用户普及率提高到 56%"，并指出要"构建基于 5G 的应用场景和产业生态"，设置数字化应用场景专栏，包括了智能交通、智慧能源、智能制造、智慧农业及水利、智慧教育、智慧医疗、智慧文旅等 10 类应用场景。

2021 年 7 月我国工业和信息化部联合十部门共同出台《5G 应用"扬帆"行动计划（2021—2023 年）》，提出了 8 个专项行动 32 个具体任务，从面向消费者（2C）、面向行业（2B）以及面向政府（2G）三个方面明确了未来三年重点行业的 5G 应用发展方向，涵盖 15 个重点领域。2022 年，我国 5G 应用创新的案例覆盖 22 个国民经济重要行业，在工业制造、医疗等多个领域应用场景加速规模落地，5G 赋能效果逐步显现。

我国工业行业围绕研发设计、生产制造、运营管理、产品服务等环节，形成5G + 质量检测、远程运维、多机协同作业等典型应用。已有 138 个钢铁企业、194 个电力企业、175 个矿山、89 个港口实现 5G 应用商用落地，有效推动了工业智能化制造、网络化协同、个性化定制、服务化延伸、数字化管理，助力工业企业数字化、网络化和智能化转型。医疗行业中 5G + 急诊急救、远程会诊、远程诊断、健康管理的应用，有效提升了诊疗服务水平和管理效率。在媒体、文旅等行业，5G 赋能 4K/8K 全景直播、景区无人接驳车和生态管理等文旅应用，提升了游客体验，提高了景区、场馆等智能化管理与服务水平。除此之外，5G 在交通、车联网、出行行业的应用将在本书的后面章节中详细描述[4]。

1.5G + 工业互联网

工业主要是指原料采集与产品加工制造的产业或工程，包括钢铁行业、制造业、热力、燃气及水生产和供应等行业。"5G + 工业互联网"是指利用以 5G 为代表的新一代信息通信技术，构建与工业经济深度融合的新型基础设施、应用模式和工业生态。通过 5G 技术对人、机、物、系统等的全面连接，构建起覆盖全产业链、全价值链的全新制造和服务体系，为工业乃至产业数字化、网络化、智能化发展提供新的实现途径，助力工业企业实现降本、提质、增效、绿色、安全发展。

2022 年，我国"5G + 工业互联网"项目已超过 1 800 个，覆盖航空、矿山、钢铁、港口、电力等 22 个国民经济重要行业。根据应用场景的技术成熟度、应用成效及影响力等，"5G + 工业互联网"的 20 大典型应用场景如下：协同研发设计、生产单元模拟、远程设备操控、设备协同作业、精准动态作业、柔性生产制造、现场辅助装配、生产过程溯源、机器视觉质检、工艺合规校验、设备故障诊断、设备预测维护、无人智能巡检、生产现场监测、厂区智能物流、厂区智能理货、全域物流监测、虚拟现场服务、生产能效管控、企业协同合作。典型应用场景覆盖了研发设计、生产制造、检测和监测、物流运输、安全管理等核心环节，体现了数字化研发、智能化制造、个性化定制、网络化协同、服务化延伸、精益化管理等工业互联网六大模式，形成了规模复制推广的良好基础和巨大应用潜力。

宝钢湛江钢铁作为我国超大型国有企业，与中国联通合作，在广东省湛江市开展"流程行业 5G + 工业互联网高质量网络和公共服务平台"项目建设，利用5G 技术实现了连铸辊、风机等设备故障诊断场景的应用。

宝钢湛江钢铁在网络层建设独立专网，保障网络的绝对自主、安全隔离、高度控制等优势。在核心网层采用 GW-U 下沉宝钢湛江钢铁机房，并和广州现网核心网对接。宝钢湛江钢铁工业用户通过 5G 基站接入本地机房核心网，实现了不受公众网络故障影响及保障企业专网业务不中断。5G 独立专网适用于远程作业、高精制造厂区的智能制造、数据采集等场景。

在智慧生产方面，通过 5G + 远程控制打造全连接工厂，实现了现场生产资源的精细化实时管控、高度透明的现场生产与产品全生命周期的可追溯。采用 5G + 人工智能和大数据技术对不同区段的连铸辊寿命进行预测，减少了现场布线工作量，提高了寿命预测的准确率。同时，通过 5G + 设备监测，采集风机振动、电流、电压、温度、风量等运行数据，将数据通过 5G 网络实时传输至设备故障诊断等相关系统，实现生产作业过程中风机设备运行情况的在线监控，预警设备故障，通过对风机设备的在线监控，员工点检负荷率明显下降，点检效率提升 81%。

从短期来看，一系列 5G 创新应用在工厂内进行部署，提升了工厂的智能化水平与总体的管理效率。从中期来看，随着 5G 技术标准的不断演进和逐渐成熟，工厂内既有业务模式将被改变，不断向云化转型。同时通过对生产设备的升级改造和设备信息采集维护、远程机械设备控制等融合核心业务，工厂的智能化水平和总体管理效率将进一步提升。从长期来看，5G 网络的普及应用将解决工厂内生产、制造、供应链等多种业务系统互相孤立、数据割裂等问题，实现工厂内各应用系统及生产线上设备的统一调度和管理，势必在未来改变整个工业行业的生产与运营模式，全面实现产业的改造升级[4]。

2. 5G + 电力

电力是关系国计民生的重要产业，是支撑经济社会发展的重要基础能源保障。近年来，在我国双碳战略背景下，电力行业也在发生深刻变革。供需形势的逆转、负荷特性的变化和电源结构的优化让电网调节压力倍增。5G 特点与智能电网性能高度匹配，5G + 智能电网不仅能够大幅降低用户平均停电时间、有效提升供电可靠性和管理效率，同时，还可极大地丰富和扩展电网应用场景，降本增效，助力电网向综合能源服务商转型。

具体来讲，5G 可以为新型电力系统带来更灵活经济、更安全可靠和低时延确定性的网络通信服务，在电力系统的发电、输电、变电、配电、用电、调度，以及应急通信各个环节发挥重要作用。在发电环节，5G 网络低时延、大连接的特性可实现发电厂分布式储能调节能力评估、发电预测以及场站运行分析等模块数据实时交互；在输电环节，利用 5G 可实现无人机在架空输电线路的精细化、大范围巡检，也可对地下输电线路走廊使用隧道机器人进行实时精准控制，实现接地环流等监测；在变电环节，通过将视频监控摄像头、环境传感器等设备接入5G网络，可实现站内变压器、开关柜等设备实时监测，及时发现和排除设备故障；在配电环节，5G网络能有效满足配电终端分布广、采集点多、安全要求高的需求，利用5G网络高可靠性、低时延的特性，可实现配网差动保护、自动化三遥（遥信、遥测、遥控）、精准负荷控制、配电站设备及生产安全综合监控等应用，保障配电作业安全；在用电环节，利用5G网络可实现对重要客户电能质量的高频采集和监测，解决电力运行监测成本难题，助力实现电能质量高频监测的规模部署，同时通过5G网络可以实现充电桩与管理平台间数据交互，促进优化用电。

在我国国家政策推动下，各地纷纷提出了5G智能电网建设计划。电网公司作为5G智能电网技术攻关及工程实践的引领者和主导者，开展了广泛的5G业务研究和应用实践。国家电网积极与中国联通、中国电信等运营商开展合作，基于"5G＋"思维创新开展信息采集智能巡检、智慧监控、综合管理等应用方案。5G虚拟测量方面，在北京市开展了"5G虚拟测量平台"项目建设，实现了生产现场监测场景的应用。用电环节通过5G虚拟测量平台，以12.8kHz的采样频率，对电能质量进行监测；5G＋北斗智能巡检方面，在山东省青岛市开展"5G＋北斗智能巡检无人机"项目建设，实现了无人智能巡检场景的应用，解决了传统输变线路巡检耗时、耗人、工作环境恶劣的问题，改善了一线工人的工作环境，大幅降低了安全风险；5G电力虚拟专网综合管理平台方面，2021年5月我国首个5G电力虚拟专网综合管理平台上线，实现了电网行业SIM卡管理、5G终端管理、5G用户面核心网设备管理和网络监控等功能的整合和综合应用。

虽然5G在电力行业的应用仍面临诸多问题，比如安全性与电力业务适配仍需验证、商用价值与成本的平衡尚待摸索、部分业务和商业模式有待进一步清晰等，但是，未来5G在电力行业的应用前景广阔，据德勤公司估算，2026年，5G将为能源产业带来2 500亿美元的数字化市场规模。

3.5G＋智慧港口

港口是综合交通运输枢纽，也是经济社会发展的战略资源和重要支撑。2019年11月，我国交通运输部等九部门联合印发《关于建设世界一流港口的指导意见》，指出到2025年，世界一流港口建设将取得重要进展，主要港口绿色、智慧、安全发展将实现重大突破。近年来，我国港航规模在全球持续领先，货物吞吐量居世界第一，但信息化水平偏低，港航行业生产作业效率有待提高。

在"一带一路"发展以及"新基建"提出的背景下，为推动智慧港口的建设和发展，国家层面已经布多项政策驱动智慧港口行业发展。当前我国正处于从航运大国到航运强国的转型升级中，以集装箱港口为代表的传统码头作业方式正在向自动化、智能化、数字化方向发展，传统的4G、光纤通信方式无法满足港口灵活作业与低时延、高带宽网络通信的需求，同时传统港口作业具有人工现场作业效率不高而人工成本高、港口现有业务系统相对割裂等问题，迫切需要依托5G、高精度定位等新技术，实现港口自动化升级改造和全面感知可视化监管。

5G+智慧港口的典型场景包括：

（1）5G港机远控　5G港机远控通过将传统门式起重机进行5G远程改造，将驾驶台后移至办公室，实现远程控制，能够使港口企业减少2/3的驾驶员，节约人工成本70%，提高生产效率30%。对轮胎式起重机实施由有线通信链路向5G无线网络的替换，将工业控制协议和视频数据承载在5G网络上，实现在中控室远程完成集装箱抓取和搬运，极大改善起重机驾驶员作业环境，减少安全风险。

（2）5G智能理货　5G智能理货通过具有超高带宽和超低时延的5G通信网络，利用高清摄像将港区场桥、岸桥、闸口等理货节点的高清视频流信息实时回传，同时利用AI视觉分析识别、云计算、大数据分析等技术，进行集装箱箱号自动识别、箱体残损鉴别、箱位判断及装卸作业的全方位监控。

（3）5G无人水平运输　基于5G+车路协同+高精度定位等技术，在路口部署路侧通信单元，与5G基站配合实现港区内集装箱货车自动驾驶。将现有成熟货车平台改造成为L4无人驾驶集装箱货车，相比AGV方案投入少、运行灵活、适用面广。

在5G港机远控方面，中国移动依托浙江宁波港5G智慧港口项目，利用5G技术为港口作业生产中的各环节提供高带宽、低时延、大连接的网络接入能力，形成逻辑专网，为港口用户提供差异化网络服务。进一步结合MEC、网络切片等技术，实现数据的本地转发与计算处理，在我国首次实现了6台5G MEC+网络切片起重机远程控制和高清视频回传，并向常态化生产迈进。

中国移动依托山东港口集团青岛港5G智慧港口项目，在青岛前湾码头使用5G Inside工业网关完成22台桥式起重机的5G智能理货业务测试，减少现场理货人员15人，提高理货效率30%，提高集装箱验残率5%。同时，在青岛前湾码头开展基于北斗高精度定位技术的拖车号识别以及拖车轨迹监管测试，升级智能理货应用。

中国移动助力厦门远海码头5G智慧港口项目，采用"5G通信+V2X（车路协同）"的高效经济型港口无人驾驶集装箱货车改造及运作方案，研制了首台套采用纯电动、无驾驶室平板结构、双电机驱动、匹配全转向驱动桥的无人驾驶集装箱货车。基于5G通信技术实现无人驾驶集装箱货车调度及车辆运行状态监控，搭建了三重安全逻辑判断，保证作业环节的车辆安全及故障处置，突破了传统集装箱货车改造为无人驾驶集装箱货车中传感器、驾驶系统等关键核心技术、装备的自主研发和技术可控，实现了无人驾驶集装箱货车的批量生产及改造工程化。

目前我国智慧港口建设，如环渤海地区、长三角地区、珠三角地区和中部沿江地区的港口都在建设智慧港口，武汉港、宜昌港等中部沿江港口也开始寻求智慧化战略提升。从中短期来看，智慧港口未来发展趋势将在东部沿海全面展开，并向中部沿江港口延伸。5G等新技术在自动化港口加速应用，不断在港口物联化、集疏运生态化、上下游协同化和生产安全化等方面取得新成效，将使包括港口产业在内的各行各业释放巨大生产力，助推产业智慧化升级与变革。而从长期来看，作为行业参与者，良好的生态营造将会促进角色细化。智慧港口将会带动港口业分工更加专业和细致，更多的细分业务环节和业务角色将成为未来市场生态的组成部分，最大限度地放大各参与方自身的优势。

4. 5G＋智慧采矿

尽管新型能源体系在不断扩大，但是矿山依旧是我国现代能源体系的"压舱石"。矿山行业智能化、信息化、数字化发展是实现矿山工业高质量发展的强大动力。矿山安全形势严峻，安全事故频发，在生产过程中存在诸多问题。

一是矿山工作面危险系数高，露天矿面临塌方、滑坡等地质灾害，井工矿易发生顶板塌陷、瓦斯超标、透水等安全事故，矿山无人化需求强；二是5G网络需求迫切，矿用机械设备如挖掘机、电铲、采煤机、掘进机等设备在作业过程中处于快速移动状态，工作面的结构强度随时改变，现有的4G技术、WiFi等无线通信技术具有传输距离短、穿透性差、不稳定、带宽窄、时延长等缺点，难以满足高清视频调度、远程操控、高精尖的信号带宽和时延的要求；三是效率低，协同作业基本依靠有经验人员的指挥，设备间协同度较低，无效工作时间较长，且作业过程易受极端天气等影响，不能实现全天不间断工作；四是成本高，一方面矿工的高流动性导致招聘成本、管理运营成本持续上升，另一方面矿工的素质参差不齐，因操作不当等造成的车辆故障、人身事故、生产辅助材料浪费等现象层出不穷，导致材料成本、人力成本、运维成本居高不下。

露天矿针对煤矿、金属矿、砂石矿等类型，重点满足钻、铲、装、运无人化需求，可推广5G矿用机械远程控制应用、5G无人矿用货车作业场景，实现现场作业无人化。井工矿针对煤矿、金属矿等类型，依托5G井上井下一张网、一平台、一朵云，可推广应用5G井下融合组网、5G高清视频监控、5G无人化掘进、5G巡检机器人等，达成矿山安全、少人或无人、高效的目标。5G＋智慧采矿具体包括：

（1）5G无人矿用货车作业　无人矿用货车作业依托于矿山5G专网，在运输车辆上增设测距雷达、AI摄像头、高精度GPS定位模块和北斗定位模块等数据采集终端，将采集的信号实时传输到信息处理平台，通过部署无人驾驶控制系统的矿车调度平台综合处理后发出指令，实现矿用货车远程操控、精准停靠、自主避障等无人驾驶功能，减少现场作业人员，有效降低安全事故发生率。

（2）井工矿5G矿用机械远程控制　井工矿5G矿用机械远程控制是借助5G网络，通过在采煤机、液压支架、刮板输送机、转载机、带式输送机的适当位置增设AI摄像头、传感器、执行终端，实现智能化与信息化融合改装，实现矿用工程机械直接从调度中心的远程控制系统中得到命令，将命令传输到设备控制模块上，进行远程控制的现场无人化作业或远程接管作业，实现危险工作区的无人化作业。这样可以最大程度减少下井作业人数，有效降低安全事故发生率。

（3）5G井下融合组网　将5G基站引入井下，融合5G、光纤环网、WiFi6等技术，实现井下巷道各区域的无线覆盖，保证端到端安全、可靠、稳定，在满足基本通信需求的基础上，赋能生产环节，同时依托融合通信管控平台，实现矿山行业语音、视频、数据的统一接入、调度和管理，提升生产效率。

（4）5G高清视频监控　利用5G网络，通过井下高清视频采集终端实时采集高清视频并将高清视频回传至地面监控平台，通过机器视觉技术对人员行为异常、人员下井安全保护用品的佩戴、车辆交通、设备故障、环境隐患等不安全因素智能识别，进行告警，提高各种事故隐患的检测上报率，为隐患的处理提供有效依据。

（5）5G无人化掘进　依托5G网络大带宽、低时延、高可靠的特性，通过对掘进机等相关矿用生产设备的智能化、信息化改造，加装隔爆兼本安型的传感器、摄像头、控制箱等终端，实现作业现场信息实时采集并将信息传回控制中心，控制中心通过通信管控平台发出指令，依托5G专网将远程控制信令下发至掘进机等矿用设备控制终端，实现设备的一键启停、远程操作控制等功能，有效降低危险作业区域安全事故发生率。

针对无人矿用货车作业场景，中国移动联合千业水泥打造"千业5G矿山绿色智能及矿产资源综合利用"项目，5G网络融合北斗高精度定位、车联网技术、纯电矿用货车能量回收技术，实现了无人矿车的自动驾驶和协同编队、作业区域内车辆的集群调度，实现了1人操控多台设备、运输车完全无人化操作，有效解决了矿区安全驾驶问题，设备作业效率提升了10%以上。

针对矿机远程控制场景，中国移动联合吕梁东义集团在鑫岩煤矿打造5G智慧矿山，实现井下5G基站大规模部署落地，共建设55个分站，建成2个智能化综采工作面，单班安全生产11刀煤，开采约10 000t煤，可实现全天候通过中国移动5G专网远程控制生产。

针对井下融合组网场景，中国移动联合山西新元煤炭有限责任公司，将5G网络布局到地下534m矿井，建成井下"超千兆上行"煤矿5G专用网络，实现井下全部作业面监控、井下采煤机无人操控、危险场景及时巡检监控等，解决了井下设备运行过程中线缆维护量大、信号经常缺失等问题，为远程操作人员提供全景高清作业视野，既有效降低危险作业区域安全事故发生率，也节省大量人力物力。项目完成后，预计单班助力井下作业减员 20 人，实现降本增效。

针对高清视频监控场景，中国移动联合蒙发能源窝兔沟煤矿实现 5G 带式输送机无人盯守，基于 5G 的 AI 智能摄像头、机器人取代人工巡检和盯防，核心带式输送机等重要设备实时监测和监控，在降低带式输送机故障率的同时实现无人盯防、无人巡检，提升矿山的智能化水平，提高生产效率。

针对无人化掘进场景，中国移动联合山东黄金集团，实现井下凿岩台车的 5G 远程掘进作业，项目将凿岩工人从井下危险的工作面解放到地表集控室，解决了因爆破产生有毒气体时的人员停工疏散难题，且有效减少了井下作业人员，实现了凿岩工人的本质安全，提高了井下作业工作效率 15% 以上。

5.5G + 智慧医疗

近年来，我国医疗信息化在取得大量成绩的同时仍然存在许多亟须解决的问题。第一，医疗资源不均衡，三甲医院超负荷运转，人满为患，基层医疗机构人才缺失，门可罗雀，基层百姓看病难。医疗安全的要求越来越高，医疗质量安全、医疗信息安全也被更多地重视和关注。传统医院及医疗产业在信息化建设中缺乏顶层设计和信息标准，信息"孤岛"和信息"烟囱"现象仍然突出。第二，组织机构建设滞后，专用技术人员缺乏。第三，卫生信息化建设发展不均衡，医疗卫生信息化法制建设落后等，信息技术的发展和日益增长的医疗健康需求给传统医疗信息化带来了更多挑战。

现阶段，大健康的发展推动了卫生专网、物联网、互联网之间的深度融合。同时视频、影像类数据的应用对网络带宽、传输质量、传输速率、可靠性等都提出了新的要求。传统网络难以满足智慧医院领域如远程手术、VR/AR 医疗、医疗机器人、多维影像等众多创新场景的低时延、高可靠等需求，医疗领域革新缺乏必要的基础设施支持。

5G 在智慧医疗方面的具体应用场景包括：

（1）远程会诊　5G 远程会诊能够实现快速、准确、高效、实时的医患沟通，提高诊断的准确率和效率，解决医疗资源分布不均、偏远地区人民看病难和看病贵的问题。节省诊前设备连接部署时间；通过移动医疗推车与 5G 网关，将诊疗护理服务由医院内延伸至患者床边；在医院外下沉资源至各基层医疗服务机构，在 5G 网络的加持下，医疗影音数据流畅、清晰。以统一的医疗能力平台进行医疗设备管理与会诊数据存储，提供可管、可控、可感知、可利用的专用医疗平台服务。

（2）基于 5G 的远程手术　远程手术对于网络带宽、时延、可靠性都有严格的要求，既要保证高清视频画面的实时传输，又要确保手术刀精准操控。

（3）5G区域医卫 传统急救体系更多依赖传统的技术，无法对整个急救流程进行深度整合，从而会造成一定程度的救援不及时。5G医疗救援体系可结合5G技术与急救体系，以5G急救车为基础，配合救援直升机、人工智能、AR、VR和无人机等应用，打通急救车和医院的5G急救专网，打造覆盖人口密集场所以及公共交通工具的全方位、全流程城市医疗急救体系，以实现最快速进行发病判断和紧急处理，最大限度提高急危重患者的存活率。

（4）智慧康养 面向机构养老、社区养老、居家养老三大场景，通过"医护康养"一体化的实用、共享、安全的健康平台，系统、动态掌握老人起居、膳食、健康、活动等状况，从根本上改变养老机构的互动模式和消费体验模式。

中国移动提出了"1+1+N"的智慧医疗产品体系，即1个5G医疗专用网络，1个5G医疗边缘云平台，叠加N个智慧医疗业务应用。构建"1+1"的智慧医疗新型DICT基础设施，并以该DICT基础设施为基础，打造"N"个智慧医疗行业应用，实现医院内、医院间、医院外的智慧医疗全场景业务体系生态构建。

（1）5G远程会诊 基于北京协和医院建设高精尖多学科协同体系的需求，以北京协和医院优质医疗资源为基础，中国移动联合北京协和医院，共同建设了一套基于5G网络的远程医疗服务体系，将北京协和医院优质医疗资源辐射到基层。通过5G云网融合方案，为北京协和医院提供高速率、高可靠的通信网络，同时集成5G智能医疗终端，打造多学科会诊、远程眼底激光手术、远程智慧辅助诊断、远程示教等示范应用，树立了5G医疗行业标杆。

（2）5G院内移动医疗车 2020年新冠肺炎疫情，中国移动5G移动床旁会诊方案直接应用到抗疫一线，实现全国5万多次远程会诊，快速部署的5G核酸检测车、5G移动CT筛查车等为抗疫一线提供了有力支撑。

（3）5G远程手术 中国移动成立5G手术专班工作组，落地无线、传输、核心网端到端"全5G"专网保障方案，采用专用基站、双路由传输、POOL化核心网，对手术动作控制信号和视频回传信号进行重点保护，确保手术安全可靠，助力完成青岛至淄博、潍坊、日照、临沂4地级市的28台远程腹腔镜手术。

（4）5G区域医卫 中国移动联合广州市急救医疗指挥中心，共同打造院前急救暨紧急医学救援指挥平台一体化建设项目，提供378辆5G急救车升级改造建设，支撑广州市一体化、多病种一站式急救医疗网络的高效运行，全面提升急救指挥中心紧急医疗救援与服务的效率和质量，为健全公共卫生应急管理体系提供重要支撑。

（5）5G智慧康养 河南鄢陵县中心医院怡康苑养老公寓是"全国城企联动普惠养老首批试点单位"。中国移动联合河南鄢陵县中心医院，打造5G智慧医疗及医养一体化平台项目，为鄢陵县中心医院怡康苑提供"入住—居住中—退住"全流程标准化服务，具备客户管理、工作管理、后勤管理以及体征采集与汇总展示等功能，从而实现智慧养老业务的标准化、规范化和信息化。该项目成为河南省级示范项目。

 1.5 6G 展望

1.5.1 6G 研究概况

随着 5G 商用部署在全球展开，在"商用一代、规划一代"创新发展理念的指引下，部分国家已经启动了面向 2030 年应用的下一代移动通信技术（6G）的探索。

1. 国际标准化组织 6G 研究概况

（1）国际电信联盟（ITU） 根据 ITU 工作计划，2019 年的 RA-19 会议不会设立新的 IMT 技术研究决议，ITU 表明在 2019—2023 年研究周期内，仍主要是面向 5G 和 B5G 技术开展研究，但 2020—2023 年将开展 6G 愿景及技术趋势研究，业内普遍认为，在 2023 年的 RA-23 会议上设立下一代 IMT 技术研究及命名的决议较为合适。

（2）第三代合作伙伴计划（3GPP） 预计 3GPP 将于 2023 年开启对于 6G 的研究，实质性 6G 国际标准化预计将于 2025 年启动。

（3）电气和电子工程师学会（IEEE） 为更好地汇总梳理下一代网络相关技术，IEEE 于 2016 年 12 月发起了 IEEE 5G Initiative，并于 2018 年 8 月将其更名为 IEEE Future Networks，目标为使能 5G 及未来网络。当前 IEEE 已经开展了一些面向 6G 的技术研讨，2019 年 3 月 25 日，IEEE 发起的全球第一届 6G 无线峰会在荷兰召开，邀请了工业界和学术界专家发表对于 6G 的最新见解，探讨实现 6G 愿景需要应对的理论和实践挑战。

2. 重点国家和地区 6G 研究概况[5]

（1）欧盟成员国 2017 年，欧盟发起了 6G 技术研发项目征询，旨在研究下一代移动通信关键技术。欧盟对 6G 的初步设想是峰值速率要大于 100Gbit/s，单信道带宽达到 1GHz，使用高于 275GHz 的太赫兹频段。2021 年 9 月，欧盟启动了为期 3 年的 6G 基础技术研究项目，主要任务是研究可用于 6G 网络的下一代纠错编码、先进信道编码及调制技术。此外，欧盟还启动了多个太赫兹研发项目。

（2）美国 2019 年 3 月，美国联邦通信委员会（FCC）宣布开放面向未来 6G 网络服务的太赫兹频段（95GHz~3THz），用于 6G 技术试验。此外，2018 年 9 月，在"2018 年世界移动通信大会—美洲"峰会上，FCC 专家提出了 6G 的三大类关键技术，包括全新频谱（太赫兹频段）、大规模空间复用技术（支持数百个超窄波束）、基于区块链的动态频谱共享技术等。

（3）日本 将开发太赫兹技术列为"国家支柱技术十大重点战略目标"之首，在2019财政年度划拨10亿多日元预算，着手研究6G技术。2018年7月，日本经济新闻报道称，日本NTT集团已成功开发出了面向B5G和6G的新技术，一个是轨道角动量（OAM）技术，另一个是太赫兹通信技术，峰值传输速率达到了100 Gbit/s。

（4）韩国 2018年10月，SKT ICT研发中心的专家在美国纽约大学举行的前沿技术研讨会上，提出未来6G网络的三大使能技术，包括太赫兹通信、去蜂窝架构（完全虚拟化的RAN + 大规模天线）和非地面无线网络三大技术方向。此外，SKT还与爱立信、诺基亚两家设备制造企业达成协议，合作开发6G相关技术。

3. 我国6G研究概况

我国已在国家层面正式启动6G研究。2019年11月3日，我国正式成立国家6G技术研究推进工作组IMT-2030（6G）和总体专家组，标志着我国6G研发正式启动。目前下一代宽带通信网络的相关技术研究主要包括大规模无线通信物理层基础理论与技术、太赫兹无线通信技术与系统、面向基站的大规模无线通信新型天线与射频技术、兼容C波段的毫米波一体化射频前端系统关键技术、基于第三代化合物半导体的射频前端系统与技术等。

2021年6月，IMT-2030（6G）推进组正式发布《6G总体愿景与潜在关键技术》白皮书。白皮书提出未来6G业务将呈现出沉浸化、智慧化、全域化等新发展趋势，形成沉浸式云XR、全息通信、感官互联、智慧交互、通信感知、普惠智能、数字孪生、全域覆盖等八大业务应用[6]。

1.5.2 6G总体愿景

从移动互联（4G）到万物互联（5G），6G时代将实现万物智联、数字孪生的总体愿景。扩展来说，6G面向2030年及未来将实现：

（1）社会层面 人类社会将进入智能化时代，社会服务均衡化、高端化，社会治理科学化、精准化，社会发展绿色化、节能化将成为未来社会的发展趋势。

（2）技术层面 6G将构建人–机–物智慧互联、智能体高效互通的新型网络，在大幅提升网络能力的基础上，具备智慧内生、多维感知、数字孪生、安全内生等新功能。充分利用低中高全频谱资源，实现空天地一体化的全球无缝覆盖，随时随地满足安全可靠的"人–机–物"无限连接需求。

（3）业务层面 6G将提供完全沉浸式交互场景，多维感知与普惠智能融合共生，虚拟与现实深度融合。

1.5.3　6G 发展驱动力

（1）社会结构变革驱动力　收入结构失衡要求数字技术提升普惠包容；人口结构失衡呼唤数字技术提升人力资本及配置效率；社会治理结构变化倒逼社会治理能力现代化。

（2）经济高质量发展驱动力　经济可持续发展需要新技术注入新动能；服务的全球化趋势要求进一步降低全方位信息沟通成本。

（3）环境可持续发展驱动力　降低碳排放、推动"碳中和"要求提升能效、实现绿色发展；极端天气等重大事件驱动建立更广泛的感知能力和更密切的智能协同能力。

1.5.4　6G 潜在应用场景

1. 沉浸化业务

沉浸式云 XR 业务要求端到端时延 <10ms，用户体验速率 Gbit/s 量级；全息通信业务要求用户体验速率 Tbit/s 量级；感官互联业务需要毫秒级时延、高精度定位和高安全性（隐私保护）；智慧交互业务要求时延 <1ms、体验速率 >10Gbit/s、可靠性达到 99.99999%。

2. 智慧化业务

通信感知业务要求 6G 网络可以利用通信信号实现对目标的检测、定位、识别、成像等感知功能，无线通信系统将可以利用感知功能获取周边环境信息，智能精确地分配通信资源，挖掘潜在通信能力，增强用户体验。

普惠智能业务使个人和家用设备、各种城市传感器、无人驾驶车辆、智能机器人等新型智能终端成为智能体，智能体可以通过不断学习、交流、合作和竞争，实现对物理世界运行及发展的超高效率模拟和预测，并给出最优决策。

数字孪生业务将物理世界中的实体或过程在数字世界中进行数字化镜像复制，人与人、人与物、物与物之间可以凭借数字世界中的映射实现智能交互。通过在数字世界中对物理实体或者过程实现模拟、验证、预测、控制，从而获得物理世界的最优状态。数字孪生要求网络具有万亿级连接能力、亚毫秒级时延、Tbit/s 级传输速率以及安全需求。

3. 全域化业务

全域覆盖将地面蜂窝网与高轨卫星网络、中低轨卫星网络、高空平台、无人机在内的空间网络相互融合，构建起全球广域覆盖的空天地一体化三维立体网络，为用户提供无盲区的宽带移动通信服务。

1.5.5　6G潜在关键技术

目前认为，6G潜在的关键技术有以下几个方向。

1. 增强型无线空口技术

（1）无线空口物理层基础技术　包括调制编码、新波形、多址技术等。6G更加多样化的应用场景和多元化的性能指标需要对调制编码、新波形和新型多址等技术进行针对性的设计。

（2）超大规模MIMO技术　增大天线规模是提升系统频谱效率的最有效手段之一，引入新技术、新材料及新功能将进一步提升超大规模MIMO技术的频谱效率、网络覆盖、定位精度及能量效率。

（3）全双工技术　在相同载频上同时收发电磁波信号，可有效提升频谱效率，实现资源的灵活管控，小功率、小规模天线单站全双工已具备实用化基础，但大规模天线的全双工及器件仍面临较大挑战。

2. 新物理维度无线传输技术

（1）智能超表面技术　智能超表面技术采用可编程材料，通过主动智能调控，形成幅相特性、极化可控的电磁场，实现对无线传播环境的主动控制。

（2）轨道角动量　轨道角动量（OAM）是新的物理维度，利用不同模态OAM电磁波的正交复用特性，可大幅度提升频谱效率，主要分为OAM电磁波束和OAM量子态两大类。

（3）智能全息无线电技术　智能全息无线电技术利用电磁波全新干涉原理实现电磁空间的重构和调控，可实现超高分辨率空间复用，满足超高容量、超低时延无线接入，满足海量物联网高精度定位等场景需求。

3. 太赫兹与可见光通信技术

太赫兹频段位于微波和光波之间，频谱资源丰富，具有传输速率高、抗干扰能力强和易于实现通信探测一体化等特点，满足6G大比特量级、超高传输速率需求，可作为现有空口传输的有效补充。

可见光通信是指利用400～800THz频谱的高速通信方式，具有免授权、高保密、绿色无辐射等特点，适合于室内场景、空间通信、水下通信等特殊场景以及医院、加油站等电磁敏感场景。

4. 跨域融合关键技术

通信感知一体化设计理念是让无线感知和无线通信两个功能在同一系统内实现且互利互惠，通信系统提供感知服务，感知结果助力提高通信质量。未来6G更高频点、更大带宽、更大天线孔径等特点为通信系统集成感知功能提供了可能。通信感知一体化信号波形、信号级数据处理算法、定位和感知联合设计、感知辅助通信等将成为未来通信感知一体化的重要研究方向。

5. 内生智能的新型网络技术

（1）内生智能的新型空口　深度融合 AI/ML 技术，打破现有无线空口模块化的设计框架，实现环境、资源、业务等多维特性的深度挖掘和利用，提升无线网络性能，实现网络自主运行和自我演进。

（2）内生智能的新型网络架构　利用网络节点的通信、计算和感知能力，通过分布式学习、群智式协同和云边端一体化算法部署，实现更强大的网络智能，支撑各类智慧应用。

6. 网络关键技术

（1）分布式自治网络架构　6G 将具有巨大规模、可提供极致网络体验、支持多样化场景接入、实现面向全场景的泛在网络；6G 将构建覆盖陆海空天的立体融合网络；6G 将支持 DOICT 深度融合，构建多元化生态系统和多样化商业模式。

（2）星地一体化网络　星地一体化网络是天基、空基、陆基网络的深度融合，需要构建统一终端、统一空口协议和组网协议的服务化网络架构，满足天基、空基、陆基各类用户同一终端设备的随时随地介入与应用。

（3）确定性网络　工业制造、车联网等时延敏感类业务对网络性能提出确定性需求。确定性能力涉及接入网、核心网和传输网的系统性优化。

（4）算力感知网络　网络与计算融合成为新的发展趋势，将云边端的算力进行连接与协同，实现计算与网络的深度融合及协同感知，达到算力服务的按需调度和高效共享。

（5）支持多模信任的网络内生安全　6G 网络安全边界更加模糊，传统的安全信任模型已不能满足 6G 安全需求，需要支持中心化的、第三方背书的以及去中心化的多种信任模式。

参考文献

［1］5G 标准最新演进综述［EB/OL］.（2022 – 09 – 28）［2022 – 10 – 03］. https：//mp. weixin. qq. com/s/dC7g05cRZXFxvVoAF – FCOw.

［2］吴冬升. 5G 最新进展深度解析 2022 版—技术篇［EB/OL］.（2022 – 03 – 23）［2022 – 09 – 28］. https：//mp. weixin. qq. com/s/FXoZyQWmyn2gshDlYaWENA.

［3］5G 如何玩转频谱？这一篇给你说全，说透！［EB/OL］.（2020 – 04 – 14）［2022 – 09 – 29］. https：//mp. weixin. qq. com/s/QDnrXGlRCrMYQ3nvXJPw7A.

［4］5G 应用创新发展白皮书［R］. 北京：中国信通院，2021.

［5］魏克军. 全球 6G 研究进展综述［J］. 移动通信，2020，44（3）：34 – 36.

［6］6G 总体愿景与潜在关键技术［R］. IMT – 2030（6G）推进组. 2021，6.

第2章
智慧交通产业发展

2.1 ITS 体系框架和内容

20 多年来，我国智慧交通产业发展取得了显著成效，已从以道路交通智能管理为主的初步探索阶段，发展为支撑综合交通运输系统高效安全运行的全方位创新和规模化应用新阶段。特别是随着信息技术、人工智能、互联网等技术的发展，智慧交通发展理念、技术内涵、应用场景和服务对象都发生了巨大的变化，新一代智慧交通系统正在逐渐形成。我国智慧交通产业发展前景广阔，正处于产业升级阶段，利用新技术，结合交通场景和产业需求，进一步研究 ITS 框架体系和系列化标准，是当前产业发展面临的核心问题，也是智慧交通产业发展面临的巨大挑战。

2.1.1 智能交通系统的概念与特征

智能交通系统（Intelligent Transportation System，ITS）是指在较完善的交通基础设施之上，将先进的信息技术、数据通信技术、计算机处理技术和电子自动控制技术进行有效集成，通过先进的交通信息采集与融合、交通对象交互以及智能化交通控制与管理等专有技术，加强载运工具、载体和用户之间的联系，提高交通系统的运行效率，减少交通事故，降低环境污染，从而建立一个高效、便捷、安全、环保、舒适的交通体系。ITS 是当代信息社会的产物，它的产生极大地提高了人们的出行效率和安全性，也提高了社会效益。

智能交通系统的含义有广义和狭义之分。广义的智能交通系统是指交通系统的规划、设计、实施与运行管理都实现智能化；而狭义的智能交通系统则主要指交通系统的管理与组织的智能化。其实质上就是利用高新技术对传统的交通运输系统进行改造而形成的一种信息化、智能化、社会化的新型现代交通系统。

ITS 是当前世界交通运输发展的热点和前沿之一，能使交通基础设施发挥最大的效能，提高服务质量，使社会能够高效地使用现有交通设施，从而获得巨大的社会经济效益，主要体现在以下方面：

1）提高交通运输系统的安全水平，减少阻塞。

2）增加交通运输的机动性。

3）降低交通运输对环境的影响。

4）提高交通运输的通行能力和机车车辆、飞机运输生产率及经济效益。

目前从世界范围来看，上述四个方面都在逐步走向智能化，特别是在交通运输系统的组织管理方面实现智能化则更加急切。

智能交通组织管理系统的内容是将交通运输设施，包括车辆系统和道路系统（含轨道交通），通过高科技的融合，应用计算机和通信技术以及传感器技术与系统工程技术等硬、软件技术的合成，使智能交通系统的组织管理实现信息化、智能化，提高智能交通系统的安全性、快速性和可靠性，提高交通设施的利用率和效率。具体内容包括建立交通安全系统，旅客出行和货物集、装、运、卸、散的信息系统，交通控制系统，车辆运行系统，道路（包括轨道）的引导系统等。其主要目的是改善交通安全，减少道路拥堵，提高道路的通过能力，方便旅客出行和货物运输，提高交通设施的利用率和效率，创造一个良好的运输环境。

智能交通系统具有以下特征：

1）智能交通系统的形成源于知识工程，通过知识工程进行科学、技术和方法的综合，完成知识的获取、形式化和计算机实现。

2）智能交通系统至少应具有判断能力、推理能力和学习能力，并应具有辅助决策的作用。

3）智能交通系统由机器感知、机器学习、机器识别和知识库、模型库等部分组成。

2.1.2 我国的 ITS 体系结构

ITS 的体系结构是指系统所包含的子系统、各个子系统之间的相互关系和集成方式、各个子系统为实现用户服务功能、满足用户需求应具备的功能。根据定义，ITS 体系结构决定了系统如何构成，确定了功能模块以及模块之间的通信协议和接口，它的设计必须包含实现用户服务功能的全部子系统设计。

我国政府高度重视 ITS 体系结构的相关工作，自 1999 年以来，国内 ITS 领域的权威科研机构和专家一直不懈地开展我国 ITS 体系结构的方法研究、工具开发和应用推广工作。2001 年，科技部正式推出《中国智能交通系统体系框架》，实现了 ITS 体系框架"从无到有"。2002 年我国正式启动国家"十五"科技攻关计划 ITS 专项，设立了由国家智能交通系统工程技术研究中心承担的"智能交通系统体系框架及支持系统开发"项目，2005 年完成了《中国智能交通系统体系框架（第 2 版）》，其在规范化、系统化、实用化等方面取得了实质性的进展[1]。ITS 体系结构主要包括以下内容：

1）确定了我国智能交通系统的总体需求。

2）提出了我国智能交通系统的定义和总体的体系结构。

3）提出了我国智能交通系统的逻辑结构。

4）提出了我国智能交通系统的物理结构。

5）分析了我国智能交通系统中可能存在的标准问题，确定了我国智能交通系统标准化领域。

6）分析了各种运输方式在整个智能运输体系中应起到的作用，确定了各种运输方式和管理部门协调工作的方式。

7）我国智能交通系统的经济和技术评估。

图 2-1 为《中国智能交通系统体系框架（第 2 版）》中确定的我国目前 ITS 的体系框架。其基本情况如下：用户服务包括 9 个服务领域、47 项服务、179 项子服务；逻辑框架包括 10 个功能领域、57 项功能、101 项子功能、406 个过程、161 张数据流图；物理框架包括 10 个系统、38 个子系统、150 个系统模块、51 张物理框架流图；应用系统包括 58 个应用系统。

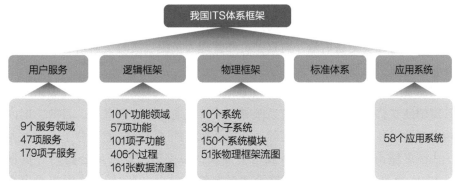

图2-1 我国 ITS 体系框架

用户服务中的 9 个服务领域如图 2-2 所示。

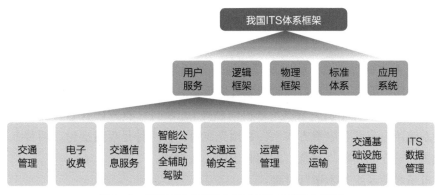

图2-2 我国 ITS 体系框架用户服务中的服务领域

1. 交通管理

（1）基本概念　先进的交通管理系统（Advanced Traffic Management System，ATMS）是智能交通系统中一个基本的应用领域。ATMS最主要的特征就是系统的高度集成化。它利用先进的通信、计算机、自动控制、视频监控技术，按照系统工程的原理进行系统集成，使得交通工程规划、交通信号控制、交通信息检测、交通视频监控、交通事故的救援及信息系统有机地结合起来，通过计算机网络系统，实现对交通的实时控制与指挥管理。ATMS的另一特征是信息高速集中与快速处理，ATMS运用了先进的网络技术，获取信息快速、实时、准确，因而提高了控制的实时性，城市ATMS的应用使交通管理系统中交通参与者与道路以及车辆之间的关系变得更加和谐，缩短了出行时间，使城市的交通变得更加有序。

该系统向交通管理部门和驾驶员提供对道路交通进行实时疏导、控制和对突发事件做出应急反应的功能。它包括交通管理信息服务、城市交通控制系统、事故管理系统、不停车自动收费系统等。

ATMS在道路、车辆和监控中心之间建立起通信联系，监控中心接收到各种交通信息（如车辆检测、车辆识别、交通需求、告警和救助信号）并经过迅速处理后，通过调整交通信号，向驾驶员和管理人员提供实时交通信息和最优路径引导，从而使交通始终处于最佳状态。

（2）系统组成　先进的交通管理系统（ATMS）是交通控制与管理系统、交通管理辅助支持系统、电子收费系统等组成的交通综合管理系统。目前，国内外各城市都针对各自的道路交通实际，选择性地实施了ATMS的部分子系统。尤其是国内诸多城市，ATMS均由所属市公安局、市交警支队、市公路局等负责管理，ATMS负责对城市道路、公路交通的监控，对自行车/行人不同交通模式交叉口的控制，交通事故管理，交通设施维护管理，交通紧急管理，以及对城市道路、公路交通的车辆收费管理等，同时通过辅助管理系统将收集处理后的信息实时传输到交通信息交互中心。

2. 电子收费

（1）基本概念　电子收费系统的基本原理是使安装在车辆上的车载装置通过无线通信与安装在收费口的收费装置进行信息交换，依据车载装置中保存的与收费相关的数据（车辆类型以及账户信息等），及时计算并征收通行费用。电子收费系统用户有两种缴费方式，一是预先支付，另一种是事后支付。两种方式都必须提前建立用户账户信息，并存储于中心处理器。

电子收费系统基本运行过程：

1）用户前往收费管理部门，申请安装车载装置，建立付费账户或预缴通行费，相关信息存入车载装置，并在收费管理数据库中建立连接，进而该车可以上路行驶。

2）当 ETC 车道系统检测到车辆进入 ETC 车道时，安装在路侧的天线与安装在汽车风窗玻璃上的电子标签自动进行信息交换，与天线相连接的 ETC 车道控制机根据电子标签中存储的信息识别出车辆信息，并根据行驶里程和费率从 IC 卡的电子钱包或记账卡的账号中扣除通行费。交易完成后，车道自动栏杆自动升起，放行车辆，车辆通过后，栏杆自动降下。整个收费过程无须人工干预，用户可不停车快速通过 ETC 收费车道。

3）车辆进入通信范围，首先压到触发线圈，启动读写天线。

4）读写天线与电子标签进行通信，判别车辆电子标签是否有效，如有效，则进行交易；无效则报警并保持车道封闭，直到车辆离开检测线圈。

5）如交易成功，系统控制自动栏杆抬升，费额显示器上显示交易信息。

6）车辆通过抓拍线圈时，系统进行图像抓拍，字符叠加器可将过车信息叠加到抓拍图像中。

7）车辆通过落杆线圈，栏杆自动回落。

8）系统保存交易记录，并将其上传至收费站服务器，等待下一辆车进入。

2015 年，交通运输部印发《交通运输部关于促进交通一卡通健康发展加快实现互联互通的指导意见》（交运发〔2015〕65 号），要求各省交通运输主管部门加快实现交通一卡通技术标准和业务规则的统一，推动交通一卡通健康发展，建立统一的交通一卡通密钥管理体系。根据 JT/T 978—2015《城市公共交通 IC 卡技术规范》的内容要求，卡片应用和应用终端都明确规定了城市公共交通 IC 卡应用中电子现金应用、共享余额、电子钱包应用的检测要求，且电子现金应用部分完全兼容 EMVCo Contac A、B、C7、D 四部分。这意味着交通一卡通现行电子钱包技术和金融电子现金技术的融合发展，将是行业未来发展趋势。

随着移动互联网产业的不断深入发展，手机移动支付技术已相对成熟、移动应用与支付也已迅速普及。2018 年交通运输部积极推进交通一卡通移动支付发展，制定出台 JT/T 1179—2018《交通一卡通二维码支付技术规范》，并于 2018 年 5 月 1 日起正式实施。《交通一卡通二维码支付技术规范》规定了交通一卡通二维码支付的应用场景、支付体系框架和流程、二维码数据结构、信息接口、安全要求、受理终端要求以及客户端软件要求。

移动支付也称为手机支付，就是允许用户使用其移动终端（通常是手机）对所消费的商品或服务进行账务支付的一种服务方式。当前移动支付主要分为近场支付和远程支付两种。近场支付是一种短距离高频无线通信技术，允许电子设备之间进行非接触式的点对点数据传输。目前，实现非接触式移动支付技术方案主要有三种，分别是 RF-SIM、SIMpass 和 NFC 技术标准。国内有一些企业正在研究推进相关应用，但是由于其对终端设备硬件要求较高，多年来近场支付在国内始终没有发展起来，目前还无法大规模进行实际推广使用。

远程支付是指基于移动网络，通过WWW、SMS、GPRS、STK等方式远距离完成支付行为。它是目前使用最广泛最典型的通过移动互联网使用移动终端发送支付指令进行的支付方式，这种移动支付的方式成熟度最高，已经深入到消费领域的各个行业，在交通行业也将逐渐成为一种普及收费的方式。

对于车主来说，移动支付的普及大大缩短了交易的时间，通行的效率大于传统人工收费的效率，提高了用户的支付体验。而且，这种支付方式较传统的交易方式更为灵活和方便，用户体验感进一步提升。

对于经营方来说，采取移动支付的方式同样也提升了通行的效率，不仅给用户带来了极好的服务体验，也缓解了零钱兑换的压力，避免了伪钞假钞的风险。同时减少收费人员的配置，人员的减少将极大地降低营运管理成本，具有极大的经济效益。

移动支付是促进交通向智慧型交通发展的一项重要举措，不仅能够大幅度提高通行效率，从而减少车辆排队所产生的燃油消耗，减少二氧化碳等有害气体的排放，具有能源节约和环保的效益，还是改善空气质量的一项重要举措，提升了社会形象和服务水平，能够产生较大的社会效益。

移动支付技术在过去几年发展中已经体现出巨大的便捷优势，公众的认可程度逐步提高，安全性等方面也比较可靠。在交通收费支付场景中，可以通过开发专用的手机APP程序来实现，也可以通过支付宝、微信、银联支付等支付平台进行。应该注意的是，移动支付给交通收费带来便捷体验的同时，不能忽视安全的重要性。在实际应用中需要与时俱进，技术条件确保满足支付安全的要求，使公众放心接受和使用移动支付工具，移动支付才能在交通领域有更广阔的发展前景。

（2）系统组成　非现金结算系统主要负责完成：汇总、统计、清算通行卡收费原始交易数据；交换跨省（市）联网交易数据、清分结果等；对交易数据与清算结果进行验证；通过银行完成跨省（市）通行费收入的划拨；完成针对省内各个路段业主的通行费收入的拆分、结算、划拨等；对省内高速公路不停车收费业务实施统一管理；结算中心系统形成电子收费交易数据的统计数据，并向各个路段业主提供相关报表等功能。

在结算中心机房设置ETC数据服务器、前置服务器、省际联网服务器、外部数据接口服务器等后台处理设备以及数据审核工作站、争议数据处理工作站、结算工作站、报表管理工作站、图像管理工作站、网络管理工作站等前台设备实现结算系统功能。

密钥管理及卡发行系统依照交通运输部密钥管理中心确定的统一体系架构和

技术路线在省高速公路联网收费结算中心建设二级密钥管理中心，为卡发行和应用服务提供密钥生成、密钥存储、密钥分发、密钥管理等服务。

密钥管理系统可安全地产生各级主密钥和各类子密钥，并将子密钥安全地传送到卡发行系统，用来产生各类 SAM 卡，确保以上所有环节中密钥的安全性和一致性，实现集中式的密钥管理。卡发行系统可根据密钥管理系统提供的各类母卡对车载设备、非现金支付卡及通行卡进行初始化发行操作，将初始化信息和各类密钥导入到车载设备、非现金支付卡及通行卡中，使之成为可以二次发行、应用的预付费卡、记账卡、车载设备及通行卡。

3. 交通信息服务

（1）基本概念　交通信息服务是智能交通系统的重要组成部分，是交通管理者及时向道路使用者发布指令或提供信息，确保行车安全的有效手段。一旦出现交通拥堵、交通事故、恶劣天气或其他可能影响道路正常运行的特殊情况时，交通管理者可以及时通过 LED 交通诱导屏、微信公众号等途径及时发布相关信息，告知交通参与者实时交通状态，使其配合交通管制等措施的实施，保障交通顺畅，从而最大限度均衡路网交通流分布，提高现有道路通行能力，同时也有利于广大出行者和驾驶员了解路面实时动态信息，方便市民出行，提高人民生活质量。

交通信息服务实现了交通管理从简单静态管理到智能动态管理的转变，达到城市路网交通的动态优化运行。

（2）服务内容　在进行交通信息服务时，主要提供以下内容：

1）实时路况：通过播报实时路况来指导驾驶员、市民出行。

2）交通气象：根据交通气象来指导市民出行时间、交通工具的选择，提示驾驶员安全出行。

3）交通管制：实时播报交通管制的情况和预告，帮助出行者选择路段。在某地区有活动发生时，预告提示周边道路的交通情况。

4）交通突发事件：在道路上遇到交通事故等突发事件时，提示出行者绕道行驶。

5）停车场车位信息：显示停车场车位情况，提示驾驶员便利停车。

6）交通状况预告：根据以往类似时间、类似路段的经验数据，进行交通状况的预告。

7）高速信息：提示全国高速公路、国道、省道的突发事件、维护信息、事故情况、收费口拥塞状况等。

8）沿途交通拥堵预测：根据用户规划线路，对线路的通畅情况进行评估。

9）最优路线选择：根据当前的交通情况及交通预测，规划通畅路线。

10）周边路况查询：根据用户规划路线，查询其周边交通情况。

11）绕行建议：根据用户的出发地及目的地，结合当前的交通状况，给出可选择的交通路线，并给出可能的到达时间。

4. 智能公路与安全辅助驾驶

（1）智能公路 智能公路可以通过交通资讯信息的收集和传递，实现对车流在时间和空间上的引导、分流，避免公路堵塞，加强公路用户的安全，以减少交通事故的发生。其改善了高速公路交通运输环境，使车辆和驾乘人员在高速公路上安全、快速、畅通、舒适地运行。

智能公路系统是建有通信系统、监控系统等基础设施，并对车辆实施自动安全检测、发布相关信息以及实施实时自动操作的运行平台，它为实现智能公路的运输提供更为安全、经济、舒适、快捷的基础服务，以达到减少交通堵塞和事故的目的。

（2）安全辅助驾驶 安全辅助驾驶系统（Driving Safety Support Systems, DSSS）是一个旨在防止驾驶员认定和判断延误和错误而引起交通事故的系统。通过道路基础设施和车辆的互联通信，DSSS能提示驾驶员在必要时注意车辆周围的危险，有利于减少交通事故。

随着GPS以及各类传感器等电子装置在汽车中的普及应用，新一代的车载通信与导航系统将使驾驶员能够有效避免堵车和交通事故。

系统具有的功能：

1）实时影像导航，将实拍的影像显示在导航仪画面上；

2）路线替换导航能在持续出现单调景色路线时建议改走新路线，防止驾驶员疲劳；

3）周边监视导航可监视周围车辆状态并提醒驾驶员。

先进式辅助驾驶公路系统（Advanced Cruise-Assist Highway Systems, AHS）是一种利用资讯与通信技术，经由道路与车辆的配合，使得当驾驶员遇到危险时，可立即提供驾驶员即时资讯，以提升行车安全。AHS的主要应用是提供道路交通及路面情况，向驾驶员发出警报，并让控制中心按需要进行紧急支持。AHS技术包括侦测道路状况、利用感应器收集道路资讯及路侧对车辆通信技术，并且能侦测车道位置或依据行车速度提供资讯、警示及判断。AHS是针对过去交通意外事故的不同原因而设计，可以达到以下目的：预告前方可能出现的突发意外，预告可能出现的急弯，偏离行车线警告，十字路口防撞警告，右转车辆防撞警告，行人防撞警告，报告路面最新状况如积雪、淹水、破坏等。一般认为AHS能对现在80%的交通意外发挥作用。

5. 交通运输安全

运输安全性是指在运输过程中使运输对象达到完好无损，平安实现位移的满足程度。交通运输安全包括装卸、储存、保管工作的安全和行车安全两方面。其影响因素主要有：道路条件和交通管理状况，车辆技术性能和保修质量，驾驶员的操作技术水平和责任心以及装卸工作质量等。其基本要求是在运输过程中以完善可靠的车辆设备和高度负责的驾驶、装卸工作，确保货物和旅客的安全，避免任何伤亡和货损货差事故。

综合运用安全系统工程的方法，对系统的安全性进行度量和预测，通过对系统存在的危险性或不安全因素进行辨识定性和定量分析，确认系统发生危险的可能性及其严重程度，对该系统的安全性给予正确的评价，并相应地提出消除不安全因素和危险的具体对策措施。通过交通运输安全系统，有目的和有计划地实施这些措施，达到安全管理标准化、规范化，以提高安全生产水平，超前控制事故的发生。

6. 运营管理

交通运营管理主要研究交通运输管理、交通运营调度、交通运输服务、安全管理、信息技术等方面的基本知识和技能，面向城市轨道交通、公共交通、车辆出租等进行客运交通运营管理、车辆运营调度、站线管理及信息管理等。例如长途汽车站的售票、检票、补票，公交车辆排班调度，长途汽车、公交车的客运服务等。

7. 综合运输

综合运输主要研究综合发展和利用铁路、公路、水路、航空和管道等各种运输方式，以逐步形成和不断完善一个技术先进、网路布局和运输结构合理的交通运输体系的学科。

综合运输是由铁路、公路、水路、管道和航空等各种运输方式及其线路、站场等组成的综合体系。每种运输方式有其特定的运输线路和运输工具，形成各自的技术运营特点、经济性能和合理使用范围。综合运输体系是各种运输方式在分工的基础上协作配合、优势互补的有机结合，通常由以下三个系统组成：

1）具有一定技术装备的综合运输网及其结合部系统。

2）综合运输生产系统，即各种运输方式的联合运输系统。

3）综合运输组织、管理和协调系统，该系统要有利于宏观管理、统筹规划和组织协作。

8. 交通基础设施管理

交通运输基础设施作为国民经济先导性产业，是经济社会发展的基础条件之一，做好即可积攒能量，加大后劲，做不好就可能会成为限制经济发展的因素。根据交通实践表明，提高客运效率，使用有限的道路资源承担更多的出行量，成为解决城市交通问题的必经之路。

交通基础设施总体分为一般公路交通设施、高速公路交通设施、市政道路交通设施、轨道交通设施、停车场设施等。交通基础设施包括为保障交通系统安全正常运营而建设的公路、轨道、隧道、高架道路、车站、通风亭、机电设备、供电系统、通信信号、道路标线等设施。

交通基础设施管理指的是利用先进的传感器对道路、桥梁、隧道、航运港口、机场等交通基础设施进行管理和监控，以确保持续可用性，更重要的是确保安全性。随着这些基础设施的老化，这种需求变得更加重要。

9. ITS 数据管理

ITS 数据管理主要就是管理交通流信息的流通，将其存储为有用的形式，然后由最终用户以实时或存档的形式利用。

智能交通系统技术，特别是传感和通信技术，与存储处理功能强大、使用方便的计算机系统，可以使交通管理、控制和规划的数据需求和数据获取在数量与内容上产生质的飞跃。交通管理中心以半连续的方式收到交通流信息，这些信息通常是以 15～30s 为间隔，由主要道路上埋设的环行探测器产生实时速度、交通量及车道占有率的数据。每一埋设探测器的路段都会产生大量的数据。这些数据也可能来自其他的探测装置，包括各种不同种类的探测器、交通微波检测器、视频检测装置等。

这些数据用途广泛，例如，可用来实施实时交通控制、分析当前交通状况、探测交通事故等。同时，这些数据也将构成交通历史资料的数据库，既可以支持离线交通控制策略的优化，也可以分析不同策略下交通流的分布。在交通规划方面，这些数据也有直接或间接的作用（测量实际需求量和系统运行指标），还可用于校验交通需求预测和评估模型。总之，这些数据的潜在应用面非常广泛，往往不仅限于实时应用。其范围包括：先进的交通信息系统和用户服务，事故探测与管理，动态交通标志，公共交通管理，危险品运输路线管理，商用车辆的路线选定及时间表制定，科研与建模，长短期交通规划，交通需求预测，交通需求管理等。

纵观国内外现状，ITS 数据管理领域的研究开发将呈现如下发展趋势：

1）交通管理中心将成为一个数据银行或数据中心，收集和存储所有数据源及所有种类的 ITS 数据；

2）同时存储集成的数据和原始数据，以最大限度地满足目前和将来不同用途的要求；

3）对于数据的不同用途，需开发数据集成优化模型，以保证集成后数据的质量；

4）需开发分布式动态数据分析系统，以满足分布式实时交通控制的需要；

5）可应用信号处理技术压缩庞大的 ITS 数据；

6）对原始数据的存储可采用数据取样方法，但保证最终存储数据的质量是最大的挑战，需开发可操作的数据取样模型；

7）需设计数据的传输流程及建立统一的数据管理技术规范；

8）交通管理中心的数据存储服务器与用户终端服务器需建立有效的数据传输联系，使每个用户能以实时的方式最快地获取数据；

9）通过网络发布 ITS 数据是总的发展方向。

2.1.3 从智能交通到智慧交通

1. 智慧交通的演进历程

"智慧交通"一词起源于 2008 年 IBM（国际商业机器公司）提出的"智慧地球"理念，在 2010 年提出的"智慧城市"愿景中，"智慧交通"被认为是智慧城市的核心系统之一。智慧交通与智能交通都是信息技术、传感技术、通信技术等多种技术在交通领域应用的产物，二者在建设内容、关键技术、应用方向等方面拥有共同点，但是二者的侧重点不同，智能交通主要侧重于各类交通应用的信息化，而智慧交通则是物联网、云计算等新技术在智能交通中的有效集成运用，侧重于追求系统功能的自动化和决策的智能化。

智能交通是一个基于现代电子信息技术、面向交通运输的服务系统。它的突出特点是以信息的收集、处理、发布、交换、分析、利用为主线，为交通参与者提供多样性的服务。其具有以下两个特点：一是着眼于交通信息的广泛应用与服务；二是着眼于提高既有交通设施的运行效率。

智慧交通在智能交通的基础上，融入人的智慧，更包括了领先的信息技术、通信技术、操控技术、传感技术、大数据技术、云计算技术和体系归纳技术，将人、车、路、环境等有机地结合起来，实现在较大区域内达到有序的高效运送，动力充分使用，环境改进和交通安全性提高。智慧交通的中心在于"智慧"，智慧是一种高于信息化、智能化的更高级的综合能力，智慧交通具备分析、思考能力，包含交通感知、知识、记忆、联想、逻辑、辨别、计算、分析、判断、决策等多种能力。类似于给交通装置大脑，使之可以及时看到、听到、闻到有关信息，并及时做出反应。

智慧交通更加着重体系集成的智能性和协作的灵活性，更加着重效劳内容的个性化以及效劳形式的人性化、智能化，着重交通信息体系最大限度地与其他各类信息体系完成互联互通，进而催生全新的应用领域，提高交通体系的运转效率，降低交通事故及减少对环境的污染。

智慧交通是智能交通在物联网、移动互联、4G/5G无线通信网络、云计算等各种新技术环境下的全新演绎，除了重视交通信息的采集和传递，更多重视了交通信息的分析、挖掘、处理，以及各种信息技术在交通运营办理中的有效集成运用，着重的是体系性、实时性、信息沟通的交互性以及广泛性，寻求体系功能的自动化和决策、计划的智能化。因此，体系的建造更多的是在数据堆集和传递的基础上进行数据的使用和开发，完成更多辅助人脑的"智慧"功用。

智慧交通是在智能交通的基础上发展起来的更高级阶段的交通模式，是一种先进的交通发展模式变革[2]。

2. 我国智慧交通产业发展现状

智慧交通在整个交通运输领域充分利用物联网、空间感知、云计算、移动互联网等新一代信息技术，综合运用交通科学、系统方法、人工智能、知识挖掘等理论与工具，以全面感知、深度融合、主动服务、科学决策为目标，通过建设实时的动态信息服务体系，深度挖掘交通运输相关数据，形成问题分析模型，实现行业资源配置优化能力、公共决策能力、行业管理能力、公共服务能力的提升，推动交通运输更安全、更高效、更便捷、更经济、更环保、更舒适地运行和发展，带动交通运输相关产业转型、升级。

"十三五"时期，以云计算、大数据、物联网、移动互联网、人工智能、高精度定位等为代表的新一代信息技术蓬勃发展，催生了以网约车、共享单车、定制公交、代驾、代客泊车等为代表的城市出行服务新业态，为智慧交通技术创新和市场拓展注入了新的活力和动力，促进了智能交通产业发展。随着"十四五"时期到来，综合交通运输智能化、协同化越来越得到重视，各运输方式、各交通领域协同化运营和一体化服务的需求日益凸显。在以移动互联为代表的新一代信息技术"互联网＋"时代，统筹各界力量，整合各方资源，构建智能、绿色、高效、安全的综合交通运输体系成为大势所趋。智慧交通技术在保障交通运输安全稳定运行、提升交通运输管理和服务水平、改善人们的出行体验等方面发挥了至关重要的作用[3]。

（1）新型道路基础设施建设蓬勃发展　2020年3月，中共中央政治局常务委员会召开会议，明确提出要加快推进国家规划已明确的重大工程和基础设施建设，其中包括加快5G网络、数据中心等新型基础设施建设进度。我国以智慧公路、智能铁路、智慧航道、智慧港口、智慧民航、智慧邮政、智慧枢纽建设为载体，以先进信息技术的应用赋能交通产业，不断推动既有交通基础设施的升级和新型道路基础设施建设[4]。

　　具体而言，包括5G、北斗三号全球卫星导航系统、ETC 和数据中心在内的各种新型基础设施得到快速发展，5G 推进速度超过计划。

　　（2）新型基础设施建设背景下智慧公路建设有力推进　智慧公路正成为公路行业研究和应用的热点领域。交通运输部在 9 省市开展的新一代国家交通控制网和智慧公路试点工程持续推进，推动了公路数字化、网络化、智能化发展。构建交通基础设施网、感知通信控制网和绿色能源网深度融合的智能公路网，越来越成为共识。

　　互联网 +、大数据、云计算、物联网、人工智能、移动互联网等新技术的创新融合应用，实现了高速公路感知监测、运营管理、出行服务等能力的全面提升。

　　（3）出行服务智慧化日益普及　近年来，我国出行服务市场的发展逐渐趋于理性，朝着多样化、共享化、定制化方向发展。交通、旅游等各类信息充分开放，一体化出行服务蓬勃发展，长期存在的出行需求与服务资源的数据链和信息交互瓶颈得到突破，市场驱动的各类数字化出行助手不断涌现，为旅客提供了"门到门"的全程出行定制服务。基于智能技术的定制公交、智能停车、汽车维修、网约车、共享单车、小微型客车分时租赁等城市出行服务新业态不断壮大。随着政府监管机制的完善和运营企业服务意识的增强，规范运营和提升服务品质已成为出行服务新业态的发展重点。

3. 智慧交通产业面临的挑战

　　近年来，新一代信息技术应用迅速落地，如何结合交通场景和产业需求，精准利用新技术解决交通系统现存的关键问题，是智慧交通产业发展面临的巨大难题。

　　（1）城市道路交通管理　城市建设不断推进、城市规模不断扩张，道路交通网建设日益完善，交通需求急剧增长，交通供需矛盾十分突出。其矛盾主要体现在：机动车保有量增长速度快，道路容量压力增大，拥堵、停车难等问题仍是城市交通管理关注的热点；智能化道路基础设施建设还较落后，设施合理性、安全性有待提高；道路交通安全问题依旧突出，自动驾驶技术的推进引发的安全问题亟待研究解决；交通管理手段智能化、服务水平还需进一步提升。

　　（2）智慧公路　我国公路建设在总体里程、分布密度方面都已经达到世界领先水平，但是在智能化建设、运维等方面与世界领先水平还存在一定差距。随着大数据、人工智能等技术在交通领域的深入应用，智慧公路已成为公路建设的主导方向之一，构建公路基础设施全寿命服役状态综合感知体系、车路协同信息交互与控制系统、空天地一体化高精度地理信息系统、跨地域路网综合管控云平台等，都将是智慧公路建设的目标及首要任务。

4. 智慧交通产业发展策略

　　我国智慧交通产业发展应紧密围绕国家综合交通运输系统重大需求，以提升交通效能和安全保障能力为核心，强化自主创新，加快推进新技术、新产品研发，建立公正、公平的市场竞争机制和成果转化机制，形成可持续的产业生态发展环境。其中比较重要的发展方向如下。

（1）建设智能化的交通安全与应急保障体系　交通安全是永恒的命题，应进一步普及交通大数据应用技术，加强交通安全核心要素规律研判，持续完善以智能化和数字化为重要支撑的交通安全与应急保障体系。加大基础设施安全防护投入，加强安全设施建设、养护、监测，利用新技术提升交通安全与应急保障治理的专业化、智能化水平，提高应急保障措施的效率，从而提高交通防灾、抗灾能力，加强交通安全综合治理水平，切实提高交通安全水平，以不变应万变。

（2）提高交通基础信息资源共享与利用效率　协调公安管理部门、交通管理部门、城建部门等多个职能部门，打破交通基础信息资源的壁垒，统筹交通基础信息相关工作，有效解决信息重叠或脱节、系统之间相互独立等资源分散问题，实现跨管辖区域、跨交通模式的信息资源无缝衔接。利用新技术在交通信息采集、决策分析和综合服务中的应用，系统规划城市交通大数据工程建设，实现交通信息资源共享与高效利用，为城市交通管理提供有力支撑。

（3）加快车路协同建设，支撑智能汽车落地应用　加速推进新型道路基础设施建设和既有道路基础设施改造，丰富车路协同应用场景，有效整合优化智能汽车相关资源，避免多头分散、资源浪费等问题，完善智能汽车落地应用的相关法律、法规和标准体系，实现车辆和道路基础设施之间的智能协同和配合，由各个行业主管部门统筹推动智能汽车技术落地和产业发展，首先实现智能汽车在特定场景、区域的落地应用。

（4）加速推进基础设施智能化建设　基础设施的数字化和智能化是未来发展的大趋势，积极推进5G、城际高速铁路、城市轨道交通、新能源汽车充电桩、大数据中心等领域的新型基础设施建设，统筹发展相关产业链，促进产业间融合发展，推动产业新业态、新模式的发展。

2.2　外国智慧交通发展情况

2.2.1　美国智慧交通发展概况

1. 美国智慧交通系统概述与发展历程

美国是智慧交通大国，不仅研究使用智慧交通系统早，而且应用广泛。目前智慧交通在美国的应用已经超过80%，而且相关产品技术先进。不过美国在智慧交通的研究中也经历了一段摸索过程。从20世纪60年代末期到70年代，美国致力于发展电子道路导航系统（EGRS），运用道路与车辆间的双向通信来提供道路导航。

1990 年美国智能车辆和道路协会（IVHS America）成立，成员单位数百个，为政府出谋划策，并直接组织、协调活动。1991 年又制定了综合提高陆上交通效率化法（ISTEA），把开发研究 IVHS 作为国策并给予充足的财力支持，从此美国的 IVHS 研究、开发进入了系统全面的发展阶段。从 1992 年起美国大幅度提高 IVHS 研究投资额度，仅是系统体系结构的研究就耗资 2 000 多万美元。

1994 年 9 月，美国交通部将 IVHS America 更名为 ITS America（美国智能交通协会）。1995 年 3 月美国制定了"国家智能交通系统项目规划"，明确规定了智能交通系统的 7 大领域和 30 个用户服务功能，并确定到 2005 年的年度开发计划。7 大领域包括出行和交通管理系统、出行需求管理系统、公交运营系统、商务车辆运营系统、电子收费系统、应急管理系统、先进的车辆控制和安全系统。

为了加速 ITS 的发展，2001 年 4 月，美国召开了一次由 ITS 行业 260 名专家和有关人员参加的全国高层讨论会。会后制定了 21 世纪第一个 10 年的 ITS 发展计划，确定了未来 ITS 的使命和发展目标，明确了今后为实现 ITS 的发展目标必须采取的行动。计划规定建立一个代表政府有关公共机构、私营企业和学术团体的协调委员会，就 10 年计划的实施进行组织和协调，制定一系列综合性发展政策，确定和启动一系列建设和研究项目，包括必要的机构转换，以促进 ITS 技术的应用，使未来的地面交通运输系统通过 ITS 逐步转换成一个管理高效和经济适用的先进系统，这个系统将被真正地赋予安全、有效和经济地输送人员和物资的基本功能，从而能在极大程度上满足用户的各种需求，并具有与自然环境的良好相容性。

2009 年 12 月，美国交通部发布了《ITS 战略研究计划：2010—2014 年》，为 2010 年到 2014 年这 5 年中的 ITS 研究项目提供战略指导。该计划的核心是智能驾驶在车辆、控制中心与驾驶员三者之间建立无线关联的网络，通过实施监控和预测及时沟通信息、缓解交通堵塞、减少撞车事故、降低废气排放量，实现 ITS 的安全性、灵活性和对环境的友好性。在这 5 年内，每年 ITS 研究项目将获得 1 亿美元的资助，开展多领域的研究，如智能驾驶的研究内容包括：车辆与车辆（V2V）通信的安全性、车辆与基础设施（V2I）通信的安全性、实时数据的采集和管理、动态移动应用等。除此之外，5 年计划还支持主动交通管理、国际国境、电子支付、海上应用，以及智能交通领域的技术转让、知识技能研发以及相关技术标准制定。

2014 年，美国交通部与美国智能交通系统联合计划办公室共同提出《ITS 战略计划：2015—2019 年》，为美国未来 5 年在智能交通领域的发展明确了方向，该战略计划的核心是汽车的智能化、网联化。该战略计划主要针对目前交通系统存在的安全性、机动性、环境友好性等问题，提出了使车辆和道路更安全、加强机动性、降低环境影响、促进改革创新、支持交通系统信息共享5项发展战略目标。其讨论主题分为三大类：一是使车辆连接更加成熟；二是试点和部署准备；三是与更广泛的环境整合。

2016年，随着车联网技术的逐渐成熟以及无人驾驶关键技术的突破，美国交通部提出新阶段ITS的发展应该与智慧城市的构建相结合。ITS的应用除了解决城市交通中存在的安全、效率以及环境问题，同时应该能够无缝对接到城市的其他智能设施中，从而加速智慧城市的实现。

2016年，美国联邦公路局提出了新一代的车联网应用发展愿景，涵盖车联网环境下的安全、环境、机动性三方面。其中安全方面的应用包括违规驾驶提醒系统、减速区/工作区提醒系统、过街行人提醒，以及恶劣天气驾驶提醒、左转辅助系统、偏离车道提醒等；环境方面的应用包括环保驾驶提醒、环保停车管理、动态环保路径导航以及环保信号配时等；而机动性方面的应用则涵盖排队长度警告、突发事件引导、动态公共交通调度以及自适应定速巡航等。

美国政府将汽车智能化和网联化作为两大核心战略，2018年10月美国交通部发布了《准备迎接未来交通：自动驾驶汽车3.0》，旨在以开放的姿态拥抱无人驾驶时代的到来。2020年1月发布了《确保美国自动驾驶技术领先地位：自动驾驶汽车4.0》，多次强调了自动驾驶给美国带来的好处。

在美国，电气与电子工程师协会（IEEE）出台了802.11p/1609系列标准，用于规范车与车之间（V2V）和车与基础设施之间（V2I）的无线通信协议。美国汽车工程师学会（SAE）提出的自动驾驶分级标准，已被全球广泛采用。同时，SAE还制定了专用短程通信消息集字典、通信性能要求等基础性标准。

2. 美国智慧交通发展特点

（1）建设起步晚，但成效明显　美国从20世纪60年代起开始着手研究智能交通系统，但真正有计划和系统性地发展始于20世纪90年代。虽然起步较晚，但美国已处于该领域的领头羊地位，已经成为一个智能交通系统大国，而且相关的产品居全球前列。其中，美国ITS在车辆安全系统方面的应用占51%、电子收费方面的应用占37%、公路及车辆管理系统上的应用占28%、导航定位系统应用占20%、商业车辆管理系统应用占14%。

（2）实行"政府主导、企业参与"的建设模式　美国联邦政府在近20年时间内，依照规划，投资用于智慧交通系统方面的预算资金高达400亿美元，而且要求将智慧交通系统的发展与建设纳入包括美国联邦政府在内的各级政府基本投资计划之中，大部分资金由美国联邦、州和各级地方政府提供。但同时，也注重调动私营企业和行业协会参与投资的积极性。

（3）建设任务具体，实施措施有力，产品应用广泛　美国根据社会各阶段存在的现实问题，对智慧交通系统的建设提出了较为明确和具体的工作任务，诸如通过加强车辆与管控中心的动态连接，减少事故；通过获取完整、实时的路况信息及完成有效的交换，方便人们的出行；通过车辆与管控中心的信息连接，实现出行选择、保护环境、降低能耗。

（4）以解决现实问题及需求导向为发展重点　据统计，美国每年有580万起交通事故，致使37 000多人死亡，造成2 300多亿美元的直接经济损失，面对这一严峻的交通安全形势，美国对发展智慧交通系统不同阶段的重点和方向适时进行调整，不断提出新的课题，及时将类似保障交通运输安全等方面的问题列入智慧交通系统发展的主要任务。为此，美国将近10年实施智慧交通系统发展计划的优先目标确定为通过交通流量的有效控制、事故反应系统的有效建立，实现减少15%交通事故的目标，每年可拯救5 000~7 000人的生命。

（5）取得成功的最主要经验是"协同共享"　探究美国智慧交通系统发展建设取得成功的一条最显著的特点和最为成功的经验是高度重视社会各有关阶层、各方面的共同协作。在此基础上，政府有关公共机构、有关私营企业和有关学术研究单位等在项目设置、资金筹措和资源共享等方面的全力配合和协作，是成功获得智慧交通系统潜在效益和成果的基本保证。

3. 美国智慧交通重点发展领域

2020年3月，美国智能交通系统联合计划办公室（Intelligent Transportation System Joint Program Office，以下简称为ITS JPO）发布了《智能交通系统战略规划：2020—2025年》，描述了未来五年美国智能交通领域的重点任务和关键举措，提出了6项重点计划，从新兴技术评估研发到具体技术应用部署，从数据权限共享到网络安全保障，从自动驾驶持续推广到完整出行的全人群、全链条出行服务，力求实现ITS技术的全生命周期发展。

（1）新兴科技　美国交通部协同各部门建立长效机制，识别和评估新兴技术（如人工智能、自动驾驶）在交通系统中的应用潜力，将具备潜力甚至颠覆性的创新技术引入交通系统。

（2）数据共享　美国将数据交换共享作为未来五年的重点工作之一，研发创立数据处理系统机制，推进ITS数据的共享，建立具有普遍性、一致性、安全可信赖性的访问权限，以支持自动化、人工智能应用程序、交通服务数据与其他基本公共服务的融合，推动数据与自动驾驶、人工智能应用程序、运输服务以及基本公共服务的加速集成。

同时，数据流量和类型的爆炸式增长以及用户、网络和设备的智能化，也为ITS发展带来了风险。改善网络安全、稳定网络运营成为未来ITS数据共享平台建设的重点举措，因此需要提升网络防护级别、抵抗或拦截潜在威胁和风险的能力，并加强系统在遭受黑客袭击、信息窃取等事故时的韧性恢复能力。

（3）网络安全　在交通系统各个环节进行持续性、系统性地评估ITS技术应用带来的风险漏洞，以便将攻击和故障相关的风险降到可接受的水平，并且完善事故发生后的网络韧性恢复能力。

（4）自动驾驶　以安全第一、技术中立为原则，完善相关法律法规，提倡市场自由发展自动驾驶技术，推动自动驾驶车辆测试、部署和集成，全面促进自动驾驶技术安全、可操作且有效地集成到交通系统中。

美国以提升交通安全和运输效率为核心目标，2010年以后全面推动车联网产业发展。近五年，美国交通部将自动驾驶上升为国家重要战略，连续发布了四部自动驾驶指导政策，从自动驾驶汽车1.0、2.0、3.0到自动驾驶汽车4.0不断演进，美国始终坚持开放性的原则，政府与市场的职责分工愈加清晰，逐步弱化政府监管，提供政策扶持、技术孵化和标准制定等保障服务。美国自动驾驶关注点从小汽车自动化延伸至公交、货运物流，并推动港口、公路多模式多场景示范运营。自动化策略与自动驾驶汽车4.0相辅相成，通过强化公共部门和私营部门的跨部门合作，提升基础设施的连通性，着力推动美国自动驾驶技术基础研究、测试、商业应用，继续保持世界领先水平，并优先在服务不足的区域提升交通可达性和移动性。

（5）完整出行（ITS4US）　完整出行是一项由美国联邦交通运输局（FTA）、美国联邦公路局（FHWA）和ITS JPO共同领导的ITS部署计划，旨在通过应用ITS新技术、鼓励公私合作等一系列措施消除"交通荒漠"，重视弱势地区和弱势群体，针对交通需求难以得到满足的残障人士、交通设施尚不完善的偏远地区的居民以及交通出行方式受限的低收入出行者，通过ITS技术提供全链条的智能出行服务体验。

美国交通部在2020年3月正式启动完整出行（ITS4US）项目，计划投资4 000万美元在全国范围内开发和部署满足不同群体的智能出行解决方案，重点在行程规划、无障碍公交、户外导航、室内导航、路口安全等方面形成可复制的出行模式，预计三年内实现无障碍公交的残疾人出行满意度达80%，预约出行者的时间减少40%，路口事故率减少20%等目标。

（6）加快ITS部署　通过ITS技术评估、ITS专业能力构建、ITS架构和标准制定以及ITS宣传交流等途径，促进ITS知识和技术向实践应用拓展，降低市场投资者的不确定性和投资风险，加速ITS技术从研究到落地的整体部署。

2.2.2　日本智慧交通发展概况

1. 日本智慧交通系统概述与发展历程

日本是世界上最早开展ITS研究的国家之一，经过几十年的发展，日本ITS

走过了系统整合——广泛应用——重点攻关阶段，如今已发展成了一套较成熟的应用体系。

日本依托国内汽车工业的发展红利，从 20 世纪 50 年代开始探索对汽车控制及通信技术的智能化应用，开启了智能交通的发展之路。但是初期的探索缺乏系统性指导和标准化规范，直到 1996 年日本四省一厅，即当时的警察厅、通商产业省、运输省、邮政省、建设省（现调整为警察厅、经济产业省、国土交通省、总务省四部委）联合制定《推进 ITS 总体构想》，明确提出了日本 ITS 发展的九大领域，初步实现 ITS 系统整合。

日本 ITS 在 1996 年前主要进行研究储备和组织合作，并以车载系统智能化为发展重点。从 20 世纪 50 年代开始，日本汽车企业大力发展自动化，开展诱导式自动驾驶（AGV）研究，20 世纪 60 年代实现综合汽车交通控制系统（CACS）首次试用，到 1989 年实现汽车导航系统商业应用。1995 年，四省一厅联合发布《公路、交通、车辆领域的信息化实施方针》，向国内外表明了日本政府对于推进开发 ITS 的积极态度，同年开发的道路交通情报通信系统（VICS）是车路协同思想的雏形。此外，四省一厅还参与了高级信息和电信网络协会战略总部（IT 战略总部）下的 ITS 推广工作，并与 ITS 国际标准化委员会、大学等非营利组织机构合作，在 ITS 标准化方面促进 ITS 的推广。

2. 日本智慧交通发展特点

（1）先进的导航系统　由日本政府、产业界、学界合作推出的道路交通情报通信系统（Vehicle Information and Communication System，VICS）计划始于 20 世纪 90 年代初期。1995 年，在民间企业的捐助下，成立了主要负责 VICS 管理和推进相关技术标准化的"VICS 中心"。1996 年，从东京地区开始提供 VICS 信息。此后，随着汽车导航技术在日本的普及，拥有 VICS 接收功能的车载装置销售量开始增加。现在，搭载 VICS 车载装置的车辆数量，达到日本行驶车辆的一半，约 3 000 万辆。虽然世界上有各种各样的道路交通信息服务，但是像 VICS 这样，向大多数人提供详细的道路交通信息还没有先例。

VICS 遍及日本，它通过收集、处理、提供和使用道路交通信息四个环节来达到为交通客户服务的目的。在日本，都道府县的警察机构和道路管理者先把有关的道路交通信息传送到道路交通信息中心，然后再传送到 VICS 中心（24 小时全天候工作），其他方面的信息也被汇集到 VICS 中心，由 VICS 中心处理加工，以便于利用的形式提供给用户。

目前被采用的信息方式主要有电波信标、光信标和 FM 多路广播三种。其中电波信标用于高速公路，可以为驾驶员提供 200km 范围的道路信息；光信标主要用于交通主干道，可以覆盖行驶前方 30km 的范围；FM 多路广播以某个特定区域为对象进行大范围的服务。用户通常可以得到三种形式的信息：文字显示、简易图形显示和地图显示。汽车用户通过安装在汽车上面的 VICS 车载器来接收 VICS 中心所提供的实时交通信息（包括广泛区域的交通堵塞信息和驾驶所需时间，广泛区域内的交通事故、道路施工以及车速、车道限制信息，停车场位置和车位空置状况信息等）。VICS 所提供的信息可以使驾驶员明确掌握各种情况，减少迷路，选择最短路线，分散交通流，顺利找到停车位，可使驾驶员的驾驶情绪得以稳定，相应缩短交通出行时间，缓解和解除交通堵塞。

VICS 的意义在于提高了交通的安全性，使交通得以畅通，环境得到保护，提高了整个社会的效率。与非 VICS 车辆相比，VICS 车辆可以缩短 15% 的驾驶时间。

（2）不停车电子收费系统"ETC 2.0"　ETC 系统在世界各国都有广泛应用，但在日本格外普及，理由之一是日本 ETC 的规格全国统一。日本有众多的收费道路公司，但只要在车上安装 ETC 车载器，插入 ETC 卡，那么就能够利用几乎日本所有的收费高速公路。另外，只要企业能够保证基本的安全性，那么这一企业就能够开展 ETC 车载器及 ETC 卡的业务，通过自由竞争来实现低价格化，也促进了 ETC 的普及。

日本的 ETC 由车载器和 ETC 卡构成。这种方式可以区分车（车载器）的拥有者和 ETC 费用的支付者（ETC 卡）。也就是说，用 ETC 支付费用的人并不一定必须是车的拥有者。只要持有 ETC 卡，那么就可以在租赁车等非本人拥有车辆的车载器上使用 ETC 卡。

2016 年以来日本在部分地区对以往使用的 ETC 电子收费系统进行了升级，出现了 ETC 2.0。ETC 2.0 是世界上第一个 I2V 协作系统，通过安装在高速公路旁边的智能天线提供的驾驶支持服务，ETC 2.0 能为驾驶员提供交通信息服务，如交通拥堵避免、安全驾驶辅助、交通事故救援以及原有的 ETC 高速公路收费。此外，它在促进城市停车场费用的多用途化，以及未来车辆收货管理方面有更大的用处。在 ETC 2.0 的支持下，道路网络的资源可以被更加有效地利用。

（3）高效的公共交通优先系统　公共交通优先系统是确保公共交通的交通畅通，提高道路使用效率的措施。日本政府积极地引进了国际流行的 TDM 模式，即"交通需求管理"模式，通过时间和空间分散交通压力。例如，大型的服务设施和工作地点不再只集中在大城市中心，而是向周边扩展。人们有事情要办，在居住地附近就可以处理，就没有必要去很远的地方。这样一来，出行活动减少，出行总量也得到间接控制，交通拥堵自然就被缓解了。

另外，规定将工作开始的时间岔开，有的地方 9 点开始，有的地方则是 10 点开始。不要小看这一小时间隔，交通拥挤程度完全不同。现在，TDM 模式已扩大到日本各个地方自治体，而且每个自治体都有适合自己的 TDM 方案。

（4）电子牌照 电子牌照作为个人车辆信息的基础设施（基础设施技术）引起关注，这对于推动 ITS 和促进交通管理不可缺少，需要越来越多地应用车辆识别技术。日本政府正在从以下几个方面完善电子牌照技术：

1）车辆识别数字化及标准化，日本政府正在数字化和标准化个人车辆的信息，包括数字。

2）增强电子牌照的通用性，在目前的牌照上安装 IC 芯片，可以将其安装在所有的车辆上。

3）加强信息安全保护，日本政府相关部门正在开发安全相关技术，如加密和身份验证，以防止窃听和数据伪造。

4）降低成本，为了能更有效地推广电子牌照，相关研发部门也在降低电子牌照的成本。

3. 日本智慧交通重点发展领域

（1）车路协同 日本最初的自动化操作研究是在 20 世纪 60 年代由机械工程实验室进行的，从 2007 年开始在冲绳县进行自动公交车示范试验，2013 年开展了重型自动化货车操作和能源 ITS 项目排放测试。在 2014—2018 年，政府以公私合作的方式推动跨部门战略创新促进计划（SIP）"车路协同系统"。从 2018 年起，政府开始在新成立的 SIP 二期 "车路协同系统和服务拓展" 下进行研发和示范试验等工作。

1）开展基础技术研发与合作运营。SIP 与私营企业主要在自动化操作系统开发与验证、促进国际合作、提高基础技术以减少交通事故和交通拥堵、发展新一代城市交通四个方面开展基础技术研发和机构运营方面的合作。

2）开展车路协同应用示范。一是推动基于车路协同车辆的物流运输示范。日本物流车辆编队系统主要在实现后续无人驾驶车辆编队系统商业化和基于无人驾驶车辆编队系统的扩散响应两个阶段展开研究，在 2021 年实现 "商业化后的高速公路载人车辆编队系统"，2022 年之后发展 "商业化的高速公路无人驾驶车辆编队系统"。二是推动弱势群体车路协同服务示范。通过车路协同车辆自动化操作，保障丘陵地区的老龄化人群的交通安全及物流运输需求。国土交通省对有老龄化人群居住的丘陵地区进行测试，以 "路侧基站" 等区域为中心的自动化操作为例，在车路协同中增加光学导航系统来识别路面上的平整度折线，从而增强了丘陵道路的安全性，保障了弱势群体出行安全和物流运输需求。

（2）ETC 2.0 服务 日本 ETC 2.0 是世界上第一个通过 DSRC 实现高容量双向通信的车路协同系统，由车辆导航系统、VICS 及 ETC 整合而成，通过车辆与道路协作提供更舒适的驾驶体验。截至 2019 年，日本 ETC 利用率已达 92%，ETC 2.0 使用量约 175 万台/日，利用率从 2016 年的不到 2% 增加到 2019 年的

20.2%，并保持快速增长趋势。

与此同时，为拓展 ETC 2.0 服务领域，日本广泛采纳公众智慧，通过与用户数据相互应用和与其他交通相关数据进行组合，加强地区移动性服务，至今共采集到 19 条对 ETC 2.0 服务方案的公众提案，包括在旅游区安装 ETC 2.0 便携式路侧机，通过道路交通拥堵预测实现良好的停车诱导等服务。

与以往的 ETC 相比，日本的 ETC 2.0 系统不仅可以实现自动收费，还能依托路侧机和车载器收发大量信息，实现道路信息实时交互、最佳出行线路规划等功能，同时为交通拥堵、交通安全、道路收费等政策制定提供支撑。ETC 2.0 服务具有如下功能。

1）拥堵避免辅助功能。通过费率调控车辆路径，为驾驶员提供实时道路交通信息，减少交通拥堵和交通事故，提高运输效率。例如在日本都市圈提供1 000km广阔区域范围内的详细道路交通拥堵信息，提前掌握目的地附近的交通拥堵状况，使与 ETC 2.0 兼容的车载设备能够灵活地选择最优出行路线。

2）安全驾驶辅助功能。收集车辆行驶信息，提供出行时间最短、费用最低、对环境影响最小的出行线路。例如大都会 Sangubashi 弯道或隧道出口的末端，通过与 ETC 2.0 链接的汽车导航系统提前告知驾驶员道路交通拥堵信息，减少了将近 60% 的近距离、可见度较差区域交通事故的发生。

2.2.3　欧洲智慧交通发展概况

1. 欧洲智慧交通系统概述与发展历程 [5]

智慧交通系统在欧洲的发展与欧盟的交通运输一体化建设进程相辅相成。因为欧洲各个国家的政府投资方向和领域比较分散，而且每个国家对智慧交通的需求也略有差异，所以 ITS 在欧洲各国的发展建设进程是不统一的。

1969 年，欧共体委员会提出要在成员国之间开展交通控制电子技术的演示。从 1986 年起，西欧国家开始在"欧洲高效安全交通系统计划（PROMETHEUS）"和"保障车辆安全的欧洲道路基础设施计划（DRIVE）"两大计划指导下开展交通运输信息化领域的研究、开发与应用。1988 年，欧洲 10 多个国家投资 50 多亿美元，联合执行旨在完善道路设施、提高服务质量的 DRIVE 计划。

2000 年 9 月欧盟发布了 KAREN 项目，ITS 体系框架是其中重要一部分。ITS体系框架开发采用面向过程方法，但其目标不是提供全面的 ITS 系统构成，而是示范给出创建某项 ITS 服务的体系框架应采取的方法，以便用户根据需要进行相应体系框架的开发和扩展。

2008 年 5 月 19 日，欧盟委员会制定了安全应用智能交通系统（ITS）。2009年欧盟委员会委托欧洲标准化机构 CEN、CENELEC 和 ETSI 制订一套欧盟层面统一的标准、规格和指南来支持合作性 ITS 体系的实施和部署。CEN 和 ETSI 正式接受该委托，但 CENELEC 没有接受委托，因此没有参加相关标准的制订。2010/40 号指令要求加快 ITS 部署，而车辆与交通基础设施的连接是优先领域。2013年，ETSI 和 CEN/ISO 完成首版标准制订。第二版标准包进入微调阶段，主要是处理更为复杂的应用。欧盟与美国和日本紧密合作确保该系统在全球兼容。

2011 年 3 月欧盟推出的 2020 智能交通系统（ITS）确定了三大目标：交通可持续、竞争力和节能减排。为配合这个文件，欧盟委员会于 2011 年积极制定配套措施和出台行动计划，在欧盟范围内全面部署和督促落实智能交通系统技术的研发及应用。2012 年 6 月，欧盟提出智能交通等领域快速发展 2020 实施方案，由相关欧盟政府官员、行业协会及企业代表共同参与的磋商机制（CAR21）发表了终期报告，报告在电动汽车、道路安全、智能交通系统、市场准入以及 CO_2 排放等领域提出了快速发展的 2020 战略实施方案，从而提高欧盟汽车产业国际竞争力，为欧盟经济增长注入动力，并有效解决就业问题。

2013 年 9 月，由欧盟研究区交通科研（ERA-T）科学理事会提出，欧盟计划加强交通科研领域的国际科技合作。

2014 年 2 月，欧盟标准化机构 ETSI 和 CEN 确认，已经根据欧盟委员会要求完成车辆信息互联基本标准的制订。该标准将确保不同企业生产的交通工具之间能够相互沟通，并能与道路基础设施沟通，该标准于 2015 年在欧洲道路上实现。据悉，欧盟投资 1.8 亿欧元用于合作交通系统（Cooperative Transport Systems）的研究项目，并成功研发出该标准。目前欧洲各国正在全欧洲建立专门的交通（以道路交通为主）无线数据通信网，正在开发先进的出行信息服务系统（ATIS）、先进的车辆控制系统（AVCS）、先进的商业车辆运行系统（ACVO）、先进的电子收费系统等。

整体而言，欧洲的 ITS 发展正从每个国家独自建设系统慢慢转向依托欧盟制定统一标准和战略规划。新的发展阶段欧洲更加注重提升公众出行服务水平，以及交通的绿色和可持续发展。现阶段欧洲智慧交通的发展是以欧洲智能交通协会（ERTICO）发展规划为指南，基于地平线 2020 等计划制定了相应的项目规划。

2. 欧洲智慧交通发展特点

纵观欧洲智慧交通系统发展历程，结合现阶段欧洲智慧交通发展现状，欧洲智慧交通的发展特点总结如下。

（1）大力发展绿色交通　目前，交通运输所产生的温室气体占全球温室气体排放量的近四分之一，交通可持续发展成为各国政府、国际组织的重要政策目标。实施智能运输解决方案可以帮助出行者进行决策，从而减少碳排放，实现绿色交通。因此，ERTICO 开展了绿色交通领域的工作。创新的技术，例如车联网和自动化，可以推动交通运输的脱碳，改善空气质量并解决交通拥堵问题。

挪威《2018—2029年国家交通计划》提出，未来12年将努力构建安全的交通系统，提高价值创造，为低碳社会做出贡献。发展环境友好与可持续交通是挪威未来交通发展的趋势。荷兰的智慧交通发展则以绿色交通为主，并将自行车出行作为重中之重。

（2）大力发展智能网联车辆和自动驾驶 高度自动化的车辆已经在欧洲的道路上运行并且发展迅速，每一代新车型的计算能力和传感器数据的数量都会增加一个量级，因此构建一个能够生成和处理这些数据的基础设施是一个极富挑战但具有战略意义的任务。基于道路基础设施的发展，ERTICO正在为协作式智能交通系统（Cooperative-Intelligent Transportation System，C-ITS）、蜂窝连接和自动化车辆的融合铺平道路。这一领域的工作着眼于多个创新平台的活动，包括欧洲卡车车队（ETPC）、ADASIS、SENSORIS、TISA、TN-ITS和TM 2.0。

在智能网联汽车与自动驾驶领域，英国十分关注智能网联汽车技术的发展。当前，正是智能网联汽车从示范测试阶段过渡到落地商业应用的关键时期，英国非常重视新型智能网联汽车的测试、评价和管理。英国政府为智能网联汽车的研发提供经费，出台了相关政策法案支持测试，致力于推动自动驾驶技术与地面交通系统多种运输模式的融合，并更好地提高智能网联汽车的安全性能。同时，英国也从智能设施、功能稳定和信息安全等角度，对智能网联汽车的安全性展开研究，以提升交通系统对弱势群体的安全保障。

进入21世纪，随着计算机通信技术的快速发展，智能交通领域也迎来了蓬勃发展。2015年2月，欧盟提出欧洲交通网络（TEN-T）计划，法国在此背景下开始着眼于测试和评估C-ITS，使车辆之间以及车辆与道路基础设施能够进行通信。与此同时，其所提出的WILLWARN系统侧重于为驾驶员提供关键信息，以车对车通信为中心，在相邻车辆之间交换关键信息，法国将以往的车联网理念进行实践，并取得成效。

（3）注重提高物流运输效率 物流运输面临的一个挑战是运输网络和基础设施的数字化进程。实现数字化和智能化能够更好地将公路、铁路、航空和水运整合到整个欧洲的无缝物流供应链中。目前由于用户需求、数据模型、标准、系统规范和业务模型的差异以及数字平台、应用程序不同，物流系统呈现高度碎片化。为解决物流系统的碎片化和连通性缺乏等问题，ERTICO正在研究基于实时信息交换的物流系统的解决策略。

（4）促进城市交通的高效运行 在城市地区，车辆技术、交通和运输系统以及互联网应用正在形成一个快速增长的生态系统，为旅行者和交通用户提供新的"联网出行"服务。城市政府正在研究能够显著减少交通拥堵的方案，增加公共交通工具和低碳交通工具的使用。与此同时，政府也在开发互联网移动通信技术，研究提高道路运输服务和机动性的方案。

从改善道路基础设施到提升车辆自身的安全性，再到车联网，其对象均局限于某特定车辆的安全驾驶这一单一层面，未能考虑多模式的交通服务。2016年下半年，法国在欧洲智能交通云服务平台（European Cloud Market Place for Intelligent Mobility，ECIM）试点下，着力探索多模式的交通集成应用。在公共交通方面，法国智慧交通系统能够通过优先专用车道设置、车辆定位等运营信息，降低运营成本，提高运输效率。同时，法国还在停车服务、付费系统、自行车共享等方面进行多模式下的智慧交通实践，进一步拓宽了智慧交通发展的广度。

德国的城市交通管理系统采用公私合作机制。交通控制中心利用线圈、视频、浮动车等技术，构建了一个覆盖道路、公交车、出租车等多种交通方式的立体检测系统，希望将所有交通要素统一到一个城市交通管理系统中。柏林VKRZ交通控制中心通过该手段，实现了多部门数据共享和协调联动。当交通量测站测试超过预设值（流量过大或交通停止）时，自动生成交通报告。

在挪威新的规划文件中，交通主管部门提出除了要加强维护已经存在的基础设施，还要利用正在涌现的新技术来改善传统的交通系统。可以考虑的方法是交通智能化，既要提高交通能力，更要创造安全、舒适、高效的交通环境。

（5）加强并完善道路基础设施　2006年3月，位于英国第二大国际化城市伯明翰城郊的国家交通控制中心正式投入使用。国家交通控制中心的建设投资1.6亿英镑，它主要是使用700台CCTV摄像头、4 000个交通检测器和1 000台自动数字识别摄像头等先进的交通检测设施收集路况信息，同时借助各地区政府和1 000多名交通执法人员，完成各类交通数据的采集、整理和分析，以及实时交通信息的发布。

1986年，法国在"保障车辆安全的欧洲道路基础设施计划"（Dedicated Road Infrastructure for Vehicle Safety in Europe，DRIVE）的指导下开始致力于增加道路里程数，修建并完善道路基础设施，以提高交通服务质量，保障车辆通行的安全性以及运输效率。到1988年，法国在完善道路设施方面给予大量的资金支持，将信息化等理念融入设施建设中，从而逐渐搭建起智能交通系统体系基础框架。直到21世纪初，法国的智能交通发展均侧重于道路设施本身的配套，一定程度上为智慧交通奠定了底层发展条件。

3. 欧洲智慧交通重点发展领域

（1）绿色智慧交通　在绿色智慧交通领域，ERTICO为未来的绿色智慧交通制定了如下发展目标：

1）开发一种通用的方法来评估ITS减少排放效果。ERTICO致力于研究评估不同智慧交通应用对二氧化碳影响的方法，以协助政策和投资决策，力求在测量、评估和评估技术上达成共识，使来自不同部署的结果更容易被基准化。

2）致力于减少排放的智能出行解决方案开发。ERTICO 致力于支持有助于减少排放（尤其是 CO_2）的智能出行解决方案的开发，通过研究和论文分析从智能移动应用程序的试用和部署中获得收益、成功条件和经验教训。

3）实现电动汽车的互操作性。ERTICO 的创新平台 eMI3 致力于创建电动汽车充电和服务的标准，并努力将 eMI3 确立为 EV 充电的事实标准。ERTICO 通过 eMI3，致力于定义明确的泛欧互操作性规则，并促进公共机构购买 EV 充电站时对 eMI3 标准的考虑。

4）创建具有无缝和互操作性质的电动汽车服务 ICT 网络。为电动汽车用户开发和测试针对无缝服务的解决方案对于电动汽车的普及至关重要。ERTICO 正在努力开发电动交通的"超级网络"，包括泛欧漫游框架。ERTICO 认识到将电动汽车集成到出行即服务（MaaS）中的重要性，正朝着这一目标努力并促进城市中智能电动汽车解决方案的普及。

绿色智慧交通的发展愿景如下：

1）2022 年展示 ITS 不同应用环境效益的通用方法；

2）2025 年实现智能电动汽车在城市的广泛应用；

3）2030 年超低排放流动性在城市和非城市地区普及。

（2）网联及自动驾驶　ERTICO 是欧洲智能交通系统会议的组织者，同时也是欧洲智能交通系统世界大会的组织者之一，其在智慧交通领域的发展规划对欧洲各国具有指导作用。ERTICO 在网联和自动驾驶领域的发展目标主要有以下两点：

1）促进可互操作、可靠的自动化连接。这是通过支持 C-ITS 标准化和互操作性测试来完成的，以确保设备符合标准并且可互操作。ERTICO 正在研究物联网连接性在网联和自动驾驶中的适用性，并在应用程序级别上更加强调服务的互操作性。

2）通过大规模驾驶员评估自动驾驶汽车功能的影响。ERTICO 提倡关于试验方法、数据共享和架构实施的通用准则，并鼓励创建本地 CAD 测试平台。ERTICO 参与并支持"by doing"，以进行乘用车、货车车队和公共交通的大规模试点活动，并对关键的 CAD 功能（如连通性）进行真实的路测，为运输中大数据的发展做出贡献，以实现自动化服务。ERTICO 致力于促进"交通运输的数字化"和"交通运输的大数据"，作为 CAD 技术部署的推动者，ERTICO 支持数据共享的概念，同时认识到商业利益的价值和重要性。

通过这一重点领域下的创新平台和项目，ERTICO 正致力于达成这些里程碑式的目标，以及实现人员和货物互联自动化流动的愿景：

1）2022 年 CAD 使用大数据可信平台实现开放数据访问；

2）2025年实现下一代 V2X 支持 SAE 标准下的 L4 自动驾驶；

3）2030年完成无人驾驶出行的商业部署。

（3）智能化物流运输　在物流运输领域，ERTICO 制定的发展目标如下：

1）研究物流运输智能解决方案。城市物流的可持续性是快速发展城市的重要问题。许多城市已经制定了提高人们的工作效率和安全性的策略，但对货物运输的关注却很少。随着人工智能、5G、物联网、区块链等技术的兴起 ERTICO 有望创建一个高容量、高速度的数据环境。ERTICO 正在努力将这些技术集成到其研究和部署项目中，使供应链更加自主、安全和同步。ERTICO 认识到 C-ITS 可以通过生成实时交通信息，更好地跟踪跨运输网络的货物，从而在改善物流运营中发挥作用。ERTICO 的 TM 2.0 创新平台所做的工作可以提供高度拥挤的枢纽区域（港口、机场和铁路）的信息，从而提高物流效率。

2）为集成货运系统开发必要的数据交换途径。ERTICO 正在开发用于供应链和物流的欧洲数字创新中心。这个创新中心正在克服供应链中数据交换的分散性，并确保整个供应链的可伸缩性、互操作性和可见性。

3）开发统一的方法来计算运输供应链的轨迹。由于客户对购买产品的供应链越来越感兴趣，物流运营者将需要记录运输过程中的 CO_2 排放。ERTICO 支持全球物流排放委员会（GLEC）的工作，以定义运输供应链中碳足迹的通用度量。

ERTICO 在运输和物流方面的目标是提高互操作性和货物流优化的连通性，促进供应链管理，同时更好地利用现有资源，发展愿景如下：

1）2022年建立枢纽和交通管理无缝移动管理系统；

2）2025年实现运输和物流（Transportation and Logistics，T&L）的全数字化和自动化、T&L 中可信数据交换的互操作性；

3）2030年实现无缝和可互操作的 T&L。

（4）城市交通高效化　城市交通领域是 ERTICO 的重点发展领域之一，该领域当前的目标为：

1）为一体化服务平台（MaaS）创建统一化市场。ERTICO 正在制定有关 MaaS 部署和互操作性的指南和框架。ERTICO 认识到测试城市网络以进行 MaaS 部署的重要性，并正在与城市合作进行这项工作。

2）开发用于统一工具的"plug and play city"和 API。运用于交通系统、移动数据和相关服务互联和集成的统一工具和 API 使得"plug and play city"成为可能。ERTICO 支持在复杂的城市环境中大规模部署 C-ITS 捆绑服务，并致力于为"plug and play city"开发 ITS 部署框架。

在未来，ERTICO 规划的城市交通领域的发展路线如下：

1）2022年综合多种交通管理系统，连接流量管理网络；

2）2025年 C-ITS 广泛应用于城市，实现集成出行解决方案的广泛可用性；

3）2030 年实现为所有人提供完全灵活和个性化的出行。

（5）数字化基础设施　近年来，欧盟数字化经济发展迅猛，各方面取得显著成效。欧盟数字化战略的主要目标是打通成员国之间的数字壁垒，实现地区内的整体数字化转型。自 2015 年以来，欧盟连续发布《数字化单一市场战略》《塑造欧洲的数字未来》和《欧洲数据战略》等文件。欧盟除了资助"大数据"和"开放数据"领域的研究和创新活动外，还启动了"连接欧洲设施"（Connecting Europe Facility，CEF）计划，采取权益和债务证券及补助相结合的形式促进数字化基础设施的建设。

"连接欧洲设施"计划是欧盟为交通运输、能源和数字项目设立的泛欧洲基建投资资金池。第一版的基金规划，即 CEF 1.0，在 2014 年至 2020 年完成。CEF 1.0 提供约 288 亿欧元，其中交通运输 237 亿欧元、能源 46 亿欧元、数字项目 5 亿欧元。

2021 年，CEF 2.0 公布，将继续为交通运输、能源和数字领域的关键项目提供资金。该计划将在 2021 年至 2027 年进行，总预算高达 337.1 亿欧元，比第一阶段要高近 50 亿欧元。其中交通运输获得 258.1 亿欧元资金。在交通运输领域，CEF 2.0 将重点促进多式联运网络建设，以发展现代化铁路、公路、内陆水路和海上基础设施，并实现安全可靠的机动性。CEF 2.0 将优先发展 TEN-T，重点地区将是目前仍缺少连接的跨境项目。此次 CEF 2.0 强调交通运输、能源和数字三者的协同发展，旨在促进基础设施互联、自动出行以及替代燃料等领域的跨部门合作。

（6）道路交通安全保障措施　欧盟各国汽车保有量和高速公路网络的密度都比较高，各个城市均由高速公路相连，但是欧盟各国每年道路交通事故发生率很低，这主要是由于欧盟非常重视道路交通安全，得益于欧盟对交通安全的宣传，公众普遍具有较强的交通安全意识。另一个有效保障道路交通安全的重要原因是完善的交通安全工程设施。除此之外，卓有成效的车辆管理也对保障道路交通安全起到了至关重要的作用。最后，道路交通安全最重要的保障是对各交通违法行为的严格执法。

即使这样，2019 年全欧盟共有约 22 800 人死于道路事故，死亡率是 0.051%。与 2018 年相比，2019 年欧盟道路安全状况整体有所改善，死亡人数同比降低 2%，比 10 年前少 7 000 人，降低 23%。虽然道路事故死亡总人数有所下降，但安全性的进步速度低于预期。欧盟的目标是到 2030 年道路事故死亡人数和重伤人数都减半，到 2050 年降至 0。目前虽然很大程度上已经减少了道路事故，但近几年死亡人数下降并不明显。另外，各国间的情况差异较大。只有通过协同立法施策、充分投资、统一车辆和基础设施标准、采取数字化手段以及共享最佳实践，才能实现零道路事故死亡目标。

为到 2050 年实现"零死亡"愿景，欧盟制定了《道路安全战略行动计划》和《欧盟道路安全政策框架 2021—2030》。在此战略和框架内，欧盟已经开始实施"安全系统"计划，其中，对车辆安全、基础设施安全、防护措施、低速驾驶和事故后护理提出了更高要求。另外，欧盟还将努力确保有力地跨境交通执法、普及电子驾驶证，并帮助道路安全表现落后的成员国找到提升安全性的新方法。

（7）标准化及跨部门合作　ERTICO 的四个工作领域为：网联和自动驾驶、城市智能交通、绿色交通、智能化物流运输。这些领域帮助 ERTICO 集中精力开展活动和项目，以在每个活动和项目中实现特定的目标。ERTICO 指出应从整体上看待智能出行，因此 ERTICO 建议将在一个领域中取得的成果应用于其他领域，并适时开展一些"跨领域"活动，从而进一步推动 ERTICO 完成在整个智能交通领域的使命。标准化、互操作性、智能交通知识中心和交通运输数字化培训是"跨部门"类别活动的示例。

由于设备和数据平台可能会提供不同格式的数据或使用不兼容的通信接口，所以互操作性的研究是必不可少的。互操作性能够解决不兼容问题，同时为设备和系统提供使用兼容的格式和接口交换一致数据的能力。标准化是互操作性的关键推动力，ERTICO 致力于采用通用或统一标准，以将各种设备和平台无缝地组合到一项服务中。

总体看来，欧洲的智慧交通发展重点已经逐步从标准规范制定和研究向一体化、实用化转变，主要的一体化保障是欧盟范围内跨国项目的实施，主要的措施是应用更加具体化，同时增强科普性项目的投入，加强对工作人员培训的投入，为全面实现欧洲智能交通实用化、产业化做准备。未来可以预见实体应用类项目数量将持续增加，同时项目投入方由政府和研究机构转变为市场，民众对智慧交通应用接受程度提高，欧洲智慧交通将实现一体化和市场化。

2.3　智慧交通管理系统进展

交通管理是对道路以及道路上的行车、停车、行人使用，执行交通法规的"执法管理"，并用交通工程技术措施对交通运行状况进行改善的"交通治理"的一个统称。交通管理的目的是应用现代科技手段来保证道路交通的安全通畅，以促进社会经济发展和社会文明进步。

我国交通管理经历了从经验管理、科学管理到智慧治理的发展阶段。随着管理理念的转变、管理方式的转型以及管理对象的逐渐丰富，交通管理领域应用智慧交通技术的程度也日益加深，范围愈加广泛，对传统的交通管理系统、交通管理设施和装备等赋予了智慧化的标签特性，推动交通管理工作从人工式、片段式、经验式、粗放式、被动式的工作模式向智慧化、集成化、科学化、精准化、主动化的方向转变。目前，智慧交通管理领域应用智慧交通技术主要集中在以下几个方面：

1）应用于道路交通执勤执法，强化了勤务执法效能。以视频监控、图像识别、大数据分析等技术手段为支撑，通过缉查布控、集成指挥平台以及公安交通指挥中心等系统，在城市交通管理方面形成了"情报、指挥、勤务、督考"一体化现代勤务新机制，在公路交通管理方面形成了交通安全防控体系，建立了新型公路执法勤务机制，极大释放了警务效能。

2）应用于城市道路交通管理，实现了精准化疏堵管控。以流量检测、信息通信、集成可视、数据挖掘等技术手段为基础，以交通指挥中心为载体，通过实时采集交通流量、平均车速、排队长度等道路交通运行数据，监测城市交通运行状态，研判道路交通运行态势，为公众提供出行和停车信息服务，为科学优化交通信号灯配时提供基础，为制定交通管控方案、调度勤务力量、优化配置资源提供支撑，为应对城市突发公共事件提供保障，实现城市道路交通安全与畅通。

3）应用于区域公路交通管控，保障了大动脉畅通可靠运行。以图像识别、信息通信、数据挖掘、环境感知等技术手段为依托，通过利用智能交通技术对区域公路交通系统信息采集分析，研判区域公路的交通运行状况、交通安全态势以及团雾冰雪等恶劣天气影响，为长距离出行提供信息服务，为区域公路交通管控、恶劣天气及自然灾害等突发事件应急救援保障提供支撑，实现公路交通系统的安全有序畅通。

4）应用于道路交通安全防控，夯实了事故预防处置能力。以信息通信、地理信息、交通仿真、数字孪生等技术手段为架构，通过对交通事故现场进行全面调查与实时还原，精准采集交通事故信息要素，智能科学分析交通事故成因，实现对交通事故的处置效率和统计分析能力的双提升，为深层次挖掘事故成因和科学鉴定事故责任提供了有力支撑。

2.3.1　交通信号控制系统

随着现代科学与汽车技术的发展，汽车数量迅猛增长，路口冲突矛盾愈加激化，人们为了安全、迅速地通过路口，不得不将最新的科技成果用于解决路口的交通堵塞问题，从而推动了自动控制技术在交通领域的迅速发展。世界各国交通管理的经验表明，道路交叉口交通管理最有效的方法之一就是交通信号控制。因此，交通信号灯控制也是道路交叉口最普遍的交通管理形式。

1. 交通信号控制的产生与发展

1886 年，伦敦的威斯敏斯特教堂安装了一台红绿两色煤气照明灯，用以指挥路口马车的通行，运行一段时间后不幸发生意外爆炸，招致人们反对而夭折。

1917年，美国盐湖城开始使用联动式信号系统，将6个路口作为一个系统，用人工手动方式加以控制。

1918年初，美国纽约街头出现了新的人工手动红黄绿三色信号灯，同现在的信号机甚为相似。

1922年，美国休斯敦建立了一个同步控制系统，以一个岗亭为中心控制几个路口。

1926年，英国伦敦建成了第一台自动交通信号机并在大街上使用，可以说是城市交通自动控制信号机的开始。

1928年，人们在上述各种信号机的基础上，制成"灵活步进式"适时系统，由于其构造简单、可靠、价廉，很快得到推广普及，以后经不断改进、更新、完善，发展成现在的交通协调控制系统。

在计算机应用方面的发展也很快，先是模拟式电子计算机，1952年美国丹佛市首先安装，经过改进称为"PR"（Program Register）系统，至1962年，美国已安装了100多个"PR"系统。之后数字计算机也进入了交通控制领域。1963年，多伦多市第一个完成了以数字计算机为核心的城市交通控制系统（UTC系统），接着西欧、日本很快也建立了改进式的UTC系统。

在软件开发方面，1967年，英国运输与道路研究实验室（TRRL）的专家们研制了"TRAN-SYT"（Traffic Network Study Tool）。它是一个脱机仿真优化的配时程序，应用很广，效果很好，经不断完善、改进，现在已发行了17版。

由于TRAN-SYT配时方案以历史资料为依据，不能及时有效地随交通流量变化而改变，1980年英国TRRL又提出了SCOOT（Split Cycle Offset Optimization Technique），即实时自适应交通控制系统，接收进口道上游安装的车辆检测器所采集到的车辆到达信息，通过联机处理形成控制方案，并可适时调整绿信比、周期长度及时差等参数，使之与变化的交通流相适应。其所产生的社会经济效益要比用TRAN-SYT（第8版）固定配时系统高出10%左右。

在SCOOT面世的同时，澳大利亚新南威尔士干线道路局的西姆斯（A. G. Sims）也开发了一个控制系统SCATS（Sydney-Coordinated Adaptive Traffic System），并在悉尼市开始应用，它是一个能自选方案的实时自适应控制系统。

上述三个系统是当今普遍采用较为著名的交通控制系统，其他各地开发或使用的控制软件还有不少，但未能在较大的范围内应用。

2. 我国城市交通信号控制的起步

我国城市交通控制研究工作起步较晚，从几个城市使用单点定周期式交通信号控制器控制交通信号灯开始。1973年北京启动了我国第一个城市交通自动控制工程项目——首都自动化交通控制工程（又名北京前三门大街交通信号自动控制工程或7386工程），在前三门大街进行交通干道的协调控制系统的试验研究。1978年广州、北京、上海等城市开始了单点定周期交通信号控制器的研发和使用。1985年全国城市交通管理工作会议在广州召开，推广广州市应用自动交通信号控制机模式，即以固定配时方式实现交通信号自动控制。1986年全国公安计算机应用展览会上，广州研发的电脑交通信号机同北京、沈阳研发的电脑交通信号机一起获得全国公安计算机应用三等奖，电脑交通信号机可以按照路口各个方向的车辆检测器检测的车流量，进行感应式的交通信号控制。

我国的交通控制系统研发始于20世纪80年代，国家"七五"重点科技攻关研发的"城市交通实时自适应控制系统"（"2443"工程）是我国自行研制开发的第一个实时自适应城市交通控制系统，总体上达到当时国际先进水平，在南京市中区的24个路口进行了区域交通协调控制示范应用。国家"八五"重点科技攻关研发的"城市交通控制系统应用技术"重点解决了交通控制系统的工程化技术问题，提供了较为成熟的技术和设备，系统软件也从AT&T UNIX移植到Microsoft Windows NT平台，选择在广州市天河区示范应用。国家"九五"科技攻关项目"缓解城市道路交通堵塞关键技术的研究及示范工程"研发了交通信号控制系统和交通动态信息系统。之后随着科技进步，多所大学、多个企业或基于国家和省部级的各类研究计划，或自发地研发了交通信号控制等系统，在一些城市得到了局部应用。20世纪80年代，随着我国一些大城市引进SCOOT、SCATS等国际上先进的交通信号控制系统，我国道路交通进入了点、线、面协调控制的交通信号控制阶段。这一做法主要集中于大城市，通过引进应用国外先进系统，消化吸收交通控制技术，为我国自主研发积累相关经验。

自20世纪80年代至今，我国研发和建立了适合中国混合交通流特性的控制系统，较有代表性的系统为HT-UTCS和Hicon系统。HT-UTCS是由交通运输部、公安部与南京市合作自主研发的实时自适应系统，采用三级分布式控制（区域协调、线协调和单点控制），为方案形成＋专家系统式自适应控制系统。Hicon系统是由青岛海信网络科技开发的自适应系统，采用三级控制模式，包括路口级、区域级和中心级控制，路口级负责实时数据采集、上传至上级、接收上级指令；区域级负责子区控制优化、数据采集、交通预测；中心级负责监控下级运行状态，提供人机交互平台。

3. 我国城市智能交通信号控制系统的应用

从20世纪80年代开始，我国大多数城市陆续建立了交通信号控制系统。根据2020年的调查，我国130座样本城市中心区交通信号机的灯控路口数量共有71 800多个。其中1 000个以上的灯控路口有20座城市，500～1 000个灯控路口的城市有 22 座，500 个以下灯控路口有 88 座城市。调查显示，样本城市交通信号机联网率参差不齐，其中仅有 17 座城市实现全部联网，另有 25% 的城市交通信号机联网率不足 60%。

从我国当前情况来看，城市交通信号控制系统在协调和控制城市区域应用中，发挥了均衡路网内交通流的分布和减少停车次数、延误时间及环境污染等控制作用。实践证明，任何交通信号控制系统只有与当地、当时的实际交通状况结合起来，不断优化信号配时，并运用新技术，不断创新信号控制模式，才能发挥系统的控制效率，达到预定的控制目标。

（1）配时参数优化，发挥控制效率　交通信号控制系统的控制策略无论是系统定时控制还是自适应控制，其传统信号配时要么依靠从业经验丰富的交通管理部门业务人员来确定配时时长，要么依靠路面线圈、地磁、视频等采集方式的车辆检测器采集动态数据，由交通信号控制系统通过其模型算法或设置来自动调整信号配时时长。我国现阶段城市发展较为迅速，各地尤其是大中型城市道路改造频繁，存在检测设备完好率低、控制效果差等问题，而系统又有一定规模，加上公安交通管理部门编制内人员受限，专业性技术人才缺乏，因此难以使交通信号控制系统发挥效率。自公安部交通管理局发布《推进城市道路交通标志标线标准化工作方案》和《推进城市道路交通信号灯配时智能化工作方案》以后，信号控制配时优化的社会化服务也逐渐开始爆发，以往主要集中在广东、江浙等发达地区，现在一些中小型城市也开始将交通信号配时参数优化工作逐步向"社会化"采购服务发展。

通过交通信号配时参数优化社会化服务，专业社会化服务企业在日常工作中落实信号灯台账系统、信号控制评估系统，并运用调控制计算、单点路口配时计算平台优化配时参数，优化过程既考虑了路网交通的均衡疏导，也精细挖潜和提升了路口/干线通行效率。广州、深圳、济南等城市的交通信号配时优化交予社会化服务后，实现了交通信号控制优化的精细化管理，提高了区域内交叉口和干道通行能力，从而达到了缓解交通拥堵、保障交通安全、实现有序通行的控制效果。

（2）感知技术升级，提升控制效益　前端交通感知设备是交通信号控制的源泉和数据基础。通过交通流量采集设备，实时、精准、全天候、全面地感知道路交通流动及交通行为，是交通感知系统的重要目标。目前主要的交通流量采集设备包括：视频、线圈、地磁、雷达、RFID、雷视一体机。

调研显示，我国 51 座城市安装了视频采集设备，视频是采用最多的采集方式，占比 86%。20 座城市安装了地磁采集设备，19 座城市安装了雷达采集设备，在样本城市中安装比例分别为 34% 和 32%。感知技术升级可以更准确地提取对应检测车道的车流量、车型大小、速度、占有率、排队长度以及车轨迹等信息，按照路口交通流量和车辆运行轨迹，预先设置交通信号控制方案，达到系统控制效率最佳状态。例如广东省清远市交通信号控制系统通过断面/区域检测与轨迹检测相结合，分析了城市道路的承载力，掌握路网交通流变化趋势特征，从交通需求和道路资源供给的角度通过交通信号控制的方式实现交通合理分流，并利用交通仿真先评估方法与交通匹配度、旅行时间以及交通延误等后评价相结合的方式，全面规划改造了智能交通信号控制系统，通过优化信号配时，达到道路通行效率最大化。

4. 我国城市智能交通信号控制系统的智慧化展望

近年来，随着大数据、云计算、人工智能、物联网、5G 车联网、移动互联、数字孪生、全息路口等新一代 ICT 技术应用拓展，腾讯、阿里、华为、百度、滴滴等城市交通大脑和"互联网＋信号灯"出现，交通信号控制也迎来了基于端、边、云一体化智慧发展的新阶段。

在端侧，传统的智能交通信号控制系统主要是基于路面车辆检测设备对车流量、占有率等数据进行采集，控制效果直接受制于检测设备的完好度。而随着技术升级，路面终端感知数据可以通过视频 AI、RFID、激光雷达、雷视一体机、车联网等多种新技术加持与融合进行采集，不再受限于原有系统自采检测设备的完好度，而是基于随时随地都可低成本获取的多源多维大数据进行融合分析，从而可以更为精准地描绘出路口交通流量、排队、放行等通行状态特征，更好地实现与交通信号控制系统互联，真正做到交通全时空的"看得见、看得清"。

在边缘侧，通过 AR、边缘计算、机器学习、神经网络等新技术移植，系统不再依赖那些现代控制理论中公式变量繁多、边界条件苛刻的复杂数据模型，可由大数据直接驱动交通信号的智能决策控制与迭代学习，真正做到信号配时"想得透、想得好"。

在云侧，通过全息感知、数据孪生、高精度地图、网约车、互联网等新技术应用，可实现交通信号决策控制在线并行仿真和即时效能评估，真正做到区域级的交通控制实时自适应优化迭代。通过物联网、车联网、移动互联等新技术应用，交通信号控制逐步从交通后置响应向交通需求前置引导、交通信息主动服务转变，真正实现人、车、路、控制等交通要素全时空高效配置、协同疏导。

随着 5G 车联网时代的到来，交通信号控制系统也将逐步从交通控制向交通信息服务转变，推动信息服务内容更加精准有效，采取多样手段，将交通信号控制信息推送给所有的出行者，只有这样才能把被动交通信号控制转变为主动交通信号控制。新一代交通信号控制系统将有可能为实现自动驾驶发挥作用，从而推进车路协同大规模应用。

2.3.2　交通视频监控系统

交通视频监控系统是最常用也最直观的交通信息采集手段，在国内外交通管理领域已被广泛应用。能通过监控摄像头为交通管理指挥人员直观地反映道路宏观交通信息与交通状况，便于及时掌握交通动态；对于路口和路段通过道路交通违法动态抓拍系统可以及时准确地掌握相关详细违法证据；由于视频监控系统所记录的图像具有很强的直观性、实时性和可逆性，使得它在震慑和打击道路交通违法行为、解决交通事故、预防和疏导交通拥堵、及时响应交通突发事件以及在治安和侦破刑事案件、为公安侦察破案提供线索等方面发挥重要的作用。

交通视频监控系统一般分为图像采集、网络传输和指挥中心三部分内容。

1. 前端子系统

视频图像的采集功能主要是利用前端摄像头来实现。摄像头是整个视频监控系统的前沿，是整个系统的"眼睛"。在被监视场所面积较大时，在摄像头上加装变焦距镜头，使摄像头所能观察的距离更远、更清楚；还可把摄像头安装在电动旋转云台上，可以使云台带动摄像头进行水平和垂直方向的转动，从而使摄像头能覆盖的角度更大。

在某些情况下，特别是在室外应用的情况下，为了防尘、防雨、抗高/低温、抗腐蚀等，对摄像头及其镜头还应加装专门的防护罩，甚至对云台也要有相应的防护措施。

2. 传输子系统

网络传输子系统由自建路口局域网、专用接入网、中心视频专网构建，实现前端子系统与后端管理子系统之间的互联互通。

3. 中心管理子系统

交通视频监控系统的服务端和客户端均设置在视频监控指挥中心。监控指挥中心由中心管理单元、媒体分发单元、媒体存储单元、业务管理单元等组成。一个监控范围被称为一个"域"。指挥中心主要实现对监控目标的命令控制，媒体交换，以及业务、用户、媒体、网络管理和认证鉴权等方面的功能。也就是说，指挥中心将监控信息传达给各个单元，以达到对视频信息进行处理的效果。

2.3.3　卡口稽查布控系统

随着道路的快速建设、机动车保有量迅速增加，与车辆相关的肇事逃逸、盗抢机动车辆、超速行驶等违法事件大量发生，不仅给人民生命财产和社会治安造成了极大的威胁，同时也带来极大的社会和经济损失，加强城市管理，保持社会稳定已成为十分重要的任务。利用城市监控联网报警系统、卡口稽查布控系统等科技手段可大大提高公安部门的实战和管理能力，抑制交通事故，预防打击涉车案件，震慑犯罪分子，进而提高整个城市的交通综合管理水平，更好地完善社会治安打防控体系，更快完成"构建社会主义和谐社会"的战略任务。

随着公安部"3111任务"和"平安城市"的广泛开展，各城镇陆续建设了大量、大规模的视频监控系统，但用传统监控技术建设的系统尚存在一些先天不足，主要是缺乏牌照等关键信息量化提取，历史视频数据搜索困难。以机动车图片抓拍、车辆牌照识别、车辆速度检测、布控比对报警、查报站出警拦截为主要目的的卡口稽查布控系统在城市治安及交通管理过程中发挥了重要的作用。

卡口稽查布控系统是利用先进的光电、计算机、图像处理、模式识别、远程数据访问等技术，对监控路面过往的每一辆机动车的前部特征图像和车辆全景图像进行连续、全天候实时记录，计算机根据所拍摄的图像进行牌照自动识别，并能进行车辆动态布控，对超速、逆行等违法以及被盗抢、违法黑名单、肇事逃逸、作案嫌疑车辆进行报警，并对超速、逆行等违法的车辆自动拍照并生成数据库，通过公安网络将各个监控点抓拍信息传送到公安相关部门，实行有机共享。

建设卡口稽查布控系统，不但可以及时准确地记录车辆信息，随时掌握各出入口的车辆流量及状态，进行车辆动态布控，对超速、逆行等违法车辆以及被盗抢、肇事逃逸、作案嫌疑车辆（存储在"黑名单"库中）实时报警，而且还可以监测出被盗车辆或罪犯所乘车辆进出城市时间以及行经路线状况，这为快速侦破案件提供了科学、有效的依据。

因此，卡口稽查布控系统是现代交通自动监测的有效补充，在非现场执法中占有重要的地位，系统通过对公路上监控区域内通行的车辆进行实时监测、抓拍、识别、报警、记录和管理，为城市交通管理系统的信息化、智能化进程提供可靠保证。系统能够对道路上运行车辆的构成、流量分布和交通违法等情况进行常年不间断的自动记录，为交通管理部门提供重要的基础管理数据，为快速纠正交通违法行为、快速侦破交通事故逃逸和机动车盗抢案件提供重要的技术手段和证据，同时也为交通规划、交通管理、道路养护部门提供重要的基础和运行数据，为快速纠正交通违法行为、快速侦破交通事故逃逸和机动车盗抢等案件提供重要的技术手段和证据，对提高公路交通管理的快速反应能力，制定长远的交通发展战略，以及治理交通污染等问题都有着十分重要的意义。

2.3.4 交通流量采集系统

交通流量采集系统是智能交通系统中的基础应用系统，通过线圈、微波、视频、GPS、RFID、浮动车等车辆检测技术获取道路上的交通流量、车道占有率、车速等交通特性、交通事件和拥挤程度信息。交通流量采集系统是智能交通系统的重要信息来源，可以为交通指挥调度、交通信号控制、交通诱导等提供决策依据。

交通流量采集系统主要由前端数据采集层、网络传输层、数据存储层和业务应用层组成。其中，前端数据采集层建设包括线圈、微波、视频、GPS、RFID、浮动车等检测设备建设以及系统数据对接服务。前端采集的车流量、车速、车型、车道占有率、车头时距等交通参数通过有线或无线的方式传送至数据存储层存储，并通过交通流数据加工模型进行高效、快速的分析和计算，综合应用于各个交通管理业务系统。其系统架构如图2-3所示。

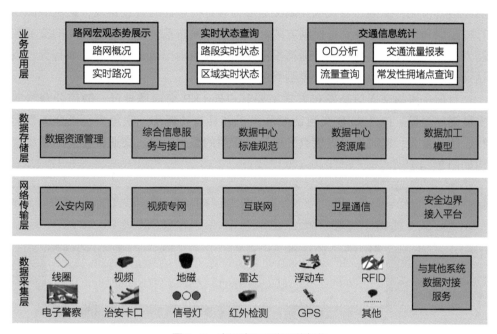

图2-3 交通流量采集系统架构

2.3.5 交通信息发布系统

交通信息发布系统是智能交通系统的重要组成部分，是交通管理者及时向道路使用者发布指令或提供信息，确保行车安全的有效手段。一旦出现交通拥堵、交通事故、恶劣天气或其他可能影响道路正常运行的特殊情况时，交通管理者可以及时通过户外 LED 交通诱导屏、微信公众号等途径及时发布相关信息，告知交通参与者实时交通状态，使其配合交通管制等措施的实施，保障交通顺畅，从而最大限度均衡路网交通流分布，提高现有道路通行能力，同时也有利于广大出行者和驾驶员了解路面实时动态信息，方便市民出行，提高人民生活质量。

交通管理人员能够通过交通视频监控、卡口稽查布控系统和交通流量采集系统等，以及现场民警的反馈快速得知路口的交通状况。信息需要传播出去才能发挥最大价值，因此，交通管理者需要一套交通信息发布、显示于一体的系统，及时、快捷地把这些交通信息发布出去，告知广大交通参与者，从而引导其调整出行计划和路线，最大限度均衡路网交通流分布，提高现有道路通行能力，实现科学管理、有效控制。

对于广大出行者和驾驶员，急需了解交通信息的媒介，了解路面实时动态信息，包括拥堵路段、管制限行信息、施工占道信息等，根据这些信息来安排、调整出行计划和路线，避开拥堵路段，使出行更顺畅。

交通信息发布系统是指通过一定的信息传播媒介，向交通参与者提供道路的实际运行情况，提醒、建议或控制交通参与者选择最佳的行驶路线，避免和减少行程延误和损失的一种交通控制方式。交通信息发布系统是一种主动式的交通控制方式，其最大特点是通过传递情报消息引导和控制交通参与者的交通行为，以达到交通安全、畅通、有序的控制目的。

目前主流的交通信息发布方式主要有户外 LED 交通诱导屏、微信公众号等多种诱导途径。户外 LED 交通诱导屏由于其具有功耗小、视角大、可全天候运行、信息量大、实时性好等优点，成为最常用的显示手段。交通信息发布系统架构如图 2-4 所示。

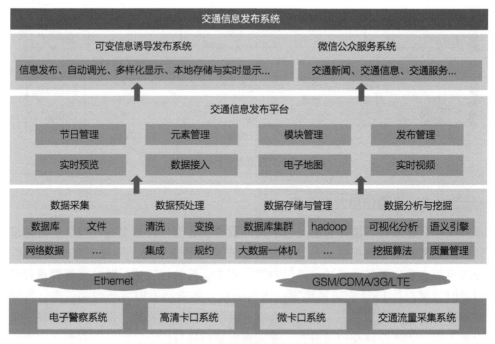

图2-4　交通信息发布系统架构

交通信息发布系统由两部分组成，分别是可变信息诱导发布系统和微信公众服务系统。系统通过前端常见的各种交通管理业务子系统，将采集到的实时交通状态信息，经交通流量接入模块进行接入，通过交通流量分析模块分析生成交通拥堵情况数据，在审核通过的情况下，为交通的参与者发布路段路况、路口路况（拥堵、畅通、缓慢）等交通信息。同时，系统还能关联到交通违法处理系统，对交通违法信息进行处理，生成相应违法信息，经人工审核，发送违法信息，提醒交通参与者文明行车，为交通的管理者进行指挥调度、行为决策提供可视化的数据支持。

另外，此系统还可以支持多种信息发布模式。例如关联交通指挥调度系统的预案，做紧急信息发布，如前方某某路段拥堵，请绕行等，或者采取人工编辑发布，通过人工文字编辑，发布施工占道、交通管制等信息。

2.3.6　AR 视频监控系统

AR 视频监控系统着眼于城市重点区域的交通运行综合监测，解决了目前重点区域交通运行监测业务中一些常见的问题，如监测范围小、监测画面无法兼顾整体与局部、系统和界面难以统一整合、各种交通类型的数据缺乏分析和展示手段等问题。

AR 视频监控系统采用先进的增强现实技术，将视频中的背景信息进行结构化描述，背景信息可搜索、可定位，并能实现 GPS 坐标映射、方位感知、视频联动等功能，实现实时图像与信息的结合，使得传统的监测视频升级为实时视频型电子地图。

AR 视频监控系统通过高点摄像头的鸟瞰视角掌握监测区域整体情况，通过调用低点摄像头，从不同角度查看监测区域细节，能大大改善用户体验，提高工作效率。所有重要信息都能在当前全局监测画面直观展示，形成纵览全局和掌控细节的全息交通运行监测系统。

AR 视频监控系统通过各种标签对视频背景信息进行描述，包括静态的信息标签和动态的信息标签。丰富的标签能够详尽展现区域内的建筑物、道路和交通运行信息，这些标签在业务上又可以分为展示类标签、统计类标签和研判类标签，直观且全面地满足城市交通运行监测的需要。同时系统提供了标签跟随、标签分层、标签分级等功能，可以对标签进行高效的管理。

AR 视频监控系统可以根据实际管理需求联动各种智能交通系统，如交通信号控制系统、交通视频监控系统、交通信息发布系统、交通流量采集系统等，在高点监控的交通运行监测驱动下，既着眼于交通态势实时监测，又及时准确地进行交通综合管控。不仅在前端实现各个业务系统界面的统一展示和控制，还在后端打通各个业务系统的数据通道并完成业务数据的深入挖掘、分析和可视化展示，对城市交通进行全方位立体化综合监测和管理。

AR 视频监控系统利用先进的增强现实技术实现将每一个监测区域的各种交

通资源、交通要素、交通事件实时落实到监测图层上，不同交通要素根据需要任意组合叠加显示，深入了解相互间的关系和属性。通过 AR 监测高点的合理布建，系统覆盖城市交通管理重要区域，实现交通精细化网格管理，提高城市的交通态势监测水平，增强城市交通管控，助力保障城市交通畅通、安全。

AR 视频监控系统的组成主要分为前端接入层、数据处理层、应用层和控制展示层。每个层次按照不同的功能又分为不同的应用模块。AR 视频监控系统架构如图 2-5 所示。

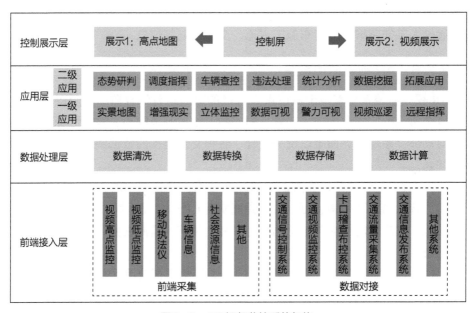

图 2-5　AR 视频监控系统架构

AR 视频监控系统各层功能如下：

（1）前端接入层　前端接入层主要通过前端采集和数据对接两种方式接入数据，前端采集是将各种前端信号源产生的各种不同类型数据通过网络接入数据平台；数据对接是将各种智能交通系统原有的各种数据资源或者其他系统的行业数据资源接入数据平台。

（2）数据处理层　数据处理层主要将接入的数据进行数据清洗、转换、存储和计算，为上层的业务应用提供有效的数据。

（3）应用层　应用层实现 AR 视频监控系统各个功能模块的具体功能，是 AR 视频监控系统功能的综合体现。

（4）控制展示层　控制展示层主要提供控制及展示，可以单屏显示，控制和展示都使用一块屏，高低点视频、地图、控制等均在同一块屏幕上显示，也可以根据需求将不同的信息推送到其他的屏幕上，例如采用一机三屏的模式，使用一块控制屏，推送信息到两块展示屏。

AR 视频监控系统的整体架构可依据功能模块进行组合，但使用的功能模块应在相应层次对应，如前端接入层使用了交通流量采集模块，应用层则相应增加交通流量分析模块。

2.3.7 RFID 汽车电子标识车辆管控系统

汽车电子标识是一种通过无线射频识别技术和防伪加密技术，把车辆相关信息进行加密存储，并允许车辆在高速行驶过程不妨碍车辆行驶的情况下读取其车辆信息的技术。

"十一五"期间，公安部科技信息化局组织有关单位承担国家科技支撑计划专项，致力于我国自主知识产权的基于无源 RFID 技术的"汽车专用电子标识"研制，并构建"涉车信息公共服务平台"系统，以此开发和应用我国"涉车信息资源"，为我国汽车提供服务，为社会管理奠定基础。该项目是由国家科技部根据《国家"十一五"科技发展规划》的重点任务中"超前部署前沿技术研究的先进制造技术重点领域，组织实施射频标签（RFID）技术与应用重大项目的具体任务"和我国政府在《中国射频识别技术政策白皮书》中的指导精神而设立的"国家科技支持计划重点专项"。该专项已于 2011 年成功通过科技部验收，并获得了验收专家组的高度评价。该专项历时 3 年，形成了一个从科学原理到技术体系结构、从前端到后台、从核心产品到系统集成、从标准体系到运营典章的完整技术体系。特别重要的是，"基于汽车专用电子标识的涉车信息公共服务平台"采用我国自主知识产权核心芯片，从数据采集、传输、存储到应用采用一整套先进安全机制，保障了国家涉车战略资源开发的安全性。

2017 年，GB/T 35789.1—2017《机动车电子标识通用规范——第 1 部分：汽车》、GB/T 35788—2017《机动车电子标识安全技术要求》、GB/T 35787—2017《机动车电子标识读写设备安全技术要求》等六项汽车电子标识相关标准的发布，标志着汽车电子标识技术正式走向成熟应用阶段。

1. 系统工作原理及关键技术

RFID 汽车电子标识车辆管控系统能够实现远距离条件下的车辆信息采集和车辆身份识别。该系统的基本应用原理是在受监控车辆上安装 RFID 标签，在电子标签内记录了包括牌照号码、车辆类别、车辆类型、颜色、型号等法定公知信息（汽车电子标识本身不存储个人隐私信息），通过固定或移动的射频视频联动感知基站，可以快速准确识别车辆的身份，从而有利于提高对在用车辆的整体管控能力。

（1）射频识别技术　射频识别（Radio Frequency Identification，RFID）技术是一种利用射频通信技术实现的非接触式物体自动识别的综合应用技术。RFID

标签具有体积小、容量大、寿命长、可重复使用等特点，可支持快速读写、非可视识别、移动识别、多目标识别、定位及长期跟踪管理，非常适合作为车辆的"电子牌照"使用。

（2）基于 RFID 与视频的双基识别应用技术　以视频识别技术为基础的公安治安卡口或电子监控系统，在预防、打击、堵控流窜、围剿暴力犯罪和涉车犯罪的斗争中正发挥着其他警种越来越不可替代的特殊作用。但是，由于视频识别技术对车辆的识别主要依托汽车固有的牌照作为采集信源，由于其局限性，对汽车身份信息采集的精准度、及时性、可靠性、机动有效性、系统匹配性与实战需求相比，仍存在较大差距，特别是在判别假牌、套牌车方面，更显乏力。因此，需要得到 RFID 技术的补充、支持和完善。

（3）中心控制集成管理技术　中心控制集成管理部分是整个系统的"心脏"和"大脑"，是实现整个系统功能的指挥中心，实现硬件设备与信息数据的"大整合、高共享、智能联动"，完成对路口的设备、数据通信管理和数据处理工作，同时满足公安各条线、各警种对全市智能监控卡口的全面掌握和有效控制，并建立相应的建设、管理和应用方式，确定后台中心与市局指挥中心、图像中心、信息中心等的关系与运行模式。

2. 系统架构

RFID 汽车电子标识车辆管控系统架构如图 2-6 所示。

（1）感知层　感知层是整个系统的基础，通过感知层采集的各类信息提供给系统应用。RFID 汽车电子标识车辆管控系统感知层构筑以 RFID 技术为基础的多源信息采集系统，主要涵盖 RFID 及视频识别设备，由汽车电子标识、汽车电子标识的发行、采集设备及部分视频监控设备组成，实现对汽车电子标识的发行安装及路网基础信息的实时采集。

感知层相关设备中，汽车电子标识安装在汽车前风窗玻璃上，汽车电子标识路面采集基站、汽车电子标识路面采集基站天线等信息采集设备部署在路侧前端，通过视频专网接入上层数据中心，为各类应用系统提供基础数据支撑。汽车电子标识桌面式签注设备部署在公安网内发行线上，用来发行电子标识卡片。汽车电子标识手持式读写终端设备通常情况下用于发卡完毕后的现场校验，也用于路面执法、应急外勤。

（2）传输层　传输层负责感知层采集系统与数据平台层各系统之间的数据传输和系统交互，将感知层所采集的信息高效、实时地传输到数据平台层，以便服务于各种应用。各类采集点，包括单基路面采集点、双基路面采集点等原则上均利用有线方式接入到视频专网内，同时可提供无线网络接入方式进行补充。发行线的设备接入公安网内实现电子标识卡与公安交通集成指挥平台数据的交互。

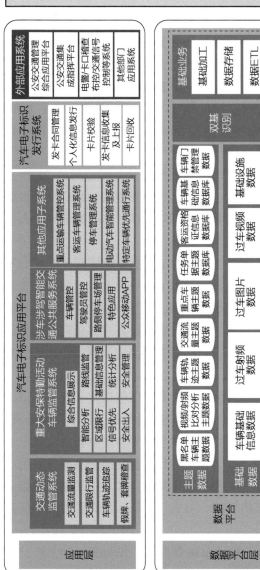

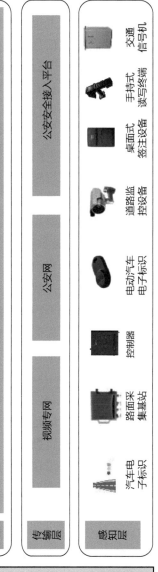

图2-6 RFID汽车电子标识车辆管控系统架构

公安安全接入平台是视频专网和公安网的交界，使用一些安全设备对传输于两个网络之间的数据进行深度加、解密等操作。

（3）数据平台层　数据平台层打造的是统一共享的汽车电子标识综合管理平台，集数据采集、信息存储、数据交换、综合处理及支持服务于一体，并对上级应用系统进行数据上报。数据平台层由网络中间件子系统、设备远程管理子系统、数据平台、客户信息管理系统和双基识别系统组成。

1）网络中间件子系统：网络中间件子系统是重要的采集支撑组件，主要任务是对 RFID 读写器上报的标签数据进行过滤、汇总、计算、分组，避免 RFID 读写器直接上报给上层应用系统的大量原始数据，减小了上层应用系统的处理压力。

2）设备远程管理子系统：设备远程管理子系统是针对各种型号的 RFID 采集基站进行管理的远程维护系统。通过远程的方式实现对采集基站集中批量参数配置管理、设备软件版本管理、运行状态监控、诊断测试等，为开局和维护人员提供全方位、便捷的解决方案。

3）数据平台：数据平台是面向智能交通领域的用于提供数据服务的底层平台，完成汽车电子标识综合平台相关数据支撑。数据平台完成基本的数据采集和数据存储功能，并通过数据汇总和整合形成数据仓库，进行数据挖掘。交通领域涉及的大量数据以及不同客户的多样性需求，要求数据平台具有海量存储能力以及基于海量数据的计算能力。数据平台可根据具体数据量确定采用集中式数据存储技术还是分布式数据存储技术。

（4）应用层　RFID 汽车电子标识车辆管控系统应用层包括汽车电子标识应用平台和汽车电子标识发行系统。其中汽车电子标识应用平台运行于视频专网，汽车电子标识发行系统运行于公安网。汽车电子标识应用平台主要包括交通动态监管系统、重大安保特勤活动车辆监管系统、涉车涉驾智能交通公共服务系统和其他应用子系统，并可在后期扩展各类增值服务应用系统，扩展应用主要包括公交信号优先、环保智能监测、停车/门禁管理、APP、涉车金融消费和涉车保险服务等。

（5）外部应用系统　RFID 汽车电子标识车辆管控系统作为开放性系统，为各类涉车管理业务系统提供相关支撑工作，与本系统关联的外部系统主要包括公安交通管理综合应用平台、公安交通集成指挥平台、交通视频监控系统、卡口稽查布控系统、交通信号控制系统以及环保、交通等部门应用系统等。

（6）支撑体系

1）安全保障体系：依托公安网及视频专网安全保障体系，实现对核心设备和网络的安全保护。

2）标准规范体系：系统遵循相关国标、公安、环保、交通行业标准及数据、技术规范。

3）运行管理保障体系：为网络和系统的运行、维护和管理提供组织机构、岗位职责和管理规范等方面的保障。

2.4 智慧高速系统进展

2.4.1 智慧高速系统标准进展

智慧高速相关建设标准和指南见表2-1。其中，《公路信息化技术规范（征求意见稿）》将公路信息化以路段为单位分为 A、B、C、D 四个等级，并且给出了公路信息化框架；T/ITS 0125—2020《智慧高速公路信息化建设　总体框架》定义了智慧高速公路信息化建设总体架构；DB50T 10001.1—2021 DB51T 10001.1—2021《智慧高速公路　第1部分：总体技术要求》给出了智慧高速公路建设内容；DB50T 10001.2—2021 DB51T 10001.2—2021《智慧高速公路　第2部分：智慧化分级》给出了智慧高速智慧化分级标准。

表2-1　智慧高速相关建设标准和指南

序号	标准编号名称	发布/归口单位	标准类型	标准状态	发布时间
1	《公路信息化技术规范（征求意见稿）》	中华人民共和国交通运输部	行业标准	征求意见	2020 年 4 月 14 日
2	《公路工程适应自动驾驶附属设施总体技术规范（征求意见稿）》	中华人民共和国交通运输部	行业标准	征求意见	2020 年 4 月 26 日
3	T/JSJTQX 08—2019《高速公路交通数据融合实施指南》	江苏省交通企业协会	团体标准	已发布	2019 年 12 月 28 日
4	T/ITS 0063—2017《智能汽车电子地图数据模型与交换格式　第1部分：高速公路》	中国智能交通产业联盟（中关村中交国通智能交通产业联盟）	团体标准	已发布	2017 年 12 月 10 日
5	T/ITS 0125—2020《智慧高速公路信息化建设总体框架》	中国智能交通产业联盟（中关村中交国通智能交通产业联盟）	团体标准	已发布	2020 年 10 月 30 日
6	T/ITS 0140—2020《智慧高速公路　车路协同系统框架及要求》	中国智能交通产业联盟（中关村中交国通智能交通产业联盟）	团体标准	已发布	2020 年 12 月 31 日

（续）

序号	标准编号名称	发布/归口单位	标准类型	标准状态	发布时间
7	T/ITS《高速公路改扩建工程数字化技术规范》	中国智能交通产业联盟（中关村中交国通智能交通产业联盟）	团体标准	征求意见	2022 年 5 月 22 日
8	T/CTS 3—2020《智慧高速公路交通标志设置指南》	中国道路交通安全协会	团体标准	已发布	2020 年 8 月 10 日
9	T/HNBX 104—2020《智能汽车封闭测试区（海南）高速公路自动驾驶汽车功能测试方法》	海南省标准化协会	团体标准	已发布	2020 年 9 月 23 日
10	T/SSAE 3—2021《智能交通系统 – 高速公路自动驾驶系统 – 性能要求及道路测试规程》	上海市汽车工程学会	团体标准	已发布	2021 年 3 月 16 日
11	DB50T 10001.1—2021 DB51T 10001.1—2021《智慧高速公路　第 1 部分：总体技术要求》	重庆市市场监督管理局/四川省市场监督管理局	川渝区域地方标准	已发布	2021 年 11 月 25 日
12	DB50T 10001.2—2021 DB51T 10001.2—2021《智慧高速公路　第 2 部分：智慧化分级》	重庆市市场监督管理局/四川省市场监督管理局	川渝区域地方标准	已发布	2021 年 11 月 25 日
13	DB50T 10001.3—2021 DB51T 10001.3—2021《智慧高速公路　第 3 部分：路侧设施设置规范》	重庆市市场监督管理局/四川省市场监督管理局	川渝区域地方标准	已发布	2021 年 11 月 25 日
14	DB50T 10001.4—2021 DB51T 10001.4—2021《智慧高速公路　第 4 部分：车路协同系统数据交换》	重庆市市场监督管理局/四川省市场监督管理局	川渝区域地方标准	已发布	2021 年 11 月 25 日
15	T/SDZDH 001—2022《高速公路车联网通信系统应用总体技术要求》	山东省自动化学会	团体标准	已发布	2022 年 5 月 12 日

1. 《公路信息化技术规范（征求意见稿）》[6]

公路信息化以路段为单位分为 A、B、C、D 四个等级，见表2-2。

表2-2　公路信息化等级适用范围

信息化等级	适用范围	具体内容
A	城市群区域内的重要高速公路通道、城市绕城高速公路等	应实现基于 GIS 和信息模型的公路基础设施数字化，以及公路建设、管理、养护、运营全过程业务协同和全寿命周期资产管理；应全程实现重要构造物、交通状态、突发事件、特殊气象等监测预警、诱导控制、定制化信息服务、ETC 等功能；应在特大桥、特长隧道及隧道群等重要构造物、特殊气象、行车交织区等重要点段实现车道级运营管理功能；宜为车路协同、自动驾驶技术应用等提供支持条件
B	高速公路	应实现基于 GIS 的公路基础设施数字化，以及公路建设、管理、养护、运营信息化应用；应全程实现重要构造物、交通状态和事件监测预警、动态信息服务、ETC 等功能；宜在特大桥、特长隧道及隧道群、行车交织区等重要点段实现车道级运营管理；可为车路协同应用提供支持条件
C	一级公路、干线二级公路	应实现基于 GIS 的公路养护、管理、运营信息化应用；应在特大桥、长隧道、平交路口、特殊气象等重要点段实现视频监控、交通状态、气象环境、异常事件监测预警及交通控制功能；应通过网站、移动终端、可变情报板、交通广播等方式提供公众信息服务
D	二级公路、集散三级公路	应实现公路数据库定期更新，支持公路养护、管理信息化应用；宜在大桥、长隧道、特殊气象等重要点段实现视频监控、交通状态监测、气象环境监测等功能；应通过网站、移动终端、交通广播等方式提供公众信息服务

公路信息化宜采用信息基础设施、信息化应用、数据管理及信息安全四部分组成的框架，如图2-7所示。

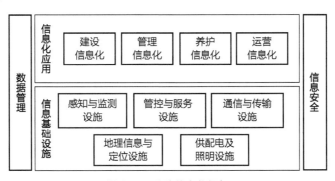

图2-7　公路信息化框架

标准详细描述了信息基础设施（感知与监测设施、管控与服务设施、通信与传输设施、地理信息与定位设施、供配电及照明设施）、信息化应用、数据管理及信息安全四部分内容。

感知与监测设施应包括交通运行、视频图像、气象与环境、基础设施等监测设施，宜包括工程过程质量、应急物资监测等设施。

管控与服务设施应包括可变标志、交通信号控制、交通诱导与服务信息发布、不停车收费、服务区信息化等功能。

通信与传输设施应按照"公网/专网结合、有线/无线结合、地面/空天结合"的原则建设，优先采用公路光纤通信专网系统。

地理信息与定位设施宜统一建设面向公路建设、管理、养护、运营各业务需求的 GIS。

信息化应用应涵盖公路建设、管理、养护、运营全过程，应充分利用公路数据库，加强公路建设阶段数据向公路管理、养护、运营阶段共享和传递。

2. T/ITS 0125—2020《智慧高速公路信息化建设　总体框架》[7]

智慧高速公路应满足交通出行者、交通管理者、道路运营方三者需求。

面向交通出行者，提供安全、畅通、经济、全天候的通行条件，及时准确的路况信息服务，娱乐、餐饮、旅游等舒适的出行服务。

面向交通管理者，提供实时和周期性交通数据等信息，用于进行道路交通管制和优化决策、降低安全风险、提高道路运行效率。

面向道路运营方，提供对车、路、环境的智能感知，自动发现异常及风险，提供科学数据支撑管理者进行分析预判，提供集成化智能化的处理控制手段，及时消除异常情况，保障路网安全、畅通，并提供量化指标分析评价，为长期运营提供决策依据。

智慧高速公路信息化建设应具备四个方面的特征：

第一，基础设施数字化，所有道路相关的分类及属性在全空域、全时域具备完整的数字表达，可以通过计算机系统进行有效的组织和使用，使道路资产的属性完整，管理过程清晰。

第二，感知智能化，包括对基础设施设备的运行状态、对环境状态的感知能力、对交通参与者感知能力。

第三，高效、低延迟的通信能力，通过通信系统将基础设施、各类资产、管理者、使用者高效地整合到一起，保障各方信息快速整合和实时互通。

第四，海量数据处理及分析能力，能够对海量数据进行存储和检索，支持跨业务平台的多源数据融合，具备大数据分析挖掘及人工智能数据特征提取能力。

智慧高速公路信息化从物理位置上分为外场、通信、内场三大部分。

外场系统主要作用是对车辆、道路、环境的感知，包括车辆、基础设施监测、路网运行状态监测、北斗地基增强、环境监测、服务区监测、收费站监测系统。

通信系统是连接智慧高速公路各个子系统的纽带，为各子系统提供与之要求相符的传输带宽，传输安全，传输速率保障。通信系统由光纤专网、以太网、移动专网、C-V2X无线通信网、IoT物联网、DSRC短距通信网、北斗应急通信网等组成。短距通信网络系统的构成、功能要求、安全性要求应符合GB/T 31024系列标准的要求。

内场系统采用分级部署方式，包含负责路段级或区域级管理的区域分中心部署，以及负责全路网管理的总中心部署。总中心承载全路网完整业务管理，需要构建数据中心及应用支撑相关系统，为业务应用开展提供基础。区域分中心应部署本地视频和业务数据储存、视频监控管理系统，以及支撑本地路网监测预警、养护管理、安全应急、收费管理业务开展的应用系统。

智慧高速公路信息化建设总体架构如图2-8所示。

3. DB50T 10001.1—2021 DB51T 10001.1—2021《智慧高速公路　第1部分：总体技术要求》[8]

建设内容应包括路侧设施、云控平台、基础设施数字化支撑环境、应用服务、信息安全，宜符合图2-9的要求。

路侧设施应包括感知设施、通信设施、定位设施、边缘计算设施、管控设施和配套设施。

云控平台符合以下要求：应预留与外部平台对接的接口；宜实现数据采集、数据分析、数据处理等功能；宜建立数据融合、数据更新、数据共享等机制。

基础设施数字化支撑环境宜支持高速公路建设、管理、养护、运营各阶段应用需求。高速公路建设、管理、养护、运营等各类智慧化应用，应共同建设、使用和维护统一的高速公路数据库。

应用服务宜包括准全天候通行服务、管控服务、运行调度服务、数据共享服务、建管养运支撑服务等。

信息安全系统应符合国家、行业现行相关标准的规定。

4. DB50T 10001.2—2021 DB51T 10001.2—2021《智慧高速公路　第2部分：智慧化分级》[9]

智慧高速公路等级以服务能力和系统条件进行划分，由低到高分为D1到D4级，高等级的智慧内容涵盖低等级的智慧内容，具体划分及定义见表2-3。

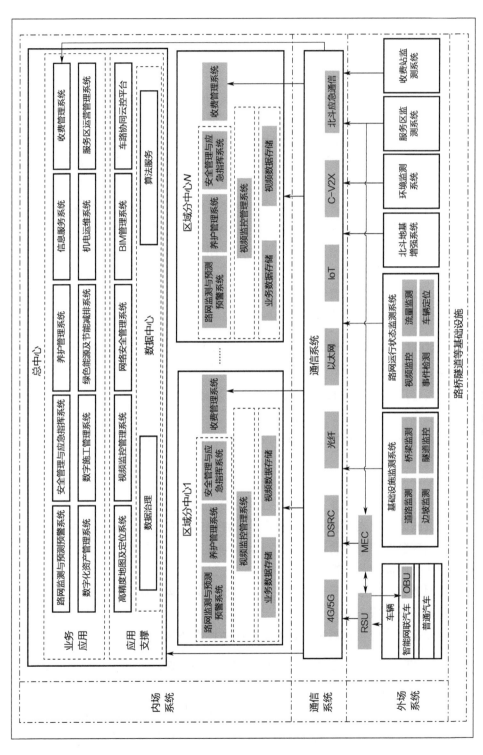

图2-8 智慧高速公路信息化建设总体架构

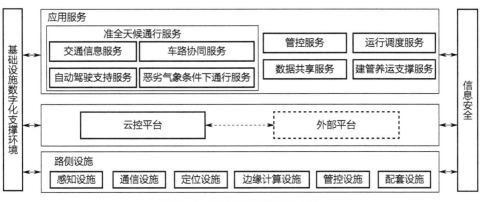

图2-9 智慧高速公路建设内容

表2-3 高速公路智慧化分级

等级	基本条件	关键内容	能力要求			
			满足高速公路使用者基本要求	建设智慧化的基础条件	具有支持智能网联车辆行驶能力	可持续、低排放基础设施、支撑抵御恶劣气象和自然灾害能力
			事后管控：可变信息标志、视频监控、交通流检测设施	主动管控：定位、高精度地图、感知设施	协同管控：车路协同系统	自动管控：新能源、智慧基础设施
D4	自主可控、新能源供给，以及 D3 基本条件	准全天候通行、新能源供给、基础设施自诊断和修复，以及 D3 关键内容	●	●	●	●
D3	车路协同、智能管控，以及 D2 基本条件	云控平台，车路协同主动安全、车道路权分配，货车编队行驶管控，以及 D2 关键内容	●	●	●	—
D2	数字化和信息化基础设施，以及 D1 基本条件	对实施动态监控、健康诊断的桥梁、隧道、边坡设施，提供支撑信息服务能力，以及 D1 关键内容	●	●	—	—
D1	建设收费、通信、监控等系统，运行控制中心	交通流监控、信息查询服务、运行调度	●	—	—	—

注：●是必选项。

D1级，建设传统的收费、通信、监控三大系统，以及运行控制中心，满足高速公路使用者基本需求，提供视频监控、运行调度、信息查询等基本服务。

D2级，基础设施逐步实现数字化和信息化，为下一步的智慧化发展提供基础条件，实现重大基础设施等全方位数字化监测和管理、恶劣气象条件下的安全引导等服务。

D3级，建设车路协同系统、运行控制中心，实现网联协同的智慧化管控环境，具有支持高级别自动驾驶、货车编队行驶等新技术的能力，提供车路协同安全管控、车道级、伴随式的高精准信息服务。

D4级，提供自动/人工驾驶混合交通流管控、准全天候通行、基础设施自我诊断能力和修复能力、新能源供给等服务，智慧高速公路具有可持续、低排放、资源节约、支撑抵御恶劣气象和自然灾害的能力。

2.4.2 智慧高速各省份相关建设指南进展

智慧高速各省相关建设指南见表2-4。各省份建设指南中均给出了智慧高速总体架构，其中《江苏省智慧高速公路建设技术指南》将智慧高速公路分为全要素感知、全方位服务、全业务管理、车路协同与自动驾驶、支撑及保障、新技术应用6部分内容。同时，各省份建设指南中也给出了智慧高速业务应用，主要包括基本业务应用场景、专项业务应用场景和创新业务应用场景。

表2-4 智慧高速各省份相关建设指南

序号	标准编号名称	发布/归口单位	发布时间
1	ZJ-ZN 2020—01《智慧高速公路建设指南（暂行）》	浙江省交通运输厅	2020年3月
2	JSITS/T 0001—2020《江苏省智慧高速公路建设技术指南》	江苏省交通运输厅	2020年11月
3	NXJT/XJJ 0001—2021《宁夏公路网智能感知设施建设指南（试行）》	宁夏回族自治区交通运输厅	2021年2月
4	SDITS/GL 2021—01《智慧高速公路建设指南（试行）》	山东省交通运输厅	2021年6月
5	北京《智慧高速公路建设指南（征求意见稿）》	北京市交通委员会	2021年12月
6	《云南省智慧高速公路建设指南（试行）》（2022年版）	云南省交通运输厅	2022年2月
7	《甘肃省智慧高速公路建设技术指南》	甘肃省交通运输厅	2022年3月
8	《河南省智慧高速公路建设技术指南（试行）》	河南省交通运输厅	2022年6月
9	河北《智慧高速公路建设指南（征求意见稿）》	河北省市场监督管理局	2022年8月
10	GDJT 001—07—2022《广东省智慧高速公路建设指南（试行）》	广东省交通运输厅	2022年10月

1. 智慧高速总体技术架构[10]

智慧高速总体架构如图2-10所示。

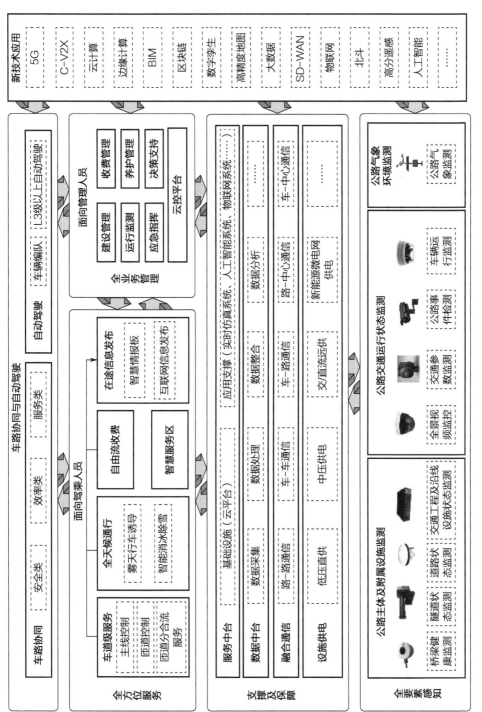

图2-10 智慧高速总体架构

全要素感知包含公路主体及附属设施监测、公路交通运行状态监测和公路气象环境监测，主要是融合应用多种监测设备实现人、车、路、环境的状态感知，为全方位服务、全业务管理、车路协同与自动驾驶提供数据支撑，如图 2 - 11 所示。

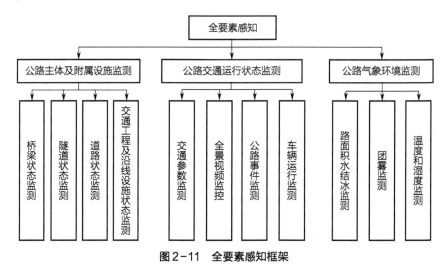

图2-11 全要素感知框架

全方位服务包含车道级服务、全天候通行、自由流收费、在途信息发布和智慧服务区，主要面向驾乘人员，实现出行即服务（MaaS），如图 2 - 12 所示。

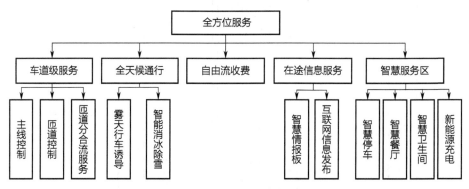

图2-12 全方位服务框架

全业务管理包含建设管理、运行监测、应急指挥、收费管理、养护管理、决策支持和云控平台，主要面向管理人员，实现管理提质增效。

支撑及保障包含设施供电、融合通信、服务中台和数据中台，确保各类数据有效传输和高效处理，为业务应用提供支撑。

车路协同与自动驾驶中，近期重点实现车路协同，支撑安全辅助驾驶，为全方位服务、全业务管理提供更便捷的手段，远期支撑实现自动驾驶，提升高速公路整体技术水平与服务能力。

2. 智慧高速业务应用

智慧高速业务应用见表2-5。

表2-5 智慧高速业务应用

应用分类	应用名称
基本业务应用场景	实时交通信息监测系统
	多网融合通信系统
	云控平台
	伴随式信息服务系统
	车道级交通控制系统
	自由流收费系统
	基础配套系统（设施）
	智慧建设管理系统
	大件运输管控平台
	特殊车辆管控系统
	灾害预警及应急救援系统
	数字化智能养护系统
	治超非现场执法
专项业务应用场景	智慧收费站
	智慧服务区
	智慧桥梁
	智慧隧道
创新业务应用场景	交旅融合服务系统
	准全天候通行
	治理拥堵
	车路协同应用
	自动驾驶支持
	物流货车编队行驶

（1）基本业务应用场景

实时交通信息监测系统应采用路侧设备采集信息、辅以移动终端/车载终端采集信息及一路各方、气象等部门共享信息等多源数据融合的技术路径，实现高速公路实时状况信息获取，为伴随式信息服务、实时交通管理服务等应用提供支撑。高速公路路侧交通信息监测设备包括但不限于：交通流检测设备、牌照识别检测设备、交通事件检测设备、气象监测设备、单兵设备/视频巡逻车/无人机等移动信息采集设备、RSU设备。

多网融合通信系统应充分考虑多网联通情况下的链路、带宽配置，实现高速公路通信信息网络与卫星通信信息网络、互联网等深度融合，实现广覆盖、低时延、高可靠、大带宽的网络通信服务。

云控平台应采用云-边-端协同控制的逻辑架构，由省级云控平台、路段/区域级云控平台、网络安全设施等组成，共同构成云控平台体系。

伴随式信息服务系统应通过公路沿线可变信息标志、FM广播、移动终端、普通车辆车载终端、智能网联汽车车载终端等多种方式实现，增加交通信息发布的覆盖面，提升交通信息发布的及时性，以提高通行效率，确保交通安全。伴随式信息服务系统信息发布内容、时效性要求见表2-6。

表2-6 伴随式信息服务系统信息发布内容、时效性要求

信息类型	信息内容	信息时效性要求
公路基础设施信息	包括公路基础信息、特殊构造物信息等	不定期
服务设施状态信息	包括收费站、服务区、停车区设施状态信息等	≤10min
出行规划信息	包括行程时间信息、推荐路径信息等	≤10min
交通运行状态信息	包括交通流、阻断和拥堵信息等	≤5min
交通突发事件信息	包括突发事件基本信息、突发事件处置信息等	≤1min
公路施工养护信息	包括道路施工基本信息、通行限制或封闭信息等	≤5min
公路气象环境信息	包括公路气象信息、预报信息、预警信息等	≤1h
应急救援信息	包括应急救援机构信息、应急救援服务信息等	≤1min
安全辅助驾驶信息	包括车辆基本安全信息、路侧安全信息、周边车辆状态信息等	≤100μs
其他信息	包括ETC通行费用、电子发票、优惠活动、车辆违章等	—

车道级交通控制系统应具备车道级交通监测诱导、施工管理和应急响应等功能，并能提供车道的车型允许/限制、速度推荐/限制、车道开放/关闭等信息。车道级交通控制信息发布应通过高速公路车道控制标志、手机应用软件/小程序、微信公众号、车载终端等多种方式实现。

自由流收费系统应采用ETC并辅以牌照识别、多种支付融合应用的技术路径，实现对多条车道上自由行驶车辆的收费，提高道路通行效率，减少车均运行延误。

基础配套系统（设施）包括但不限于：设施智能运维系统；供配电系统；紧急停车带预警系统；抛洒物吸附车辆装置；移动作业智能警示装置；基础设施

监测设施；绿色环保设施。

智慧建设管理系统是由建设方协调监理、施工、检测等参建方构建的一体化建设管理平台，实现建设全过程、各阶段、各环节有效衔接，提升投资管理、进度管控、质量监管、安全管控、环境监测、廉政监管等工程建设管理各环节数字化和智能化水平。

大件运输管控平台是实现大件运输通行沿线关键结构物的快速验算、安全评价、运输路线优化等功能的信息化管理服务平台。应考虑时间成本与运输成本，根据大件运输项目的起点、终点、必经点，采用合适的算法生成最优全局解，并在路径满足大件通行的条件下，按照时间最短或费用最低分别计算最优路径。

特殊车辆管控系统为降低特殊车辆的交通事故率及事故规模而建立的管控系统。应在雨雾路段、长下坡路段、特长隧道、隧道群及特大桥等重点路段对特殊车辆的行驶轨迹及驾驶行为重点监控，并利用信息发布系统对特殊车辆进行危险预警与行为管控。

灾害预警及应急救援系统应符合高速公路应急救援体制，实现事前及时预警、事中科学救援、事后智能评估的全过程管理。行业内部应实现路网级联动，一路各方应实现与交警、路政、应急、医疗等各相关方的联动。

数字化智能养护系统应采用关键结构物及设备设施监测、公路数字孪生、智能分析等技术，提供智能分析及预防性养护等功能，降低养护成本，延长使用寿命。数字化智能养护系统应覆盖设施基础信息、管理、监测、巡查、检查、养护维修及养护成本分析等信息。数字化智能养护系统应采用数字孪生技术，在完成公路结构物、设施的数字化基础上，通过监测数据、养护数据、智能决策数据实现物理实体与虚拟实体的联动，以及在虚拟实体上的预测、仿真、分析等，提高物理实体的养护能力。

治超非现场执法应包括前端检测系统和综合管理平台。前端检测系统应实现对车辆重量数据、车辆图片及牌照信息的采集、超限车辆的报警提示以及现场数据的上传。综合管理平台应实现对各个站点上传数据的采集、存储，并实现非现场执法业务流程处理、超限车辆相关信息管理等。

（2）专项业务应用场景

智慧收费站应根据收费站特点情况，通过设置 ETC 预交易引导系统、货车预约通行系统、收费机器人应用、ETC 特情处理设施、数字收费站等，提高收费站通行效率。智慧收费站可具备基于 C-V2X 与 ETC 融合的出入口不停车收费与快速通行，并能实现基于 AR 与 AI 融合的车辆云行诱导与可视化监测，以及基于 C-V2X 的车辆安全预警。

智慧服务区应包括但不限于移动服务、信息发布、停车指引、功能导视、客户评价等功能。

智慧桥梁应建设数字桥梁系统，包括但不限于高精度桥梁数字模型、全域交通感知设施、桥梁结构健康监测设施、雾天行车诱导系统、服务器、桥梁管理系统等。

智慧隧道包括长大隧道和其他隧道。长大隧道应建设数字隧道系统，主要由高精度隧道模型、全域感知设施、服务器、数字隧道管理平台等构成；其他隧道应根据隧道交通量、自然条件、管理需求等因素，选择性建设隧道综合管控平台、结构健康监测设施、入口测温设施、应急广播设施、毫米波雷达/激光雷达、移动式巡检装备、北斗增强设施、智能调光设施等。

（3）创新业务应用场景

交旅融合服务系统服务于旅游业发展，依托服务区、停车区、收费站、观景台等"窗口"，为高速公路旅游出行者提供路域旅游资源信息发布、交旅衔接、电子商务、出行规划等服务。

准全天候通行总体架构应由智能车载终端、交通信息监测、新一代无线通信、高精定位、边缘计算、智能行车诱导及主动式融雪化冰路面或自动喷淋等设施构成，通过车路协同预警、诱导服务等，实现特定恶劣气象条件下车辆的安全通行。

治理拥堵应通过拥堵监测、拥堵研判、拥堵消除等措施来治理常态拥堵和突发拥堵。

车路协同应用主要由 RSU、OBU、信息发布终端组成，根据场景复杂性，可选配路侧计算设施/边缘计算设备、高精度地图、高精度定位系统、车路协同云端管理平台，系统应实现车辆身份认证以及信息加密。

自动驾驶支持宜采用先进的传感技术、网络技术、计算技术及控制技术等，对道路和交通环境进行全面感知，并考虑不同的车辆自动化程度和不同的交通系统集成阶段，高效实现感知、预测、决策和控制。

物流货车编队行驶应采用环境感知、V2V/V2I 通信、高精度定位等多技术融合及管理办法的技术路径，实现 3 辆及以上货车同时行进队列，每辆车在行驶过程中自动保持车间距离，跟随车辆实时同步完成所有动作，提高道路通行能力。

2.4.3 我国智慧高速公路创新示范工程实践

截至 2020 年，全国已完工或在建的智慧高速公路创新示范工程路段长度已超过 4 000km，主要包括：北京和河北的延崇高速、大兴新机场高速、京雄高速；吉林珲乌高速；江苏的通锡高速南通方向、S342 无锡段、G524 常熟段、沪宁高速无锡硕放至东桥路段、五峰山过江通道公路接线工程；浙江的杭绍甬高速、沪杭甬高速公路智慧改造、杭州绕城西复线高速、杭绍台高速公路绍兴金华段；福建的基于大数据路网综合管理智慧高速公路示范工程项目；江西的宁定高速、昌九高速；河南的机西高速公路；广东的南沙大桥、广乐高速；湖南的长沙113km智慧高速项目；山东的智能网联高速公路测试基地项目、济潍高速；海南的环岛旅游公路；四川的都汶高速龙池连接线项目、成都绕城高速；广西的南宁沙井至吴圩公路等。当前我国各省、自治区、市智慧高速公路创新示范工程的优秀实践见表2-7。

表2-7　我国各省、自治区、市智慧高速公路创新示范工程优秀实践

序号	地区	公路	公里数	关键时间点	创新示范建设内容
1	北京、河北	延崇高速	116km，其中北京段33.2km	2018年12月开放，开展车路协同智能驾驶演示 2019年12月进行L4级自动驾驶队列跟驰测试	延崇高速建设特色是打造全要素基础设施数字化，支持自动驾驶和车路协同创新示范，建设绿色智慧服务区 自动驾驶测试结果显示，车辆列队可以达到80km/h速度下保持车间距10m的技术指标。单人驾驶多车队列跟驰具备三方面竞争力，即节省燃油（大约可降低10%～15%的燃油消耗）以及驾驶员人力成本、提升安全性（系统可以在0.1s内完成操作，而驾驶员需要1.4s的反应时间）、提升道路通行能力（车距缩小，路面容纳车辆数量会增加）
2	北京、河北	大兴新机场高速	27km	2019年7月开放	大兴新机场高速公路是国内首条具备"防冰融雪"功能的高速公路，通过使用移动互联网收费系统构建智慧高速新收费方式；通过建立综合监控系统、大数据智能分析、仿真推演与电子沙盘打造智慧管理体系；通过采用综合管控技术、智慧路灯、主动发光标志等先进措施，进一步打造出行安全保障体系
3	北京、河北	京雄高速	97km，其中北京段27km	2019年8月京雄高速一期工程开工建设	京雄高速内侧两条车道作为智慧驾驶专用车道，能够实现车路协同和自动驾驶，同时进行基础设施数字化和智慧收费方面的研究应用
4	吉林	珲乌高速	885km	2019年建设完成新一代国家交通控制网和智慧公路示范项目，2020年将示范成果在全省高速公路推广	珲乌高速示范工程将主要利用"互联网＋"技术，探索基于车辆特征识别的不停车移动支付技术；开展基于移动互联网的服务区停车位和充电设施引导、预约等增值服务；探索开展高速公路动态充电示范，构建季冻区能源互联网，通过新能源分布式并网、充电桩性能试验、分布式智慧供电、能耗监测等实现新能源汽车动、静态充电；开展低温条件下精准气象感知预测及预防性养护、车路协同安全辅助服务等

（续）

序号	地区	公路	公里数	关键时间点	创新示范建设内容
5	江苏	G524 常熟段	19.6km	2018 年 2 月，《524 国道通常汽渡至常熟段改扩建工程绿色公路创建实施方案》通过评审	G524 常熟段围绕精准服务、高效管理、科学决策、建设四方面，打造了新型智慧公路感知系统、智慧公路运行养护管理系统、交通大数据综合分析及应急指挥中心、交通综合信息服务、智慧公路综合平台，保障了智慧公路的高效运行
6	江苏	S342 无锡段	97.7km	2018 年 5 月，无锡 342 省道智慧公路示范项目启动建设	S342 无锡段利用新技术、新工具和新模式，重点打造公路基础设施及运行状态数字化监测体系，基于大数据的数据综合分析和公路管理辅助决策体系，大幅提高公路交通的安全性、高效性、绿色性和便捷性，实现公路安全与效率双提升
7	江苏	通锡高速南通方向	4.1km	2019 年 1 月，公安部交通管理科学研究所（交科所）建成专门用于自动驾驶测试的封闭高速环境，位于通锡高速（S19）南通方向	通锡高速南通方向目的是实现交通标志和标线的识别及响应、前方车辆行驶状态的识别及响应、障碍物的识别及响应、行人和非机动车的识别及响应、跟车行驶（包括停车和起步）、超车、并道行驶、自动紧急制动、人工操作接管、联网通信等
8	江苏	五峰山过江通道公路接线工程	33km	2019 年 4 月，五峰山过江通道公路接线工程"未来高速"示范项目实施方案通过审查	其目标是建成车路协同示范应用基地和首条 5G 网络全覆盖 + 应用的高速公路，通过先进技术的试点应用实现安全保障全天候、出行服务全方位、运营维护全数字
9	江苏	沪宁高速无锡硕放至东桥路段	3.25km	2019 年 6 月，成功应用应急车道主动管控、连续式港湾车道、匝道智能管控系统	无锡硕放至东桥路段实现了应急车道主动管控、连续式港湾车道、匝道智能管控系统等新技术。2019 年五一小长假期间，与 2018 年相比，交通通行量提升 34.5%，拥堵次数降低 65%，平均拥堵距离缩短 33.3%，交通事故数降低 77.3%
10	浙江	杭绍台高速公路绍兴金华段	115.4km	2016 年正式动工，2020 年建成通车	杭绍台高速公路绍兴金华段将构建面向新型出行方式和运输模式的新一代智慧高速技术体系，打造一条涵盖"客货运输网""传感通信控制网"和"绿色能源网"三网合一的智慧高速公路基础设施和智慧云控平台在内的"智能、快速、绿色、安全"的新一代高速公路

（续）

序号	地区	公路	公里数	关键时间点	创新示范建设内容
11	浙江	沪杭甬高速	248km	沪杭甬高速智慧化提升改造于2019年初开工建设	沪杭甬高速计划完工后实现升级改造，重点在于用信息化技术提升高速公路用户体验，特别是提升安全性。将逐步实现5G通信覆盖、无人驾驶、货车编队行驶等技术
12	浙江	杭州绕城西复线高速	152km	2020年底全线建成通车	杭州绕城西复线高速试点内容重点为基础设施数字化、基于大数据的路网综合管理、新一代国家交通控制网三个方向
13	浙江	杭绍甬高速	161km	打造成一条"智能、快速、绿色、安全"的高速公路，规划于杭州亚运会之前通车	杭绍甬高速的"智慧"之处主要体现在智能、快速、绿色和安全四大方面。具体如下： 1）全面支持自动驾驶。近期支持自动驾驶专用车道货车编队行驶，远期支持全线自动驾驶车辆自由行驶 2）实现自由流收费。创新收费管理模式，构建基于车载终端的收费系统，最终实现全面取消物流收费站，减少出入口拥堵，提高出行便利性 3）提升全线整体通行效率。依靠客货分离及货车编队等技术，近期实现车辆平均运行速度提升20%～30%，长期实现同性能力成倍提升 4）"全天候"快速通行。基于高精度定位、车路协同、无人驾驶等技术的综合应用，减小冰雪、雾霾等特殊天气情况的影响
14	江西	宁定高速	254km	2017年12月开放	宁定高速建立了快速应急救援与指挥调度系统，实现了对交通事故的快速处置。另外，根据事故路段拥堵情况，启动车流分流预案，对后方车辆通过手机短信自动推送、情报板提示等方式，提醒车辆绕过拥堵路段，减轻事故区域的车流压力
15	江西	昌九高速	138km	2019年7月，无人驾驶车辆编队行驶测试	昌九高速建设了一张融合高速公路骨干环网通信、北斗卫星定位、车路交互的智慧公路车路感知交互网，实现了有线与无线、本地边缘计算与中心分布式云计算等功能，并在沿线138km布置了5G基站及路侧单元，使5G车联网及人–车–路–云协同系统具备了与高速公路、车辆、人员多维度的连接能力

(续)

序号	地区	公路	公里数	关键时间点	创新示范建设内容
16	河南	机西高速	106km	2019 年 11 月，河南省新一代国家交通控制网和智慧公路试点工程（机西高速公路）施工招标	机西高速公路计划实现 2 套数字化体系（①基础设施数字化感知体系；②多维度的交通运行数字化感知体系）、3 个应用系统（①基于大数据决策的高速公路智慧管理系统，②高速公路交通运行管控系统，③陆空信息一站式服务区）和 1 个云数据中心，建设以基础设施数字化和基于大数据的路网综合管理为重点的"231"智慧高速公路
17	广东	南沙大桥	12.89km	2019 年 4 月 2 日正式通车	南沙大桥全线布设了 6 座 5G 基站，率先在全省高速公路实现开通时 5G 信号同步全覆盖，实现了路政车回传实时高清视频到监控中心、无人机智能巡检等应用
18	广东	广乐高速	270km	2020 年 7 月 20 日，广东新一代国家交通控制网和智慧公路项目发布招标公告	广乐高速计划构建高速公路营运管理及服务的"一中心"——智慧公路控制与服务云数据中心、"五应用"——基础设施数字化资产管理、路运一体化车路协同、北斗高精度应急指挥调度与收费、"互联网＋"服务、基于大数据的路网综合分析决策，从而实现提高出行效率、道路安全系数
19	湖南	湖南省 5G 智慧高速公路	113km	2019 年 9 月正式开始启用	湖南 5G＋V2X 智慧高速公路通过路侧智能化设备和边缘计算设备、智能路侧终端等高科技技术，助力自动驾驶车辆实现超视距和降成本，实现有人驾驶车辆安全出行和高效出行以及智能交通效率全局优化
20	山东	山东省智能网联高速公路	26km	2019 年 8 月，智能网联高速公路测试基地项目正式封闭测试运营	山东省智能网联高速公路通过对原高速段进行智能化、网络化、数字化改造，打造面向车路协同的真实场景智能网联高速公路测试基地，实现无人车与车路协同
21	山东	山东省济潍高速	162.5km	2020 年开工建设	山东省济潍高速通过对智能车路协同系统的应用，形成可复制、可推广的高速公路智能车路协同系统应用技术体系，提升高速公路的智能化水平和服务品质，为实现高效、可持续的综合交通智能运输系统提供技术支持

（续）

序号	地区	公路	公里数	关键时间点	创新示范建设内容
22	海南	海南省环岛旅游公路	1 009km	2019 年开工建设	海南省环岛旅游公路融合 5G 技术、GPS 定位、大数据、物联网等科技手段，开展无人驾驶、智能管理、实时监控等业务
23	四川	四川省都汶高速龙池连接线	2.6km	2020 年 9 月正式投用	四川省都汶高速龙池连接线通过全面重构面向车路协同的建设、营运、运维、服务等一体化架构，实现对道路改造和管理手段的重塑，让自动驾驶由传统的"单兵作战"转变为有组织的高效协同合作
24	四川	四川省成都绕城高速	85km	2019 年建设一期"智慧眼"视频智能分析系统	四川省成都绕城高速通过智慧眼 2.0 视频分析系统，将全线 85km 道路的"感知能力"提升 90% 以上
25	广西	广西南宁沙井至吴圩公路	25.8km	2022 年完工	广西南宁沙井至吴圩公路通过运用大数据、互联网、人工智能、超级计算、北斗导航等新技术，形成国内首个车辆自动驾驶的高速公路路段，并建立国内标准、技术规范、认证和实验高地

参考文献

[1] 中国智能运输系统体系框架专题组. 中国智能运输系统体系框架 [M]. 北京：人民交通出版社, 2003.

[2] 中国交通的可持续发展白皮书 [R]. 北京：国务院新闻办公室, 2020.

[3] 中共中央，国务院. 交通强国建设纲要 [Z], 2020.

[4] 中华人民共和国交通运输部. 交通运输部关于推动交通运输领域新型基础设施建设的指导意见 [Z], 2020.

[5] 中国智能交通协会. 中国智能交通产业发展报告（2021）[M]. 北京：社会科学文献出版社, 2022.

[6] 中华人民共和国交通运输部. 公路信息化技术规范（征求意见稿）[Z], 2020.

[7] 中国智能交通产业联盟. 智慧高速公路信息化建设 总体框架：T/ITS 0125—2020 [S]. 北京：团体标准, 2020.

[8] 重庆市市场监督管理局，四川省市场监督管理局. 智慧高速公路 第1部分：总体技术要求：DB50T 10001.1—2021 DB51T 10001.1—2021 [S]. 重庆和四川：川渝区域地方标准, 2021.

[9] 重庆市市场监督管理局，四川省市场监督管理局. 智慧高速公路 第2部分：智慧化分级：DB50T10001.2—2021 DB51T10001.2—2021 [S]. 重庆和四川：川渝区域地方标准, 2021.

[10] 江苏省交通运输厅. 江苏省智慧高速公路建设技术指南：JSITS/T 0001—2020 [S]. 江苏：江苏智慧交通建设标准, 2020.

第 3 章
5G 与智慧交通融合发展

3.1 5G 车联网发展概述

3.1.1 5G 车联网概述

当下汽车产业正在迈向"电动化、智能化、网联化、共享化"的"新四化"。电动化指的是新能源动力系统；智能化指的是无人驾驶或者驾驶辅助电子系统；网联化指的是车联网布局；共享化指的是汽车共享与移动出行。同时，我国交通产业借助新基建和新城建的契机，不断转型升级，智慧交通建设迈入新阶段。

我国的信息通信产业发展迅速，尤其 5G 产业走在世界前列。"十四五"期间，信息通信产业整体规模进一步壮大，发展质量显著提升，基本建成高速泛在、集成互联、智能绿色、安全可靠的新型数字基础设施，创新能力大幅增强，新兴业态蓬勃发展，赋能经济社会数字化转型升级的能力全面提升，成为建设制造强国、网络强国、数字中国的坚强柱石。

信息通信产业和交通产业、汽车产业融合交汇，产生了 5G 车联网，如图 3-1 所示。5G 车联网可以提供更安全、更节能、更环保、更便捷的出行方式和综合解决方案，是国际公认的未来发展方向和关注焦点。

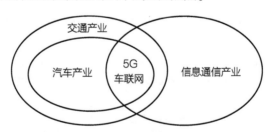

图 3-1 5G 车联网是多产业融合产物

车联网是智能网联汽车在传统摄像头、毫米波雷达、激光雷达等基础上，通过车联网（Vehicle to Everything, V2X），包括车-车通信（V2V），车-路侧基础设施通信（V2I），车-人通信（V2P），以及车-网络/云端通信（V2N/

V2C），给自动驾驶、智慧城市和智慧交通等带来显著价值。

车 – 车通信（V2V）：在汽车上安装符合美国主推的 DSRC（Dedicated Short Range Communications）标准或者中国主推的 C – V2X（Cellular-V2X）标准要求下的车载终端（On Board Unit，OBU）。两辆车的 OBU 之间能实现几百米距离的点对点通信，使用的是 PC5 点对点通信接口。

车 – 路侧基础设施通信（V2I）：路侧部署车联网路侧单元 RSU（Road Side Unit），实现车联网"车 – 路侧基础设施"（Vehicle to Infrastructure）通信场景。即路侧的 RSU 和车辆上的 OBU 之间能实现几百米距离的点对点通信，使用的是 PC5 通信接口。

车 – 人通信（V2P）：使用 PC5 通信接口，还可以实现通过 OBU 和行人手中的手机、平板、可穿戴设备等之间的通信。

车 – 网络/云端通信（V2N/V2C）：车辆通过 OBU 和路侧运营商基站通信，再通过运营商传输网和核心网，最后将信息传输到云。这时候用到的不再是点对点 PC5 通信接口，而是通过运营商蜂窝基站的 Uu 接口。

建设 5G 车联网，需要实现"人 – 车 – 路 – 网 – 云 – 图"多维高度协同[1]。人方面，以出行即服务（Mobility as a Service，MaaS）为核心，为消费者提供一站式的出行服务，让消费者成为自由的人，同时还可以提供更加便捷畅通的载货服务，如物流运输业务；车方面，未来的车不仅是数据发送方和接收方，还是计算节点，更是数据分享节点，聪明的车将越来越聪明；路方面，将兼具各类通信方式（5G、LTE-V2X、NR-V2X 等）、具备路侧交通信息采集发布、本地边缘计算能力等，通过一体化路侧智能设施打造智慧的路；网方面，5G 网络利用其两大核心功能——移动边缘计算和网络切片，将构建灵活的网；云方面，将构建一体化开放数据公共服务平台和云控平台，同时通过云边协同形成强大的云；图方面，将提供更高精度、内容更为丰富的地图信息。

3.1.2 5G 车联网标准进展

1. 3GPP C-V2X 标准进展

2022 年 6 月 9 日，3GPP RAN 96#会议正式宣布 5G R17 第三阶段功能性冻结，标志着 5G 技术演进第一阶段（R15、R16、R17）圆满结束，也预示着 C-V2X标准演进逐步走向成熟。C-V2X 是基于4G/5G 等蜂窝网通信技术演进形成的车联网（V2X）无线通信技术，2013 年 5 月大唐在国内外首次提出 LTE-V（即 LTE-V2X）的概念与关键技术，确立了 C-V2X 的系统架构和技术路线，2015年开始在 3GPP 推动制定国际标准。3GPP C-V2X 标准演进过程如图 3 – 2 所示[2]，3GPP C-V2X 标准包括 LTE-V2X 及其演进的 NR-V2X：

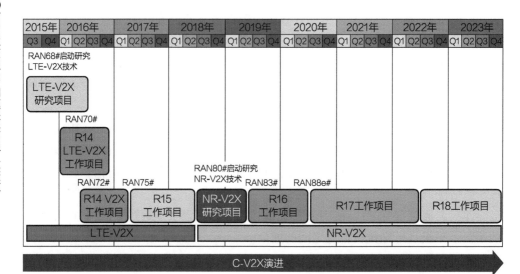

图3-2　3GPP C-V2X 标准演进过程

Q1—第一季度　Q2—第二季度　Q3—第三季度　Q4—第四季度

1）首个支持 LTE-V2X 的 3GPP R14 标准于 2017 年 3 月完成，增强的LTE-V2X 的 R15 标准于 2018 年 6 月完成。

2）首个支持 NR-V2X 的 3GPP R16 标准于 2020 年 7 月完成，增强的NR-V2X 的 R17 标准于 2022 年 6 月发布，与 LTE-V2X 形成互补关系。

从 3GPP R14 到 3GPP R17，3GPP 定义了 C-V2X 通信技术规范，各版本主要内容简介见表 3 - 1。在此基础上，各国及地区根据实际情况制定适合本国家/地区的应用层标准。

表3-1　3GPP C-V2X 标准内容简介

3GPP 版本	完成时间	主要特点	C-V2X 相关内容说明
R14	2017 年 3 月	LTE-V2X	R14 给出了 C-V2X 的定义，引入工作在 5.9GHz 频段的 LTE-V2X 直连通信方式（即 PC5 接口），支持面向基本道路安全业务需求的 V2X 广播通信，并对移动蜂窝通信的 Uu 接口进行优化
R15	2018 年 6 月	5G eMBB + LTE-V2X	R15 是第一个完整的 5G 标准，侧重于增强移动宽带（eMBB）场景（高速率），面向 5G 初期个人和行业的基本需求。在 C-V2X 方面对 LTE-V2X 进行了功能增强，包括在 PC5 接口引入载波聚合、64QAM 高阶调制、发送分集和时延缩减等新技术特性，进一步增强了 PC5 接口在速率、可靠性、低时延方面的性能，但并没有对 V2X 业务进行针对性设计和优化

（续）

3GPP 版本	完成时间	主要特点	C-V2X 相关内容说明
R16	2020 年 7 月	5G URLLC + NR-V2X	R16 标准面向增强移动宽带（eMBB）和高可靠低时延（URLLC）场景，尤其是垂直行业应用的增强，如高可靠低时延（URLLC）物理层增强、5G 车联网（NR-V2X）、工业物联网（IIoT）等，实现 ToC 向 ToB 的业务拓展 R16 首次引入了 NR-V2X，针对 PC5 接口定义了全新的帧结构、资源调度、数据重传方式等，支持单播、组播和广播三种模式；在 Uu 接口引入了 V2X 通信切片、边缘计算、QoS 预测等特性，满足车联网低时延、高可靠和大带宽等需求。R16 引入了车辆编队行驶、高级驾驶、传感器扩展和远程驾驶四类应用，定义支持 25 个 V2X 高级用例
R17	2022 年 6 月	Uu Multicast + SL enhancement	R17 侧重研究弱势道路参与者的应用场景（V2P），研究直通链路中终端节电机制、降低功耗的资源选择机制以及终端之间资源协调机制，以提高直通链路的可靠性和降低传输的时延。R17 还将 NR Sidelink 直接通信的应用场景从 V2X 扩展到公共安全、紧急服务，乃至手机与手机之间直接通信应用。R17 的完成也标志着 5G 技术演进第一阶段（R15、R16、R17）的圆满结束
R18	预计 2023 年 12 月	—	5G-Advanced 的第一个版本，主要研究 Sidelink 增强、Sidelink 中继增强、LTE-V2X 与 NR-V2X 共存等

2. 我国 C-V2X 标准规划

在 C-V2X 应用标准方面，从 2017 年 12 月到 2022 年 2 月，工信部、交通运输部、公安部、国家标准化管理委员会等多部委联合陆续出台了《国家车联网产业标准体系建设指南》[3-6]系列顶层设计文件，如图 3-3 所示，按照不同行业属性划分为智能网联汽车标准体系、信息通信标准体系、智能交通相关标准体系、车辆智能管理标准体系、电子产品与服务标准体系，并在此基础上统筹协同产业各方共同构建《车联网网络安全和数据安全标准体系建设指南》[7]，加强对车联网安全整体支撑作用，形成了我国完善的车联网产业标准体系，共计规划制、修订国家标准/行业标准/团体标准 500 余项。

根据《国家车联网产业标准体系建设指南（总体要求）》的规定，我国车联网产业标准体系建设总体目标包括 2 个阶段：

1）2018—2020 年，主要解决标准体系融合贯通和基础共性标准缺失的问题，基本建成国家车联网产业标准体系。

2）2020—2025 年，主要解决标准体系完善及标准推广应用问题，全面形成中国标准智能汽车的技术创新、产业生态、路网设施、法规标准、产品监管和信息安全体系。

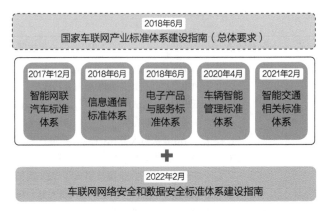

图3-3　国家车联网产业标准体系建设指南

截至2020年，我国便已完成包括LTE-V2X、5G eV2X通信关键技术、信息感知与交互、决策预警核心技术以及ADAS核心技术等标准制定工作，已实现了国家车联网产业标准体系建设第一阶段目标，形成了基于LTE-V2X的车联网产业标准体系。

3. 我国C-V2X标准组织

C-V2X应用涉及汽车、通信、交通、建筑等多个行业领域，依据《国家车联网产业标准体系建设指南》要求，在国家制造强国建设领导小组车联网产业发展专委会指导下，由工信部会同交通运输部、公安部、住建部、国家标准化管理委员会等部门，组织各领域相关标准化技术委员会、科研院所、产业联盟、企业等共同开展标准制定工作，建立起国标、行标、团标协同配套的新型标准体系，共同推动车联网产业发展。我国车联网相关标准研究组织如图3-4所示。

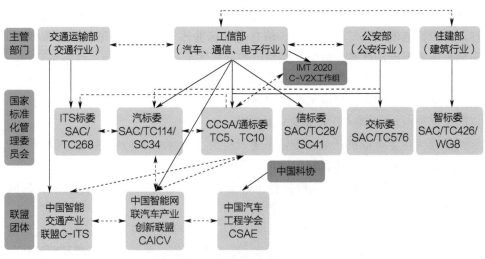

图3-4　我国车联网相关标准研究组织

（1）中国通信标准化协会（CCSA） CCSA是在原信息产业部通信标准研究组的基础上，经原信息产业部、国家标准化管理委员会同意，2002年12月经民政部批准成立的非营利性法人社会团体，是全国通信标准化技术委员会（SAC/TC485）秘书处，同时也是3GPP七大组织伙伴成员之一。CCSA负责组织信息通信技术领域国家标准、行业标准以及团体标准的制、修订工作以及标准归口管理工作[8]。

CCSA下设13个技术工作委员会（TC），其中TC10/WG5（物联网 车联网工作组）主要负责车联网端到端业务架构的体系设计和标准化梳理，对辅助驾驶、高级自动驾驶等各阶段应用需求进行研究，对车联网应用相关的互联互通、互信互认技术和协议进行标准化，TC5（无线通信）和TC8（网络与信息安全）等协同负责C-V2X无线通信技术、信息安全等相关标准研究和制定。

依据《国家车联网产业标准体系建设指南（信息通信）》等文件指导，CCSA围绕互联互通和基础支撑，组织完成了C-V2X总体架构、空中接口、网络层与消息层、多接入边缘计算、安全等相关标准化工作，已发布标准20余项，形成了我国基于LTE-V2X的车联网无线通信标准体系。目前CCSA车联网相关在研标准40余项，主要聚焦在车路协同路侧系统、运维管理平台、5G远程遥控驾驶、基于移动互联网的车路协同、封闭园区等业务应用以及C-V2X规模化测试、异常管理、信息安全管理等通信技术及安全标准化。

（2）全国汽车标准化技术委员会智能网联汽车分技术委员会（SAC/TC114/SC34） 2017年2月，全国汽车标准化技术委员会智能网联汽车分技术委员会（SAC/TC114/SC34）（简称汽标委）经国家标准化管理委员会批准成立，由工业和信息化部进行业务指导，秘书处设立在中汽中心。SAC/TC114/SC34是在全国范围内负责智能网联汽车标准化工作的专业标委会，主要包括汽车驾驶环境感知与预警、驾驶辅助、自动驾驶以及与汽车驾驶直接相关的车载信息服务专业领域的标准化工作，成立了ADAS、自动驾驶、网联功能与应用、汽车信息安全等专项标准研究工作组[9]。

依据《国家车联网产业标准体系建设指南（智能网联汽车）》等文件指导，SAC/TC114/SC34围绕基础通用、汽车智能化、网联化等急需的关键标准，组织完成了智能网联汽车功能安全、信息安全以及信息交互、ADAS等核心功能技术及测试方法标准制定工作，已发布国家标准22项，报批16项，已立项在研20余项，预研10余项，圆满完成国家车联网产业标准体系（智能网联汽车）建设第一阶段目标，初步建立起能够支撑驾驶辅助及低级别自动驾驶的智能网联汽车标准体系，为智能网联汽车产业高质量发展提供了坚实保障[10]。

（3）全国道路交通管理标准化技术委员会（SAC/TC576） 2018年10月，全国道路交通管理标准化技术委员会（SAC/TC576）经国家标准化管理委员会批准成立，由公安部交通管理局进行业务指导，秘书处设立在公安部交通管理科学研究所。SAC/TC576 负责组织道路交通管理领域的国家标准和行业标准制修订工作。在车联网方面，SAC/TC576 主要负责智能网联汽车登记管理、身份认证与安全、道路运行管理及车路协同管控与服务等领域标准化工作。

依据《国家车联网产业标准体系建设指南（车辆智能管理）》等文件指导，为适应车联网中路侧设施与车辆互联互通的应用需求，SAC/TC576 积极推进改造和提升道路基础设施的信息化和智能化能力，推进网联车辆管理及协同管控服务等部分核心标准的制定。SAC/TC576 已发布公安首个车联网行业标准 GA/T 1743—2020《道路交通信号控制机信息发布接口规范》，如图 3-5 所示，GA/T 1743—2020 规定了面向车联网服务应用类信息的交互接口与协议，规范了交通信号机与路侧网联设施的信息交互规范，对指导我国车联网交通管理路侧设施建设具有重大意义[11]。SAC/TC576 目前在研标准主要包括自动驾驶运行安全测试技术、车辆数字身份注册认证体系等。

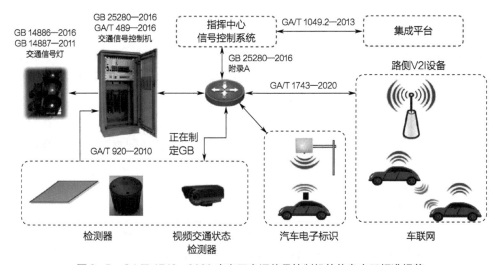

图 3-5 GA/T 1743—2020 定义了交通信号控制机的信息交互标准规范

（4）全国智能运输系统标准化技术委员会（SAC/TC268） 全国智能运输系统标准化技术委员会（SAC/TC268）由交通运输部负责业务指导，秘书处设立在交通运输部公路科学研究院，负责组织公路工程智能运输系统领域国家标准和行业标准制、修订工作。面向车联网应用，SAC/TC268 设立了数字化基础设施与车路协同、智能驾驶以及出行服务三大工作组，负责牵头 C-V2X 交通基础设施智能化以及车路协同信息交互相关标准研制。

依据《国家车联网产业标准体系建设指南（智能交通相关）》等文件指导，SAC/TC268 围绕营运车辆主动安全预警、智能辅助驾驶、车路协同信息交互等技术应用，完善了智能运输系统标准体系，涵盖了《营运车辆自动紧急制动系统性能要求和测试规程》《营运车辆弯道速度预警系统性能要求和测试规程》《合作式智能运输系统 专用短程通信 第3部分：网络层和应用层规范》《交通运输 数字证书格式》《营运车辆 车路交互信息集》等122项已发布的标准，并在"数据管理""车路互交""出行服务"等方面拟新制定标准18项[12]。

其次，2020年4月，由交通运输部公路科学研究院主编的公路工程行业标准《公路工程适应自动驾驶附属设施总体技术规范》[13]正式公开征求意见，该标准针对高精度地图、定位设施、通信设施、交通感知设施、路侧计算设施、自动驾驶监测与服务中心等公路附属设施提出了总体技术要求，如图3-6所示，对于新基建和智慧公路建设将起到支撑性的作用。

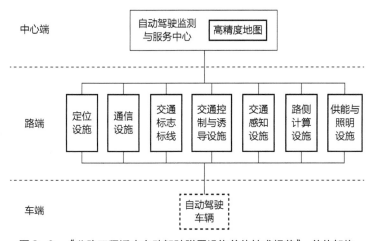

图3-6 《公路工程适应自动驾驶附属设施总体技术规范》 总体架构

（5）全国智标委智能网联基础设施标准工作组（SAC/TC426/WG8） 2021年4月，由住房和城乡建设部负责业务指导，全国智能建筑及居住区数字化标准化技术委员会批准成立智能网联基础设施标准工作组（SAC/TC426/WG8），中国电动汽车百人会担任组长单位，主要负责社区内与园区内智慧泊车、智慧出行与无人配送的标准制修订和应用推广。SAC/TC426/WG8已发布《智慧停车发展及智慧停车系统白皮书》《社区园区无人配送智能网联基础设施白皮书》和《园区内智慧出行标准化白皮书》三项报告，后续将进一步开展相应标准体系研究。

2022年2月11日，智慧城市基础设施与智能网联汽车协同发展试点工作办公室（简称"双智试点办"）在北京组织召开双智试点标准工作座谈会，会议提出由北京、上海、广州、武汉、长沙、无锡等第一批试点城市牵头六个标准导则编写工作，拟由住建部城建司和标定司委托中国电动汽车百人会研究双智标准体系相关课题，梳理国内外相关标准规范现状，16个城市互认互用并不断完善，为其他城市提供可借鉴可复制的经验成果。六项双智城市标准导则名称见表3-2。

表3-2 双智城市标准导则

序号	试点城市	负责导则名称
1	广州	自主代客泊车停车场建设规范
2	北京	智慧灯杆网联化系统技术与工程建设规范
3	上海	充电设施网联化应用的技术接口要求
4	无锡	智慧城市全息感知道路建设导则
5	武汉	车城网平台感知设备接入技术要求
6	长沙	智慧公交智能网联基础设施建设规范

（6）IMT-2020 C-V2X 工作组　IMT-2020（5G）C-V2X 工作组于2017年6月2日正式成立，至今已有340余家成员单位，形成了"产、学、研、用"合作，"汽车、信息通信、交通"等多行业协同的成员联盟。IMT-2020 C-V2X 工作组主要开展 C-V2X、MEC、网络与平台、安全相关技术创新、试验验证和产业与应用推广工作，已完成车联网前沿课题研究20余项，发布白皮书10项，从2018年开始联合中国智能网联汽车产业创新联盟（CAICV）等相关组织和企业开展了"三跨""四跨""新四跨""C-V2X 先导应用实践活动"（沪苏锡、武汉、柳州）等 C-V2X 互联互通测试应用示范活动，验证了车联网规模化商用的可行性。

（7）中国汽车工程学会（CSAE）& 中国智能网联汽车产业创新联盟（CAICV）

CSAE 是由中国汽车科技工作者自愿组成的全国性、学术性法人团体，是中国科学技术协会的组成部分，属于非营利性社会组织。CSAE 于2006年开始启动标准化工作，属于团体标准范畴[14]。2017年6月，CAICV 由中国汽车工程学会、中国汽车工业协会联合汽车、通信、交通、互联网等领域的企业、高校、研究机构组建成立，工信部是其指导单位[15]。

CAICV 下设 V2X、信息安全、自动驾驶地图与定位、预期功能安全、测试示范等13个专业工作组，依托 CSAE 团体标准平台组织开展包括环境感知、智能决策、控制执行、专用通信与网络、安全、车路协同与网联融合、高精度地图与定位、测试评价与示范推广等前瞻、交叉、空白领域的团体标准的研究与制定工作。CAICV 还与 CCSA、SAC/TC114/SC34、中国智能交通产业联盟（C-ITS）等标准组织开展标准合作，CAICV 重点开展汽车系统及应用等标准制定，并且优先支持 CCSA 开展智能网联汽车通信和互联互通等基础共性标准制定，优先支持 C-ITS开展智能化基础设施等标准制定，协同建立健全的国标、行标、团标协同配套的新型标准体系。

依据《国家车联网产业标准体系建设指南》系列文件指导，2020年开始，CAICV 制定发布联盟《智能网联汽车团体标准体系建设指南》并持续更新，围绕"三横两纵"技术架构开展相关标准研究，并规划了212项团体标准项目和

13 项研究项目[16]。CAICV 智能网联汽车相关标准研究框架如图 3 - 7 所示。

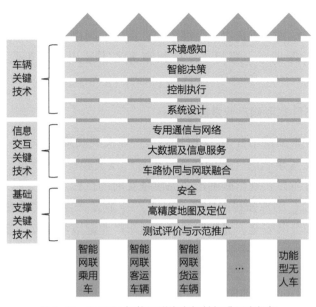

图 3-7　CAICV 智能网联汽车相关标准研究框架

截至 2022 年，CAICV 已发布团体标准 20 余项，立项在研 50 余项，包括多项"车－路－云－图"相关核心标准，例如《T/CSAE 53—2020 合作式智能运输系统车用通信系统应用层及应用数据交互标准第一阶段》《T/CSAE 157—2020 合作式智能运输系统车用通信系统应用层及应用数据交互标准第二阶段》，有效地补充和完善了业务应用、消息协议、智能设施、云控平台等方面标准体系。

（8）中国智能交通产业联盟（C-ITS）　中国智能交通产业联盟（C-ITS）由国内智能交通相关的知名企业、科研院所、高等院校等单位自愿发起成立，于2015 年 2 月经民政部门核准登记。C-ITS 以标准制定为抓手，测试检测为基础，开展智能交通相关标准制定、技术测试检测、知识产权交易与保护、国际交流与合作等相关工作[17]。

C-ITS 设立了合作式智能交通工作组、车载信息服务与安全工作组、出行信息服务工作组、智能驾驶工作组、营运车辆工作组等九个专项工作组。CITS 已发布包括车路协同、自动驾驶、智慧公交、智能基础设施等方面的团体标准数十项。

3.1.3　5G 车联网政策进展

国家工信部、住建部、交通运输部陆续出台 5G 车联网相关产业发展政策。其中工信部主要是从智能网联汽车产业发展角度推进 5G 车联网，住建部是联合工信部从智慧城市和智能网联协同发展角度推进 5G 车联网，交通运输部则是从智慧公路的车路协同和自动驾驶创新应用角度推进5G车联网。

同时，各地纷纷出台的"十四五"相关规划中也提到重点发展5G车联网产业。北京市、安徽省、重庆市、上海市、江苏省、湖南省、云南省、海南省、合肥市、淄博市、深圳市、郑州市、广州市等省市还出台了车联网的专项发展政策。

1. 工信部5G车联网产业发展政策

工信部近年来陆续出台5G车联网相关产业发展政策，见表3-3。2018年12月，工信部印发《车联网（智能网联汽车）产业发展行动计划》，将充分发挥政策引领作用，分阶段实现车联网产业高质量发展的目标。

2021年7月，为加强智能网联汽车生产企业及产品准入管理，维护公民生命、财产安全和公共安全，促进智能网联汽车产业健康可持续发展，工信部发布《工业和信息化部关于加强智能网联汽车生产企业及产品准入管理的意见》，明确提出要加强数据和网络安全管理、规范软件在线升级、加强产品管理。

2021年11月，工信部印发《"十四五"信息通信行业发展规划》，提出重点高速公路、城市道路实现蜂窝车联网（C-V2X）规模覆盖。规划指出，加快车联网部署应用，加强基于C-V2X的车联网基础设施部署的顶层设计，"条块结合"推进高速公路车联网升级改造和国家级车联网先导区建设；协同发展智慧城市基础设施与智能网联汽车，积极开展城市试点，推动多场景应用；推动C-V2X与5G网络、智慧交通、智慧城市等统筹建设，加快在主要城市道路的规模化部署，探索在部分高速公路路段试点应用；推动车联网关键技术研发及测试验证，探索车联网运营主体和商业模式创新；协同汽车、交通等行业，推广车联网应用，加速车联网终端用户渗透；加快建立车联网网络安全保障体系，扎实推进车联网卡实名登记管理，建立完善车联网卡安全管理技术手段，健全车联网网络安全防护、检查、通报、处置等制度，建设车联网产品安全漏洞专业库，推动建设车联网身份认证和安全信任能力，加快构建车联网安全态势感知技术平台，增强车联网安全保障能力。

表3-3 工信部5G车联网相关产业发展政策

部委	政策	时间
工信部、公安部、交通运输部	《智能网联汽车道路测试管理规范（试行）》	2018年4月
工信部	《车联网（智能网联汽车）产业发展行动计划》	2018年12月

部委	政策	时间
国家发改委、公安部、交通运输部、工信部、科技部、财政部、自然资源部、住建部、商务部、国家市场监督管理总局、中央网络安全和信息化委员会办公室	《智能汽车创新发展战略》	2020 年 2 月
工信部	《汽车驾驶自动化分级》	2020 年 3 月
工信部	《工业和信息化部关于推动 5G 加快发展的通知》	2020 年 3 月
国家发改委、工信部、财政部、人力资源社会保障部、商务部、文化和旅游部、人民银行、市场监管总局、国家邮政局等 28 个部门和单位	《加快培育新型消费实施方案》	2021 年 3 月
工信部	《智能网联汽车生产企业及产品准入管理指南（试行）》（征求意见稿）	2021 年 4 月
工信部	《网络安全产业高质量发展三年行动计划（2021—2023 年）（征求意见稿）》	2021 年 7 月
工信部、中央网络安全和信息化委员会办公室、国家发改委、教育部、财政部、住建部、文化和旅游部、卫健委、国务院国有资产监督管理委员会、国家能源局	《5G 应用"扬帆"行动计划（2021—2023 年)》	2021 年 7 月
工信部、公安部、交通运输部	《智能网联汽车道路测试与示范应用管理规范（试行)》	2021 年 7 月
工信部	《工业和信息化部关于加强智能网联汽车生产企业及产品准入管理的意见》	2021 年 7 月
工信部	《工业和信息化部关于加强车联网网络安全和数据安全工作的通知》	2021 年 9 月
工信部	《工业和信息化部关于加强车联网卡实名登记管理的通知》	2021 年 9 月
工信部	《"十四五"信息通信行业发展规划》	2021 年 11 月

2. 住建部 5G 车联网产业发展政策

2021 年 5 月，住建部、工信部印发《住房和城乡建设部　工业和信息化部关于确定智慧城市基础设施与智能网联汽车协同发展第一批试点城市的通知》。按照《住房和城乡建设部办公厅　工业和信息化部办公厅关于组织开展智慧城市基础设施与智能网联汽车协同发展试点工作的通知》有关工作安排，确定北京、上海、广州、武汉、长沙、无锡 6 个城市为智慧城市基础设施与智能网联汽车协同发展第一批试点城市。2021 年 12 月，两部委印发《住房和城乡建设部　工业和信息化关于确定智慧城市基础设施与智能网联汽车协同发展第二批试点城市的通知》，确定重庆、深圳、厦门、南京、济南、成都、合肥、沧州、芜湖、淄博 10 个城市为智慧城市基础设施与智能网联汽车协同发展第二批试点城市。住建部 5G 车联网相关产业政策见表 3 - 4。

表 3 - 4　住建部 5G 车联网相关产业政策

部委	政策	时间
住建部、工信部	《住房和城乡建设部　工业和信息化部关于确定智慧城市基础设施与智能网联汽车协同发展第一批试点城市的通知》	2021 年 5 月
住建部、工信部	《住房和城乡建设部　工业和信息化部关于确定智慧城市基础设施与智能网联汽车协同发展第二批试点城市的通知》	2021 年 12 月
住建部、发改委	《"十四五"全国城市基础设施建设规划》	2022 年 7 月

我国是世界上首个系统性开展智慧城市基础设施与智能网联汽车协同发展的国家，在实践层面具备先发优势。

住建部联合国家发改委印发实施《"十四五"全国城市基础设施建设规划》，对"十四五"期间统筹推进城市基础设施建设做出全面系统安排，提出了"十四五"时期城市基础设施建设的主要目标、重点任务、重大行动和保障措施，以指导各地城市基础设施健康有序发展。

建设智慧道路交通基础设施系统，预计建设智能化道路 4 000km 以上。分类别、分功能、分阶段、分区域推进泛在先进的智慧道路基础设施建设。加快推进道路交通设施、视频监测设施、环卫设施、照明设施等面向车城协同的路内基础设施数字化、智能化建设和改造，实现道路交通设施的智能互联、数字化采集、管理与应用。建设完善智能停车设施。

开展车城协同综合场景示范应用。推进面向车城协同的道路交通等智能感知设施系统建设，构建基于 5G 的车城协同应用场景和产业生态，开展特定区域以"车城协同"为核心的自动驾驶通勤出行、智能物流配送、智能环卫等场景的测试运行及示范应用，验证车 - 城环境交互感知准确率、智能基础设施定位精度、决策控制合理性、系统容错与故障处理能力、智能基础设施服务能力、"人－车－城（路）－云"系统协同性等。开展基于无人驾驶汽车的无人物流、移动零售、移动办公等新型服务业，满足多样化智能交通运输需求。推动有条件的地区开展城市级智能网联汽车大规模、综合性应用试点，探索重点区域"全息路网"，不断提升城市交通智能化管理水平和居民出行服务体验。建立完善智慧城市基础设施与智能网联汽车技术标准体系。

开展以车城协同为核心的综合场景应用示范工程建设。支持自动驾驶综合场景示范区建设，构建支持自动驾驶的车城协同环境，在物流、环卫等领域探索使用智能汽车替代传统车辆进行作业，探索智能网联汽车与智慧交通、智慧城市系统的深度融合路径。支持国家级车联网先导区建设，逐步扩大示范区域，形成可复制、可推广的模式。

3. 交通运输部5G车联网产业发展政策

交通运输部近年来陆续出台5G车联网相关产业发展政策，见表3－5。2021年9月，交通运输部印发《交通运输领域新型基础设施建设行动方案（2021—2025年)》。方案立足京津冀、长三角、粤港澳大湾区、成渝双城经济圈和海南自贸港等重点区域发展战略，依托京哈、京港澳、杭绍甬、沈海、沪昆、成渝、海南环岛等国家高速公路重点路段以及京雄高速、济青中线等城际快速通道开展智慧公路建设，提升路网运行管理水平，降低事故发生率，缓解交通拥堵，提升通行效率。

表3-5　交通运输部5G车联网相关产业政策

部委	政策	时间
交通运输部	《自动驾驶封闭测试场地建设技术指南（暂行)》	2018年5月
交通运输部	《自动驾驶封闭测试场地建设技术指南（暂行)》	2018年5月
交通运输部	《数字交通发展规划纲要》	2019年7月
交通运输部	《推进综合交通运输大数据发展行动纲要（2020—2025年)》	2019年12月
交通运输部	《公路工程适应自动驾驶附属设施总体技术规范（征求意见稿)》	2020年4月
交通运输部	《交通运输部关于推动交通运输领域新型基础设施建设的指导意见》	2020年8月
交通运输部	《道路运输条例（修订草案征求意见稿)》	2020年11月
交通运输部	《关于促进道路交通自动驾驶技术发展和应用的指导意见》	2020年12月
交通运输部	《交通运输领域新型基础设施建设行动方案（2021—2025年)》	2021年9月

（续）

部委	政策	时间
交通运输部、国家标准化管理委员会、国家铁路局、中国民用航空局、国家邮政局	《交通运输标准化"十四五"发展规划》	2021 年 10 月
交通运输部	《数字交通"十四五"发展规划》	2021 年 10 月
交通运输部	《综合运输服务"十四五"发展规划》	2021 年 11 月
交通运输部、科技部	《"十四五"交通领域科技创新规划》	2022 年 4 月
交通运输部	《自动驾驶汽车运输安全服务指南（试行)》（征求意见稿）	2022 年 8 月

2021 年 10 月，交通运输部印发《数字交通"十四五"发展规划》，到 2025 年，"交通设施数字感知，信息网络广泛覆盖，运输服务便捷智能，行业治理在线协同，技术应用创新活跃，网络安全保障有力"的数字交通体系深入推进，"一脑、五网、两体系"的发展格局基本建成，交通新基建取得重要进展，行业数字化、网络化、智能化水平显著提升，有力支撑交通运输行业高质量发展和交通强国建设。

2022 年 4 月，交通运输部、科技部印发《"十四五"交通领域科技创新规划》，到 2025 年，交通运输技术研发应用取得新突破，科技创新能力全面增强，创新环境明显优化，初步构建适应加快建设交通强国需要的科技创新体系，创新驱动交通运输高质量发展取得明显成效。

1）交通基础设施数字化升级关键技术　研发交通基础设施状态信息传输与组网、交通专用公共数字地图、高效安全云/边协同控制等技术，构建高精度交通公共地理信息平台。

2）新一代信息技术与交通运输深度融合　推动 5G 通信技术应用，实现重点运输通道全天候、全要素、全过程实时监测。

3）自动驾驶先导应用　围绕道路运输、城市出行与物流、园区客货运输、港区运输和集疏运、特定场景作业等，构建一批试点应用场景，推动智能汽车技术、智慧道路技术和车路协同技术融合发展，提升自动驾驶车辆运行与网络安全保障能力，探索形成自动驾驶技术规模化应用方案。

2022 年 8 月，为适应自动驾驶技术发展趋势，鼓励和规范自动驾驶汽车在运输服务领域应用，保障运输安全，交通运输部在系统梳理总结自动驾驶汽车试点示范运营情况的基础上，组织起草了《自动驾驶汽车运输安全服务指南（试行)》（征求意见稿）。意见稿提出，在保障运输安全的前提下，鼓励在封闭式快速公交系统等场景使用自动驾驶汽车从事城市公共汽（电）车客运经营活动，在交通状况简单、条件相对可控的场景使用自动驾驶汽车从事出租汽车客运经营活动，在点对点干线公路运输、具有相对封闭道路等场景使用自动驾驶汽车从事道路普通货物运输经营活动。审慎使用自动驾驶汽车从事道路旅客运输经营活动。禁止使用自动驾驶汽车从事危险货物道路运输经营活动。

4. 各地5G车联网产业发展政策

各地纷纷出台的"十四五"相关规划中也提到发展5G车联网产业。北京市、安徽省、重庆市、上海市、江苏省、湖南省、云南省、海南省、合肥市、淄博市、深圳市、郑州市、广州市等还出台了车联网专项发展政策见表3-6。

表3-6　各地5G车联网相关产业政策

省市	政策	内容	时间
北京市	《北京市智能网联汽车政策先行区总体实施方案》*	2025年北京智能网联汽车产值突破7 000亿元，智能网联汽车（L2级以上）渗透率达到80%。"十四五"时期完成1 000km智能网联道路建设，率先成为道路智联领先城市	2021年4月
	《北京市关于加快建设全球数字经济标杆城市的实施方案》		2021年7月
	《北京市"十四五"时期高精尖产业发展规划》	推进车联网、自动驾驶等技术的落地实施，在试点基础上，逐步推动传统交通基础设施的智能网联化改造，构建车路一体的新型交通设施，在保证安全的前提下，稳妥有序扩大自动驾驶试点范围，推动自动驾驶技术在交通运输行业的应用	2021年8月
	《北京市"十四五"时期交通发展建设规划》		2022年4月
安徽省	《安徽省新能源汽车产业发展行动计划（2021—2023年)》	支持合肥、芜湖、安庆、宣城等地建设智慧城市基础设施与智能网联汽车协同发展试点城市、智能网联汽车测试区	2021年6月
	《安徽省"十四五"汽车产业高质量发展规划》	多级别、多场景智能汽车测试和智能交通示范路网设施环境基本建成；新一代车用无线通信网络（5G-V2X）基本实现全覆盖，"人-车-路-云"高度协同的智能基础设施初步建成	2022年2月
	《支持新能源汽车和智能网联汽车产业提质扩量增效若干政策》*	组建运营省智能网联汽车产业主题母基金；支持合肥建设"双智"试点城市	2022年7月

（续）

省市	政策	内容	时间
重庆市	《打造全国一流新能源和智能网联汽车应用场景三年行动计划（2021—2023年)》*	全市新建车路协同道路长度超过1 000km，改造路口数量超过1 200个，智慧高速建设超过500km	2021年6月
	《重庆市城市基础设施建设"十四五"规划（2021—2025年)》	在"两江四岸"核心区、两江协同创新区、西部科学城重庆高新区开展智能感知道路试验段建设，对道路物联设备、智能网联汽车、交通运行状态等动态和静态数据进行全息感知	2022年6月
上海市	《上海市先进制造业发展"十四五"规划》	2025年智能网联汽车总体技术水平和应用规模达到国际领先，实现特定场景的商业化运营	2021年7月
	《上海市智能网联汽车示范应用场景拓展工作实施方案（2021—2023年)》*	力争实现参与企业超10家，示范应用智能网联汽车超100辆，覆盖道路超1 000km，年出行服务超10万单次，年末端配送超5万单次，年货运量超20万TEU。实施七项（打造3个新标杆、培育2个新业态、探索2个新模式）示范应用场景拓展重点任务。其中，打造3个"新标杆"包括打造智能出租新标杆、打造智能公交新标杆、打造智慧物流新标杆；培育2个"新业态"包括培育无人零售新业态、培育无人配送新业态；探索2个"新模式"包括探索观光接驳新模式、探索无人清扫新模式	2021年11月
广东省	《广东省制造业高质量发展"十四五"规划》	以广州、深圳、惠州、东莞、韶关、肇庆等城市为依托，加快布局发展智能网联汽车	2021年7月
山东省	《山东省"十四五"综合交通运输发展规划》	加快以智能设施、车路协同、船岸协同等技术为特征的"智慧高速""智慧港口"两个试点工程建设。建设城市道路、建筑、公共设施融合感知体系，打造基于城市信息模型、集城市动态和静态数据于一体的"车城网"平台	2021年7月
	《山东省"十四五"战略性新兴产业发展规划》		2021年7月

（续）

省市	政策	内容	时间
江苏省	《江苏省"十四五"新型基础设施建设规划》	"十四五"时期车联网覆盖道路从 770km 提高到 2 000km	2021 年 8 月
	《关于加快推进车联网和智能网联汽车高质量发展的指导意见》*	有侧重、分阶段推进路侧基础设施建设，着力夯实车联网数字化基础，促进 5G＋车联网协同发展，加强公共领域应用拓展，深化细分行业应用渗透，优化公众出行应用体验，推动商业模式创新	2022 年 6 月
湖南省	《湖南省"十四五"战略性新兴产业发展规划》	支持长株潭城市群等重点区域在公交车、公务车等公共服务领域率先推广应用新能源及智能网联汽车	2021 年 8 月
	《湖南省智能网联汽车产业"十四五"发展规划（2021—2025 年)》*	产业规模方面，全省汽车年产量突破 150 万辆，其中智能网联汽车渗透率超过 70%。车用无线通信网络（LTE-V2X 等）实现区域覆盖，新一代车用无线通信网联（5G-V2X）在部分城市道路、高速公路逐步开展应用，高精度时空基准服务网络实现全覆盖	2022 年 3 月
河南省	《河南省加快新能源汽车产业发展实施方案》	支持郑州市创建国家级车联网先导区。鼓励在公交、环卫、物流、出租等领域和大型矿山、机场等封闭场所开展智能网联自动驾驶汽车示范应用	2021 年 11 月
湖北省	《湖北省数字经济发展"十四五"规划》	加快升级武汉国家新能源与智能网联汽车测试示范区和国家智能网联汽车质量监督检验中心（湖北)	2021 年 11 月
云南省	《云南省新能源汽车产业发展规划（2021—2025 年)》	加快现代化 V2X 通信技术的研发应用。培育并引进新一代车用无线通信网络（5G-V2X）系统开发及设备生产企业，同时加快基础设施升级改造，协同推进 LTE-V2X、5G 等通信网络部署与交通管理信息化进程	2021 年 11 月
	《"十四五"推进云南省车路协同自动驾驶试点示范建设的指导意见》*	建设面向高速公路及复杂交通环境的车路协同、自动驾驶等技术应用开放路段，路段涵盖桥梁、隧道、主干道、匝道、服务区等构筑物，建设自动驾驶汽车开放道路，提供车路协同、自动驾驶真实环境	2022 年 5 月

（续）

省市	政策	内容	时间
海南省	《海南省信息基础设施建设"十四五"规划》	支持琼海市申报建设国家级车联网先导区。在琼海市、江东新区和环岛高速公路探索建设车路协同网络，提升LTE-V2X网络覆盖水平，试点建设部署5G+车联网V2X网络，满足车联网大规模应用	2021年12月
	《海南省车联网先导区（项目）建设实施细则（征求意见稿）》*	先导区（项目）建设应充分结合本地在基础设施建设、交通连通水平、旅游会展资源等方面优势，以智慧海南建设为导向，以应用场景需求为牵引，符合本省全面深化改革开放试验区、国家生态文明试验区和国际旅游消费中心定位	2022年4月
广西壮族自治区	《数字广西发展"十四五"规划》	以广西（柳州）车联网先导区建设项目为依托，争取国家级车联网先导区落地。推动基于5G的车联网（5G-V2X）示范建设，普及20个以上自动驾驶试点，在港口、景区、园区、校园等区域开展封闭区间无人驾驶示范工程，推进"柳州智能网联汽车示范区"车路协同项目试点	2021年12月
	《广西新能源汽车产业发展"十四五"规划》	车联网（智能网联汽车）产业跨行业融合取得突破，L3级别（第三级别）智能汽车实现广泛应用和规模量产，新车渗透率达到50%	2022年1月
辽宁省	《辽宁省"十四五"城乡建设高质量发展规划》	加快布设城市道路基础设施感知系统，开展试点区域道路、交通标识、护栏、视频监控等设施改造。完善试点区域5G通信网联布局，与车路协同设备（RSU）技术创新融合	2022年2月
合肥市	《关于进一步促进新能源汽车和智能网联汽车推广应用若干政策（公开征求意见稿）》*	支持公共领域电动化推广应用；加快网络预约电动物流车推广应用；支持换电试点城市建设，推广"车电分离"新模式；支持新能源汽车下乡；优化新能源汽车使用环境；支持智慧城市基础设施与智能网联汽车协同发展试点建设，加快智能网联测试应用；支持燃料电池推广应用；支持产业链协同发展，强化产业链供应链生态体系建设；支持新能源汽车和智能网联汽车领域的社会组织培育发展	2022年5月

（续）

省市	政策	内容	时间
淄博市	《关于印发淄博市2022年智能网联汽车场景建设任务的通知》*	2022年淄博在张店区、临淄区、高新区等区县投放环卫保洁、安防巡检、移动零售、物流配送、观光接驳、公共交通、危险品运输、矿山开采8类智能网联车辆680台	2022年5月
深圳市	《深圳经济特区智能网联汽车管理条例》*	国内首部关于智能网联汽车管理的法规，对智能网联汽车自动驾驶的定义、市场准入规则、路权、权责认定等多方面进行了具体规定。《条例》将为全国其他城市制定自动驾驶准入政策提供参考标准，有望加速我国自动驾驶立法进程	2022年6月
	《深圳市培育发展智能网联汽车产业集群行动计划（2022—2025年)》*	引导形成特色集聚、区域协同的产业发展格局，加快南山区智能化、网联化关键技术研发，抢占智能零部件创新制高点。推动坪山区提升智能、电动零部件和整车集成能力，开展智能网联汽车多场景应用测试验证。在深汕特别合作区布局智能网联汽车生产制造，打造智能网联汽车零部件和装备制造产业集聚地	2022年6月
郑州市	《关于加快新能源及智能网联汽车产业发展的实施意见》*	加快车联网建设，推进现有道路基础设施的适应性改造和智能化基础设施建设，积极创建国家级车联网先导区	2022年6月
广州市	《广州市智能网联与新能源汽车产业链高质量发展三年行动计划（2022—2024年)》*	智能网联汽车3级（含）以下自动驾驶汽车新车装配率超过50%，4级自动驾驶汽车初步实现规模化生产。基本建成全国领先的5G车联网标准体系和智能网联汽车封闭测试区，国家级基于宽带移动互联网的智能网联汽车与智慧交通应用示范区初具规模	2022年7月

注：* 为车联网专项发展政策

3.1.4 5G车联网应用进展

1. 工信部车联网先导区进展

国家级车联网先导区包括2019年5月获批建设的江苏（无锡）车联网先导区、2019年12月获批建设的天津（西青）车联网先导区、2020年10月获批建设的湖南（长沙）车联网先导区、2021年1月获批建设的重庆（两江新区）车联网先导区。

江苏（无锡）车联网先导区主要在路端建设方面探索。实现规模部署C-V2X网络、路侧单元，装配一定规模的车载终端，完成重点区域交通设施车联网功能改造和核心系统能力提升，丰富车联网应用场景。完善与车联网密切相关的政府部门间的联络协调机制，明确车联网运营主体和职责，建立车联网测试验证、安全管理、通信认证鉴权体系和信息开放、互联互通的云端服务平台，实现良好的规模应用效果。积极开展相关标准规范和管理规定探索，构建开放融合、创新发展的产业生态，形成可复制、可推广的经验做法。

天津（西青）车联网先导区主要在标准认证、评价体系建设方面探索。发挥在标准机构、测试环境等方面的优势，积极探索跨行业标准化工作新模式，加快行业关键急需的标准制定和验证，加强测试评价体系建设，促进行业管理制度和规范的完善。规模部署蜂窝车联网 C-V2X 网络，完成重点区域交通设施车联网功能改造和核心系统能力提升，明确车联网通信终端安装方案，建立车联网安全管理、通信认证鉴权体系和信息开放、互联互通的云端服务平台。明确车联网运营主体和职责，探索丰富车联网应用场景，构建开放融合、创新发展的产业生态，形成可复制、可推广的经验做法。

湖南（长沙）车联网先导区主要在场景创新、运营模式方面探索。在重点高速公路、城市道路规模部署蜂窝车联网 C-V2X 网络，结合 5G 和智慧城市建设，完成重点区域交通设施车联网功能改造和核心系统能力提升，带动全路网规模部署。构建丰富的场景创新环境，有效发展车载终端用户，推动公交、出租等公共服务车辆率先安装使用，促进创新技术和产品应用。深化政策和制度创新，探索新型业务运营模式，完善安全管理、认证鉴权体系，建设信息开放、互联互通的云端服务平台，构建开放融合、创新发展的产业生态，形成可复制、可推广的经验做法。

重庆（两江新区）车联网先导区将打造山地特色车路协同应用场景。在重点高速公路、城市道路规模部署蜂窝车联网 C-V2X 网络，做好与 5G 和智慧城市发展的统筹衔接，完成重点区域交通设施车联网功能改造和核心系统能力提升，带动全路网规模部署。结合产业基础和复杂道路交通特征，加强技术创新和产品研发，构建丰富实用的车联网应用场景，有效发展车载终端用户，带动产业转型升级和高质量发展。深化政策和制度创新，建立健康可持续的建设和运营模式，打造信息开放、互联互通的云端服务平台，完善安全管理体系，形成可复制、可推广的经验做法[18]。

除此之外，2021年7月，工信部科技司公布"2021年产业技术基础公共服务平台—建设 5G＋车联网先导应用环境构建及场景试验验证公共服务平台项目"

中标候选人共 3 家，包括广西柳州、广东广州和广东深圳。

2. "双智"试点进展

住建部提出加强新型基础设施和新型城镇化建设，加快推进基于信息化、数字化、智能化的新型城市基础设施建设，简称"新城建"。"新城建"试点任务包括协同发展智慧城市与智能网联汽车。以支撑智能网联汽车应用和改善城市出行为切入点，建设城市道路、建筑、公共设施融合感知体系，打造智慧出行平台"车城网"，推动智慧城市与智能网联汽车协同发展。

智慧城市基础设施和智能网联汽车协同发展主要围绕四个方面展开[19]。

（1）探索建设城市智能化道路，支持车路协同发展　试点城市在部分道路两侧建设 5G 网络，安装摄像头、雷达等感知设备和计算设备，提供北斗定位和高精度地图服务，既能支持不同等级的自动驾驶汽车测试示范，也能支持非自动驾驶车辆的智能化出行。

（2）建设车城网平台　已在主要省会城市建成了 CIM 平台，这些地方的建筑已经有了数字身份证，初步实现了对建筑的数字化管理。在 CIM 平台基础上，探索建设车城网平台，将城市道路设施、市政设施、通信设施、感知设施、车辆等进一步数字化，并接入统一平台进行管理，实现全面感知和车城互联。从平台应用上看，基于车城网平台，可以对车辆进行实时动态监测和管理，对城市交通进行优化，为城市精细化治理提供更强大的支撑。

（3）支持 5G、自动驾驶、车路协同、人工智能等新技术、新产业在城市开展多场景应用　基于城市建设发展中的实际需要，不断释放应用场景，提供应用条件，促进新技术的落地，开展智能网联公交、环卫、物流、出租车、自行车等方面的示范应用。

（4）创新体制机制，鼓励多主体参与建设和运营　智能化基础设施建设需要更好地发挥政府的作用，以使市场在资源配置过程中发挥决定性作用，政府加强引导，提供政策支持，为企业和用户搭建创新平台，目的是探索形成智能汽车与智慧城市协同发展的政策机制和商业模式。

自 2021 年 5 月"双智"试点实施以来，第一批试点城市北京、上海、广州、武汉、长沙、无锡在智能化基础设施、通信网络、车联网、车城网平台应用示范、标准规范等方面取得系列进展。

北京市建设高级别自动驾驶示范区，示范区专门组建智能化基础设施的投资、建设、运营、运维公司，在商业化探索方面处于国内领先地位。在示范区建设取得初步成果的基础上，示范区推进工作组推出"V 伙伴"合作计划，通过政企深度合作，共同解决产业落地中遇到的各项难题，支持企业积极开展智能网联汽车新技术、新产品、新模式的探索应用与生态构建。

上海市大力推进城市数字化转型，实行智慧城市、智能交通、智能网联汽车与智慧能源深度融合一体化的战略，推广多元化应用示范工作。上海市也在积极推进风险等级齐备、测试场景完善的开放道路测试环境建设。嘉定区的智能网联汽车正从测试向示范应用、商业化运营的目标大步迈进。上海市未来将继续深入开展智慧道路建设，探索开放城市快速路、高速公路等道路测试场景，推进车路协同技术应用，支撑自动驾驶汽车在复杂路况下的适应能力。

广州市在2019年城市智慧汽车基础设施与机制建设试点基础上，依托城市信息模型基础平台推进双智发展试点。聚焦车城融合赋能城市治理和社会服务，在广州人工智能与数字经济试验区核心区开展琶洲"车城网"试点、在黄埔区开展智慧交通新基建项目、在广汽汽车城开展番禺"车联网"项目等。其中，琶洲"车城网"试点项目以琶洲会展中心区、互联网创新集聚区为重点，整合广州市5G、智慧灯杆、交管、城市信息模型基础数据等基础设施，形成琶洲车城感知网络。同时，建设标准统一、逻辑协同、开源开放、支撑多类应用和城市级数据处理的"车城网"平台。基于琶洲车城感知网络和"车城网"平台向多个城市管理和服务领域的赋能，结合多领域需求建设车城融合应用，包括未来出行形态、城市交通治理、城市安全与综合管理、"车城网"示范体验应用等，实现"一网、一平台、N应用"的格局。

武汉市在智能驾驶、高精度地图、地理空间信息等领域有着较好的技术基础和产业体系，发展智能网联汽车具备较强优势。依托雄厚的汽车产业基础和现代化城市基础设施，武汉市积极探索规模化、可持续运营的智能网联汽车商业化应用。

长沙市重点推进车路协同道路智能化改造，加快5G及"车联网"安全身份认证等网络设施建设，推进基于"车城网"平台的智慧交通平台、城市信息模型平台、云控平台等建设应用。目前长沙市建设双智发展城市已经形成了智能化基础设施建设、新型网络基础设施建设、"车城网"平台建设、示范应用、标准法规建设5大建设任务18个具体项目为主体内容的试点方案。长沙将规模化应用具备智能驾驶功能的智能网联公交、环卫、物流、出租车等示范场景，并初步建立起适应产业发展的政策法规、标准规范和安全保障体系。

无锡市大力推进物联感知设备部署，推动城市基础设施网联化、智能化改造，提升城市基础设施建设与管理智能化水平，逐步推动道路状态感知、智能公交、出租车、急救等领域的应用。从显见的拥堵提示、盲区预警、限速等数字化交通标识，到不引人注意的RSU、智能化信号机，车联网的覆盖正向着无锡市区全域覆盖的目标加速推进。从2020年开始，无锡市打造了南山车联网小镇、慧海湾小镇、山水城科教产业园等特色产业园区，加速发展了交通事件提示、精准公交、盲区预警、路险信息等40余项"车联网"应用[20]。

第二批入选的试点城市也确定了其特点和主攻方向。其中，重庆以"车城网+智慧公交"助力旅游产业；深圳依托经济特区优势聚焦政策法规先行先试；厦门聚焦BRT（快速公交系统）公交应用广域覆盖；南京主打"美好出行+美好生活"服务C端市民出行需求；济南突出城乡公交和农资物流专项主题；成都重点推广车载用户端商业化应用；合肥结合产业需求对工业园区进行智慧化改造；沧州以场景应用全域开放为特色；芜湖重点开展区港联动智能网联建设；淄博则探索危化品运输车辆监管模式等。

3. 交通运输部车路协同试点进展

在京沪高速（G2段）开展车联网先导应用环境构建及场景测试验证平台建设项目。在建设原则上，侧重创新引领、需求导向、以人为本、示范先行、新旧融合。京沪高速车路协同示范验证路段贯穿北京、天津、河北、山东、江苏等5个省市，涉及路段长度约670km。项目具有"省域跨度大、覆盖范围长、应用场景多、车载终端体量大"等亮点。

在技术路线方面，该项目以"高清摄像机+毫米波雷达融合"为主实现路测环境感知；采用"C-V2X"通信技术实现"车–路、车–云"实时通信（本阶段采用"LTE-V2X"通信技术，支持未来向5G-V2X平滑演进）；遵循"路测信息实时触达（PC5）、云端信息及时下发（Uu）"的协同策略；实现高速公路及城市道路典型场景下的车路协同应用。

在建设内容方面，构建基于C-V2X的"车端大规模改造、路测全方位部署、云端一体化服务"的"人–车–路–云"协同的规模化车联网先导应用环境，实现京沪高速（G2段）车路协同跨省域应用。

在云端，建成包括部级车路协同平台、区域车路协同云控平台、智慧物流平台、高精度地图平台在内的多个云平台。

在路端，主要实现四大应用场景：分合流安全预警及诱导、隧道安全预警及诱导、准全天候辅助通行与车道级差异化服务。

分合流安全预警及诱导的布设点位在匝道互通、枢纽互通、服务区等，选取路段交通流量大、易发事故、货车比例高的分合流场景部署。

隧道安全预警及诱导的布设点位在隧道区域，选取交通流量大、易发事故、黑白洞效应明显的典型隧道部署。

准全天候辅助通行的布设点位在京津塘、临沂至莱芜、新沂至江都、京台高速试点路段，根据路段承担的功能、重要程度，同时兼顾交通事故率、交通事故成因、交通流量、交通特性等因素，尽量选取对居民或物流运输有着重要作用的、可替代性低的路段部署。比如主城区与卫星城连接路段、城区与机场连接路段、区县之间连接路段、物流集散区经过路段。

车道级差异化服务的布设点位在江苏新沂至江都段准全天候辅助通行路段，基于准全天候辅助通行基础设施，结合高精度地图、车载终端功能，为特殊车辆提供车道级行车诱导服务。在重点车辆差异化诱导服务方面，应用场景包括货运物流车辆路径引导、货运物流车辆车速引导、货运物流车辆位置监控、两客一危车辆路径引导、两客一危车辆车速引导、两客一危车辆位置监控、危险车辆避让、救援车辆应急车道行驶诱导。

在车端包括通信模块（Uu、PC5、4G）、V2X 应用模块、ETC 应用模块、卫星定位模块、MCU 实时处理模块、预警模块（声音和图像预警）、WiFi&BT 模块、硬件加密模块[21]。

3.2 5G 车联网赋能城市智慧交通

3.2.1 城市智慧交通

2019 年以后，为应对近 20 年来城市发展理念、方式、道路交通需求发生的深刻变化，城市道路从"快主次支"的简单划分拓展到了"3 大类，4 中类，8 小类，干路与街道"的更注重道路功能结构的精细化分类。根据 GB/T 51328—2018《城市综合交通体系规划标准》，道路功能小类主要细化了干线道路的类别，细分了支路，纳入了部分非市政权属的道路。各类道路功能、设计车速及交通量见表 3-7[22]。

表 3-7　各类道路功能、设计车速及交通量

大类	中类	小类	功能说明	设计速度/ （km/h）	高峰小时服务交通量 （双向）/（pcu/h）
干线道路	快速路	Ⅰ级快速路	为长距离机动车出行提供快速、高效的交通服务	80～100	3 000～12 000
		Ⅱ级快速路	为长距离机动车出行提供快速的交通服务	60～80	2 400～9 600
	主干路	Ⅰ级主干路	为城市主要分区间的中、长距离联系交通服务	60	2 400～5 600
		Ⅱ级主干路	为城市分区间中、长距离联系及分区内部主要交通联系服务	50～60	1 200～3 600
		Ⅲ级主干路	为城市分区间联系及分区内部中等距离交通联系提供辅助服务，为沿线用地服务较多	40～50	1 000～3 000

（续）

大类	中类	小类	功能说明	设计速度/（km/h）	高峰小时服务交通量（双向）/（pcu/h）
集散道路	次干路	次干路	为干线道路与支线道路的转换以及城市内中、短距离的地方性活动组织服务	30～50	300～2 000
支线道路	支路	Ⅰ级支路	为短距离地方性活动组织服务	20～30	—
		Ⅱ级支路	为短距离地方性活动组织服务的街坊内道路，步行、非机动车专用路等	—	—

针对城市道路交通的特点，5G车联网应用在"点－线－面"三大场景。"点"包括交叉路口、公交站场、城市立交、城市隧道、城市环岛等应用场景，实现城市交叉路口信号灯信息下发、防碰撞预警等应用；"线"包括城市干线道路、集散道路、支线道路等应用场景，针对城市道路的交通诱导、绿波控制、修路、封路及限速等特点，实现城市道路绿波通行、修路封路信息预警等应用；"面"包括区域交通等应用场景。

5G车联网将从微观、中观和全局三个层面赋能城市智慧交通。

1. 城市智慧交通微观层面

在城市智慧交通微观层面，车联网能够将车辆行驶的环境、附近的交通运行情况、周边的交通事件等信息及时传送给车辆，从而使得车辆能够做到及时感知、快速合理决策，极大提高车辆行驶安全性，并提升出行效率。同时，由于多源感知和通信手段的存在，交警等管理部门可以对微观交通态势进行全面掌握，有利于进行交通指挥及应急事件处置。

随着国内消费者对汽车安全性、操作便利性、娱乐等方面提出越来越高的要求，车载智能终端市场需求加大。基于移动通信技术，内置移动通信模块的车载终端出货量快速增长，大量车辆安装车载终端（OBU）。智能OBU设备内置GNSS模块，支持外置式高精度定位信息输入，可精准定位特定范围内车辆。智能OBU通过接入车辆CAN总线获取车辆状态信息，后装产品通过OBD接口读取车辆信息。

同时，随着车联网纳入新型基础设施建设范畴，国内道路智慧化改造进程正在不断加速，一些新建的道路已经按照智慧公路的标准进行建设，路侧感知设备及感知手段不断丰富。

目前的智能网联示范区项目中，摄像头、激光雷达、毫米波雷达等各类感知设备大量部署，同时，结合传统智能交通中集成的电警、卡口、交通流量、交通事件、汽车电子标识读写器等设备，智慧的道路所能感知的信息极大丰富。

对于获取的多源信息，需要在路侧进行汇聚，有些需及时进行处理。例如典型的车路协同应用场景"弱势参与者碰撞预警"，对处理时延有较高的要求。因此必须部署路侧边缘计算设备作为端侧的计算处理单元。

多源感知结合端侧边缘计算处理使得道路真正实现"智慧化"，从而可以将环境信息（信号灯、各类交通标识标牌、停车场车位信息等）、微观交通运行情况、附近的交通事件（交通事故、故障车辆、道路施工、路面抛洒物、临时占道等）及时通过 C-V2X 网络下发给附近的车辆。

智能 OBU 可通过 C-V2X 技术与路侧设备进行通信，也可通过 4G 或 5G 网络接入互联网或 C-V2X 平台/控制中心。在路侧设备和控制中心的支持下，智能 OBU 可实现车辆周边道路环境信息、交通运行状态、交通事件等的及时感知，从而优化驾驶决策行为，提升交通安全性和交通效率。

智能 OBU 能实时上传位置数据、车辆数据等，为交通微观数据采集提供更加可靠的数据来源，并为智能交通领域的交通路况、交通流预测提供更加可靠的数据源。

2. 城市智慧交通中观层面

在城市智慧交通中观层面，由于 OBU 可以及时获取大量联网数据，并通过 C-V2X 等平台化支撑，车辆本身及交通管理部门都可以获得及时的区域交通态势信息。OBU 再与传统的集成化 ITS 控制手段结合，可以更加有效地进行区域交通调度，并适时提供交通信号自适应调节、绿波通行、特殊车辆优先通行等服务，从而有效提升区域交通效率。

区域内的路侧感知设备所获取的各类感知信息以及 OBU 实时上传的车辆状态及运行等信息，将汇聚在 V2X 平台或区域级云控平台。大部分信息在路侧边缘计算设备进行处理并结构化，然后上传至平台；有一些车辆采集的高精度地图信息，或者一些业务需要的视频数据进入平台层中对应的各个平台，如高精度地图平台、AR 平台、数据中台、AI 中台等。区域级的数据往往需要边缘云进行处理，从而对相应的感知数据等进行边缘处理，以保证业务处理的及时性。

在区域级，由于有更为全面的车辆及路侧感知信息，OBU 可以对区域交通运行态势有更加精确、更加实时的分析。结合交通态势分析判断，将传统智能交通系统中集成的各类交通控制系统与车联网进行结合和打通，可以显著提升区域的交通通行效率。

例如车联网与交通信号控制系统打通，能够实现交通信号灯信息推送、车速建议、交通信号的自适应调整、车流的诱导、特种车辆优先通行等功能；通过与交警的交通监测云行系统 AR 实景可视化系统对接，实现 AR 画面下的交通特勤线路等功能。

以车联网与 AR 结合的交通特勤线路功能为例，当特勤路线启动时，系统将根据预先制定好的信号机方案、诱导屏显示内容、低点切换时间等执行预案，并且通过对安装 OBU 的特勤车辆在二维地图和实景地图上进行定位显示，OBU 实时上传特勤车辆的位置及坐标，到达路口后路侧 RSU 也可实时读取 OBU 信息，实时切换高点视频画面，实现安装 OBU 特勤车辆全程动态追踪。

3. 城市智慧交通全局层面

在智慧交通全局（城市或者大区）层面，随着道路智慧化改造逐渐完善、车载终端渗透率不断提升、分级云控平台逐渐部署，车辆等交通参与者、道路感知、环境信息、交通事件等各种信息将汇聚于云控平台，由云控平台进行协同感知、集中分析决策、反馈控制等，从而实现全局的决策和控制，全面提升交通安全性和交通通行效率，并为未来 L4/L5 的自动驾驶提供支撑。

全局层面的车联网与智能交通结合主要通过云控平台来实现。智能网联云控平台由中心/区域云体系、边缘云体系、车路协同体系三个层次构成，通过互联互通模块、感知融合模块、决策控制模块、数据分析模块、监控管理模块、服务发布模块、运营管理模块为车路协同及其他服务输出基础能力。

云控平台通过提供能力和服务，也将成为智慧交通的综合管理支撑平台之一，解决智能网联汽车存在的信息孤岛和难以互联协同、有效管控的问题，通过定义互相可靠的信息交互规则，实现车与车、车与基础设施、车与平台之间数据互联互通。

云控平台主要包含五个方面的内容。

1）构建一套完整车联网技术框架，实现中心平台、边缘计算、智能路侧感知与车路协同三层架构。

2）打造覆盖"人–车–路–网–云–图"的车路协同平台，实现数据有效融合，信息决策等高效传递。

3）通过三维高精度地图展示，实现车道级仿真演示。为车联网平台用户提供直观、多角度、可视化展示。

4）依托大数据采集汇集和计算能力，构建各类交通事件监测和发布模型。

5）打造车联网 V2X 平台场景应用池，布置并丰富 V2I、V2V、V2P、V2N 等车路协同场景应用。

云控平台将实时感知动态信息、决策控制信息、数据分析信息等，以及计算与决策支持、仿真、动态地图等各种服务能力，提供给 ITS 平台及系统。同时，ITS 的交通信号控制、交通事件等信息也会提供给云控平台。两者的融合应用将能实现全局的交通运行监控、交通运行优化、交通管理等，从而真正实现智慧交通和智慧出行。

3.2.2　5G车联网城市道路技术规范

各地陆续出台城市道路智能网联技术规范：①2021年10月28日，全国团体标准信息平台发布《粤港澳大湾区城市道路智能网联设施技术规范》；②2021年10月26日，武汉市经信局发布《智能网联道路智能化建设规范（总则）（征求意见稿)》；③2021年11月11日，上海嘉定区发布标准化指导性技术文件《智慧道路建设技术导则》；④2020年9月30日，德清县发布《智能网联道路基础设施建设规范》。

1.《粤港澳大湾区城市道路智能网联设施技术规范》[23]

总体架构分为基础设施体系、服务体系、技术支撑体系三部分：

1）基础设施体系包括基础设施感知、气象和环境感知、交通运行状态感知、交通事件检测、信息发布、通信设施和供电设施。

2）服务体系包括伴随式信息服务、交通管控、应急保障、车路协同与自动驾驶支持等；

3）技术支撑体系包括高精度定位与时间同步、路侧边缘计算、联邦机器学习、云计算数据中心、信息安全、时间同步系统。

智能网联设施信息感知监测应能实现交通运行状态信息监测、道路基础设施状态信息监测、气象环境信息监测等功能。

交通运行状态信息包含交通流量信息、道路交通参与者信息及交通事件信息。交通流量信息可通过交通流检测器进行采集监测，该信息应包括断面交通量、单向交通量、不同车道交通量、路段小时交通量、平均车速、车头时距及车道占有率等；道路交通参与者信息可通过路侧感知系统进行采集，该信息应包括但不限于机动车、非机动车、行人，感知的交通目标属性包括但不限于交通参与者类型、经纬度、海拔信息、几何尺寸、速度、加速度、航向角、牌照等信息；交通事件应包括但不限于停车事件、逆行事件、行人事件、抛洒物事件、拥堵事件、低速/超速事件、交通事故等道路行车状况异常事件，交通事件定义应符合GB/T 28789—2012《视频交通事件检测器》的规定。

道路基础设施状态监测应包括道路状态监测、桥梁状态监测、隧道状态监测，并具备预警信息提示功能。道路状态监测的主要指标项包含路面动荷载、路面病害和路基异常等，其中路面病害包含路面裂缝、坑槽、车辙、拥包等，路基异常包含边坡坍塌、路基沉降等；桥梁状态监测的主要指标项包含结构应力、变形、结构裂缝、环境腐蚀、交通荷载和结构温度等，其中变形可分为水平位移、线性下挠和基础沉降等；隧道状态监测的主要指标项包含能见度、CO浓度、风速、风向、亮度、火灾、交通事件和结构安全等。

气象环境信息重点监测项目包括：能见度、风速、风向、降水量、路面温度、路面状况（干燥、潮湿、积水）等，应至少能够监测GB/T 33697—2017《公路交通气象监测设施技术要求》中规定的监测项目。

智能网联设施通信网络由监测设备、RSU、MEC、路侧设施等构成。

监测设备包括摄像头、激光雷达、毫米波雷达等监测设备；RSU具有与OBU及其他系统组件通信的功能，与通信系统的网络通信功能；MEC具有OBU设备和路侧设施设备接入功能，进行边缘计算等功能，能够完成实时预警消息的处理和推送；道路设施包括交通标志、标线、交通信号灯、可变情报板、护栏、隔离设施、示警桩等其他路侧设施。

交通大数据平台通过路侧通信设施与路侧计算设施、车载网联设备、交通诱导设备、交通信号灯控制设备、信息发布设施等进行通信，实现信息交换、路网管理、智能网联信息服务等功能。交通大数据平台主要由数据管理系统、数据感知融合系统、监控管理系统、运营管理系统、数据分析系统、决策控制系统、信息发布系统等构成。

2. 武汉发布的《智能网联道路智能化建设规范（总则）（征求意见稿）》[24]

基于道路安全风险等级评估以及智能网联汽车道路准入要求，针对道路安全风险等级评估因素，通过道路智能设施、道路交通设施以及支撑平台的建设，有效降低道路安全风险等级、提升交通运行效率及建立智能化管理服务。智能网联道路智能化建设规范总体架构如图3-8所示。

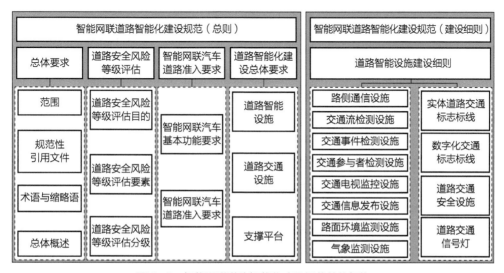

图3-8 智能网联道路智能化建设规范总体架构

道路智能设施主要包括路侧通信设施、边缘计算单元、智能摄像头、激光雷达、毫米波雷达、气象监测器以及路面环境监测器等，通过在路侧布设相关智能化设备，实现违章事件检测、交通数据采集、交通事件检测、交通参与者检测、路面环境以及气象监测等功能，基于以上交通信息的采集、分析、融合处理等，实现区域交通整体监控、优化管理以及特定交通场景的安全预警保障等功能。

道路交通设施的建设及改造主要体现在智能网联汽车加入现有交通流后，对现有道路基础设施进行针对性增加，以加强智能网联汽车安全保障及提升道路交通安全。

支撑平台主要包括数据平台、管理平台（设备管理平台、车辆管理平台）、应用平台（V2X Server平台、感知融合平台）、高精度地图、高精度定位、安全平台、三维城市模型。

数据平台汇聚路侧所有智能化设备、车端以及其他平台端的数据，平台应具备数据存储、查询、索引、分析等功能，通过安全、梳理、整合等一系列处理，产生可信及可用的信息，为各种应用提供数据支撑。

设备管理平台主要是对设备进行实时监测和智能监管，提供针对设备的录入、监控及管理。车辆管理平台主要是对开放测试道路的智能网联汽车测试、示范应用及运营进行管理。

V2X Server平台主要实现车路协同的连接，包括车路协同数据的收集、路由和分发，提供统一的人－车－路建模抽象和数据开放服务。感知融合平台将各个感知模块采集的多源异构数据（如摄像头、激光雷达、毫米波雷达等设备的数据）以视频、图片、文字等形式呈现，并进行数据有效挖掘识别和融合交互，实现数据标准化和智能处理。

高精度地图数据应包括道路属性数据、车道几何数据、关联关系数据。道路属性数据应包括车道模型数据（类型、通行状态、数量和通行方向等）和车道线模型数据（类型、颜色、宽度和编号等）；车道几何数据应包括车道边线、车道中心线、车道参考线等数据；关联关系数据应包括车道与道路关联关系数据。

高精度定位服务的静态和动态实时定位精度：水平优于10cm，垂直优于20cm。

安全平台应支持基于国密算法（国家密码管理局认定的国产商用密码系列算法）的数据保密性、完整性和真实性等的保护，包括数据加密解密、数字签名验签、数据完整性防护、密钥生命周期安全管理、网络安全防护、系统安全防护和应用安全加固等安全功能组件，满足V2X PKI体系业务需求，并可支持扩展提供边端协同、边云协同的网络安全防护能力。

三维城市模型应至少包含地形要素模型、建筑要素模型、交通要素模型、水系要素模型、植被要素模型、场景要素模型及其他要素模型。建筑要素、交通要素模型应不劣于Ⅰ级精细度表现，植被要素、场地要素模型和水系要素模型应不劣于Ⅰ级或Ⅱ级精细度表现，其他要素模型中交通设施应采用细节建模表现，剩余要素模型应不劣于Ⅱ级精细度表现。

3. 上海嘉定区发布的《智慧道路建设技术导则》[25]

城市智慧道路建设主要由中心子系统、路侧子系统及交通参与者子系统组成。其中交通参与者子系统通过直连无线通信或5G通信与路侧子系统相连，路侧子系统通过光纤有线通信或5G通信与中心子系统相连，如图3-9所示。

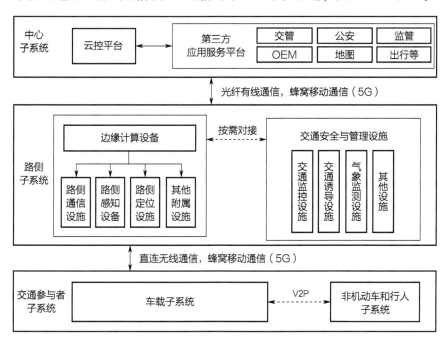

图3-9 智慧道路整体框架

道路智慧化分级标准见表3-8。

表3-8 道路智慧化分级标准

分级	标准
基本智慧化	基本智慧化道路以提高道路的数字化、信息化水平为主，满足交通参与者对通行效率、安全和服务的基本需求，为更高层级的智慧化提供基础条件 能在拥堵、事故、施工、恶劣天气等事件发生时对交通采取主动管控措施，提升道路通行效率，提高道路安全水平 能为交通参与者提供实时的基本动态信息提示，包括车辆高精度定位、道路拥堵、事故、施工、周边停车场等信息 能获取道路的原始监控视频，能采集道路流量等数据，满足道路监管部门的数据采集和使用的基本需求

（续）

分级	标准
中级智慧化	中级智慧化道路在基本智慧化的基础上，实现车路协同的智能道路交通环境，能以智慧化的方式对道路交通运行进行管理，对交通参与者提供精准的信息服务 能实现车道级的流量统计，能对交通事件进行监测，对交通风险进行识别、处理并实时发布安全预警，能实现全量交通要素感知和交通流控制调节能力，对交通流进行智能协同管控 能为交通参与者提供高精准信息服务，包括但不限于提供车道级、伴随式的信息服务以及个性化交通信息定制服务 能对人工智能车辆提供安全辅助驾驶，满足自动驾驶智慧化的道路场景的基本需求
高级智慧化	高级智慧化道路在中级智慧化的基础上，实现网联协同的智慧化管控环境，具备对路网进行全自动、全方位服务和监管的能力 能实现全时空高精度感知，对所有道路参与者轨迹进行数字化处理并开展交通分析，对路网的交通运行状态进行精确计算，对不同路段、不同层级的交通运行系统进行精准决策和管控 能实现人工驾驶车辆和自动驾驶车辆混合交通流的协同管控，能满足自动驾驶车队编队行驶和在线调度的需求

道路及其附属设施包括路线、平面交叉、路基路面、行人和非机动车设施、公共交通设施、照明设施、供电设施、定位设施、交通管理设施（实体交通标志标线、数字化交通标志标线、交通信息发布设施）、交通信号控制设施等。

感知和边缘计算系统由感知设备、边缘计算设备组成。感知设备宜以感知摄像头为主，根据需要可增加毫米波雷达、激光雷达或其他传感器设备。由多种感知设备组成的感知系统应能感知道路上不同的目标及其状态。感知目标至少应包括机动车、非机动车、行人以及道路的障碍物等。边缘计算设备是指部署在道路近邻，融合计算、存储、网络能力为一体的开放平台，负责实时处理临近区域内感知设备，道路交通管理设备和路侧单元的数据。边缘计算设备应能配合其他设施完成实时感知数据处理、存储、交通信息汇聚、内容分发、业务处理与决策等功能。边缘计算设备北向对接中心子系统，南向对接路侧感知设备（包括感知摄像头、激光/毫米波雷达等）、路侧单元（RSU）/5G基站等设备、按需接入道路交通管理路侧设备（交通信息发布设施、交通信号控制设施等），设备对接收汇总的信息进行融合分析处理，并将处理结果通过路侧单元（RSU）/5G基站发送给车载单元（OBU）。

系统功能需实现交通流检测（交通流量、平均车速、时间占有率、排队长度等信息）、交通事件检测（交通拥堵、异常停车、逆行、违法变道、行人、抛洒物等事件)、交通参与者检测(机动车、非机动车、行人等交通参与者的识别检测以及定位,包括检测交通参与者类型、速度、位置、运动方向等特征信息)、车辆智能监测(应符合 GA/T 497—2016《道路车辆智能监测记录系统通用技术条件》)、全域视频监控、违法抓拍(应符合 GA/T 496—2014《闯红灯自动记录系统通用技术条件》)、道路状态获取〔交通信号灯状态、路面状况(干燥、潮湿、积水、结冰、积雪、路面温度)、道路能见度、温度、湿度、空气质量、风速、风向〕等。

直连无线通信设施部署要求给出了十字路口、丁字路口、长直道路、路口延伸、环岛、匝道、急弯路段、隧道、高架桥下方的 RSU 部署示意。

云控平台的整体架构如图 3-10 所示,其由监控管理、数据管理、运维管理、计算管理、信息发布、车路协同应用服务、数据中台、服务中台 8 大模块组成。

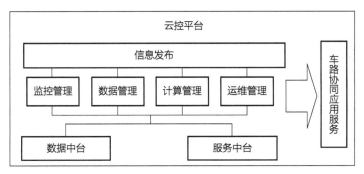

图3-10 云控平台整体架构

4. 德清县发布的《智能网联道路基础设施建设规范》[26]

智能化路侧基础设施建设内容应包括"通信系统""感知系统""边缘计算系统""车路协同系统"和"微气象和道路环境系统",为智能网联车辆的开放测试和试运营环境提供支持。智能化路侧基础设施整体架构如图 3-11 所示。

通信系统中 RSU 部署规划包括城市场景(典型道路、中间有遮挡的道路、丁字路口、郊区十字路口、普通十字路口、复杂十字路口、环岛)、乡村场景、山区场景、高速场景(常规路段、匝道、隧道)等。

感知系统由前端传感器节点、边缘计算设备、网络设备和边缘计算平台组成。

场景建设方案在典型配置的基础上,以摄像设备感知能力为基准划分道路场景。道路场景类型可分为城市、乡村、山区、高速、隧道五类。根据路口或路段的道路技术等级、车道数、中央绿化带等具体属性总共可以细分为二十多种风险程度不同的测试场景,不同风险程度的道路场景对应着不同的感知设备布设方案。

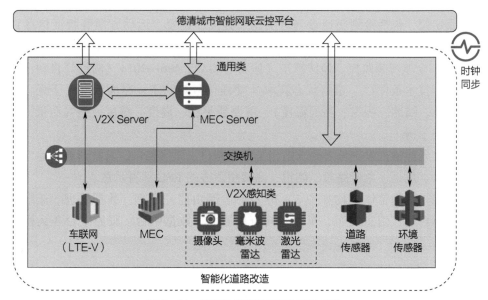

图 3-11 智能化路侧基础设施整体架构

边缘计算系统应具备开放架构，其数据输出和管控不依赖特定的平台或软件，应能够向"MEC Server"平台提供直连接口，由 MEC Server 实现对 MEC 的数据接入和统一管理，同时支持 NTP 时钟同步。边缘计算系统应提供设备就近接入、数据处理、本地闭环管理等服务和满足行业在实时业务、应用智能、安全与隐私保护等方面的基本需求。

MEC Server 平台应具备管理 MEC 设备接入和 MEC 边缘算法更新等能力，应具有对路侧 MEC 设备的接入管理服务、边缘算法管理、通信调度、数据开放和统一运维等业务功能。

车路协同系统 V2X Server 平台应具备对路侧设备的接入管理、证书管理、V2X 算法管理、数据管理、事件管理等业务功能。

微气象和道路环境系统集成多类气象传感器，可实时监测风速、风向、气温、湿度、气压、降水量、能见度、天气现象等各类气象数据。

3.2.3 5G 车联网城市应用——全息路口和数字孪生路口

城市交叉路口是城市道路中环境最复杂、参与者最多、问题发生最频繁的交通场景。它是道路交通系统的节点和枢纽，承担了大量交通流量，交叉路口的畅通程度直接影响交通通行能力。在城市道路发生的交通事故中，有超过 60% 发生在交叉路口及附近。优化交叉路口是缓解交通拥堵，提升道路通行能力，降低交通事故发生率最有效的手段之一。

全息路口拥有"全方位感知＋超强计算＋可靠通信"能力，全息路口相关标准正在陆续推出。数字孪生路口通过"三维实时仿真＋精准预测＋动态控制"将赋予全息路口更强大的能力[27]。

1. 全息路口其实是"全信息"路口

对交叉路口进行数字化和智慧化升级改造是大势所趋。当下智慧路口的主要发力点在于信控，即提升通行效率。除此之外，还需要对交通态势进行掌控，以及对路口违法行为进行监控识别等。基于这样的背景，全息路口概念应运而生。

全息是指一种技术，即利用激光的相干性原理，把物体反射光的所有信息全部记录下来，并能够重现立体的三维图像。而数字全息技术是用光电传感器件，例如数码相机代替传统的光学记录材料，然后将全息图存入计算机，用计算机模拟光学衍射过程来实现被记录物体的全息再现和处理。数字全息技术与传统光学全息技术相比具有制作成本低，成像速度快，记录和再现灵活等优点。

因此，传统意义的全息路口其实是应用光学原理，利用相干光干涉得到全部物体信息，并实时、动态、数字化重现立体三维图像的路口。而实际上，我们现在所提到的全息路口已经远超过摄像头的范畴，用"全信息路口"来定义更加准确。

综合来看，全息路口是利用路口雷达＋电子警察/卡口摄像头等各种感知设备，在保证原有正常非现场执法功能基础上，融合行业最新的传感器技术、高精度地图技术、高精度定位技术、人工智能算法、大算力芯片、边缘计算技术，生成车辆时空、过车身份、违法抓拍、分米级车辆轨迹、信号灯状态等多种精准、高效、实时的元数据，为路口精细化管理形成完备的数据基础，减轻中心侧计算、存储以及网络压力。因此，给出如下全息路口定义："全息路口＝全方位感知＋超强计算＋可靠通信"。

（1）全方位感知　传统交叉路口信息采集能力偏弱，多由地磁、线圈、断面雷达及电警感知设备组成，感知范围有限，感知信息不全，部分投入巨大的人力进行人工采集，缺乏有效采集手段。受限于当时技术条件，感知系统仅服务于特定业务，数据分裂，利用率低，可挖掘分析价值低，且因感知信息不全面，无法完整体现交通的实际情况。

当下的全息路口会采用多传感器技术，综合使用摄像头、毫米波雷达，甚至是激光雷达，配合高精度地图和高精度定位，来达到全时、全域、全量、精准的全方位数据感知。各种全息路口感知方案对比见表3-9。

表3-9 全息路口感知方案对比

项目	毫米波雷达+视频	激光雷达+视频	激光雷达+毫米波雷达+视频
全天候	支持	雨雪雾等恶劣天气效果差	支持
低速识别	识别能力弱，依靠算法补偿	精准感知	精准感知
速度感应	精准识别	识别	精准识别
物体尺寸	不支持	支持	支持
目标分类	支持	支持	支持
方位角精度	支持，精度±0.5°	支持，精度±0.05°	支持，精度±0.05°

对于交管部门来说，感知的数据类型可以包括：①全息交通流数据（例如车速、排队长度、排队时间、空间占有率、时间占有率等）；②车辆过车数据（例如号牌号码、车型、颜色等）；③交通参与者数据（例如非机动车信息等）；④交通违章数据（例如违章行为、违章时间、违章地点等）；⑤交通事件数据（拥堵、停车、路障、施工、交通事故、抛洒物、压线、逆行等）；⑥特殊数据（路面积水、路面结冰、风速、能见度、温湿度等）。

（2）超强计算 超强计算能力一方面来自于部署在路侧的边缘计算设备，另一方面还应包括在云端的中心侧计算平台。

其中，边缘计算设备需要具备视频处理和管理能力、雷视融合处理能力、智能分析能力、信号机控制能力等，这些都需要相应的计算能力来支撑。通过边缘计算设备拟合多方向雷达和视频信息，产生牌照、位置、速度、轨迹、行驶姿态、车辆属性等多种基础元数据，并给出相关的智能分析结果。例如边缘计算设备可以对路口200米范围内感知数据进行融合处理和智能分析，精准刻画每一个路口、每一条车道、每一辆车的行为，轨迹精度可达到50cm，轨迹准确率可达到95%；边缘计算设备可以打通摄像头、雷达、信号机三者之间数据，信号灯可以根据路口实时交通情况进行调整优化。

中心侧计算平台通过数据建模的方式，快速合成多种业务指标，如路口溢出、排队长度、路口停车次数、路口行驶速度、各方向过车流量、交通违章事件等，全面服务于城市交通治理全场景。例如在中心侧计算平台，可以结合全息路口数据和互联网数据，做宏观路网OD轨迹分析（30~60min）和中观车辆路径重构（5~15min）。

（3）可靠通信 可靠通信能力一方面是路口和中心侧计算平台之间的有线、无线（4G/5G）回传网络，另一方面还包括路口和交通参与者之间的通信网络。

回传网络方面，在不考虑路侧摄像头视频流以及激光雷达/毫米波雷达原始点云数据的回传时，每个接入交换机点位的单向带宽宜不小于15Mbit/s，核心交换机（核心路由器）根据下挂接入交换机点位数满足传输带宽要求，宜不少于1 000Mbit/s带宽。

路口和交通参与者之间的通信网络方面，可采用 C-V2X、汽车电子标识（RFID）、ETC 等。其中，C-V2X 不仅可以实现路口基础设施和交通参与者之间的通信，还能实现交通参与者之间的直连通信。基于 C-V2X 典型路口场景的性能要求见表 3-10。

表 3-10　基于 C-V2X 典型路口场景的性能要求

场景分类		感知设备感知距离	数据更新频率	系统延迟	定位精度	尺寸精度	速度精度	航向角精度	前置消息	数据集支持
十字路口/丁字路口/匝道口场景	绿波通行	≥150m	1Hz	≤100ms	≤1.5m	—	—	—	SPAT	SPAT、MAP
	闯红灯预警	≥150m	5Hz	≤100ms	≤1.5m	—	—	—	SPAT	SPAT、MAP
	交通信号灯读秒	≥150m	5Hz	≤100ms	≤1.5m	—	—	—	SPAT	SPAT、MAP
	基于路侧辅助的交叉路口/丁字路口碰撞预警	≥150m	10Hz	≤200ms	≤1.5m	√	√	√	—	RSM
	基于路侧辅助的左转辅助	≥150m	10Hz	≤200ms	≤1.5m	√	√	√	—	RSM
	基于路侧辅助的匝道汇入汇出预警	≥300m	10Hz	≤200ms	≤1.5m	√	√	√	—	RSM
	特殊车辆优先通行	≥200m	10Hz	≤200ms	≤1.5m	—	—	—	—	MAP
	公交优先通行	≥200m	10Hz	≤200ms	≤1.5m	—	—	—	—	MAP

2. 全息路口相关标准陆续发布

2022 年 3 月 16 日，中国智能交通协会发布团体标准 T/CITSA 20—2022《道路交叉路口交通信息全息采集系统通用技术条件》[28]，主要规定了道路交叉路口交通信息全息采集系统的系统组成、功能要求和性能要求。其系统架构如图 3-12 所示。

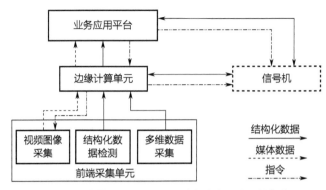

图3-12 道路交叉路口交通信息全息采集系统架构

前端采集单元包括视频图像采集、结构化数据检测和多维数据采集。边缘计算单元提供摄像头等视频感知检测设备获取的实时视频、抓拍图片等媒体数据和智能检测分析后的结构化数据，以及雷达等多维传感设备获取的结构化数据。

边缘计算单元统一部署在路口，对各方向采集的视频图像和结构化数据进行管理和计算，形成路口车辆的融合信息，上传至业务应用平台。

业务应用平台的功能包括俯视全景视角的路网监测和路口监测、路口评价、信号评价、组织评价、安全评价等。

2022年1月17日，浙江省产品与工程标准化协会发布团体标准T/ZS 0265—2022《全息智慧路口建设规范》[29]，规定了城市道路全息智慧路口建设的基本要求、内容、主要方法和实施等内容。其系统架构如图3-13所示。

图3-13 全息智慧路口系统架构

路口终端设备建设内容应包括交通雷达、视觉感知设备、道路交通信号控制机、道路交通智能信号灯和智能机柜，根据应用需求可选择布设可变导向车道控制器和可变导向车道指示标志。

在边缘端（通常在路口）布设边缘计算系统，建设内容应包括边缘智能小站、视觉智能识别模块、雷达视频拟合模块和信号控制优化模块。

中心基础平台建设内容应包括中心硬件服务器、物联接入平台、数据管理平台、算法管理平台和业务支撑平台。

业务应用服务建设内容应包括设备资产管理服务、车流平行仿真服务、运行指标监测服务、智能信号控制服务、事件监测预警服务和视频智慧联动服务。

2021年8月，湖南省市场监督管理局发布《智慧城市路口智能化路侧系统技术要求（征求意见稿）》[30]，对智慧城市路口智能化路侧系统技术要求做出了规定。

车联网路侧系统功能应满足以下要求：①应支持压线、变道、逆行、违停、违章检测功能；②应支持停车、逆行、行人、交通拥堵、车辆缓行等事件检测，支持车流量、车流平均速度、车道占有率、车头时距、车头间距、排队长度、拥堵检测；③应支持社会特殊和警务、政务车辆的识别，如：警车、救护车等；④应支持识别目标交通参与者即时位置、即时速度、方向航向角、加速度等动态属性，支持识别区间内车辆数、空间占有率、平均速度等动态属性；⑤应支持排队长度检测功能，输出排队长度、队首队尾车辆位置、排队车辆数；⑥应能对交通异常事件进行检测，包括行人闯入、异常停车、逆行、变道、超高速、超低速缓行、拥堵、占用应急车道、道路遗撒等，并能输出报警信息；⑦应支持识别车辆的实时经纬度位置和行驶车道；⑧感知目标应提供五类基础元数据（位置、速度、牌照/ID、属性、姿态）。

3. 从全息路口到数字孪生路口的技术演进

数字孪生是以数字化方式创建物理实体的虚拟实体，借助历史数据、实时数据、算法模型等，模拟、验证、预测、控制物理实体全生命周期过程的技术手段。因此，数字孪生路口不仅具有仿真能力，还应具备预测和控制能力，给出如下的数字孪生路口定义："数字孪生路口=三维实时仿真+精准预测+动态控制"。

（1）三维实时仿真　仿真是通过将包含了确定性规律和完整机理的模型转化成软件的方式来模拟物理世界的一种技术。只要模型正确，并拥有了完整的输入信息和环境数据，就基本能够正确地反映物理世界的特性和参数。如果说建模是将我们对物理世界或问题的理解模型化，那么仿真就是验证和确认理解的正确性。

全息路口拥有"全方位感知+超强计算+可靠通信"能力。在建设感知网络、可计算路网的基础上，加入目标融合算法，使各类传感器获取的原始不连贯目标信息相互印证、互为补充，形成基本完整的目标属性信息。例如通过地图的关联关系，将雷达检测的目标和视频识别的目标建立联系。同时，将实时检测目标叠加在高精度地图上，实现物理空间与虚拟空间的对接，完成数字映射的全息感知，也就是建立了三维立体展示的数字孪生仿真路口。

（2）精准预测 基于大数据思维，数字孪生路口可以通过分析车辆历史轨迹，寻找车辆潜在的运行规律，并对车辆行为做出大概率的精准预测。例如，通过车辆历史数据的跟踪积累，可以掌握个体车辆的位置、状态及目的地，记录车辆每日每次的精细化出行轨迹，明确车辆从哪里来，到哪里去，研判每一车辆的惯用路径特征，为城市交通管控乃至安全监控提供核心数据，还可以实现突发交通事件的检测和报警，为车辆提供道路基础设施静态信息及运营动态信息，保障和提升驾驶汽车的安全性。

同时，将系统内实时感知的车辆、非机动车等轨迹，以及基于个体行为的交通模型通过大数据获取的预测信息导入交通仿真系统，能够准确做出短时交通路网变化情况预测，实现精准预测交通事件对现有路况的影响。通过将城市中的物理基础设施、信息技术设施、社会基础设施和商业基础设施连接起来，对数据进行收集、清洗、存储和标准化，基于数字孪生实现交通的精准预测和决策。例如在前方车辆故障导致占用一条车道的情况下，交通仿真系统可以推测在当前管控方案和流量状况下，是否会发生拥堵以及发生何种级别拥堵，相当于向管理者提前预告事件演化过程，这将对后期管控策略调整提供坚实的数据基础。

（3）动态控制 搭建元宇宙的底层架构工具分为四层，最基本的第一层为游戏引擎，此基础上衍生出数字孪生、数字原生、虚实共融：①元宇宙从数字化设计起步，运用到最基础的游戏引擎工具；②为解决现实世界的一些问题，在虚拟世界中对已知物理世界的事物进行仿真建模，做高性能计算去推理预测，即数字孪生；③当人工智能足够智能化，可以在数字世界中原生出很多内容，即AI生产内容（AI-Generated Content，AIGC），或者用户通过轻便化的工具原创出在现实世界中不存在的内容，即数字原生；④当数字原生的东西足够大、足够强盛，必然会反过来影响现实世界，并且与现实世界相互融合，即虚实相生。

我们这里定义的数字孪生路口，不仅是元宇宙中虚拟世界对物理世界的数字孪生，还应包括虚实相生。

数字孪生路口强调虚实之间的交互，即数字孪生模型能生成一定的策略，对物理对象进行动态控制，并将物理世界的作用结果以数据的形式反馈回来，从而进一步优化模型，实现模型的实时更新与动态演化，也就是持续改进。具备实时性、闭环性的数字孪生进入交通领域，正好弥补了交通管理和控制的不足之处。

3.3 5G 车联网赋能高速公路智慧交通

3.3.1 高速公路智慧交通

根据 JTG B01—2014《公路工程技术标准》，公路分为高速公路、一级公路、二级公路、三级公路及四级公路五个技术等级。

高速公路为专供汽车分方向、分车道行驶，全部控制出入的多车道公路。高速公路的年平均日设计交通量应在 15 000 辆小客车以上。

一级公路为供汽车分方向、分车道行驶，可根据需要控制出入的多车道公路。一级公路的年平均日设计交通量应在 15 000 辆小客车以上。

二级公路为供汽车行驶的双车道公路。二级公路的年平均日设计交通量应为 5 000～15 000 辆小客车。

三级公路为供汽车、非汽车交通混合行驶的双车道公路。三级公路的年平均日设计交通量应为 2 000～6 000 辆小客车。

四级公路为供汽车、非汽车交通混合行驶的双车道或单车道公路。双车道四级公路年平均日设计交通量应在 2 000 辆小客车以下；单车道四级公路年平均日设计交通量应在 400 辆小客车以下[31]。

高速公路作为一个相对封闭的行车区域，除具备普通公路的功能外，还具有如下自身功能特征。

（1）交通控制、汽车专用　高速公路不仅不允许出现混合交通，而且对进入的车辆和车速都有严格的要求和限制，以避免车辆混流。在通常情况下，高速公路规定，凡非机动车辆、由于车速较低可能形成危险的车辆和可能妨碍交通的车辆，都不得进入高速公路。

（2）分隔行驶　为保证安全，高速公路采取了不同于普通公路的分隔行驶的办法。一是在路面中央设立分隔带，实行车道分离、渠化，从而隔绝相向对行车辆的接触，避免车辆的刮蹭或相撞；二是至少为同向行驶车辆设置两个以上车道，用划线的方法将车道分成主车道和超车道，或分为快车道和慢车道，以减少由于车速差别发生超车带来的干扰，避免事故的发生。

（3）控制出入　为避免车辆混流造成的横向干扰，保证道路畅通和车辆高速行驶，高速公路实行严格控制车辆出入的办法，其方式主要是采取全封闭、全立交，使高速公路与周围环境隔离，从而限制非机动车、行人、牲畜的进入，通行车辆也只能从互通式立交匝道出入高速公路。

（4）采用较高的技术标准　高速公路设计和施工以及后期管理都采用了较高的技术标准。高速公路在线形选择上也有独特的要求，既要避免长直线形的路段，又要防止转弯半径过小影响安全，一般采用大半径曲线形，根据地形以圆曲线或缓和曲线为主，既增加了线路的美观性，又有利于保证行车的舒适和安全。

（5）具有完善的交通工程设施和服务设施 高速公路不同于普通公路，除具有基本的道路使用功能外，高速公路还设有不少交通工程和服务设施，典型的如服务区、加油站、提示标志标识等。这些设施为车辆的高速运行提供了技术上、物资上的供应和保障，使道路不仅具有车辆通行的功能，而且能够成为一个能源、信息传递的多功能载体[32]。

目前国内多条高速公路的设计和建设均考虑了车路协同的示范验证，包括延崇高速北京段、京雄高速北京段、京台高速山东泰安至枣庄段、贵阳至安顺复线、成宜高速等多个项目。

延崇高速北京段是2022年北京冬季奥运会的重要交通保障通道，是交通运输部绿色公路、智慧公路、品质工程的示范路，全长约33.2km，其中车路协同测试段18km。车路协同示范路段涉及隧道、服务区、匝道分合流、主线四种应用场景，项目中的智能网联车辆均为奥组委专用车辆，围绕冬奥服务。车路协同示范路段主线设置的高清摄像头、毫米波雷达、RSU等设备均利用沿线照明灯杆进行部署。作为第一条车路协同示范高速，目前该路段已经通车运行，可支持L4+自动驾驶。

京雄高速按照"雄安质量"的总要求，打造新时代可持续发展的高速公路新模式，京雄高速北京段全线27km，全线建设车路协同试验路段，在匝道分合流、主线、桥梁三种应用场景部署车路协同系统，并在最内侧车道设置自动驾驶车道，开展车路协同及自动驾驶试点应用研究。除全息感知及车路协同通信系统的设置外，京雄高速建设基于北斗卫星导航系统的地面时空服务系统，为具有北斗增强信号处理功能的车载终端和路侧设施设备提供稳定可靠的高精度定位和授时服务，支撑重点营运车辆精准管控、车路协同、自动驾驶、应急管理与指挥调度等应用实现。

京台高速山东泰安至枣庄段是山东省第一条智慧高速，全长189km，选取满庄收费站至贤村水库特大桥单侧约20km建设车路协同试验路段。车路协同示范路段涉及服务区、匝道分合流、桥梁、主线四种应用场景。针对货车占比高的特性，在示范路段最外侧设置自动驾驶专用车道，支持货车编队和L3级以上车辆的自动驾驶。

贵阳至安顺复线是贵州省智慧高速重点建设项目，全长90km，全线设置车路协同示范路段，并利用起点21km路段先试先行，开展智能网联汽车（车路协同）测试与自动驾驶比赛示范应用，在已建设施的基础上增加必要的软硬件设施，进行智慧交通产品测试、自动驾驶仿真测试、车路协同场景验证测试、货车编队测试及示范、专用车道柔性管控测试及示范，促进贵州省智能交通和智能网联汽车产业发展。

蜀道集团通过申请5 905～5 925MHz频道，基于LTE-V2X技术，分阶段在蓉城第二绕城高速约8km路段、成宜高速约157km路段开展车路协同试点。通过部署视频监控、车辆综合检测（毫米波雷达）、气象检测、北斗定位、可变情报板、IP广播、可变限速标志、RSU和边缘计算单元等前端系统，实现道路路况、车辆、气象等综合信息的采集和车－路（V2I）应用信息的发布，通过车路协同中心云平台、智能网联车载终端、移动APP、路侧交通诱导设施等联动构建完整的车路协同服务体系[33]。

3.3.2　5G车联网高速公路技术规范

全国陆续出台高速公路车路协同和自动驾驶相关技术规范：①2020年12月31日，中国智能交通产业联盟（中关村中交国通智能交通产业联盟）发布T/ITS 0140—2020《智慧高速公路　车路协同系统框架及要求》；②2020年4月24日，交通运输部发布《公路工程适应自动驾驶附属设施总体技术规范（征求意见稿）》。

1.《T/ITS 0140—2020 智慧高速公路　车路协同系统框架及要求》[34]

车路协同系统架构应包括车载终端、路侧设备、通信网络、应用平台4个层级，如图3－14所示。

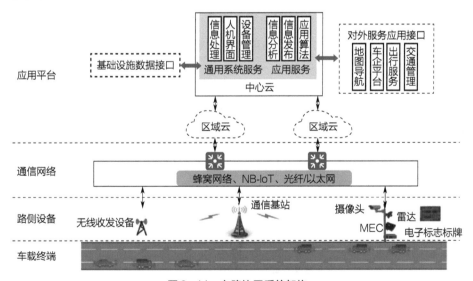

图3-14　车路协同系统架构

车载终端包括但不限于OBU、T-Box、辅助驾驶终端、自动驾驶终端、营运车辆智能终端、导航终端等终端单元或设备。

路侧设备可分为以下几类：

（1）路侧计算设备　部署在道路沿线，配合其他系统完成交通信息处理与决策的计算设备，包括MEC、数据处理单元等；

（2）路侧通信设备　与车载终端进行无线通信的设备，包括支持 V2I 通信的 RSU、支持 V2N 的通信基站等；

（3）路侧感知设备　交通环境和道路交通状态的感知设备，包括摄像头、毫米波雷达、激光雷达等。光纤传感器、RFID 标签等桥梁、隧道、边坡等基础设施的运行状态和安全的感知设备，以及检测能见度、温度、湿度、风、路面湿滑状态等气象信息的环境监控设施感知到的信息，可通过基础设施数据接口发送给车路协同系统；

（4）电子标志标线　数字化路侧标牌、情报板，以及可穿越冰雪、雨水、尘土的车道标志设备等。

通信网络主要包括：光纤、以太网等有线网络；LTE-V2X、NR-V2X、4G/5G 蜂窝网络、物联网（NB-IoT）等无线通信网络。

应用平台汇聚道路的交通状态信息、车辆状态信息、路侧设备状态信息，并提供道路交通运营管理、运维和车路协同业务服务。根据路网规模和管理需求，应用平台可采用中心云和区域云两级设置，或者只设置一个中心云平台。中心云平台接入所有路侧设备和车载终端的数据并进行集中处理。区域云主要实现本地车路协同调度和时延敏感业务的处理。

应用平台采集所属路段的车载终端和路侧设备的上传数据，并可接收第三方提供的数据，主要数据类型包括但不限于表 3-11 的内容。

表 3-11　应用平台的主要数据类型

序号	数据类型	内容
1	基础设施数据	桥梁、隧道、边坡、合流、分流、坡道、弯道等道路基础信息
2	气象环境数据	能见度、大气温湿度、风速、风向、降水、团雾、路面温度、路面湿滑状态、结冰积雪、地质灾害等
3	机电设施数据	各种机电设施设备分布，运行状态等信息
4	道路养护数据	道路管控和施工养护作业的区段、时间、封道等信息
5	移动互联数据	手机信令、导航信息等外部第三方数据信息，如附近一定范围内的服务区、加油站、充电桩、公交站、停车场等
6	稽查执法数据	车辆超限、异常行驶、违法等信息
7	车辆状态数据	车辆位置、速度、加速度、方向角等信息
8	公路收费数据	出入站点、车型、车辆载荷等信息
9	监控设备数据	路面、隧道、洞口环境亮度、消防水池水位（压力等）、异常事件（灾害、事故）、护栏等附属设施性能监测数据
10	交通状态数据	断面交通量、车型、车速、拥堵状态、视频图像、交通事件信息等
11	地图数据	道路网数据、车道线、交通标志等导航信息
12	车路协同数据	RSI 消息、RSM 消息、BSM 消息、MAP 消息、RSU 统计数据等

2.《公路工程适应自动驾驶附属设施总体技术规范（征求意见稿）》[35]

自动驾驶附属设施按照部署位置可分为中心端设施、路端设施两类。中心端设施主要包括自动驾驶监测与服务中心、高精度地图、网络安全软硬件设施；路端设施主要包括高精度定位设施、通信设施、数字化交通标志标线、交通控制与诱导设施、交通感知设施、路侧计算设施、供能与照明设施、网络安全软硬件设施。自动驾驶附属设施部署位置与基本功能见表3-12。

表3-12　自动驾驶附属设施部署位置与基本功能

部署位置	附属设施类型	适应自动驾驶的基本功能
中心端	自动驾驶监测与服务中心	汇聚、处理、管理所辖区公路的自动驾驶及服务相关信息
	高精度地图	存储所辖公路的交通静态数据与动态数据
路端	高精度定位设施	为自动驾驶车辆提供定位信息
	通信设施	完成自动驾驶车辆与路侧设施之间、路侧设施与自动驾驶监测与服务中心之间的信息交换
	数字化交通标志标线	为自动驾驶车辆明示公路的交通禁止、限制、遵行状况，告知道路状况和交通状况信息
	交通控制与诱导设施	向自动驾驶车辆发布交通控制与诱导信息
	交通感知设施	采集公路交通运行状态、交通事件、道路气象环境、基础设施状态等信息
	路侧计算设施	完成自动驾驶相关信息的收集和现场快速处理
	供能与照明设施	为自动驾驶车辆和相关附属设施提供所需的能源供给和所需的照明环境
路端和中心端	网络安全软硬件设施	保护自动驾驶车辆与附属设施之间、附属设施相互之间信息交换过程中，相关系统的硬件、软件、数据不被破坏、更改和泄露

（1）自动驾驶监测与服务中心　自动驾驶监测与服务中心的信息化系统主要由数据管理系统、感知数据融合系统、数据分析系统、信息发布系统、数据交换系统、监控管理系统、运营管理系统、决策控制系统、信息安全系统与高精度地图数据系统构成，系统结构如图3-15所示。自动驾驶监测与服务中心与公路路侧设施、自动驾驶车辆、第三方数据平台进行信息交换，实现路网管理、自动驾驶信息服务等功能。

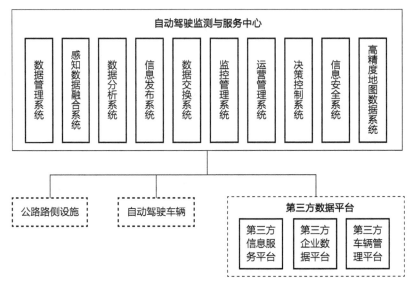

图3-15　自动驾驶监测与服务中心系统结构

（2）高精度地图　高精度地图由静态数据和静态数据图层、动态数据图层构成。高精度地图的静态数据应包括道路数据、车道数据、道路设施数据。

道路数据应包括道路属性数据、道路几何数据、道路关联关系数据，如图3-16所示。

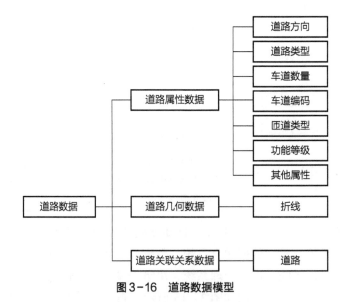

图3-16　道路数据模型

车道数据应包括车道属性数据、车道几何数据和车道关联关系数据。车道模型数据应包括车道类型、车道通行状态、车道通行方向、车道数量和车道限制的相关数据。车道线模型数据应包括车道线类型、车道线颜色、车道线材质、车道线宽度和车道线编号的相关数据，如图3-17所示。

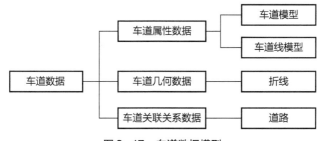

图3-17　车道数据模型

道路设施数据应包括交通标志标线、护栏、减速带、各类路侧设施、桥隧、收费站、服务区、路侧建筑物等的相关数据。根据实际情况可包括路面路基下埋管道等隐蔽工程相关对象的数据。

动态数据图层应具备交通流状态、交通事件、道路气象环境、道路基础设施状态、交通管控信息与预警信息等信息数据的接入功能。

（3）高精度定位设施　高精度定位设施由基准站系统、数据传输与综合处理系统、服务数据播发系统构成。

基准站系统应包括观测墩、基准站接收天线、基准站接收机、气象仪、数据传输设备、基准站状态监测设备、供电设备、防雷设备。监测基准站还应包括卫星导航增强信息监测设备。

数据传输与综合处理系统由数据传输子系统和数据综合处理子系统构成。数据传输子系统由传输网络通道与网络控制设备构成。数据综合处理子系统由控制站和外围设备构成。

服务数据播发系统可由单个或多个无线播发设备构成，用于将数据传输与数据综合处理子系统产生的卫星导航增强信息及其质量信息播发给用户端。

（4）通信设施　路侧通信设施进行I2V业务传输时，至少应满足表3-13列举的无线传输指标要求。

表3-13　路侧通信设施无线传输指标要求

类型	无线传输指标要求			
	数据包大小/B	有效通信距离/m	丢包率（%）	时延/ms
单用户通信	300	≥1 000	≤5	≤20
	800	≥700	≤5	≤20
	1 500	≥350	≤5	≤20
多用户通信（每个路侧通信设施下3~4个用户）	300	≥200	≤5	≤20

路侧信息推送涉及多种业务类型，简单的交通标识或事件信息对应包大小较低，而地图类信息或者多个路口的交通信号灯信息对应数据包较大，结合行业应用情况，分别选取典型包大小 300B、800B 和 1 500B 进行评估。考虑到 I2V 信息涉及道路安全，在有效通信距离范围内数据丢包率应≤5%。考虑到路侧信息会涉及碰撞预警类的关键事件信息推送，业界对于该类数据的时延要求一般为20ms，因此路侧通信设施支持的业务传输时延应≤20ms。针对多用户场景，3 ~ 4个用户设置仅用于指标评估，不代表路侧通信设施实际要支持的用户接入数量。

（5）数字化交通标志标线　数字化交通标志标线是将交通标志标线承载的交通规则、道路状态等信息转化为更易于机器辨识的数字信息，并以信息化的手段进行发布或传输的交通设施。

数字化交通标志标线的技术方案多种多样，根据实际应用需要，可以分为静态和动态两种。静态数字化标志标线可使用成本较低的介质（例如 RFID、NB-IoT等），进行大量布设。动态数字化交通标志标线可根据需要，按规定变换所承载的数字化信息，对自动驾驶车辆实施精准交通管控，提供相关交通信息。

数字化交通标志标线的信息编码应包含属性编码与内容编码。属性编码包括该交通标志标线的自身属性信息，由位置、适用范围、有效时间等内容构成；内容编码包括该交通标志标线所承载的交通信息，由类别、交通规则、道路状态等内容构成，内容编码可参考 GB/T 30699—2014《道路交通标志编码》的相关内容。

（6）交通控制与诱导设施　公路交通信号控制设施主要包括以下 5 类：①路口信号灯，一般设置在高等级公路与普通公路、城市道路的连接段路口，包括红、绿、黄灯以及掉头信号灯；②车道通行信号灯，一般设置在收费站入口，以及隧道、特大桥等路段全线，部分双向八车道高速公路也全线设置，包括红、绿灯；③匝道信号灯，设置在匝道出入口，包括红、绿、黄灯；④隧道洞口信号灯，设置在隧道入口，包括红、绿、黄灯以及左转向箭头灯；⑤避险车道信号灯，设置在长下坡避险车道入口，包括红、绿灯。

考虑现有的通信技术，对通信时延的要求划分为下列 4 档：①50ms，LTE-V2X控制面的上极限，高密度环境下，如采用单一或中低容量的 V2I 设备，则时延会显著提升，需要 5G 或高容量 LTE-V2X 设备；②100ms，中低等容量LTE-V2X 设备可保证；③150ms，常规 LTE-V2X 路侧通信单元即可；④200ms，现有 4G 网络即可满足。

公路交通信息发布设施主要包括以下 3 类：①可变信息标志，一般设置在收费站入口、避险车道前、互通式立交两侧、隧道、特大桥两侧及隧道内，发布路况信息、天气信息、警示信息、交通诱导信息等；②可变限速标志，一般设置在隧道入口前以及线形技术指标较低的路段；③服务区信息屏及停车诱导设施，设置在服务区内。

交通警示设施包括主要包括以下3类：①黄闪警示灯，一般设置在线形技术指标较低的路段；②雾灯，一般设置在收费站入口、雾区路段；③临时安全警示灯，一般设置在施工路段。

（7）交通感知设施　适应自动驾驶的交通感知设施应能实现交通流检测、交通事件检测、基础设施状态监测、交通气象监测、交通参与者感知等功能，也可多种设备融合实现上述检测功能。

1）根据相关研究结果，部署间距小于1km时，可以支撑实现交通流异常状态检测时间小于5min。

2）至少能够检测车辆停止事件、逆行事件、行人事件、抛洒物事件等异常交通事件信息。

3）基础设施状态监测主要包括大桥及特大桥、长隧道、高危边坡以及可能发生失稳破坏影响行车安全的设施，根据基础设施分类组成、监测技术和设备的不同，将基础设施监测对象分为路面、边坡、桥梁和隧道四个方面。

4）至少能够监测GB/T 33697—2017《公路交通气象监测设施技术要求》（GB/T 33697）中规定的监测项目，重点监测项目包括：能见度、路面温度、路面状况（干燥、潮湿、积水、结冰、积雪）、风速、风向等。路面状况检测设备应能够准确检测并区分路面干燥、潮湿、积水、结冰、积雪等五种状态。

5）交通参与者感知设备主要包括高清视频检测器、微波雷达检测器、激光雷达检测器等具备目标识别功能的设备，实现对路段、匝道和转角盲区范围内的机动车、非机动车、行人的识别检测以及定位。

（8）路侧计算设施　根据与其对接的其他公路附属设施的数量，路侧计算设施可分为节点路侧计算设施、区域路侧计算设施和广域路侧计算设施。路侧计算设施接入其他公路附属设施的数量见表3-14。

表3-14　路侧计算设施接入其他公路附属设施的数量

内容	节点路侧计算设施	区域路侧计算设施	广域路侧计算设施
接入其他公路附属设施的数量（个）	<16	16~100	>100

路侧计算设施通过高精度地图静态数据与路端感知数据进行融合处理，形成的结果将根据实际功能需求通过通信设施或自动驾驶监测与服务中心发送给使用者。例如，通过在路侧计算设施上部署新增算法，对新类别的交通事件进行检测识别，并将识别结果与地图数据匹配后，通过通信设施向指定区域的自动驾驶车辆进行发布。

3.3.3　5G车联网高速应用——车路协同

按照高速公路组成要素，车路协同业务部署场景分为一般路段、主线隧道、收费站互通、枢纽互通、服务区等场景，其中一般路段场景涵盖长直路段、桥梁、弯道、上下坡等路段[32-33]。

1. 一般路段

高速公路一般路段具有长直路段视野良好、车速较快等特点，有可能会产生碰撞、拥堵、转弯路段易发事故等，如遇团雾、大雨等恶劣天气，车辆通行安全与效率会受到极大影响。道路处在山区，还有可能会产生急弯、陡坡、横风、落石等突发情况。

在高速公路一般路段运用车路协同技术，能够实现恶劣路域环境辅助通行、限速信息提醒与车道级行车引导、异常交通事件预警与路径规划、周边信息服务等场景，全面提升高速一般路段的车辆安全性与通行效率。

根据《合作式智能运输系统　车用通信系统应用层及应用数据交互标准》，结合高速公路实际情况，高速公路一般路段辅助通行实现的功能主要包括：

（1）安全类

1）车辆预警：前向碰撞预警、侧向碰撞预警、紧急制动预警、异常车辆预警（车辆停止、逆行、超速、低速、连续变道等）、车辆失控预警等。

2）道路危险状况提醒：前方急转弯提醒、前方连续下坡提醒、事故多发路段提醒、交通事故提醒、道路抛洒物提醒、占道施工提醒等。

3）恶劣天气提示：前方团雾提示、前方低能见度提示、前方路面结冰提示等。

4）车道级限速提醒及行车引导：弯道限速提醒、分车道限速提醒、客货车通行车道提醒、车道通行状态提醒等。

（2）效率类

1）车内标牌：主要将道路数据以及交通标牌信息提示给驾驶员。

2）高级优先车辆让行：主要实现在途车辆对消防车、救护车、警车或其他紧急车辆的让行。

3）交通事件提醒：前方交通拥堵提醒等，主要将前方路段拥堵信息发送给驾驶员，指导驾驶员合理制定行车路线，提高通行效率。

4）交通信号提醒：主要实现车辆对主线管控及匝道管控信号的接收。

（3）信息服务类　信息服务包括前方服务区、收费站、停车场提醒。

2. 主线隧道

高速公路隧道的安全系数取决于隧道长度、车道数、隧道平面线形、隧道纵面线形、横断面指标、洞口一致性、视距、相邻隧道间距、路面抗滑性能、路面排水性能、通风系统、照明系统、隧道噪声、逃生线路、救援通道、紧急出口距离、逃生人员规模、消防及救援设施、监控设施、实时通信、可变情报板、标志标线、洞口护栏过渡等因素。

由于隧道路段运营环境特殊，一旦隧道洞内发生事故，存在车流疏散困难、救援难度大等问题，将影响路段甚至整个路网的运营效率。同时，由于隧道出入洞口段为光线突变段，行驶通过该段时，驾驶员的视觉生理反应需要消耗时间，产生"白洞效应"和"黑洞效应"，出入口附近的交通事故频发。基于车路协同技术，实现车辆在隧道前、隧道中、隧道后的全过程安全预警及诱导服务，重点减少隧道黑、白洞效应引发的交通事故，同时实现洞内事故提前告知功能。

根据《合作式智能运输系统　车用通信系统应用层及应用数据交互标准》，结合高速公路实际情况，隧道安全预警及诱导服务实现的功能主要包括：

（1）隧道内安全预警　包括隧道内火灾提示预警、隧道内抛洒物提醒、前方施工占道提醒、隧道内拥挤提示、隧道内交通事故提醒、隧道内应急车道被占提示等。

（2）隧道出（入）口安全预警　包括隧道出（入）口交通事故提醒、隧道出（入）口违停提醒。

（3）隧道限速相关提醒　包括驶入（出）隧道提醒、限速提醒、违法抓拍提醒。

3. 收费站互通

收费站互通是连接高速公路与地方普通公路或城市道路的落地互通，由于主线和匝道的车速差异大、变道行为多、变道窗口期短、驾驶员视野受限等，容易产生违法驾驶行为，从而容易发生交通事故、降低通行效率。通过建设基于车路协同的安全预警及诱导系统，对分合流区域过往车辆进行预警提醒，尽量避免主线车辆与匝道车辆的碰撞事故发生。

根据《合作式智能运输系统　车用通信系统应用层及应用数据交互标准》，结合高速公路实际情况，本场景安全预警及诱导服务实现的功能主要包括：

（1）合流区安全预警　包括右侧匝道车辆汇入提醒、左侧主线车辆行驶提醒、合流区域交通事故提醒、合流区域下游主线交通拥挤程度提醒。

（2）分流区安全预警　包括左侧车辆变道提醒、前方车辆慢行提醒、前方车辆停车提醒、前方车辆逆行提醒。

（3）收费车道运行状态提醒　包括出（入）口收费车道排队长度或时长提醒、出（入）口车道开关闭状态提醒。

（4）主线及匝道信息远端诱导　包括收费站前的主线及匝道限速信息提醒、主线及匝道的交通拥挤情况提醒。

（5）衔接普通道路运行状态提醒

4. 枢纽互通

枢纽互通是不同高速公路相交位置，实现不同高速公路上的车辆转换。枢纽互通在分合流交织区域易发生车辆碰撞、违规变道、车辆违停、车辆逆行等违规行为。通过建设基于车路协同的分合流安全预警及诱导系统，对分合流区域过往车辆进行预警提醒，尽量避免主线车辆与匝道车辆的碰撞事故发生。

根据《合作式智能运输系统 车用通信系统应用层及应用数据交互标准》，结合高速公路实际情况，分合流安全预警及诱导服务实现的功能主要包括：

（1）合流区安全预警 包括右侧匝道车辆汇入提醒、左侧主线车辆行驶提醒、合流区域交通事故提醒、合流区域下游主线交通拥挤程度提醒。

（2）分流区安全预警 包括左侧车辆变道提醒、前方车辆慢行提醒、前方车辆停车提醒、前方车辆逆行提醒。

（3）主线及匝道信息服务 包括主线及匝道限速信息提醒、道路施工提示。

5. 服务区

高速公路服务区集停车、公共厕所、加油购物、餐饮等服务功能于一体，单侧或双侧布置于高速主线两侧。车辆驶进（离）服务区时，主线车辆与匝道车辆车速差异大，易发生交通事故。通过建设基于车路协同的服务区安全预警及诱导系统，对进出服务区的车辆进行安全预警与信息服务。

根据《合作式智能运输系统 车用通信系统应用层及应用数据交互标准》，结合高速公路实际情况，本场景实现的功能主要包括：

（1）合流区安全预警 包括右侧匝道车辆汇入提醒、左侧主线车辆行驶提醒、合流区域交通事故提醒、合流区域下游主线交通拥挤程度提醒。

（2）分流区安全预警 包括左侧车辆变道提醒、前方车辆慢行提醒、前方车辆停车提醒、前方车辆逆行提醒。

（3）服务区安全提醒 包括基于环境物体感知的安全驾驶辅助提示、弱势交通参与者碰撞预警。

（4）服务区信息提醒 包括服务区停车位提醒、卫生间厕位提醒、人流量提醒等。

（5）服务区自动驾驶 包括自主泊车等。

（6）主线交通运行状态提醒 包括出口下游主线路段交通拥挤程度提醒、应急车道停车提醒、限速提醒等。

3.4 5G 赋能智慧交通其他典型案例

除了 5G 车联网赋能智慧交通外，5G 公网依托于网络切片、边缘计算等核心技术，赋能智慧交通的自动巡逻、路政巡查与养护巡查、重点营运车辆监管、交通枢纽管控、交通应急管控、智慧停车、道路基础设施等多个领域[36]。同时，5G还可以赋能自动驾驶中的远程驾驶等场景。

3.4.1　"5G＋无人机"交通自动巡逻

随着我国汽车保有量不断提高，道路交通事故数量也呈逐年上升趋势，现有交通系统压力同步增长。道路交通的安全通畅与社会民生息息相关，而无人机自动巡逻技术的出现，可有效协助交通部门提升管理水平，改善交通运行状况。"5G＋无人机"交通自动巡逻系统可以实现无人值守，对交通违法行为实时监控、抓拍，并通过喊话系统劝阻纠正、消除隐患。

"5G＋无人机"交通自动巡逻系统充分利用5G网络大带宽、低时延等技术特点，提升了无人机应用水平。一是实现了单机多路视频图像更安全、更灵活接入视频云；二是从高清图像向4K超高清图像采集扩展，相比4G网络实现效能和精度成倍提升；三是通过5G数据云提供三维空间信息，指导无人机自动飞行；四是通过5G网络，可同时对视频、测绘、热成像、频谱等数据进行采集，服务城市路网、高速公路路网、重要路口路段的日常巡查及交通事件感知等业务，实现一次飞行，多部门使用。

无人机机场按照公路路网沿线有序部署，依照平台预设的任务计划，无人机自主起飞，通过5G网络，连接到云控平台，遵循云控平台规划的巡检航线，开展巡检任务，任务完成后自动降落回收，全流程无须人工干预。无人机可对车辆、道路等目标物体精准定位，同步跟踪，采集的图像和视频通过5G网络实时传输至云端系统，利用人工智能算法，实现道路违法事件快速分析，过程完整记录，事中及时干预等功能。无人机可帮助解决执法工作人员数量缺口大的问题，提高日常巡逻作业频次，实现突发警情时快速出勤，可有效预防二次事故，保证一线执法工作人员安全。

3.4.2　"5G＋无人机"路政巡查与养护巡查

交通线路点多面广，传统巡查方式耗时耗力，无法满足大范围路网巡查、极端环境公路巡检等特殊需求。同时，路政巡查与养护巡查独立开展，未能高效利用现有巡检资源。

"5G＋无人机"路政巡查与养护巡查系统中无人机机场按照公路路网沿线有序部署，依照平台预设的任务计划，无人机自主起飞，通过5G网络，连接到云控平台，遵循云控平台规划的巡检航线，开展巡检任务，任务完成后自动降落回收，全流程无须人工干预。无人机可对路面进行精准定位，采集的图像和视频通过5G网络实时传输至云端系统，利用人工智能算法，自主识别道路落石、路面损坏、山体滑坡等异常事件，输出公路安全风险评估报告。

"5G+无人机"能到达一些人工难以到达的位置，也可以实现向上无死角拍摄，帮助检测桥梁钢梁下部病害等情况。无人机升空后即可按照系统设定的路线和程序，自行飞行巡查，通过北斗卫星高精度定位技术，可实现多机协同，对桥隧、边坡进行拍照，通过5G网络上传，并对桥梁等设施搭建三维建模，形成公路基础设施电子档案。

"5G+无人机"路政巡查与养护巡查系统极大减轻了巡检人员的劳动强度，降低公路巡检的运行维护成本，提高巡检作业的质量和智能化管理技术水平，创造更高的经济效益和社会效益。

3.4.3　5G+重点营运车辆监管

5G+重点营运车辆监管方案可实现安全监管、驾驶行为分析和精准执法。

5G安全监管包括实时动态监控管理、驾驶员和车辆的预警预控、通信调度等。

5G驾驶行为分析包括不良驾驶行为检测、驾驶员身份识别、疲劳驾驶识别等行为识别与分析。系统能对驾驶员的疲劳、分心、危险动作、离岗等行为快速响应并预警，及时提醒驾驶员并通过5G网络通知后台，有效规避危险情况的发生，并为运营商、监管部门等提供驾驶员行为分析方案。

5G精准执法，即在执法车行李舱安装5G的设备终端，将车载高清摄像头和无人机连入5G网络，随时回传路上捕捉到的营运车辆牌照信息，与数据库进行比对，筛查问题车辆。在使用5G执法后，执法人员可迅速接收后台数据库比对结果，实时获知车辆的营运信息、GPS线路，以及是否正常年检、有过往违章记录等，并通知前方执法单元对问题车辆进行拦截，实现精准执法。同时，将路面高清摄像头、执法车辆、执法单兵设备、无人机等多种设备的信息接入和融合，还可以实现"高机动、高覆盖、无死角"的全面巡查监管，提高交通执法的准确性、及时性。

3.4.4　5G+交通枢纽管控

5G+交通枢纽管控方案包括前端感知层、传输网络层、交通枢纽管控智能中枢以及应用层和展示层。

前端感知层围绕枢纽站内外、公共交通站场的人流信息、异常人员的检测、异常环境和健康监测需求，配置高清摄像头、WiFi探针、红外热感、手机信令和多种IoT传感器。

传输网络层满足高清监控视频传输、各类IoT传感设备等传输网络性能需求，考虑设备物理位置、不同传输阶段以及网络铺设成本等因素，由5G、全光网、互联网、WiFi、IoT 等多网络共同支撑起整个交通枢纽网络体系。

交通枢纽管控智能中枢包括数据 IT 计算设施、行业专题数据库和信息平台，是整个系统的"大脑"，负责海量数据的存储和运算，对交通枢纽外部公共交通的车次及时间信息、航班信息、枢纽内部的商户信息、车位信息、人流数据、人脸数据、设施设备信息等提供数据聚合、建模分析功能，为交通枢纽管控应用场景提供专业化、智能化模型。

应用层和展示层为交通枢纽管控的多个智能应用场景和接入方式。

3.4.5 5G+交通应急管控

交通突发事件的不可预见性、随机性和重大灾害性对公共交通出行安全带来严重的挑战。5G+交通应急管控方案通过视频监控、交通流畅异常检测及时发现交通突发事件，并通过多种形式进行信息发布和预警，根据突发事情的程度，触发对应交通预警预案，避免二次交通事故。

基于 5G+交通应急管控方案，能够实现交通突发事件的实时感知、精准监测，并能自动匹配应急预案。一方面，通过多种消息展示和推送方式告知交通突发事件地点的后续车流。另一方面，联动交通管理部门引导交通警示部署和交通指挥调度，防止二次交通事故发生。该方案具有超高的交通突发事件感知和预警及时性，可以最大限度地防止二次突发事件的发生，有效地把交通突发事件带来的人民群众生命、财产损失降到最低。

3.4.6 5G+智慧停车

运用 5G 窄带无线通信、物联网等技术，嵌入式泊位终端及停车诱导系统联动，实现对停放车辆的实时、精准监测与计时收费，从查询车位、泊车入位、缴费离场全部自助完成。同时配合高位视频，运用技术手段规避人工收费不规范、事故取证难、泊位周转率低等弊端，真正实现路边停车全程自助化、智能化。

同时，在社会停车场加装车位检测终端、增设停车诱导屏，精准检测车位占用状态，自动感应车辆进出场，配合道闸系统实现费用结算，让场内车位余量实时可见，实现了停车场点精准诱导。

结合路内路外停车资源，试点场点导航、场内诱导等停车服务功能应用，及时了解周边停车场的动态空车位、方位等信息，大大提高了资源利用率，让停车管理智能规范，为群众提供更便捷、更精准的停车服务。

3.4.7 5G+道路基础设施

1. 智慧杆塔

智慧杆塔是综合承载多种设备和传感器并具备智慧能力的杆、塔等设施的总称，包括但不限于通信杆/塔、路灯杆和监控杆。智慧杆塔具备的功能由其搭载的设备和传感器决定。这些设备和传感器可通过各种通信技术接入网络和平台，并在互联网、人工智能、大数据等 ICT 技术的赋能下提供丰富的智慧应用。

智慧杆塔优越的点位、广泛的分布使其成为 5G 基站的良好载体，优化的 5G 网络是众多"5G＋"创新应用的基础；搭载了多种设备的智慧杆塔，在 ICT 技术的赋能下，可以高效节能地提供市政、交通、安防、环保等多领域的新型公共服务；合理布局的城市智慧杆塔网络可以为智慧城市大脑实时提供海量城市运行数据，是构建数字孪生城市的基础。

智慧杆塔集智慧照明、无线通信、环境监测、智慧交通、公共安全（视频、图像采集等）、电力供应等于一身，一方面可以为城市综合治理提供边缘感知数据，另一方面作为新型智慧城市"云边协同""算力下沉"的重要载体，可以通过丰富的杆塔资源，真正实现城市基础设施智能化。

2. 智慧斑马线

智慧斑马线是在现有人行横道线的基础上，在两端设置与行人信号灯同步同色的发光装置，当行人信号灯为绿灯时，智慧斑马线内的人行道 LED 发光地砖显示绿色，提示行人可以通行；当行人信号灯为红灯时，人行道 LED 发光地砖显示红色，警示行人禁止通行。这种智慧斑马线自带信号灯功能，能更加醒目地提示行人遵守交通规则，尤其是针对爱看手机的"低头族"，在夜晚的警示作用更加显著。

高峰期以信号灯灯控为主，智慧斑马线路面亮灯警示；平峰期以智慧斑马线为主，全程警示；两端地埋信号灯＋两侧 LED 地砖警示＋人行通行提示柱＋行人过街按钮＋违规取证拍照大屏曝光。可通过 5G 网联进行通信传输。

3. 行人过街智能监控系统

行人过街智能监控系统能够自动检测行人闯红灯违法行为，当系统检测到有行人闯红灯时，会第一时间用定向扩音器发出"您已红灯越线，请退回等待"等提示用语，如果行人依然不顾劝阻闯信号灯通过，系统则启动自动抓拍功能，摄像头将从三个角度采集 3 张行人的违法照片，作为完整的闯红灯违法行为证据链，通过 5G 网络上传至大屏幕，对行人的交通违法行为进行曝光。

3.4.8　5G＋远程驾驶

基于 5G 的远程驾驶系统分三层：

1）车端　配有摄像头、雷达、高精度定位产品及 5G 终端。

2）驾驶舱　包括：①多块显示器拼接而成的显示屏，模拟驾驶员正前方的视野；②驾车控制组件，实现对远程车辆的控制。

3）网络传输层　车端通过5G终端，利用网络切片能力和QoS保障能力，连入无线网和核心网，将信息传输给驾驶舱。

远程驾驶汽车的大致步骤如下：

1）远端车体在车内布置摄像头实时拍摄各角度的路面视频，将视频实时同步到驾驶舱屏幕，为保证驾驶视频同步体验，摄像头的像素要求至少1080P，5路摄像头包括路前方、左方、右方、全景、车内。

2）显示屏以及驾车控制组件位于驾驶员一侧，接收车端回传的各类信息，将其实时呈现给驾驶员，供其及时判断车况、路况等。

3）驾驶员做出各种操作，通过网络实时下发到车端，完成对远程汽车的控制。

参考文献

[1] 吴冬升. 5G车联网发展之道　人车路网云五维协同 [J]. 通信世界, 2019 (26): 16-19.

[2] 陈山枝, 葛雨明, 时岩. 蜂窝车联网 (C-V2X) 技术发展, 应用及展望 [J]. 电信科学, 2022, 38 (1): 1-12.

[3] 工信部联科. 国家车联网产业标准体系建设指南 (智能网联汽车) [Z]. 2017.

[4] 工信部联科. 国家车联网产业标准体系建设指南系列文件 [Z]. 2018.

[5] 工信部联科. 国家车联网产业标准体系建设指南 (车辆智能管理) [Z]. 2020.

[6] 工信部联科. 国家车联网产业标准体系建设指南 (智能交通相关) [Z]. 2021.

[7] 工信部联科. 车联网网络安全和数据安全标准体系建设指南 [Z]. 2022.

[8] 中国通信标准化协会 [EB/OL]. (2022-10-31) [2022-10-31]. http://www.ccsa.org.cn.

[9] 全国汽车标准化技术委员会智能网联汽车 [EB/OL]. (2022-10-31) [2022-10-31]. http://www.catarc.org.cn.

[10] 全国汽标委智能网联汽车分标委. 智能网联汽车标准进展简报 [Z]. 2022.

[11] 智慧城市网. 车联网行业标准《道路交通信号控制机信息发布接口规范》发布 [EB/OL]. (2020-11-18) [2022-10-31]. https://www.afzhan.com/news/detail/82845.html.

[12] 交通运输标准化信息系统 [EB/OL]. (2022-10-31) [2022-10-31]. http://jtst.mot.gov.cn.

[13] 交通运输部. 公路工程适应自动驾驶附属设施总体技术规范 (征求意见稿) [Z]. 2020.

[14] 中国汽车工程学会 [EB/OL]. (2022-10-31) [2022-10-31]. http://www.sae-china.org.

[15] 中国智能网联汽车产业创新联盟 [EB/OL]. (2022-10-31) [2022-10-31]. http://www.caicv.org.cn.

[16] 中国智能网联汽车产业创新联盟, 国家智能网联汽车创新中心. 智能网联汽车团体标准体系建设指南 [Z]. 2021.

[17] 智能交通产业联盟 [EB/OL]. (2022-10-31) [2022-10-31]. https://www.c-its.org.cn.

[18] 工业和信息化部, 中国日报等. 智慧交通一张网, 我国已建四个国家级车联网先导区 [EB/OL]. (2021-07-17) [2022-10-31]. https://view.inews.qq.com/k/20210716A0DTMT00.

[19] 汽车纵横网. 住房和城乡建设部：协同发展智慧城市与智能网联汽车的4方面试点工作 [EB/OL]. (2021 - 01 - 17) [2022 - 10 - 31]. http：//www. autoreview. com. cn/show_ article - 9531. html.

[20] 北京：边缘计算产业联盟（ECC）和 IMT-2020（5G）推进组. 城市场景车路协同网络需求研究 [R]. (2022 - 06 - 02) [2022 - 10 - 31]. http：//www. ecconsortium. org/Lists/show/id/826. html.

[21] 原创力文档. 车路协同在多条智慧高速的应用实践 [EB/OL]. (2021 - 11 - 23) [2022 - 10 - 31]. https：//max. book118. com/html/2021/1122/5031120043004120. shtm.

[22] 中华人民共和国住房和城乡建设部，中华人民共和国国家质量监督检验检疫总局. 城市综合交通体系规划标准：GB/T 51328—2018 [S]. 北京：中国建筑工业（计划）出版社，2018.

[23] 广东省车联网产业联盟，广州市空间地理信息与物联网促进会. 粤港澳大湾区城市道路智能网联设施技术规范：T/KJDL 002—2021 [S]. 广州：全国团体标准信息平台，2021.

[24] 武汉市市场监督管理局. 智能网联道路智能化建设规范（总则）（征求意见稿）[Z]. 2021.

[25] 上海市嘉定区人民政府. 智慧道路建设技术导则：DB 31114/Z 018—2021 [S]. 上海：嘉定区标准化指导性技术文件，2021.

[26] 德清县市场监督管理局. 智能网联道路基础设施建设规范：DB 330521/T 64—2020 [S]. 德清：德清县地方标准规范，2020.

[27] 吴冬升. 从全息路口到数字孪生路口的技术演进 [EB/OL]. (2022 - 05 - 05) [2022 - 10 - 31]. https：//mp. weixin. qq. com/s/Tslg9b5iPFNF0j5UCm2cvQ.

[28] 中国智能交通协会. 道路交叉路口交通信息全息采集系统通用技术条件：T/CITSA 20—2022 [S]. 北京：团体标准，2022.

[29] 浙江省产品与工程标准化协会. 全息智慧路口建设规范：T/ZS 0265—2022 [S]. 浙江：团体标准，2022.

[30] 湖南省市场监督管理局. 智慧城市路口智能化路侧系统技术要求（征求意见稿）[Z]. 2022.

[31] 中华人民共和国交通运输部. 公路工程技术标准：JTG B01—2014 [S]. 北京：人民交通出版社，2014.

[32] 李新洲，汤立波，李成，李璐. 高速公路车路协同应用场景分析 [J]. 信息通信技术与政策，2019（4）：12 - 17.

[33] 边缘计算产业联盟（ECC）和 IMT-2020（5G）推进组. 高速公路车路协同网络需求研究 [R]. (2022 - 06 - 02) [2022 - 10 - 31]. http：//www. ecconsortium. org/Lists/show/id/826. html.

[34] 中国智能交通产业联盟. 智慧高速公路 车路协同系统框架及要求：T/ITS 0140—2020 [S]. 北京：团体标准，2020.

[35] 中华人民共和国交通运输部. 公路工程适应自动驾驶附属设施总体技术规范（征求意见稿）[Z]. 2020.

[36] 广东省电信规划设计院有限公司，华南理工大学土木与交通学院，广东省交通规划设计研究院集团股份有限公司，数字广东网络建设有限公司. 基于5G的智慧交通应用实践白皮书 [R]. (2021 - 11 - 30) [2022 - 10 - 31]. http：//www. gpdi. com/channel-dynamicDetails. htm? id = 289.

第4章
自动驾驶产业发展

4.1 自动驾驶发展概述

4.1.1 自动驾驶产业概述

自动驾驶汽车是指搭载先进的车载传感器、控制器、执行器等装置，并融合现代通信与网络技术，实现车与X（人、车、路、云端等）智能信息交换、共享，具备复杂环境感知、智能决策、协同控制等功能，可实现安全、高效、舒适、节能行驶，并最终可实现替代人操作的新一代汽车。自动驾驶汽车通常也被称为智能汽车、智能网联汽车等。

与人类驾驶员相比，自动驾驶汽车具有安全、便利、省时三个特点。

安全：对周围环境感知更加精准而全面，以此做出正确判断。

便利：解放人类的双手、双脚、双眼，以及大脑，使车变为"第三生活空间"。

省时：分析各类数据，规划最优行车路线，避免交通拥堵[1]。

自动驾驶产业链包括整车制造、技术支撑、软件系统、硬件设备，如图4-1所示[2]。

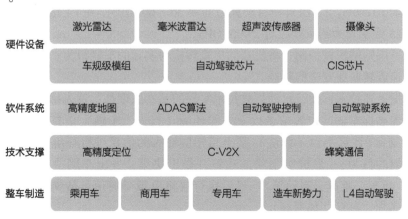

图4-1 自动驾驶产业链

目前车企自动驾驶正从 L2/L2.5 迈向 L3，陆续推出 L3 量产车型，并逐步向 L4/L5 演进。自动驾驶技术初创公司绝大部分直接切入 L4/L5。

从单车智能的狭义角度看，自动驾驶技术的本质就是通过机器视角模拟人类驾驶员的行为，其技术框架可以分为 3 层：感知层、决策层和执行层。

感知层解决的是"我在哪""周边环境如何"的问题。感知层传感器是自动驾驶车辆所有数据的输入源。根据不同的目标功能，自动驾驶汽车搭载的传感器类型一般分为两类，即环境感知传感器和车辆运动传感器。环境感知传感器主要包括摄像头、毫米波雷达、超声波传感器、激光雷达以及 GPS& 惯导组合等。环境感知传感器类似于人的视觉和听觉，帮助自动驾驶车辆做外部环境的建模，定位感兴趣的和重要的对象，例如汽车、行人、道路标识、动物和道路拐弯等。环境感知传感器的技术方案主要可以分为视觉主导和激光雷达主导。视觉主导的方案：摄像头（主导）+ 毫米波雷达 + 超声波传感器，典型的代表是特斯拉。激光雷达主导的方案：低成本激光雷达（主导）+ 毫米波雷达 + 超声波传感器 + 摄像头，典型的代表是 Waymo。车辆运动传感器（高精度定位模块）主要包括全球导航卫星系统（Global Navigation Satellite System，GNSS）、惯性测量装置（Inertial Measurement Unit，IMU）、速度传感器等，提供车辆的位置、速度、姿态等信息。高精度地图和定位是实现自动驾驶的关键能力之一，是对自动驾驶传感器的有效补充。

决策层则要判断"周边环境接下来要发生什么变化""我该怎么做"。L4/L5 自动驾驶决策层主要依靠 AI 算法、深度学习等技术，为车辆提供驾驶行为决策。例如，场景中到底发生了什么、移动物体在哪里、预计的动作是什么、汽车应该采取哪些修正措施、是否需要制动或是否需要转入另一条车道以确保安全。处理器是汽车的大脑，车载计算平台包括芯片、显卡、硬盘、内存等。自动驾驶等级每增加一级，所需要的芯片算力就会呈现一个数量级的上升。L2 级自动驾驶算力仅要求 10TOPS，L3 级自动驾驶算力需要 30 ~ 60TOPS，到 L4 级需要 200TOPS 以上，L5 级别算力需求则超过 2 000TOPS。

执行层则偏机械控制，将机器的决策转换为实际的车辆行为。它可以选择制动、加速或转向更安全的路径。

根据上述技术框架，自动驾驶技术实现的基本原理是：首先感知层的各类硬件传感器捕捉车辆的位置信息以及外部环境（行人、车辆）信息；然后决策层的"大脑"（计算平台 + 算法）基于感知层输入的信息进行环境建模（预判行人、车辆的行为），形成对全局的理解并做出决策，发出车辆执行的信号指令（加速、超车、减速、制动等）；最后执行层将决策层的信号转换为汽车的动作行为（转向、制动、加速等）[3]。

在自动驾驶的诸多应用场景中，开放道路无疑是最难的一个。该场景具有以下 3 个特点：

1）无地理约束限制，进入该区域的行人和车辆种类数量更多，行为类型更为丰富，且相对来说不可控，因此易发生边缘事件（corner case），对自动驾驶汽车技术要求高。

2）车辆速度快，紧急情况出现时的制动难度大，安全性降低。

3）该场景下车辆多为乘用车和商用车，配有驾驶位，当前阶段仍无法去掉安全员的角色。由于涉及生命安全，自动驾驶车辆需加装多种高性能传感器，因此其整体成本上升，量产难度大。

城市道路与高速公路是两个最常见的开放道路场景，前者典型的车辆是自动驾驶出租车（Robotaxi），后者典型的车辆是干线物流自动驾驶货车。

限定场景则因驾驶范围的限制，减少了异常情况发生，同时车速普遍不高、环境相对可控等，也使得自动驾驶实现难度降低，自动驾驶将在未来较短时间周期内在一些场景率先实现商业化，例如：矿区、港口、机场、校园、景区、工业园区、停车场等。

按照场景从完全封闭到完全开放、从低速到高速，可以直观看出自动驾驶技术实现的难易度。技术难度大的场景，可能的市场空间反而更大，如图 4-2 所示[4]。

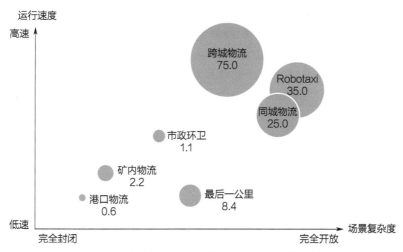

图 4-2　自动驾驶落地场景比较（单位：百亿元）

4.1.2　自动驾驶全球测试进展

1. 美国加州自动驾驶测试报告

2022 年 2 月，美国加州交通管理局（DMV）公布了 2021 年度自动驾驶路测报告。报告汇集了 2021 年在加州公开道路进行自动驾驶测试的 26 家公司从 2020

年12月1日到2021年11月30日的自动驾驶测试里程和脱离接管情况（包括次数、场景及原因等）。

自动驾驶关键脱离是指自动驾驶车辆因系统故障、策略缺陷、超出设计运行域等，车辆控制权限切换为人类驾驶员的事件。除却人为接管原因的关键脱离场景是反映各家测试主体技术成熟度的指标之一，也是未来自动驾驶技术发展提升的主要导向。

MPI（Miles Per Intervention），即每次接管的行驶间隔里程，MPD（Miles Per Disengagement），即每次脱离的行驶间隔里程。两者实际是同一个概念的不同表达，脱离是指车辆脱离自动驾驶模式，接管则是指驾驶员或监督系统介入接管车辆。MPI/MPD指的即是两次脱离接管之间的平均里程。

虽然MPI在一定程度上能反映自动驾驶系统的可靠性和独立性，但由于测试条件不同，例如测试车辆、软件平台、测试环境和目的不同，产生的结果也大相径庭。简单地说，即样本数量如果不在同一级别，按照MPI数值对自动驾驶公司进行排名并不完全可靠。

2021年，DMV报告中共有26家公司的1 175辆车在加州开放道路上参与测试。其中Waymo最多，共693辆，排名第二的Cruise和第三的Zoox分别为138辆、84辆，随后是来自中国的AutoX和小马智行，分别是44辆和38辆。

在测试里程上，所有提交数据的车辆共完成4 091 500mile（1mile = 1.609km）的测试里程。Waymo在测试里程数上遥遥领先，为2 325 842.9mile。Cruise次之，测试里程为876 104.72mile。小马智行排在第三位，测试里程为305 616.73mile。上述三家的测试里程占据年度总测试里程的85%以上。

在接管里程数上，我国的AutoX以50 108mile的数值高居榜首。而曾位列第一的Waymo 2021年度接管里程数仅为7 965mile，相较于2020年的29 945mile明显下降。车队规模和测试里程的显著增加，可能导致其更频繁地面对复杂道路情况，从而造成更频繁地脱离。

从接管原因角度来看，街道场景下的人为接管次数要远超其他场景。根据DMV自动驾驶汽车接管数据，超八成人为接管情况是在街道上发生的，其余两成则发生在高速公路和洲际公路上。据统计，人为接管汽车的原因超过170个，其中包括无法变道、汽车定位偏差、意外制动、GPS信号错误、无法安全变道等情况。

除了50家获得测试许可的企业，DMV还向8家自动驾驶公司颁发了无人驾驶测试牌照，分别为百度、AutoX、Cruise、Nuro、Waymo、Zoox、文远知行和小马智行。

MPI排名靠前的13家自动驾驶企业加州测试情况见表4-1。

表 4-1　MPI 排名靠前的 13 家自动驾驶企业加州测试情况

2021 年加州 路测企业	接管里程 MPI/mile	车队规模/辆	总测试里程/mile	无人驾驶牌照
AutoX	50 108	44	50 108	2020 年获得
Cruise	41 719	138	876 105	2020 年获得
滴滴	40 745	12	40 745	—
Argo	36 733	13	36 733	—
文远知行	19 322	14	57 966	2021 年获得
元戎启行	15 436	2	30 872	—
小马智行	14 553	38	305 617	2021 年获得 （已退出）
Waymo	7 965	693	2 325 843	2019 年获得
Zoox	7 387	84	155 125	2020 年获得
Nuro	2 570	15	59 100	2020 年获得
百度	1 467	5	1 467	2020 年获得
Aurora	1 405	7	12 647	—
QCraft	1 264	2	6 320	—

2. 国内自动驾驶测试报告

国内各地陆续出台智能网联汽车道路测试报告：继 2018 年、2019 年和 2020 年之后，2022 年 1 月 26 日，北京发布《北京市自动驾驶车辆道路测试报告（2021 年)》[5]；2022 年 3 月 1 日，广州发布《广州市智能网联汽车道路测试报告（2021 年)》[6]；继 2021 年发布《上海市智能网联汽车开放道路测试报告（2020 年)》之后，2022 年 1 月 29 日，上海发布《上海市智能网联汽车发展报告（2021 年度)》[7]。

（1）北京市　截至 2021 年底，北京市在北京经济技术开发区、海淀区、顺义区、房山区、通州区、大兴区 6 个区累计开放 278 条 1 027.88km 自动驾驶道路，测试道路长度较 2020 年底（4 区 200 条 699.58km 自动驾驶道路）增加 46.9%。至 2021 年 12 月 31 日，有 16 家测试主体（含 8 家互联网测试主体，7 家主机厂、1 家地图厂商）共计 170 辆车，参与北京市自动驾驶车辆通用技术测试。有 124 辆车开展了载人测试，有 43 辆车获得夜间测试通知书，见表 4-2。

表 4-2　2018—2021 年北京市自动驾驶道路测试情况

测试主体名称	累计道路测试车辆数/辆	累计道路测试里程数/km
北京百度网讯科技有限公司	4	3 667 021
萝卜运力（北京）科技有限公司	124	
上海蔚来汽车有限公司	2	3 515
北京新能源汽车股份有限公司	1	235
戴姆勒大中华区投资有限公司	4	926
北京小马智行科技有限公司	7	171 513
腾讯大地通途（北京）科技有限公司	1	4 157
苏州滴滴旅行科技有限公司	2	1 332
奥迪（中国）企业管理有限公司	2	3 615
北京智行者科技有限公司	2	1 403
重庆金康新能源汽车设计院有限公司	1	0
北京四维图新科技股份有限公司	1	1 220
丰田汽车研发中心（中国）有限公司	4	15 022
北京三快在线科技有限公司	1	464
北京沃芽科技有限公司	9	40 980
北京汽车股份有限公司	5	291
合计	170	3 911 694

从关键脱离发生的场景来看，2021 年自动驾驶关键脱离主要集中在变道（57%）、路口通行（24%）、直行（15%）三大类场景。与 2020 年关键脱离场景相比，直行（2020 年占比 47%）、路口通行（2020 年占比 42%）的占比下降，但变道类场景占比大幅度提升。经过长期自动驾驶道路测试，自动驾驶关键技术提升显著，关键技术问题得到解决；但在自动驾驶规模化试运营阶段，长尾问题是制约高级别自动驾驶发展的关键，即从数据上来看，少量的边缘事件（corner case），造成了较高的关键脱离占比。

变道脱离场景中，超过八成是违停车辆占用车道及施工作业区占用车道造成的。不违反交通法规是自动驾驶车辆的设计原则之一，但违停车辆占用车道及道路临时施工使道路环境临时发生变化，造成了自动驾驶因没有合规的通行路线而请求人类接管。人类在此类场景中通常会临时越过交通规则约束，如跨实线变道、在直行车道右转等，在违反交通规则的同时，默认一旦发生风险需要承担相关的法律责任这一事实。自动驾驶车辆目前的设计原则决定了其不可能像人类一样违反交通规则，但根据目前的数据，上述问题是影响未来自动驾驶车辆智能性及用户体验的一大因素；解决这类问题，需要从路权划分清晰化、道路管理规范化、自动驾驶设计原则、法律法规豁免、责任认定等多角度出发。

直行场景脱离多为邻车道车辆切入造成的。一方面，自动驾驶车辆需要加强对高风险场景的感知预测能力，提高行驶安全性；另一方面，部分人类驾驶员的激进行为也对自动驾驶道路测试造成一定的困扰。

从关键脱离的原因分类来看，交通目标占用车道、道路施工、路口博弈、交通目标变道切入是关键脱离的主要成因。其中交通目标占用车道与道路施工是前面提到的变道脱离场景的主要原因，而路口博弈和目标切入车道是自动驾驶关键脱离的重要因素。

典型的路口博弈有自动驾驶测试车辆直行或右转，社会车辆左转；社会车辆直行或右转，自动驾驶测试车辆左转。在人类博弈过程中，决策判断不仅依据驾驶行为上的细微速度变化，还包含驾驶员的眼神、头部动作、手势等等肢体行为。这些需要自动驾驶车辆积累大量的博弈数据，也需要人类驾驶员更为规范地行驶。仿真系统较难模拟出具有真实感的博弈场景，社会车辆或行人的行为按照"剧本"，机械化地沿固定的路线和行驶参数运动或与自动驾驶测试车辆交互。而在实际道路环境中，驾驶员或行人的行为总是与自动驾驶车辆本身的行为息息相关，双方在接近的过程中，基于目标车辆的行为，实时调整自身的位置和运动状态，为自身在交通参与中争取最大的收益。

在封闭试验场地，由于场地路口类型受限和背景车辆的数量受限，较难再现和模拟大量博弈行为。道路测试阶段的博弈场景处置能力对自动驾驶技术提升有较大的意义，未来虚实结合测试需要针对性地开展博弈交互相关的场景测试，以提升测试有效性。

2021年北京市自动驾驶关键脱离数据显示，小型客车仍是造成关键脱离的主要交通参与者，其次为中大型货车、特种车辆（施工作业车等）、行人。在交通设施类型方面，锥桶为测试车辆发生脱离时出现频次最多的交通设施，自动驾驶仍需加强对锥桶类目标的感知和认知学习，尤其是提高对多个或多类交通设施组合场景的处置能力。

（2）广州市　截至2021年底，广州市累计开放测试道路135条，单向里程253.11km，双向里程504.908km。开放测试路段涉及白云区、花都区、番禺区、黄埔区、南沙区、海珠区6个行政区。截至2021年底，广州已汇聚了文远知行、小马智行、阿波罗智行（百度）、沃芽科技（滴滴自动驾驶）等国内自动驾驶汽车自动驾驶解决方案头部企业，测试主体数达到11家。

截至2021年底，广州市累计向142辆测试车辆发放道路测试许可。广汽研究院基于埃安LS改装的智能网联汽车测试乘用车、小马智行和一汽解放联合研发的自动驾驶半挂货车、文远知行和宇通合作的智能网联微循环大客车、百度与一汽合作的基于红旗SUV改装的智能网联汽车测试乘用车获得广州市的道路测试许可，并开展常态化道路测试工作。基于汽车生产企业生产线制造的准前装自动驾驶汽车测试车辆陆续落地广州。

截至 2021 年底，有 85 辆测试车辆升级到载客测试，有 22 辆测试车辆升级到远程测试（技术路径目前有远程指令模式和远程云控模式）。

（3）上海市　2021 年，上海新增测试道路 372 条，累计里程 729.96km，实现嘉定新城、临港新片区 386 区块全域开放。目前，上海累计开放 615 条、1 289.83km测试道路，可测试场景达到 12 000 个，测试道路里程数和场景丰富度位居全国首位。截至 2021 年底，上海累计向 25 家企业、295 辆车颁发道路测试和示范应用资质，自动驾驶汽车企业数量和牌照数量均位居全国首位，涉及乘用车、商用车、专项作业车等车型。

4.1.3　自动驾驶商业化进程

自动驾驶商业化进程有三个关键点，第一要实现无人化，第二要可收费运营，第三要实现自动驾驶车辆量产。北京、广州、深圳在这些方面进行了积极探索。

1. 北京

2022 年 4 月，北京发布《北京市智能网联汽车政策先行区乘用车无人化道路测试与示范应用管理实施细则（试行）》，标志着北京市正式开放智能网联乘用车无人化示范应用申请，进入智能网联无人化发展新阶段。相比此前"自动驾驶出租车"在主驾驶位上配备安全员，本次试点开放的是副驾驶位有安全员的无人化载人，即"主驾驶位无安全员、副驾驶位有安全员"。

从里程、接单量、安全运行要求、用户提示、移动应用 APP 等方面，对申请主体、测试车辆、安全员做出了明确准入要求，在全国范围内首次通过政策引导允许符合条件的申请主体开展无人化示范应用和商业化试点活动，为开展无人化商业模式探索奠定了良好的基础。

在完善无人化全流程管理方面，依据道路测试三个阶段特点，细化并提升各项里程指标，新增自动驾驶里程占比、安全运行指标，从多个维度搭建科学的准入体系。在针对无人车的违规处理环节，借鉴交管部门成熟的管理经验，探索对违规车辆和申请主体的积分管理机制。同时，针对无人化运营站点停靠、车端乘客信息安全、易出现脱离的安全风险等场景和问题，政策灵活选用封闭场地、实验室、仿真等不同测试手段和方法，既满足技术要求又降低企业成本。

早在 2021 年 10 月，北京市自动驾驶办公室已经发布《北京市智能网联汽车政策先行区无人化道路测试管理实施细则》，明确无人化测试让原本值守在驾驶位的安全员先撤到副驾再转到后排，最后实现车外远程操控，自该细则在政策先行区运行以来，车辆运行状况良好，无安全事故，也为2022年4月开放无人化运营奠定了扎实的基础。

2. 广州

2021年7月，广州市基于宽带移动互联网智能网联汽车与智慧交通应用示范区（车联网先导区）建设工作领导小组正式发布《关于逐步分区域先行先试不同混行环境下智能网联汽车（自动驾驶）应用示范运营政策的意见》及《在不同混行环境下开展智能网联汽车（自动驾驶）应用示范运营的工作方案》。后续还会陆续出台若干配套文件，包括细化运营管理、测试优化、监管执法、数据和网络安全、财政支持等具体实施方案。

随着智能网联汽车（自动驾驶）加快应用示范运营，在一定时期内，智能网联汽车（自动驾驶）与其他车辆混行将带来全新的城市管理挑战。构建不同混行比例、车路协同不同参与度以及多种新型出行服务的多维度、综合性、大规模城市级交通试验区，将有利于智能网联技术的持续研发，有利于广大市民信任智能网联技术带来的生活便利，有利于逐步建立起与不同混行环境相适应的政策管理体系，将混行试点区建设成为具有重大引领带动作用的技术和政策创新高地，为全国推广应用提供广州经验。

应用示范运营场景包括：载人场景，载人应用示范运营项目是指以智能网联汽车（自动驾驶）为载体，在路面开展的巡游出租车、网约车、公交车等客运活动；载物场景，载物应用示范运营项目是指以智能网联汽车（自动驾驶）为载体，在路面开展的普通道路货物运输（危险货物除外）和其他专项作业示范活动，载物车辆有小型货车、牵引车和重型货车；其他场景，根据技术发展情况，由广州市专项工作组审核并陆续开放如城市智能环卫、快递、邮政等应用场景。

通过实施《在不同混行环境下开展智能网联汽车（自动驾驶）应用示范运营的工作方案》，到2025年，分五个阶段完成不同混行比例、车路协同不同参与度以及多种新型出行服务的多维度、综合性、大规模的城市交通试验，建立起相适应的政策管理体系。

第一阶段，在混行试点区域，智能网联汽车（自动驾驶）导入率不小于1%且不大于10%，或者智能网联汽车（自动驾驶）投放量不超过500台，智能网联汽车（自动驾驶）无主动安全事故达180天。

第二阶段，在混行试点区域，智能网联汽车（自动驾驶）导入率大于10%且不大于20%，或者智能网联汽车（自动驾驶）投放量大于500台且不超过1 000台，智能网联汽车（自动驾驶）无主动安全事故达180天。

第三阶段，在混行试点区域，智能网联汽车（自动驾驶）导入率大于20%

且不大于30%，或者智能网联汽车（自动驾驶）投放量大于1 000台且不超过2 000台，智能网联汽车（自动驾驶）无主动安全事故达180天。

第四阶段，在混行试点区域，智能网联汽车（自动驾驶）导入率大于30%且不大于40%，或者智能网联汽车（自动驾驶）投放量大于2 000台且不超过5 000台，智能网联汽车（自动驾驶）无主动安全事故达180天。

第五阶段，在混行试点区域，智能网联汽车（自动驾驶）导入率大于40%且不大于50%，或者智能网联汽车（自动驾驶）投放量大于5 000台且不超过1万台，智能网联汽车（自动驾驶）无主动安全事故达180天。

2022年4月，小马智行宣布中标广州市南沙区2022年出租车运力指标，这是国内首个颁发给自动驾驶企业的出租车经营许可。这意味着自动驾驶车辆正式纳入一般车辆的运输经营与管理范畴，采用国家统一出租车规范化管理，是自动驾驶行业推进技术商业化进程中的重大突破。从2022年5月起，小马智行将在南沙区全域800km²的范围内开启收费运营，并随着业务逐步扩大服务至广州市其他地区。

2022年4月，广州市首批自动驾驶便民线正式开放载客测试。首批自动驾驶便民线分别在黄埔区生物岛和海珠区琶洲数字经济区，提供服务的广州巴士集团微循环自动驾驶客车为自动驾驶L4级别，车上配备一名安全员，可搭载6名乘客。

3. 深圳

2022年6月，国内首部关于智能网联汽车管理的法规《深圳经济特区智能网联汽车管理条例》正式发布，自2022年8月1日起在深圳施行，届时无人驾驶汽车登记后可上路。

上述条例所称智能网联汽车，是指可以由自动驾驶系统替代人的操作在道路上安全行驶的汽车，包括有条件自动驾驶、高度自动驾驶和完全自动驾驶三种类型。

（1）有条件自动驾驶　它是指自动驾驶系统可以在设计运行条件下完成动态驾驶任务，在自动驾驶系统提出动态驾驶任务接管请求时，驾驶员应当响应该请求并立即接管车辆。

（2）高度自动驾驶　它是指自动驾驶系统可以在设计运行条件下完成所有动态驾驶任务，在特定环境下自动驾驶系统提出动态驾驶任务接管请求时，驾驶员应当响应该请求并立即接管车辆。

（3）完全自动驾驶　它是指自动驾驶系统可以完成驾驶员能够完成的所有道路环境下的动态驾驶任务，不需要人工操作。

深圳实行智能网联汽车产品准入管理制度，市工信部门应当根据智能网联汽车产品生产者的申请，将符合深圳市地方标准的智能网联汽车产品列入深圳市智能网联汽车产品目录，并向社会公布。未列入国家汽车产品目录或者深圳市智能网联汽车产品目录的智能网联汽车产品，不得在深圳市销售、登记。

有条件自动驾驶和高度自动驾驶的智能网联汽车应当具有人工驾驶模式和相应装置，并配备驾驶员。完全自动驾驶的智能网联汽车可以不具有人工驾驶模式和相应装置，可以不配备驾驶员。但是，无驾驶员的完全自动驾驶智能网联汽车只能在深圳市公安机关交通管理部门划定的区域、路段行驶。

市、区人民政府可以结合智能网联汽车通行需要，统筹规划、配套建设智能网联汽车通用的通信设施、感知设施、计算设施等车路协同基础设施。智能网联汽车相关企业因开展道路测试、示范应用的需要，可以向市交通运输、公安机关交通管理、城管执法等部门申请在其管理的公用基础设施上搭建车路协同基础设施，相关主管部门应当予以支持。

有驾驶员的智能网联汽车发生交通事故造成损害，属于该智能网联汽车一方责任的，由驾驶员承担赔偿责任。完全自动驾驶的智能网联汽车在无驾驶员期间发生交通事故造成损害，属于该智能网联汽车一方责任的，由车辆所有人、管理人承担赔偿责任。

智能网联汽车发生交通事故，因智能网联汽车存在缺陷产生损害的，车辆驾驶员或者所有人、管理人依照规定赔偿后，可以依法向生产者、销售者请求赔偿。

4.2 自动驾驶关键技术

4.2.1 自动驾驶芯片

自动驾驶是"4个轮子上的数据中心"，车载计算平台成为刚需。随着汽车自动驾驶程度的提高，汽车自身产生的数据量越来越庞大。假设一辆自动驾驶汽车配置了 GPS、摄像头、雷达和激光雷达等传感器，每天将产生约 4 000GB 待处理的传感器数据。自动驾驶汽车实时处理如此海量的数据，并在提炼出的信息基础上得出合乎逻辑且形成安全驾驶行为的决策，需要强大的计算能力来支撑。

观察现阶段一些自动驾驶测试汽车的行李舱，会发现其与传统汽车的不同之处，即装载一个"计算平台"，用于处理传感器输入的信号数据并输出决策及控制信号。高等级自动驾驶的本质是 AI 计算，从最终实现的功能来看，计算平台在自动驾驶中主要负责解决两个主要问题：一是处理输入的信号（雷达、激光雷达、摄像头等输入的信号）；二是做出决策，给出控制和执行信号，如左转、变道或减速。

传统汽车主要采用分布式电气架构，即每个车载功能对应一个或多个 ECU（汽车电子控制单元），各 ECU 之间通过 CAN 总线进行信号传输。ECU 主要用于接收来自传感器的信息，进行处理后，输出相应的控制指令到执行器执行。整车企业电控系统开发的主要工作（软件算法、匹配标定等）都依托于 ECU 完成。

随着汽车电子化程度提升，车内 ECU 数量已经达到上百个，且由不同的供应商提供，存在算法无法协同、互相冗余、难以统一维护及统一进行 OTA 升级等痛点。为此，推出新一代汽车电子电气架构，其主要技术包括网关、域控制器及车载以太网等，实现汽车架构由分布式向域集中式升级，最终走向中央计算。集中式的架构一方面可以减少算力冗余，提高利用率，同时集中式的控制器更方便协调多传感器融合感知车内和车外环境，统筹决策。

目前，车载芯片的演化主要体现在智能座舱、自动驾驶域。智能座舱芯片由中控屏芯片升级演化而来，主要参与者包括传统汽车芯片供应商以及新入局的消费电子厂商，国产厂商正从后装切入前装；自动驾驶域控制器是电子电气架构变化下新产生的计算平台。

智能座舱芯片以高通 CPU + GPU + DSP + LTE + ISP 架构为例，可实现 QNX系统和 Hypervisor 启动时间低于 3s，安卓系统启动时间低于 18s。其 CPU 采用主频 2.1GHz 的四核处理器，实现针对硬件的交互；GPU 支持 4k 超高清触屏，一芯多屏；DSP 能够实现 CPU 负载一定的前提下，支持多个摄像头同时输入；LTE调制解调器模块，保证了移动连接。

自动驾驶芯片以英伟达的 CPU + GPU + ASIC 架构为例说明，CPU 基于 ARM架构，GPU 基于 NVIDIA Volta 架构，ASIC 涵盖了深度学习加速器和可编程视觉加速器，提升了 CPU 性能。

自动驾驶芯片选择的关键指标包含算法效率和算力、能效比、芯片适配性、开发便捷性、车规级、解决方案能力等。

1）随着自动驾驶级别的不断上升，采用大算力自动驾驶芯片会成为行业必然趋势。

2）高能效比代表完成相应计算所需能量更少，从而保证自动驾驶决策稳定和及时。

3）随着视觉传感器、毫米波雷达、激光雷达等逐步使用，芯片若能够适配更多种类的传感器将凸显优势。芯片里嵌入的算法与操作系统之间的适配性也是重要考量指标。

4）如果软件开发周期长，将影响芯片量产时间，因此自动驾驶的感知和决策算法需要具备开发便捷性。

5）车规级芯片的标准远高于消费级和工业级芯片。车规级芯片的研发、生产、制造等环节要求严格，以满足汽车对安全性和可靠性的要求。汽车芯片的寿命一般设计在 15 年左右，对零部件的可靠性和安全性要求更高。一款车规级芯片需要 2~3 年的时间完成车规级认证，并进入主机厂供应链，进入供应链后一般拥有 5~10 年的供货周期。

6）解决方案能力包含：整套的集成解决方案；开放的软硬一体解决方案，主机厂商和 Tier1 可以二次开发；感知、驾驶策略等解决方案能力[8]。

当下自动驾驶汽车芯片平台主要采用异构分布硬件架构，由 AI 单元、计算单元和控制单元三部分组成，通常包含 CPU、GPU、FPGA、ASIC 等几类芯片。以上几种芯片各有优势，因而由 CPU + GPU + XPU + 其他功能模块（如基带单元、图像信号处理单元、内存、音频处理器等）组成的异构主控 SoC 芯片成为当前自动驾驶汽车的主流选择，单个 SoC 芯片是一个完整的计算单元，可以去独立负责智能座舱、自动驾驶等智能汽车中较为复杂的领域，在一定程度上能够解决此前芯片数量多、占地大、功耗成本高等问题。

（1）GPU　CPU 更擅于计算复杂、烦琐的大型计算任务，而 GPU 可以高效地同时处理大量简单的计算任务。GPU 有多核心、高内存、高带宽的优点，它在进行并行计算和浮点运算时的性能是传统 CPU 的数十倍甚至上百倍。GPU 通用性强、速度快、效率高，特别是当人工智能在自动驾驶广为应用的时候，使用 GPU 运行深度学习模型，在本地或者云端对目标物体进行切割、分类和检测，不仅缩短了时间，而且有比 CPU 更高的应用处理效率。因此 GPU 凭借强大的计算能力以及对深度学习应用的有力支持，正逐渐成为自动驾驶技术开发的主流平台解决方案。

（2）FPGA　它其实就是一个低能耗、高性能的可编程芯片，可以通过软件手段更改、配置器件内部连接结构和逻辑单元，完成既定设计功能的数字集成电路。顾名思义，其内部的硬件资源是一些呈阵列排列的、功能可配置的基本逻辑单元，以及连接方式可配置的硬件连线。简单来说，FPGA 就是一个可以通过编程改变内部结构的芯片，而且可擦写，所以用户可以根据不同时期的产品需求进行重复的擦写。FPGA 很早被研发，长期在通信、医疗、工控和安防等领域占有一席之地。相比 GPU 而言，它的主要优势在于硬件配置灵活、能耗低、性能高以及可编程等，比较适合感知计算。目前针对 FPGA 的编程软件平台的出现进一步降低了准入门槛，使得 FPGA 在感知领域应用得非常广。

（3）ASIC　它是为某种特定需求而定制的芯片。一旦定制完成，内部电路以及算法就无法改变。它的优势在于体积小、能耗低、性能和效率高，如果大规模生产，成本非常低。它和 FPGA 最明显的区别就是，FPGA 就像乐高，可以在开发过程中多次修改，但是量产后成本也无法下降。ASIC 类似开模生产，投入高，量产后成本低。从 ADAS 向自动驾驶演进的过程中，激光雷达点云数据以及大量传感器加入系统，需要接受、分析、处理的信号量大且复杂，定制化的

ASIC芯片可在相对低水平的能耗下，使车载信息的数据处理速度提升更快，并且性能、能耗均显著优于GPU和FPGA，而大规模量产成本更低。随着自动驾驶的定制化需求提升，定制化ASIC芯片将成为主流。ASIC可以更有针对性地进行硬件层次的优化，从而获得更好的性能、更优的能耗比。但是ASIC芯片的设计和制造需要大量的资金、较长的研发周期和工程周期，而且深度学习算法仍在快速发展，若深度学习算法发生大的变化，FPGA能很快改变架构，适应最新的变化，ASIC类芯片一旦定制则难以修改。所以一般前期开发阶段多用FPGA，量产多用ASIC。

计算能耗比：ASIC > FPGA > GPU > CPU。究其原因，ASIC和FPGA更接近底层I/O，同时FPGA有冗余晶体管和连线用于编程，而ASIC是固定算法最优化设计，因此ASIC能耗比最高。相比前两者，GPU和CPU屏蔽底层I/O，降低了数据的迁移和运算效率，能耗比较高。同时GPU的逻辑和缓存功能简单，以并行计算为主，因此GPU能耗比高于CPU。其详细对比见表4-3。

表4-3　芯片架构对比

芯片性能	CPU	GPU	FPGA	ASIC
通用性	高	高	半定制化	全定制化
灵活度	高	高	较高	低
能耗	高	高	较低	低
成本	高	高	较高	前期成本高，规模化量产后成本较低
优势	复杂逻辑运算能力强，擅长逻辑控制	数据并行计算能力强，浮点运算能力强	可进行流水线并行和数据并行计算，可编程灵活度较高	AI运算效率高，能耗低，体积小，可靠性高
劣势	不擅长处理并行重复运算，核数少	管理控制能力弱，能耗最高	开发周期较长，复杂算法开发难度大，价格较昂贵	灵活性差，算法支持有限，算法迭代后需重新开发

自动驾驶计算平台的演进方向是"芯片 + 算法"协同设计，未来芯片有望迎来全新的设计模式，即"应用场景决定算法，算法定义芯片"。如果说过去是算法根据芯片进行优化设计的时代（通用CPU + 算法），现在则是算法和芯片协同设计的时代（ASIC芯片 + 算法），这在一定程度上称得上是"AI时代的新摩尔定律"。

具体而言，自动驾驶核心计算平台的研发路径将根据应用场景需求，设计算法模型，在大数据情况下做充分验证，待模型成熟后，再开发一个芯片架构去实现。该芯片并不是通用的处理器，而是针对应用场景与算法协同设计的人工智能算法芯片[3]。

4.2.2 激光雷达

激光雷达通过发射、接收、处理激光信号进行目标探测和识别。激光雷达的工作原理是向指定区域发射探测信号（激光束），经过目标物反射后，将收集到的反射信号与发射信号进行处理比较，即可获得待测区域环境和目标物体的有关空间信息，如目标距离、方位角、尺寸、移动速度等参数，从而实现对特定区域的环境和目标进行探测、跟踪和识别。

相比于可见光、红外线等传统被动成像技术，激光雷达技术具有如下显著特点：一方面，它颠覆传统的二维投影成像模式，可采集目标表面深度信息，得到目标相对完整的空间信息，经数据处理，重构目标三维表面，获得更能反映目标几何外形的三维图形，同时还能获取目标表面反射特性、运动速度等丰富的特征信息，为目标探测、识别、跟踪等数据处理提供充分的信息支持，降低算法难度；另一方面，主动激光技术的应用，使得其具有测量分辨率高、抗干扰能力强、抗隐身能力强、穿透能力强和全天候工作的特点。

激光雷达性能评估维度包括：①线数，通常线数越多，精度越高；②最大辐射功率，决定是否需要防护设备；③水平视场，判断能否实现360°全视角扫描；④垂直视场，判断俯仰角角度（通常为30°/15°）；⑤光源波长，影响光学参数和点云数据质量；⑥测量距离，能否满足长距离探测（200m左右）；⑦测量时间和帧频率，激光往返一周的耗时；⑧纵向和水平分辨率，影响处理算法与成像精度；⑨测距精度，通常为厘米级。

激光雷达种类众多，实现原理各不相同，具体如图4-3所示。在测距原理方面，有ToF法和FMCW法，当前ToF法是主流。

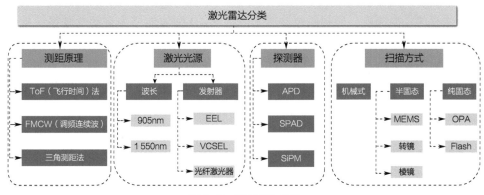

图4-3 激光雷达分类

在激光光源方面，主流的波长有 905nm 和 1 550nm 两种，发射器有 EEL、VCSEL 和光纤激光器等。在探测器方面，主要有 APD、SPAD 和 SiPM 等。

在扫描方式方面，有机械式、半固态 MEMS、半固态转镜、固态 OPA、固态 Flash 等，当前半固态 MEMS 和半固态转镜方案是主流[9,10]。

除了关注价格和车规外，激光雷达真正要进入量产车，智能化和软件感知算法将是更大的挑战。对于自动驾驶环境感知，传感器硬件通常只完成了数据收集的工作，要真正获取交通参与者的方位、类别、速度、姿态等信息，必须经过感知算法的实时计算分析。如果感知算法性能不足，即使雷达硬件线数再高，也无法获得优质的感知结果，所以说感知算法是激光雷达感知系统的"第二个核心"。

1. 测距原理

ToF 激光雷达技术成熟度高，短期将是配套汽车主流方式。飞行时间（ToF, Time of Flight）法测距原理为记录发射器发射激光与探测器接收到回波信号的时间差除以 2，直接计算目标物与传感器之间距离。ToF 测距发射激光脉冲持续时间极短、瞬时功率较高且耗时极短，因而在能够探测到更远距离目标的同时也能保持较高测量频率；计时的精度不会因距离变远而发生改变，从而距离分辨率更为稳定。目前市场上 ToF 激光雷达的主流产品可实现室外阳光下 100~250m 测量，环境适应性更好，适合活动空间大、移动速度高、需要在较强环境光工作的移动平台使用。

FMCW 激光雷达理论性能优异，长期有望成为装车破局新方向。调频连续波（FMCW, Frequency Modulated Continuous Wave）原理为发射调频连续激光，通过回波信号的延时获得差拍信号频率，进而获得飞行时间，再通过距离公式反推目标距离，并通过多普勒频率公式测算目标物速度。FMCW 激光雷达相较 ToF 激光雷达而言，抗干扰能力更强，且 FMCW 方案的激光峰值功率水平在 100mW 范围内，和 ToF 激光雷达数百或数千瓦相比存在优势，同时 FMCW 激光雷达可返回每个像素的径向速度，所提供包含速度信息的 4D 图像能够为自动驾驶系统提供更清晰的环境感知能力。

受制于较远距离分辨率下降，三角测距激光雷达难以配套汽车。三角测距法原理为发射激光到被测物体之后，部分散射光经接收透镜汇聚到线阵图像传感器（CCD/CMOS）上成像，之后根据三角形几何相似关系原理计算目标物距离。三角测距激光雷达技术较为成熟且成本较低，近距离精度较高，但分辨率会随着距离逐渐增加而急速下降，限制了三角测距的最大实用测量距离（16m 以上会明显受限），且转速较低（三角雷达的最高转速通常在 20Hz 以下，TOF 雷达则可以做到 30~50Hz），导致点云成像效果较差，故目前多用于近距离室内导航解决方案。

2. 激光光源

由于要避免可见光对人眼的伤害，激光雷达的激光波长有两种选择，一个是1 000nm以内的，典型值是905nm，还有一种是1 000 ~ 2 000nm之间的，典型值是1 550nm。目前905nm是主流波长，相比而言，1 550nm波长具备穿透能力强、人眼安全等优点，但同时也有价格昂贵、雨雪天效果差等缺点。短期内二者是一个互补共存的状态，长期来看，随着1 550nm技术的不断迭代和成本下降，1 550nm的应用比例会持续上升。

EEL：通过脉冲电流驱动，输出窄脉宽且高功率的激光束，作为探测光源，具有发光面积更小且光功率密度更高（约60 000W/mm²）的优点。另外EEL慢轴发散角较小，约为10°（快轴发散角与VCSEL相近，约为20°以上）。而EEL激光器因为其发光面位于半导体晶圆的侧面，使用过程中需要进行切割、翻转、镀膜、再切割的工艺步骤，往往只能通过单颗——贴装的方式和电路板整合，极大地依赖生产线工人的手工装调技术，生产成本高且一致性难以保障。虽然如此，但EEL在光通信行业应用多年，产业链成熟，成本低。

VCSEL：光路与器件垂直，其所形成的激光器阵列易于与平面化的电路芯片键合，贴装自由度高，易于实现大规模阵列及光电集成；激光波长温度依赖性低，波长温漂系数约为0.07nm/℃。在同等出光功率条件下，VCSEL发光面积更大且光功率密度较EEL低，导致只在对测距要求近的应用领域有相应的激光雷达产品（通常<50 m）。过去VCSEL的功率密度通常只能达到几百W/mm²。近年来国内外多家VCSEL激光器公司纷纷开发了多层结VCSEL激光器，将其发光功率密度提升了数倍。

光纤激光器：通常光纤激光器使用1 550nm波长激光，该技术在通信领域相对比较成熟，寿命较长，而且激光波束好，发散性弱、光斑小，在100m外光斑直径仅为其他光源的四分之一。但光纤激光器技术相对更复杂，在光源及探测器成本、雷达体积以及供应链成熟度上还有明显的不足，并且因为功耗相对较高，所以对于激光雷达的散热性同样是一个考验。

3. 探测器

激光雷达探测器主要分为：雪崩二极管（APD）、单光子雪崩二极管（SPAD）、硅光电倍增管（SiPM/MPPC）等。目前APD是主流，未来SPAD/SiPM替代APD是趋势。

APD的技术较为成熟，信号完整度强，并有温度补偿冗余，是目前使用最为广泛的光电探测器。但目前APD的典型增益不及100倍，在远距离测试的时候，需大幅提高光源光强才能确保APD有信号，这也对系统产生了一定的要求和限制。

SPAD 的理论增益能力是 APD 的一百万倍以上，可实现低激光功率下的远距离探测能力，功耗、体积较小，但因电路结构复杂，系统成本与电路成本均较高。

SiPM 是多个 SPAD 的阵列形式，可通过大尺寸阵列的实现获得更高的可探测范围以及配合阵列光源使用，更容易集成 CMOS 技术，且电路结构简单，工作电压较低，目前主要需求为 PDE（光子探测效率）的提升。

4. 扫描方式

根据扫描方式不同，激光雷达可以分为：机械式、半固态和固态。最早期的机械式激光雷达由于成本高，体积大，难以满足车规要求。当前主流的扫描方式是半固态的 MEMS 和转镜方案，固态方案由于技术成熟度低，还处于探索开发阶段。

机械式激光雷达是指其发射系统和接收系统存在宏观意义上的转动，也就是通过不断旋转发射头，将速度更快、发射更准的激光从"线"变成"面"，并在竖直方向上排布多束激光，形成多个面，达到动态扫描和动态接收信息的目的。因为带有机械旋转机构，所以机械式激光雷达外表上最大的特点就是自己会转，个头较大。在自动驾驶"跨越式"演变历程中，机械式激光雷达率先发展起来，经过不断迭代，目前机械式激光雷达的技术已经趋于成熟，同时高线束的机械式激光雷达能够获得更高的分辨率与测距距离，所以目前会获得高级自动驾驶商的青睐。但机械式激光雷达由于活动部件多和量产难度高，从成本、可靠性看，均难以达到 OEM 厂商的要求。而且机械部件寿命不长（1 000 ~ 3 000h），难以满足苛刻的车规级要求（至少 1 万 h）。当前机械式激光雷达主要用于后装自动驾驶测试车辆、地图测绘和工业领域。

MEMS 方案综合优势明显，有望搭载汽车商用。微振镜式主要采用微机电系统（MEMS，Micro-Electro-Mechanical System）微振镜替代传统机械式旋转装置，由微振镜通过一定谐波频率振荡反射激光形成较广的扫射角度和较大扫射范围，高速扫描形成点云图效果。MEMS 虽然相较机械式激光雷达探测角度范围较小，但因具有良好的性能、探测距离及高分辨率，同时小巧轻便、坚固可靠且成本较低，目前较为适合作为车载激光雷达配套汽车量产。

转镜方案最早通过车规，短期或将与 MEMS 并存。转镜式激光雷达保持收发模块不动，让电机在带动转镜运动的过程中反射激光从而达到扫描探测效果。其缺点在于电机驱动也带来了功耗高、稳定性不足和光源能量分散等问题，但也具备高扫描精度，同时可以通过控制扫描区域从而提高关键区域的扫描密度，且具有探测距离远、探测角度大的优势。

OPA 产业链尚处起步阶段。OPA 即光学相控阵（Optical-Phased-Array）技术，通过对阵列移相器中每个移相器相位的调节，利用干涉原理实现激光按照特定方向发射的技术从而完成系统对空间一定范围的扫描测量。OPA 激光雷达在成本、量产性、可靠性、可集成性方面具有巨大潜力，但是同时还存在扫描角度有限、旁瓣、加工难度大等其他技术问题。而且 OPA 技术将原本的产业链打破而转为硅光芯片设计/加工的模式，具有很高的技术门槛。总体而言，OPA 激光雷达目前距离商用还比较远，技术成熟度低，开发仍存在一定不确定性。

Flash 激光雷达是目前唯一不存在扫描系统的方案，可以通过短时间内向各个方向发射大覆盖面阵激光，利用微型传感器阵列采集不同方向反射回来的激光束，快速记录整个场景，并以高度灵敏探测器完成周围图像绘制，避免了扫描过程中目标或激光雷达移动带来的各种问题。Flash 激光雷达具有集成度高、量产成本低、易于满足车规要求等优势，但同时又存在功率密度较低、FoV（扫描角度）– 探测距离 – 探测精度三者难以兼顾、产业链发展不成熟等问题，短期之内难以商业落地。

4.2.3 毫米波雷达

毫米波雷达是指工作在 30 ~ 300GHz 频段，波长为 1 ~ 10mm 的雷达，毫米波的波长介于厘米波和光波之间，因此毫米波兼有微波制导和光电制导的优点。毫米波雷达具有探测距离远、响应速度快、适应能力强等特点，其探测距离可在250m 以上，传播速度与光速一样，并且其调制简单，配合高速信号处理系统，可以快速地测量出目标的距离、速度、角度等信息。毫米波雷达与其他雷达相比，穿透能力比较强，在雨、雪、大雾等极端天气下也能进行工作，同时不会受颜色、温度、光照度等因素的影响，具有全天候的特点。

1. 辐射电磁波的频率

按辐射电磁波的频率不同，车载毫米波雷达主要有 24GHz、77GHz、79GHz三种。其中，24GHz 主要用于短距离（60m 以内），短距离雷达被称为 SRR（Short Range Radar）；77GHz 主要用于长距离（150 ~ 250m），长距离雷达被称为LRR（Long Range Radar）；79GHz 通常用于中短距离（100m），其中中距离雷达被称为 MRR（Middle Range Radar）。

短距离雷达具有成本优势，短期 24GHz 将与 77GHz 方案共存，长期来看，由于具备更小的尺寸、更高的精度、更远的探测距离等特性，77GHz 产品将会逐步代替 24GHz 产品。

2021 年 12 月，工信部印发《汽车雷达无线电管理暂行规定》，为推动汽车智能化技术应用和产业发展，将 76 ~ 79GHz 频段规划用于汽车雷达。2022 年 3 月1 日起，停止生产或者进口使用 24.25 ~ 26.65GHz 频段的汽车雷达。

2. 辐射电磁波方式

根据辐射电磁波方式不同，毫米波雷达主要有脉冲体制和连续波体制两种工作体制。其中连续波又可以分为 FSK（频移键控）、PSK（相移键控）、CW（恒频连续波）、FMCW（调频连续波）等方式。由于可测量多个目标、分辨率较高、信号处理复杂度低、成本低廉、技术成熟，FMCW 雷达成为最常用的车载毫米波雷达。

FMCW 雷达系统主要包括收发天线、射频前端、调制信号、信号处理模块等。毫米波雷达通过接收信号和发射信号的相关处理实现对目标的探测距离、方位、相对速度的测量。

射频前端 MMIC 芯片和天线 PCB 是毫米波雷达的硬件核心。

单片微波集成电路（Monolithic Microwave Integrated Circuit，MMIC）芯片具有电路损耗低、噪声低、频带宽、动态范围大、功率大、抗电磁辐射能力强等特点。它包括多种功能电路，如低噪声放大器（LNA）、功率放大器、混频器、检波器、调制器、压控振荡器（VCO）、移相器等，负责毫米波信号调制、发射、接收以及回波信号的解调。

目前大多数毫米波雷达射频前端 MMIC 芯片均采用 SiGe 技术，SiGe 集成度较高、高频特性好，基于 SiGe 技术的雷达芯片在稳定性、精度、探测距离等性能上具有优势。但 SiGe MMIC 芯片大都为分立式，整体方案体积庞大，随着汽车配备毫米波雷达数量增加，SiGe 工艺难以胜任。CMOS 相对 SiGe 工艺：①集成度更高，降低雷达模块板级设计的复杂度，提升开发效率，甚至可以将 MMIC 与 MCU（微控制单元）和 DSP（数字信号处理）集成，降低系统尺寸及功率；②成本更低，整体造价更低。

天线 PCB 是汽车毫米波雷达有效工作的关键设计之一，同时也是毫米波车用雷达能否赢得市场的关键。毫米波雷达天线 PCB 的主流方案是微带阵列，简单说就是将高频印制电路板（Printed Circuit Board，PCB）集成在普通的 PCB 上实现天线的功能，需要在较小的集成空间中使天线保持足够的信号强度。

3. ADAS 功能

根据在汽车上的安装位置，汽车毫米波雷达分为前向雷达（Front Radars）、后向雷达（Rear Radars）和角雷达（Corner Radars），前向雷达一般是中、长距，后向雷达和角雷达一般是短距，提供的部分 ADAS 功能见表 4-4。

表 4-4　毫米波雷达 ADAS 功能

前向雷达	后向雷达	角雷达
前方碰撞预警（FCW）	后方碰撞预警（RCW）	盲点检测（BSD）
自适应巡航（ACC）	泊/倒车辅助功能（PAS）	变道辅助（LCA）
自动紧急制动（AEB）	后方横向车辆预警（RCTA）	后方碰撞预警（RCW）
自动驾驶（ADS）	—	开门预警（DOW）
—	—	后方横向车辆预警（RCTA）
—	—	后方横向交通紧急制动（RCTB）

毫米波雷达测距原理是根据接收和发射毫米波的时间差来测算目标距离。毫米波雷达将无线电波（毫米波）信号发出去，然后接收回波，根据收发的时间差测得目标的位置数据和相对距离。FMCW通过振荡器形成持续变化的信号，而发出信号和接收信号之间形成频率差，其差值与发射 – 接收时间差呈线性关系，通过频率差就能计算出接收与发射毫米波信号之间的时间差，从而测量出车辆与物体的距离。

毫米波雷达测速是基于多普勒效应原理。所谓多普勒效应，就是当声音、光和无线电波等振动源与观测者有相对速度运动时，观测者所收到的振动频率与振动源所发出的频率有不同。也就是说，当发射的电磁波和被探测目标有相对移动，回波的频率会和发射波的频率不同。当目标向雷达天线靠近时，反射信号频率将高于发射信号频率；反之，当目标远离天线而去时，反射信号频率将低于发射信号频率。通过测量接收信号与发射信号的频率差，就可以得到相对速度。

同时，毫米波雷达还可以实现角度测量。毫米波雷达拥有多个并列接收天线，两个接收天线之间的距离为 d，同一检测目标反射回来的电磁波信号在两个接收天线中的相位差为 b，则物体相对毫米波的方位角为 $\arctan \dfrac{b}{d}$。

4.4D 毫米波雷达

4D 毫米波雷达有一个别称是"4D 成像毫米波雷达"，可以理解成"4D + 成像 + 毫米波"。4D，说明比普通的毫米波雷达多了一个测量维度；成像，说明可以达到像素级的识别效果；毫米波，说明基本原理仍是"毫米波雷达"。

4D 毫米波雷达新置纵向天线，具备测高能力，在原有的距离、速度、方向的基础上，加上了对目标的高度分析，将第 4 个维度整合到传统毫米波雷达中，其实是"3D +1D"的含义，实现了对纵向空间的感知，让测到的交通数据更为精准。

另外，增加天线数量与密度，使得角度、速度分辨率均有优化，且输出的点云图像更加致密，能够刻画更为真实的环境图像，可以有效解析测得目标的轮廓、行为和类别，适应更加复杂的道路，识别更多小物体，实现被遮挡部分的物体及静止或横向物体的监测，相对于 3D 毫米波雷达仅可以测量方位角、仰角和速度 3 个数据，4D 毫米波雷达可以获得的数据更多。

依靠测高能力以及点云图像，4D 毫米波雷达可初步判定静止物体与车辆的位置关系，避免因简单过滤静止信号而产生的安全隐患。4D 毫米波雷达有针对性地解决了传统毫米波雷达的性能短板，是毫米波雷达的主流发展方向。

相对于传统毫米波雷达，4D 毫米波雷达具备更高的分辨率、兼顾探测距离和视场角、高度信息感知等优势。

（1）更高的分辨率 传统毫米波雷达存在角分辨率低、无法高密度点云成像等局限性，因此难以有效解析小目标物体的轮廓、类别等。4D毫米波雷达通过"标准MMIC芯片级联＋MIMO"方式，信道阵列可以提供1°的方位角分辨率和2°的仰角分辨率，实现更高密度的点云成像，探测到轮胎碎片等较小目标，降低漏报、误报率。MMIC芯片承载雷达收发天线，一般为3T4R（即"3发4收"）。传统毫米波雷达基于单颗MMIC芯片设计，天线数量有限，因而探测效果不佳。所谓"级联"就是将多颗MMIC芯片在PCB上连接在一起，达到收发天线数量倍增的效果。如果将四颗德州仪器AWR2243芯片级联在一起就能达到12T16R的天线数量。MIMO（Multiple Input Multiple Output）指的是在不增加接收天线实际数量的前提下，仅增加发射天线数量且巧妙设计其位置，以实现接收通道倍增的效果（增加的接收通道为虚拟通道，无实体天线）。例如在1T2R的基础上增加一个发射天线，所形成的2T2R等效于1T4R，新增两个虚拟接收通道。另外，还可以通过虚拟孔径成像技术的调频、调相、调幅，在MIMO的基础上再虚拟出10~100倍虚拟通道。通过调频，动态调整探测距离；通过调相，例如在360°相位中每36°切分一次，便可新增出10倍的虚拟通道；通过调幅，主动根据行车环境（如高速环境、城市环境）调整幅度大小，具备自适应能力。

（2）兼顾探测距离和视场角　增加探测距离通常需要增加同一发射天线的微带数目，使能量在某一方向聚焦，因此传统毫米波雷达探测距离的提升通常以减少视场角（Field of View, FoV）为代价。4D毫米波雷达通过算法、多芯片级联等方式，能在维持高FoV的同时，实现高角度分辨率及更远探测距离。探测最远距离为300m，测距精度在10~30cm，在宽阔的视野下和远程范围内能够同时追踪数百个目标，并能捕捉可显示物体相对汽车是靠近还是远离的多普勒频移。

（3）高度信息感知　由于具备纵向高度感知能力，4D毫米波雷达相较传统雷达可以检测静态障碍物。传统毫米波雷达可以探测出前方道路上有静态障碍物反射点，但因为无法实现识别静态障碍物的高低和大小，因此不能将道路障碍物与天桥、交通标示牌等静态物品区别开。4D毫米波雷达具备高度维度感知，可解析静态障碍物的轮廓等信息并进行分类，更大程度避免"误制动""漏制动"。

相对于激光雷达，4D毫米波雷达具备可全天候全天时工作、成本较低等优势。

（1）全天候全天时　受制于激光的物理特性，激光雷达在雨雪、沙尘等极端天气环境下，工作可靠性会受到影响。4D毫米波雷达能全天候全天时工作，在暴雨、大雪、漆黑及空气污染等恶劣环境条件下也能提供高可靠性的探测。此外，4D毫米波雷达能够"看穿"墙壁、紧闭的门和其他固体物体，这是激光雷达所不具备的能力。

（2）成本较低　长期以来，高昂的价格成为制约激光雷达"上车"的关键因素。相比激光雷达，规模量产后的4D毫米波雷达价格与传统毫米波雷达基本一致。而且由于 4D 毫米波雷达原理上与传统毫米波雷达存在共性，与摄像头进行数据融合的应用也更为普遍，能实现更低的验证成本，有望率先实现量产"上车"。

（3）分辨率差距缩小　依托虚拟孔径成像（VAI）技术，4D 毫米波雷达已可实现高清成像，效果接近或超过 16/32 线激光雷达。

4D 毫米波雷达也并非完美。一方面，相比高线激光雷达，4D 毫米波雷达仍存在横向分辨率不足的问题。另一方面，4D 毫米波雷达对金属物体过于敏感，井盖、钉子、远距离外的金属广告牌都会被误判为障碍物[11]。

4.2.4　高精度地图

高精度地图也称为高分辨率地图（High Definition Map，HD Map）或高度自动驾驶地图（Highly Automated Driving Map，HAD Map）。高精度地图与普通导航地图不同，主要面向自动驾驶车辆，它以精细化描述道路及其车道线、路沿护栏、交通标志牌、动态信息为主要内容，通过一套特有的定位导航体系，为自动驾驶车辆的定位、规划、决策、控制等应用提供安全保障，是自动驾驶解决方案的核心和基础。

高精度地图作为普通导航地图的延伸，在精度、数据维度、时效性以及使用对象等方面与普通导航地图有着很大不同。

在精度方面，普通导航地图一般为米级，高精度地图可达到厘米级。

在数据维度方面，普通导航地图记录道路级别数据，高精度地图则更为详细，需要达到车道级别，比如记录车道、车道线类型、宽度等。

在时效性方面，普通导航地图要求静态数据的更新为月度或季度级别，动态数据不做要求；高精度地图要求静态数据为周级或天级更新，动态数据则要求实时更新。

在使用对象方面，普通导航地图面向的是人类驾驶员，高精度地图面向的是机器。

1. 高精度地图作用

高精度地图作为自动驾驶的稀缺资源和必备构件，能够满足自动驾驶汽车在行驶过程中辅助环境感知、辅助定位、辅助路径规划、辅助决策控制的需求，并在每个环节都发挥着至关重要的作用。

（1）辅助环境感知方面　传感器作为自动驾驶的"眼睛"，有其局限性，如易受恶劣天气的影响等。高精度地图可以对传感器无法探测或探测精度不够的部分进行补充，实现实时状况的检测及外部信息的反馈，进而获取当前位置精准的交通状况。高精度地图能够提高自动驾驶车辆数据处理效率，自动驾驶车辆感知重构周围三维场景时，可以利用高精度地图作为先验知识，减少数据处理时的搜索范围。在高精度三维地图上标记详细的道路信息，可以为自动驾驶车辆感知系统提供有效的辅助识别，优化感知系统的计算效率，提高识别精度，减少发生误识别次数。

（2）辅助定位方面　由于存在各种定位误差，地图上的移动汽车并不能与周围环境始终保持正确的位置关系。高精度地图可以提供道路中特征物（如标志牌、龙门架等）的形状、尺寸、高精度位置等语义信息，车载传感器在检测到相应特征物时，就可根据检测到的特征物信息去匹配上述语义信息，由车辆与特征物间的相对位置推算出当前车辆的绝对高精度位置信息。高精度定位是高精度地图有效应用的重要方向，也是自动驾驶系统自主导航、自动驾驶的重要前提。在车载传感器定位受限情况下，高精度地图可以为自动驾驶系统提供有效的辅助定位信息。

（3）辅助路径规划方面　普通导航地图仅能够给出道路级的路径规划，而高精度地图的路径规划导航能力提高到了车道级，例如高精度地图可以确定车道的中心线，可以保证汽车尽可能地靠近车道中心行驶。在人行横道、低速限制或减速带等区域，高精度地图可使汽车能够提前查看并预先减速。对于汽车行驶附近的障碍物，高精度地图可帮助自动驾驶车辆缩小路径选择范围，以便选择最佳避障方案。高精度地图可以看成一种超视距传感器，它提供了极远距离的道路信息，用于自动驾驶系统的全局路径规划，并对局部路径规划做出有效的辅助。

（4）辅助决策控制方面　高精度地图是对物理环境道路信息的精准还原，可为汽车加减速、并道和转弯等驾驶决策提供关键道路信息。而且，高精度地图能为汽车提供超视距的信息，并与其他传感器形成互补，辅助系统对车辆进行控制。

2.高精度地图模型

高精度地图的逻辑数据结构至少应包含两部分：静态地图数据与动态地图数据，如图4-4所示[12]。

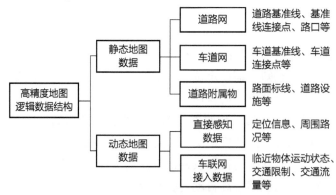

图4-4　高精度地图逻辑数据结构

道路网：以传统二维导航电子地图中的基础道路数据为基础，添加三维信息等用于更精确地描述高精度道路的几何形态和关系。除了记录不同道路及路口的关系之外，还需描述道路与车道、道路与附属物的关系，在物理数据模型中表现为外键关联。道路网的构成要素包括道路基准线、基准线连接点、路口等。

车道网：用于精确描述车道的几何位置信息和相互关系。车道网的构成要素主要包括车道基准线、车道连接点等。从纵向看，不同路段的车道通过车道连接点形成直接关联关系，是宏观车道级路径规划的基础；从横向看，同一路段的车道通过道路外键形成间接关联关系，是局部动态车道变换的基础。

道路附属物：用于辅助安全自动驾驶的各类实际地物设施，种类较多。这里的"附属物"是指抽象的道路网与车道网无法描述的内容，可分为路面标线类和道路设施类，其中路面标线主要包括路面纵向标线、路面横向标线、停车位标线等，道路设施包括信号灯、路灯、各类交通标牌等。

直接感知数据：主要是指 GNSS、IMU、雷达和摄像头等传感器设备采集的车辆自身定位及附近路况的数据。

车联网接入数据：主要是指车辆通过车联网接入的与实时路况相关的信息，用于弥补感知数据内容和形式上的缺陷。接入数据包括临近其他物体的运动状态和轨迹，用于辅助局部行驶决策；还包括行驶路线上的交通限制与交通流量信息，用于辅助全局导航规划。

不论是静态还是动态地图数据，目前均处于快速发展的阶段，因此会造成研究人员对于高精度地图数据内容不同角度和层次的理解。例如，以往高精度地图数据一般是指静态地图数据，因为其更"符合"传统地图的描述特征。另外，BOSCH 公司等提出了局部动态地图（Local Dynamic Map，LDM）模型[13]。整个LDM 存储的数据可以分为四大类，如图 4-5 所示。第一类为持续静态数据，更

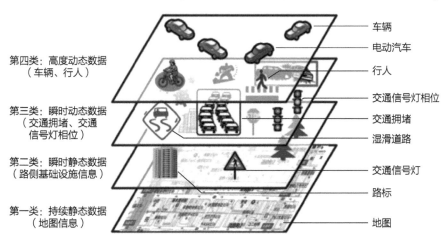

图 4-5　LDM 模型

新时间小于一个月，它主要包括地图信息；第二类为瞬时静态数据，更新时间小于一小时，它主要包含了路侧的基础设施的信息，如交通标识和路标等；第三类为瞬时动态数据，更新时间小于一分钟，它主要包含了交通信号灯的相位、交通拥堵、湿滑道路等相关信息；第四类为高度动态数据，更新时间小于一秒钟，它主要包含了车辆、电动汽车、行人等交通参与者的实时状态数据。从这个角度来看，高精度地图是动态的，这也反映了地图由静态到动态的发展方向。

3. 高精度地图标准

国际主要高精度地图标准包括 GDF、NDS、ADASIS、SENSORIS、OpenDrive 和 KIWI[14]。

（1）GDF ISO/TC204 发布的 Geographic Data File（地理数据文件）提供了一个用于地图信息存储和交换的基础版本，主要是用来描述和传输道路拓扑网络和道路属性相关数据。GDF 为获取数据及标准特征、属性和关系的扩展分类提供更多详细的规则，主要用于汽车导航系统中，但它对于其他运输和交通应用也十分有效，如车队管理、调度管理、道路交通分析、交通管理和车辆自动定位。

（2）NDS Navigation Data Standard（导航数据标准）是一种广泛应用在嵌入式汽车导航系统中的物理存储标准，不仅包含地图格式的定义，同时也提供了一整套读写文件格式的接口程序，兼容性强，数据规格灵活，支持扩展，同时也支持部分或者增量的数据更新。在基本地图显示方面，NDS 提供了基本地图显示（Basic Map Display）构建块，用于绘制 2D 以及 2.5D 地图。在高级地图显示方面，NDS 提供了数字地面模型（Digital Terrain Model，DTM）构建块，以数字形式呈现地面、地形或地势，3D 对象构建块用于对现实世界对象进行三维建模，正射影像（Orthoimages）构建块呈现地面的卫星与航空影像。同时，NDS 采用了层级划分策略，将部分构建块的导航数据划分为多个层级，层级越高，空间尺寸越大，所包含的数据内容越小。通过这种层级划分策略，NDS 有效提高了地图显示与长距离路径计算的效率。NDS 标准委员会主要的成员包括汽车厂商、系统供应商以及地图厂商。地图厂商将地图数据按照标准定义编译成为 NDS 格式，系统供应商实现导航应用，汽车厂商将其集成到汽车上。

（3）ADASIS Advance Driver Assist System Interface Specification（高级驾驶员辅助系统接口规范）是地图数据提供给 ADAS 驾驶员辅助系统定义的一种接口规格，主要是发送基于当前车辆位置前方的道路属性信息，例如曲率、坡度等，协助 ADAS 系统做出更好的判断。ADASIS v2 仅支持 CAN 协议，主要是实现将道路的曲率和坡度发送到车身 CAN，车辆上的 ADAS 功能模块读取地图信息后实现弯道前减速、车辆节能等功能。ADASIS v3 支持车载以太网协议，可以支持发送更多的地图信息，例如车道级别、车道形状、车道曲率等属性，还可以实现更多高级功能，例如车道级的地理围栏、车辆的横纵向控制等。

（4）SENSORIS Sensor Interface Specification（传感器接口规格）定义了接口规范，用于从车辆向云以及跨云请求和发送车辆传感器数据，该规范及其标准化集中在接口的内容和编码上，成员主要包括 ADAS 供应商、位置内容和服务提供商、导航系统提供商、电信和云基础设施提供商、汽车制造商等，该规格定义了一整套的上传数据结构，同时也提供访问该数据结构的接口。

（5）OpenDrive OpenDrive 是自动化及测量系统标准协会（Association for Standardization of Automation and Measuring Systems，ASAM）的 OpenX 系列标准之一，是一种用于对仿真测试场景的静态部分进行描述的开放文件格式，是目前主流的地图数据格式。其文件格式为可扩展标记语言（Extensible Markup Language，XML），允许使用与真实道路相同的元素（直线、曲线、高程剖面、车道和标志等）来精确描述道路，并兼容左右驾驶规则。OpenDrive 描述了驾驶仿真应用所需的静态道路交通网络，如道路、车道、交叉路口等内容，但 OpenDrive 中并不包含动态内容。OpenDrive 描述的路网可以是人工生成或来自于真实世界。

（6）KIWI KIWI 标准是由日本 KIWI 协会制定的日本标准。KIWI 主要目的是提供一种通用地图数据存储格式以满足嵌入式应用快速、精确与高效的需求。KIWI 按照分层、分块的结构来组织地图，各层逻辑结构与其物理存储相关联，进而实现数据在纵向不同层之间的快速引用、在横向相邻地块间的快速取用。在广泛采用的 KIWI2.0 基础上，针对增量更新需求形成 KIWI3.0，但仍然存在着数据量超限限制。

4. 高精度地图资质

一般而言，高精度地图供应商对于高精度地图的更新目前只能做到季度更新，而车企为了保证自身的技术优势，则需要更高的高精度地图更新频率，甚至是以天为单位进行更新。这就对高精度地图资质提出了明确要求。

地图资质包括甲级导航电子地图制作资质证书（简称"甲导"）和甲级测绘资质证书（简称"甲级"），分别由自然资源部及各省级自然资源主管部门负责审批和管理。

2022 年 9 月，自然资源部下发了《自然资源部关于促进智能网联汽车发展维护测绘地理信息安全的通知》，对高精度地图测绘制作进行了明确的规定和要求。其中要求，高精度地图的测绘和制图仅能由国家颁发甲导的企业合法操作。

由于地图行业涉及国防安全信息，我国高精度地图测绘并不对国外厂商开放，国内地图供应商成为我国高精度地图行业主导。自 2010 年国家开放甲导申请后，截至 2021 年年底，共有 31 家单位获得该资质。从 2021 年 7 月开始，国家有关主管部门对国内企业的高精度地图测绘资质开始进行复核，部分企业未复核通过。如果拿到甲级资质，可以不受限制地对全国道路进行测绘；但如果拿到的是乙级资质，就只能在相关政府部门划定的自动驾驶区域内进行导航电子地图的测绘。

高精度地图不能够使用真实的WGS84（即真实的GPS坐标值），在发布商用之前必须经过国家测绘局的加密偏转处理，目的是保证国家安全。而对地图数据和应用软件的加密偏转是由国家自然资源部相关部门直接处理，其中的国家保密插件，也叫作加密插件、加偏或者SM模组，其实就是对真实坐标系统进行人为的加偏处理。按照几行代码的算法，将真实的坐标加密成虚假的坐标，而这个加偏并不是线性的加偏，所以各地的偏移情况都会有所不同。而加密后的坐标也常被人称为火星坐标系统。

偏转插件加密通常为几百米的非线性偏转+随机扰动，而定位也要经过相同的偏转才能够在该地图上使用，随机扰动会引起约20cm的精度损失。通常高精度地图的绝对精度在1m以内，相对精度在0.5m以内，20cm的偏转插件精度损失会影响到高精度地图和高精度定位的使用范围。

4.2.5 高精度定位

定位精度是空间实体位置信息（通常为坐标）与其真实位置之间的接近程度。高精度定位一般指分米级别或厘米级别的定位。

卫星定位在室外空旷环境下可以达到较高精度，但是在隧道、高架桥、地下停车场以及高楼林立、树木遮挡的城市环境中，可能出现卫星信号失锁以至于无法准确定位的情况。卫星定位结合惯性导航设备、激光雷达、视觉设备，通过多源数据融合可以实现多场景和长时间的高精度定位。

基于路标图库和图像匹配的全局定位、基于局部运动估计的视觉里程计或激光里程计、同时定位与地图构建的SLAM（Simultaneous Localization and Mapping）都是在不断探索和发展的新型定位模式。

1. 全球导航卫星系统

全球导航卫星系统（Global Navigation Satellite System，GNSS）是能为地球表面或近地空间任何地点提供全天候定位、导航、授时的空基无线电导航定位系统。2007年，联合国将美国的全球定位系统（Global Positioning System，GPS）、俄罗斯的格洛纳斯导航卫星系统（GLObal NAvigation Satellite System，GLONASS）、欧盟的伽利略导航卫星系统（Galileo Navigation Satellite System，Galileo）以及我国的北斗导航卫星系统（BeiDou Navigation Satellite System，BDS）确定为全球四大导航卫星定位系统。

北斗导航卫星系统由空间段、地面段和用户段三部分组成，可在全球范围内全天候、全天时为各类用户提供高精度、高可靠定位、导航、授时服务，并且具备短报文通信能力，已经初步具备区域导航、定位和授时能力，定位精度为分米、厘米级别，测速精度 0.2m/s，授时精度 10ns。北斗三号系统空间段采用三种轨道卫星组成的混合星座，由 24 颗地球中圆轨道卫星（MEO）、3 颗倾斜地球同步轨道卫星（IGSO）和 3 颗地球静止轨道卫星（GEO）组成，与其他导航卫星系统相比高轨卫星更多，抗遮挡能力强，尤其在低纬度地区性能优势更为明显。

GPS 由美国国防部负责建设运营，目前在轨服务卫星 32 颗，整个星座由 6 个均匀分布、倾角为 55°的轨道面组成，轨道周期为 11h58min。目前，GPS 主要信号为 L1C、L2C 和 L5C，其中 L1C 和 L5C 为兼容互操作信号。

GLONASS 由 24 颗均匀分布在 3 个轨道面上的卫星组成，其轨道高度约为 19 140km，轨道倾角为 64.8°，轨道周期 11h16min。GLONASS 主要采用频分多址信号（FDMA）。

Galileo 是由欧盟发起，由欧空局（ESA）和欧洲卫星导航局（GSA）共同运作的全球导航卫星系统。整个星座计划由 30 颗（其中 3 颗备用）轨道高度为 23 222km 的 MEO 卫星组成。卫星均匀分布在三个倾角为 56°的轨道面上，轨道运行周期为 14h5min。目前在轨 26 颗，正常服务 24 颗。

2. 高精度定位系统

为提高卫星导航系统的定位精度，满足用户对高精度定位的需求，出现了高精度卫星定位技术。其主要包括基于载波相位差分 RTK（Real Time Kinematic）技术的连续运行参考站系统（CORS）为代表的地基增强技术、以美国广域增强系统（WAAS）为代表的区域星基增强系统，以及基于实时精密单点定位技术（Precise Point Positioning，PPP）的商业全球星站差分增强技术。

RTK 原理是基准站和移动站的接收机不断地对相同的卫星进行监测，并且移动站在接收观测到可视卫星信号的同时，基准站通过数据链将载波相位测量值实时发送给移动站接收机。以基准站为中心，半径 20km 范围内电离层、对流层带来的误差基本是一致的，把这个误差因子发送给在这个区域内的移动站接收机，这些移动站接收机就可以消除同一时刻的测距误差，从而获得更高的定位精度，这个精度可以做到动态厘米级。

RTK 也存在不可忽视的短板。一方面，RTK 技术严重依赖于密集的基准站资源，当个别站点出现故障掉线或数据异常时，可能直接导致服务区内的用户定位精度下降，甚至无法进入固定解状态；另外，常用的 RTK 技术是通过移动网络进行差分数据播发，在移动网络未覆盖的区域（如无人区、沙漠等），用户也无法享受到高精度定位服务。另一方面，RTK 技术是基于观测域的服务方式，由于不同区域看到的卫星不同，卫星的"观测值"各异，需要依赖用户的实际位置，当用户数量激增时会出现较大的服务压力。

PPP技术集成了GNSS标准单点定位和相对定位的技术优点，已发展成为一种新的GNSS高精度定位方法。PPP技术仅使用单个接收机即可提供高精度定位，PPP解决方案依赖于从连续运行参考站（CORS）网络生成的GNSS卫星时钟和轨道校正，通过卫星或互联网将其发送给用户，不需要地面基站即可获得分米级或厘米级的实时定位。PPP技术的主要局限性在于它较难解决载波相位整周模糊度，而是使用对它们的估计值，这导致PPP技术需要较长的初始化时间来解决任何局部误差，如大气条件、多径和星座几何形状等，初始化时间一般在5~30min，且信号失锁后的重新收敛时间与首次收敛时间几乎一样长，这一缺陷限制了其在实际应用中的普及。

PPP-RTK技术综合了PPP和RTK技术的优势，是未来高精度卫星定位技术的发展趋势。PPP-RTK技术基于空间状态域表达（SSR），利用广域基准站生成高精度轨道、钟差、偏差等信息，利用区域增强站生成区域大气延迟（电离层、对流层等），通过链路（卫星、互联网等）将其提供给用户以实现快速收敛高精度定位。PPP-RTK提供的高精度大气延迟改正信息及偏差参数，在用户端可实现瞬时模糊度收敛及固定，实现与网络RTK相媲美的定位效果。PPP-RTK技术比标准PPP缩短了收敛时间，收敛时间一般在1~10min的范围内，在某些应用中，甚至可以在几秒钟内完成收敛。PPP-RTK技术所需的地面基准站点的数量比RTK技术要少很多，一般网络RTK基准站点间距离为30~60km，PPP-RTK技术所需基准站点间距离为100~200km[15]。

从车用GNSS角度看，系统应用主要分为"车内导航信息娱乐系统"和"智能网联GNSS"。前者代表传统的以基础导航为目的的车载系统，后者则是深度参与到高级辅助驾驶乃至无人驾驶的高精度GNSS方案。车内导航娱乐系统的GNSS产品利用蜂窝网络，加上低成本、定位精度为5~10m的单频GPS/GNSS模块和天线，完成基本的、能够反映交通拥堵状况的导航功能。但随着汽车智能化的进程，从智能座舱显示单元的车道级位置导航显示，到L2/L3级别自动驾驶车道保持控制甚至变道功能，高精度GNSS技术已成为不可或缺的技术手段。

3. 融合定位系统

目前主流的高精度定位方案是融合定位系统，即高精度地图+GNSS+定位增强服务（RTK/PPP等）+IMU+ADAS摄像头+车辆CAN信号等。

惯性测量单元（Inertial Measurement Unit，IMU）是测量物体三轴姿态角（或角速率）以及加速度的装置。一般情况，一个IMU包含了三个单轴的加速度计和三个单轴的陀螺仪。加速度计检测物体在载体坐标系统独立三轴的加速度信号（就是感应 X、Y、Z 立体空间三个方向，即前后、左右、上下轴向的加速度），而陀螺仪检测载体相对于导航坐标系的角速度信号，测量物体在三维空间中的角速度，分别感应 Roll（左右倾斜）、Pitch（前后倾斜）、Yaw（左右摇摆）全方位的动态信息。

垂直参考单元（Vertical Reference Unit，VRU）是在 IMU 的基础上，以重力向量为参考，用卡尔曼或者互补滤波等算法为用户提供有重力向量参考的俯仰角、横滚角以及无参考标准的航向角。通常所说的 6 轴姿态模块就属于这类系统。航向角没有参考，不管模块朝向哪里，启动后航向角都为 0°（或一个设定的常数）。随着模块工作时间增加，航向角会缓慢累计误差。俯仰角、横滚角由于有重力向量参考，低机动运动情况下，长时间不会有累积误差。

航姿参考系统（Attitude and Heading Reference System，AHRS）是在 VRU 的基础上增加了磁力计或光流传感器，用卡尔曼或者互补滤波等算法为用户提供拥有绝对参考的俯仰角、横滚角以及航向角的设备，这类系统用来为飞行器提供准确可靠的姿态与航行信息。通常所说的 9 轴姿态传感器就属于这类系统，因为航向角有地磁场的参考，所以不会漂移。但地磁场很微弱，经常受到周围带磁物体的干扰，所以如何在高机动情况下抵抗各种磁干扰成为 AHRS 研究的热门。

自动驾驶系统在定位领域的最后一道防线是 IMU，主要原因如下。第一，IMU 对相对和绝对位置的推演没有任何外部依赖，是一个类似于黑匣子的完备系统；相比而言，基于 GPS 的绝对定位依赖于卫星信号的覆盖效果，基于高精度地图的绝对定位依赖于感知的质量和算法的性能，而感知的质量与天气有关，都有一定的不确定性。第二，同样是由于 IMU 不需要任何外部信号，它可以被安装在汽车底盘等不外露的区域，可以对抗外来的电子或机械攻击；相比而言，视觉、激光和毫米波在提供相对或绝对定位时必须接收来自汽车外部的电磁波或光波信号，这样就很容易被来自攻击者的电磁波或强光信号干扰而致盲，也容易因石子、剐蹭等意外情况而损坏。第三，IMU 对角速度和加速度的测量值之间本就具有一定的冗余性，再加上轮速计和方向盘转角等冗余信息，使其输出结果的置信度远高于其他传感器提供的绝对或相对定位结果。

各种定位技术都有其各自优缺点，在 L3 级及以上高级别自动驾驶技术方案中，为了最大限度提升系统的安全性，保证能够覆盖更多的驾驶场景，往往采用多传感器融合定位的方法。在 GNSS + RTK + IMU 组合定位的基础上，融合车身信号、视觉感知信息与高精度地图数据，可将位置、速度、时间、航向信息，以及车辆本身的方向盘转角、轮速、转向灯信号等，传递至计算单元进行实时数据融合计算，来达到优势互补、稳定性和精度更高的定位结果。

4. SLAM

视觉定位或激光雷达定位通过摄像头或激光雷达等传感器设备获取视觉图像

或点云图像，再提取图像序列中的一致性信息，根据一致性信息在图像序列中的位置变化估计车辆的位置。根据事先定位所采用的策略，定位模式可分为基于路标图库和图像匹配的全局定位、基于局部运动估计的视觉里程计或激光里程计、同时定位与地图构建的 SLAM（Simultaneous Localization and Mapping）三种方法。

（1）全局定位　全局定位需要预先采集场景图像，建立全局地图或路边数据库，当车辆需要定位时，将当期位姿图像与路边数据库进行匹配，再估计当期图像与对应路边之间的相对位置，最终得到全局的定位信息。

（2）视觉里程计或激光里程计　视觉里程计（Visual Odometry，VO）是以增量式估计移动机器人的运动参数。视觉里程计关注图像序列中相邻图像间所反映出的机器人位姿变化，并将局部运动估计的结果累积到车辆轨迹中。

（3）SLAM　主要的作用是让机器人在未知的环境中，完成定位（Localization）、建图（Mapping）和路径规划（Navigation）。SLAM 技术被广泛运用于机器人、无人机、无人驾驶、AR、VR 等领域，依靠传感器可实现机器的自主定位、建图、路径规划等功能。

对于 SLAM 技术方案，根据传感器不同常分为视觉 SLAM 和激光 SLAM。对比视觉 SLAM，激光 SLAM 的可靠性高、技术成熟；建图直观、精度高、不存在累计误差；地图可用于路径规划。但激光 SLAM 受激光雷达探测范围限制；安装有结构要求；地图缺乏语义信息。

经典的 SLAM 系统一般包含前端视觉里程计或激光里程计、后端优化、闭环检测和建图四个主要部分。后端优化（Optimization）接受不同时刻视觉里程计测量的摄像头位姿，以及闭环检测的信息，对它们进行优化，得到全局一致的轨迹和地图；闭环检测（Loop Closing）在地图构建过程中，通过视觉等传感器信息检测是否发生了轨迹闭环，即判断自身是否进入历史同一地点；建图（Mapping）根据估计的轨迹，建立与任务要求对应的地图。

4.3　自动驾驶主要应用场景

4.3.1　自动驾驶出租车

出租车，是在城市里从事各种客运活动的交通工具，通常按里程或时间收费。

出租车通常用于具有一定消费能力人群出行、公务出行或特殊事件引发的出行，具有方便、舒适、灵活、门到门的特征。出租车运行包括扫街巡游、定点等待、电话预约和现在的 APP 网约等服务模式。

我国在 2021 年底拥有城市巡游出租车 139.13 万辆，同比 2020 年的 139.40

万辆下降 0.2%。2021 年巡游出租车客运量 266.90 亿人，同比 2020 年的 253.27 亿人增长 5.4%。

而网约车的出现，改变了传统的打车方式，同时对出租车业态造成了冲击。网约车是网络预约出租车经营服务的简称，是指以互联网技术为依托构建服务平台，接入符合条件的车辆和驾驶员，通过整合供需信息，提供非巡游的预约出租车服务的经营活动。网约车不仅提供服务，还可以提供服务评价、行驶导航、全程跟踪和后台支付等功能，并且提供服务的方式是按需求响应，因此运转效率高。

Robotaxi 指的是无人驾驶出租车或自动驾驶出租车，可以在特定地点运送乘客。通俗点说就是网约车，只不过这个网约车不用配备驾驶员（现阶段需要配备安全员）。

1. Robotaxi 的价值

Robotaxi 将从多方面带来价值。

（1）在成本方面　传统燃油出租车每公里成本大概在 1.89 元，电动出租车每公里成本大概在 1.54 元，目前有安全员的 Robotaxi 每公里成本大约是 2.2 元，但是无安全员的 Robotaxi 每公里成本仅需要约 0.82 元，远远低于传统出租车。

（2）在安全方面　人工驾驶会受各种因素影响，而自动驾驶可有效避免人为因素引发的事故。2021 年我国交通事故死亡人数为 61 703 人，交通事故受伤人数为 250 723 人。人、车、路和环境诸因素中人的因素是交通事故最主要的原因，约占 90% 以上，其中，以机动车驾驶员的过失为主，约占其中的 80% 以上。驾驶员人为因素造成交通事故中，根本性原因之一是"处理交通意外事故的能力"，包括缺乏经验、酗酒与药物滥用、事故倾向、疾病与残疾、困倦和疲劳、严重的酒精中毒、短期药物影响、狂吃和放纵、严重的心理压力、暂时注意力转移等；另一根本性原因是"诱导驾驶员采取冒险行为"，包括对能力估计过高、习惯性超速、习惯性不遵守交通规则、不得体驾驶行为、未使用安全带或头盔、不恰当坐姿、事故倾向、酗酒、精神上的药物、摩托车犯罪、自杀行为、强迫行为等。

（3）在环保方面　"自动驾驶 + 共享出行"模式结合，可以一定程度上缓解环境污染问题，让更多用户转向共享出行方式。

2. Robotaxi 面临的挑战

Robotaxi 是自动驾驶最典型的场景形态之一，也是最具挑战的场景形态之一，具体体现在如下方面。

（1）Robotaxi ODD 复杂，corner case 层出　自动驾驶干线物流车行驶在高速公路，相对环境比较单一。矿山、港口、机场、校园、景区、工业园区、停车场等地方的自动驾驶车辆，行驶环境相对简单。而Robotaxi面临的城市交通环境极为复杂。尤其是在我国，各个城市交通状况差异巨大，交通参与者和驾驶员行为习惯差异明显。这导致Robotaxi需要应对的真实交通情况根本无法穷举，各种corner case层出，给Robotaxi普及带来巨大挑战。

（2）Robotaxi预期功能安全挑战大　自动驾驶和智能网联汽车所要面临的环境太过复杂，设计漏洞很难完全避免，以及驾驶员或乘客可能会发生误操作。单车自动驾驶的预期功能安全（Safety Of The Intended Functionality，SOTIF）主要涉及感知、预测、决策、控制和人机交互五方面，其中感知和预测是目前面临的突出问题。

Robotaxi面临极端天气（雨、雪和大雾）条件下的感知问题，飞溅的雨水会影响激光雷达的反射效果，雾可能会遮挡摄像头的视线，雪会覆盖道路上用于辅助感知的道路标识，雪的密度也会影响激光雷达光束的反射效果；不良照明条件下的感知问题，如镜头光斑（Lens-flares）、大阴影（Large shadows）和其他不良的照明条件都会对感知性能产生不同的影响；遮挡条件下的感知问题，比如前方大车遮挡，自动驾驶车辆无法识别前方的交通参与者、信号灯或者交通运行状况。

Robotaxi还面临行人或车辆轨迹预测的不确定性问题，主要因为交通参与者的轨迹往往呈现高度非线性、驾驶行为具有多模态性、交通参与者之间的交互作用难以建模，所以目前车端轨迹预测算法难以确保安全[16]。

（3）Robotaxi行驶速度快，安全处理时间短　自动驾驶末端物流配送车、自动接驳小客车、自动售卖车、巡逻机器人等，属于自动驾驶低速场景。而Robotaxi行驶速度快，城市内60~80km/h，高速公路达到120km/h，和低速自动驾驶场景相比，留给Robotaxi处理各种紧急情况的反应时间更短，也对Robotaxi提出了更高的技术要求。

（4）Robotaxi改造成本高，量产难度大　Robotaxi如果仅仅依靠单车智能，对自动驾驶车辆的多传感器融合、高精度地图、高精度定位、计算能力、线控系统改造提出了很高要求。尤其是L4级Robotaxi主要采用64L激光雷达技术，安装改造成本很高。

（5）Robotaxi法规尚不成熟　Robotaxi运行关乎人身安全及道路所属权划分，受到政策管控。当前阶段，关于道路开放、路权界定、权责划分的政策有待进一步完善。

（6）Robotaxi商业闭环难度高　Robotaxi如果摆脱不了对安全员的限制，从商业逻辑上，无法实现盈利的商业闭环。

3. Robotaxi 的商业模式

从商业模式角度考虑，Robotaxi 正在从路测阶段向大规模量产落地迈进，其中有一个趋势，就是自动驾驶科技公司、整车厂、出行服务公司形成"铁三角"，如图 4-6 所示，以合作模式，各司其职，向客户提供 Robotaxi 出行服务。

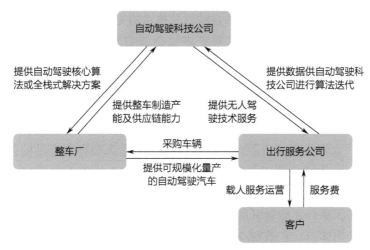

图 4-6 Robotaxi "铁三角"模式

自动驾驶科技公司提供自动驾驶核心算法或全栈式解决方案给整车厂，并提供无人驾驶技术给出行服务公司。

整车厂提供整车制造产能及供应链能力给自动驾驶科技公司，并提供可规模化量产的自动驾驶汽车给出行服务公司。

出行服务公司向整车厂采购车辆，提供数据供自动驾驶科技公司进行算法迭代，并且负责 Robotaxi 运营。

2021 年 12 月，享道 Robotaxi 在上海正式投入运营，由上汽乘用车、上汽人工智能实验室、自动驾驶解决方案商 Momenta、享道出行等企业联合开发。

2021 年 12 月，广汽集团战略投资文远知行，后者又战略投资广汽旗下的如祺出行，三方将共同推进 Robotaxi 前装量产车型的研发制造、量产和商业化运营。

2022 年 9 月，小马智行宣布与曹操出行、吉利汽车创新研究院智能驾驶中心达成战略合作。小马智行将利用自身在 L4 级自动驾驶技术以及 Robotaxi 运营等领域的积累，与曹操出行及吉利汽车创新研究院智能驾驶中心共同打造智能驾驶开放运营平台，在苏州落地运营自动驾驶出行服务。

4. Robotaxi 公司竞争力核心指标

因为技术、商业模式、法规等各方面不成熟，当下的 Robotaxi 公司还无法实现短期盈利，如 Drive. ai、Starsky Robotics 因盈利问题而直接倒闭，赛道历史热门公司 Cruise 和 ArgoAI 则分别被通用、福特收购。考量 Robotaxi 公司竞争力的核心指标大致如下。

（1）测试里程数（技术）　Robotaxi 底层技术一般包括自动驾驶算法和操作系统、软硬件自研等。一项项地评判过于烦琐，因此可以从最上层，即 Robotaxi 企业的实际路测情况，大致判断其自动驾驶技术的先进性。我国路况复杂，复杂的路况环境助力我国团队迅速积累更多复杂的自动驾驶场景。现阶段，我国 Robotaxi 赛道已进入车队测试及试运营的阶段，未来行业的竞争核心也将会转向运营规模与测试里程的比拼。此外，Robotaxi 参与者的技术能力高低还可以从其 MPI 指标反映出来。

（2）资金实力　Robotaxi 资金消耗大、技术迭代慢，因而资金是各方在现阶段“做蛋糕”大背景下的重要武器，掌握资金则意味着有更充足的弹药支撑其技术的研发、人才的培养以及商业化运营。Robotaxi 是典型的双边平台经济模型，单一区域内必须存在足够多的自动驾驶车辆，用户打车等待的时间才能处在一个正常区间，平台才能吸引足够多的打车用户。因此，为了保证服务的可及性和消费者的使用体验，在前期冷启动阶段，Robotaxi 服务提供商需要投放一定密度的自动驾驶车辆，这显然对于资金的要求较高。

（3）运营能力　Robotaxi 行业处在“以测试方式运营，以运营方式测试”阶段，平台的运营调度经验、车辆管理能力是决定 Robotaxi 服务商业化效率的重要因素，能否确保自动驾驶车辆的空载率尽可能低，是衡量相关企业生存潜力的重要指标。

（4）政府关联度　Robotaxi 涉及人身安全，且驾驶环境较为复杂，政府出于安全考虑对于路权的开放较为谨慎。政府对自动驾驶汽车监管存在三个方面：第一是安全与责任；第二是车辆知识产权、系统的开放和封闭等问题；第三是对就业的影响，以及培养公众对技术的信任。总的来说，地方政府对于自动驾驶的落地测试与运营展开的支持程度起关键作用，因此与地方政府保持良好关系将是 Robotaxi 相关企业把握路权开放节点以及寻求政策支持的重要环节。

（5）产业链整合能力　Robotaxi 企业掌握的产业链资源越完整，其先发优势将越明显，比如通过与整车厂的深度合作可真正将无人驾驶技术前置至车辆的生产研发环节，避免“实验室造车”[17]。

4.3.2　自动驾驶公交车

城市公共交通的发展为人们出行提供了便利，满足了多样化出行需求。发展公共交通是现代城市发展的方向，是加强城市交通治理、提升城市居民生活品质的有效措施。

近 10 年，全国私家车数量年均增速在 18% 以上，而城市道路里程、面积及人均道路面积的年均增速仅为 6% 至 9%，导致我国主要城市道路饱和度已超过 0.8，核心区域超过 1.0。

我国城市公共汽电车线路数和车辆数持续增长，截至 2021 年底，全国拥有城市公共汽电车 70.94 万辆，其中纯电动车 41.95 万辆，占整个城市公共汽电车比重为 59.1%，城市公共汽电车运营线路 75 770 条，运营线路总长度 159.38 万 km，其中公交专用车道 18 263.8km。快速公交系统（BRT）发挥重要作用，北京、上海、广州等 35 个城市开通了 BRT，运营车辆数达 9 891 辆，BRT 线路总长度 6 682.2km。一辆公交车日均运营能力相当于 270 乘次的小汽车出行。因此大力推行公交出行，能够有效地降低小汽车的使用率，提高城市道路利用率，缓解城市拥堵。

道路交通在交通运输业的整体碳排放中，占比高达 74.5%，道路交通领域的石油消费在交通运输行业当中占有绝对比重，达到了 83%。其中，乘用车 CO_2 排放占道路交通总排放的 44%。

推行公交出行是大幅降低交通领域碳排放的重要路径。相比小汽车，公交车是承载城市运力最大的交通工具，同时我国在汽车电动化领域做得最好的也是公交车。2035 年，我国有望达到公交车全面电动化。

大、中、小巴车即大型、中型、小型客车，主要区别如下：①驾驶证要求不同，大型客车要求驾驶员拥有 A1 驾驶证；中型客车要求驾驶员拥有 B1 驾驶证；小型客车要求驾驶员拥有 C1 驾驶证；②车身长度不同，大型客车为车长大于 6m 的载客汽车；中型客车为车长小于或等于 6m 的载客汽车；小型客车为车长小于 6m 的载客汽车；③载客人数不同，大型客车载客人数大于等于 20 人；中型客车载客人数在 10~19 人；小型客车载客人数小于等于 9 人。

Robobus 包括大、中、小型客车的自动驾驶模式。从技术角度看，Robobus 对于运行速度的要求没有那么高，行驶的路线相对固定，运行的道路环境相对封闭，这是其实现自动驾驶的优势。但从另一个角度看，Robobus 以载客为目的，涉及车辆乘员人数众多，对安全性的要求严苛程度，不仅高于 Robotruck，甚至一定程度上高于 Robotaxi，而且，Robobus 的车身更长、盲区更大，对靠近的行人、非机动车、机动车，尤其是行人、自行车会有很大风险，其传感器部分能否实现无盲区感知，直接决定了 Robobus 在城市公开道路行驶安全与否。

1. 无人小型客车

无人小型客车作为功能型低速无人车主要产品类型之一，满足了人们对智慧出行的期待。在机场、园区、景区、校园或城市限定区域中，无人小型客车一般沿固定路线行驶，停靠在固定站点上下客，保持平稳车速进行单程或循环运行。

诸如大型公园班线、旅游景点班线、公司微循环班线、大型展区参观班线、机场接驳线等，这些都是无人小型客车投放运行场所的理想选择。

以美国拉斯维加斯 AAA 免费自动接驳车为例。美国拉斯维加斯拥有 60 多万人口，是美国最受欢迎的旅游目的地之一。从 2017 年开始，拉斯维加斯市和内华达州南部地区交通委员会（RTC），以及美国汽车协会（AAA）成员北加利福尼亚州、内华达州和犹他州等，在市中心环路上运营了美国首个混合交通的公共交通自动驾驶服务。一辆 Navya ARMA 自动接驳车为居民和拉斯维加斯游客提供服务。

AAA 免费自动接驳车第一阶段在拉斯维加斯市中心沿着弗里蒙特、南第八街、东卡森大道和南拉斯维加斯大道环行，穿过八个十字路口，其中六个十字路口有信号灯。以 0.6mile 的固定路线运行，有三个固定站点，不收费。自动接驳车通常以低于 10mile/h 的速度运行。在夏天炎热的日子，人们对自动接驳车的兴趣很高，自动接驳车站点通常排着长队，乘客主要是拉斯维加斯的游客。

第二阶段品牌为"GoMed"，是行驶 4.5mile 的自动接驳车，连接拉斯维加斯市中心和附近的医疗园区。该项目于 2018 年 12 月获得联邦 530 万美元的建设拨款资金，并被称为拉斯维加斯医疗区自动循环和行人安全项目。四辆车服务于穿梭路线，提供市中心循环器和穿过 I-15 的市中心和医学院之间的往返服务。该项目的目标是将居民与"医疗、就业、教育和其他重要服务"联系起来。

Keolis 是一家在美国和欧洲运营公共汽车和轨道交通服务的移动和交通服务提供商，在试点期间招募、培训和监督所有安全员。Keolis 还负责城市合同设施中车辆的储存和充电。Keolis 还提供了 AAA、Navya、RTC 和该市关于乘客量、出行和电池利用率的信息。另外，Keolis 向 Navya 提供了技术脱离接触报告和其他日志。

在试验期间，AAA 自动接驳车通常在夏季的上午 11:00 至下午 7:00 之间运行，Keolis 将时间表调整为下午 1:00 至晚上 9:00 之间，以避免高温。极端的高温需要持续的空调，影响电池性能，并对人们在外面等待自动接驳车的意愿产生不利影响。

Navya 自动接驳车没有联邦自动车安全标准（Federal Motor Vehicle Safety Standard，FMVSS）要求的侧后视镜、制动踏板和驾驶员座椅。Navya 完成了 FMVSS 差距分析，解释了车辆不符合的具体部分，并演示了它们如何仍能满足同等功能水平并提供同等安全水平。例如，八个激光雷达传感器提供的道路和交通状况信息比人眼多得多。

此外，拉斯维加斯市还重点研究 DSRC、互联车辆和基础设施技术、共享服务等领域。在拉斯维加斯市中心的 70 多个十字路口配备了 DSRC 设备，RTC 使用 DSRC 网络对自动接驳车服务进行测试，以判断未来在支持自动驾驶车辆部署方面所需要的投资。

AAA 免费自动接驳车是作为一个单独示例设计的，没有集成到 RTC 的公交系统中（集成票价或协调服务和调度）。该车辆与本地基础设施（如 DSRC RSU）集成，拉斯维加斯市政府认为该试验是对连接 DSRC 车辆的有用验证，该单元为车辆定位提供冗余，并将有关交通信号灯状态的信息（包括信号相位、配时数据）转发给车辆[18]。

我国经过应用积累，越来越多的无人小型客车进入开放道路测试，并有城市微循环公交实现商业运营。微循环公交又称"支路公交"，是指为解决城市支线道路路幅窄、弯道多、居民小区离地铁和主干道公交车站远而开行的车身短、车型小的公交车。作为推动交通系统绿色发展的关键领域，公交市场呈现出"大转小、低地板化"趋势。这几年各地公交行业都在推广不同形式的微循环，包括社区微循环、园区微循环、城乡接合部微循环等，在公交创新服务方面，取得了较好的效果。

宇通发布了 L4 级自动驾驶客车"小宇 2.0 版"。"小宇"就是 6m 微公交，有着基于 360°覆盖的全天时全天候感知技术，可实现在晴、雨、雾等各类天气及不同路况下自动驾驶；同时结合智能化诊断和远程驾驶技术，高效保证车辆驾驶安全，形成了支持无安全员运营的 L4 级自动驾驶微循环。

2. 自动驾驶大型客车

在各个城市公开道路行驶的大型客车也在开展自动驾驶试点示范工作，其中包括 ADAS 功能、智能网联功能升级改造等众多内容。

公交车 ADAS 主要包括预警类、控制类和辅助类三大功能，预警类主要包括车道偏离预警系统（LDW）、前方碰撞报警系统（FCW）等，控制类主要包括自动巡航系统（ACC）、自动制动系统（AEB）、智能车速辅助系统（ISA）等，辅助类主要包括疲劳驾驶监控系统（DFM）、注意力检测系统（DMS）等。

公交车自动紧急制动系统（Autonomous Emergency Braking System，AEBS）利用车载集成 AI 传感器对车辆前后方的障碍物进行探测，目前 AEBS 感知方案以单目或双目立体视觉和毫米波雷达的融合为主流配置，再经过 ECU 的内部程序运算，先进行报警，在驾驶员没有进行主动制动的情况下将制动信号传递给 ABS 控制系统，进行自动制动。

各地智能网联公交试点示范项目见表 4 - 5。

表4-5 各地智能网联公交试点示范项目

城市	建设内容
长沙	已有 2 000 余辆公交车完成智能化、网联化改造。智能网联公交具有自动统计乘客人数、规范驾驶员驾驶行为、辅助驾驶、提升安全等功能，沿线路端可以实时感知智能网联公交的车辆速度、位置、驾驶状态等实时数据，并与交通信号灯进行实时联动

(续)

城市	建设内容
郑州	L3 级智能网联系统的建设内容包括车路协同盲区监测系统、信号优先系统、智能网联车辆升级、智能网联云控平台、车路协同系统、智能调度系统、自动充电系统、信息安全防护系统等
厦门	已完成厦门市 60km BRT 道路和 5 个交通信号灯路口的智慧化改造以及 50 辆 BRT 公交车的智能网联改造，发布了四项智能网联应用：超视距防碰撞、实时车路协同、智能车速策略以及安全精准停靠
杭州	基于 5G 通信和网联自动驾驶技术，实现车路协同、超前感知，智慧路口、安全出行，绿波引导、一路畅行，智能巡航、绿色环保，车车互通、无忧驾驶，智慧站台、e 站服务等功能
重庆	开展 5G + MEC + C-V2X 试点，支撑危险场景预警、绿波通行、路侧智能感知、高精度地图下载、5G 视频直播和远程驾驶六大场景应用
上海	滴水湖环湖一路智慧公交，实现基于 5G + 智能网联技术的开放测试综合应用场景、基于大数据的智慧公交服务场景、基于人工智能的交通全息感知等新技术
深圳	实现精确识别、感应环境、自主规划路径、避让行人和障碍物等一系列 L4 级自动驾驶功能；乘客可"刷手乘车"；车内摄像头全方位识别分析车内正在发生的各种异常行为，如监测识别到偷窃、吸烟、跌倒等行为

4.3.3 自动驾驶环卫车

根据《城市环境卫生质量标准》，环卫行业涵盖的作业包括生活垃圾清扫、收集、运输和建设垃圾中转站、公共场所环境卫生、道路清扫保洁、公厕运营等。环卫车类型包括扫路车、洒水车、洗扫车、垃圾清运车、雾炮车、除雪车、吸污车、吸尘车等。

环卫行业的客户主要为各级人民政府及其相关职能部门，即政府的环境卫生管理部门等具有市容环境卫生服务需求的单位，包括环境卫生管理局（所/处/站）、市容管理局、住房和城乡建设局等；此外，环卫服务客户还包括有保洁服务需求的大学院校、企事业单位等。

1. 环卫行业面临的挑战

（1）环卫工人招聘困难　一是环卫工人普遍薪酬低，从环卫服务公司实际支付给环卫工人的薪酬来看（包括 2020 年 31 省 195 地市 366 县区的 481 个环卫服务项目中的环卫工人实际收入数据），全国平均值为 2 326.32 元/月，虽然政府部门对环卫工人的收入有硬性要求，部分发达地区的环卫工人实际收入也远高于政府的相关要求，但对比 2020 年所在地区的居民平均收入水平，环卫工人收入水平依然普遍较低，平均差距在 33.37%。而环卫车驾驶员和智能小型环卫装备操作人员情况要好很多，根据盈峰环境科技集团发布的《2020 年环卫工人收入现状及环卫装备替代人工发展潜力白皮书》，环卫车驾驶员平均收入 6 381.5 元/月，高于居民平均可支配收入 18.03%，智能小型环卫装备操作人员平均收入 5 718.6 元/月，高于居民平均可支配收入 5.77%。

二是环卫工人需求量大，全国现有环卫工人约 456.1 万人，其中，驾驶员约 45.22 万人。随着我国城镇化的进程不断加快，我国城镇的道路面积、清扫保洁面积、年垃圾清运量等都在以每年 3% ~5% 的速度稳定增长。若不升级作业模式，不能普及智能小型环卫装备，背街小巷、人行道等依然依靠人工作业模式，至 2025 年，全国需要维持环境卫生服务的环卫工人人数将有可能达到 500 万 ~ 550 万[19]。

三是环卫工人老龄化严重，在社会老龄化加剧的背景下，环卫人员老龄化更加严重，50 岁以上的环卫工人占比达到 65%。这意味着未来 15 年，将有大批环卫工人退休，却没有足够的劳动力替补。

（2）环卫行业运营管理成本高　一是环卫企业属于劳动密集型，作业高度依赖人力，平均净利润低于 10%，其中人力成本在企业总运营成本中占比为 60% ~70%。二是无法有效保证人工作业清扫质效，清扫所需作业时间、作业模式等因实际作业区域而异，人工作业缺乏系统性。

（3）环卫行业安全隐患难杜绝　环卫工人平均日工作时长在 9 ~13h，早班通常在凌晨 3：00—6：00 开始，多数工人会每日上 1.5 个班次，并且极少休假。环卫作业大多在公路等开放道路，易发生交通事故。而凌晨和深夜行驶的车辆更有可能因疲劳驾驶而发生交通事故，这进一步增加了环卫作业的风险性，并且在冬寒夏暑和恶劣天气，环卫工人仍必须在户外进行作业，长此以往对身体和心理损伤极大[20]。

2. 自动驾驶环卫车的价值

（1）自动驾驶环卫车可以减少对环卫工人的人力需求　我国整体的劳动力成本均在上涨，各省市最低薪酬标准不断上调，环卫服务企业运营成本也在持续加大，环卫工人的人工成本是环卫服务企业运营最主要的开支，占比为 60% ~70%。自动驾驶环卫车将环卫工人从简单重复的劳动中解放出来，补足日益扩大的劳动力缺口。自动驾驶环卫车可为环卫服务节约 60% 以上的人力，缩减 40% 以上的成本。

（2）自动驾驶环卫车可以提升作业效率　一方面，自动驾驶环卫车作业不受时间限制，可以全天候执行清扫任务，包括深夜、凌晨以及节假日。自动驾驶环卫车除去充电及维护时间，每天有效作业时间可以长达16h。与传统人工作业相比，极大增加了有效清扫作业时间、作业频次，从而提升作业效率。

另一方面，无人驾驶清扫车严格按照规定的路线和作业速度执行贴边清扫任务，确保清扫区域全覆盖，与人工方式相比，更能确保清扫质效。

（3）自动驾驶环卫车可以提升安全性　自动驾驶环卫车可以在危险的环境中进行作业，包括有核辐射、化学污染的环境中，也不受恶劣天气影响（比如重度雾霾、高温、严寒天气等），并且还能减少凌晨和深夜，以及高温、严寒等恶劣天气下作业带来的安全危害。

（4）自动驾驶环卫车多为新能源汽车，可以有效降低污染　在进行清扫作业时使用新能源环卫车，将进一步提升环卫作业的机械化率，实现零污染，降低对周边环境的噪声影响，助力打造清洁、环保、宜居的城市生活环境。

3. 自动驾驶环卫车面临的挑战

自动驾驶环卫车主要应用场景有三类。

（1）学校、小区、公园、园区、景区、购物中心等场景　道路保洁要求较低，目前以人工作业为主，正在向机械化过渡，清扫标准要求较低，清扫费用也相对较低。通常采用小型自动驾驶环卫车方案，属于全封闭或半封闭作业模式，无须受到路权政策和测试牌照等限制，较容易实现商业化，商业化前景巨大。

（2）普通开放道路、街道场景　相比高速、桥梁、隧道，路面垃圾清运量更大，以机械化为主，人工为辅，清洁标准要求较高。受高温、雾霾和严冬等环境因素的影响较大，环卫工人作业环境差，同样存在较高的安全性挑战。通常采用中小型自动驾驶环卫车，属于开放道路作业，商业价值高，但受限于政策和技术挑战，商业化发展有一定挑战。预计将优先开放辅道及人行道自动驾驶清扫保洁，目前已有部分项目场景允许自动驾驶环卫车运营。

（3）高速高架、桥梁、隧道场景　清洁标准要求高，人工清扫模式安全性较难保障，目前基本实现机械化。通常采用大型自动驾驶环卫车，属于半封闭作业模式。该类场景对自动驾驶环卫车的需求量大，商业价值高，商业前景好。但是此类场景对最低时速有要求，对产品自身质量和性能（非自动驾驶部分）要求更高，是目前环卫装备企业重点进行产品研发的场景。而且由于行驶速度要求更高、GPS信号遮挡和干扰等因素，这类场景对自动驾驶的技术要求和难度也相应更高[26]。

在以上三类应用场景，自动驾驶环卫分别实现了不同程度的发展。但是，受技术和法律法规政策限制，环卫车只有在园区等封闭道路实现完全无人驾驶，而在普通开放道路，自动驾驶环卫车仍需配备至少1名安全员才能上路运营。高速高架等半封闭道路对环卫车时速有要求，出于安全考虑，自动驾驶环卫车只在示范区试运营。

自动驾驶环卫车（扫路车）的核心功能依靠的是自动驾驶和智能清扫的结合，可根据实际需求提供自动驾驶模式、智能辅助驾驶模式、智能跟随模式、远程接管控制模式。自动驾驶环卫车可实现路径规划和车辆调度、自动苏醒、驶出车位、清扫作业（包括路沿石边缘检测并贴边清扫等）、自动循迹前行、通过交通信号灯、绕开路边障碍和停车、避让行人和行车、倾倒垃圾、驶回停车位、自动泊车和充电等基本功能。附加功能还包括智能一键召回、远程遥控、OTA 升级、智能语音交互、厘米级精确定位等。

例如自动驾驶环卫车需要高效完成道路清扫和垃圾收集工作，自动驾驶系统必须和清扫集尘系统默契配合，包括盘刷装置、滚刷装置、吸口装置、集尘箱等。自动驾驶环卫车作业要求严格贴边清扫，与 Robotaxi 通常要求的 20cm 定位误差不同，自动驾驶环卫车定位误差通常要求 ≤10cm，以满足贴边清扫的需求。同时，由于自动驾驶环卫车通常需要完成整条路段的清扫，因此需要保持长时间、长距离贴边清扫，对车辆定位、循迹、路沿石边缘检测和横向控制能力均有较高要求。

除此之外，自动驾驶环卫车基于成熟的自动驾驶技术，结合城市道路实际需求，可扩展更多功能。具体扩展功能包括：智能巡查，替代人工实现道路远程例行巡查，及时上报特殊情况及区域内可疑人物等；设备检测，扫描并检测清扫路线上的设施与设备，记录病害或缺陷位置，将检测结果实时传送至监控中心；事故上报，通过 5G 和车联网传输到后台进行交通事故报警，可以有效改善报警延时；环境消毒，无人化道路喷洒消毒有效降低交叉感染风险，覆盖面广，无死角消杀；护栏清洗，适用于隧道、高速道路等有护栏的场景，无人化运营降低人工清洗风险；隧道壁清洗，加装侧面扫刷，适用于隧道、室内等封闭、半封闭场景。

4. 自动驾驶环卫车的商业模式

自动驾驶环卫车具有多种商业模式，其中一种是自动驾驶科技公司、整车厂、环卫公司以合作模式，各司其职，向客户提供环卫服务。

自动驾驶科技公司和整车厂联合打造量产的自动驾驶环卫车，提供给环卫公司。或者自动驾驶科技公司和整车厂联合后装融合改装环卫公司已有环卫车。同时，自动驾驶科技公司还为环卫公司提供自动驾驶技术服务。环卫公司直接采购自动驾驶环卫车，再依托于自动驾驶科技公司提供的技术支持，向客户提供环卫服务，收取服务费，如图 4-7 所示。

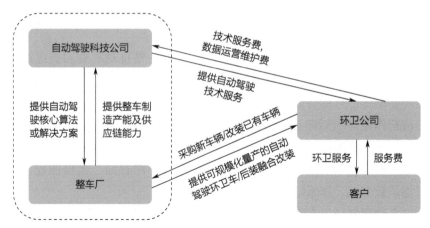

图4-7　自动驾驶环卫车的一种商业模式

4.3.4　自动驾驶矿用货车

矿山开采分为露天开采和地下开采两种方式，目前国内外的自动驾驶大多聚焦于露天矿的运输场景，而井工矿的自动化多采用类 AGV 的方案。

露天矿开采流程主要包括穿孔、爆破、采装、运输和排土（以及卸矿、卸煤）。矿区运输路线主要有运输干线（从露天采场出入沟通往卸矿点和排土场的公路）、运输支线（由开采水平与采场运输干线相连接的道路，和由各排土水平与通往排土场的运输干线相连接的道路），如图 4-8 所示[21]。

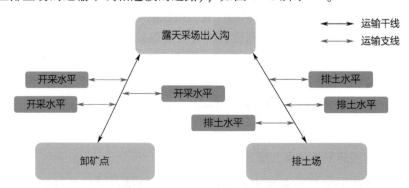

图4-8　矿区开采环境及主干路线

目前我国矿山主要的汽车类运输工具有三种，分别是刚性矿用货车（大型矿用货车）、非公路宽体自卸车、普通公路自卸车（后八轮）。

刚性矿用货车由于造价较高、维护和运行成本也较高，一般在大型露天矿山使用，使用寿命为 10～15 年。国外品牌主要有美国卡特彼勒（Caterpillar）、日本小松（Komatsu）、德国利勃海尔（Liebherr）、美国特雷克斯－优尼特瑞格（TerexUnitrig）、日立－尤克力德（Hitachi-Euclid），五大厂家占据了全球市场

70%以上的份额。我国主要的品牌有北方股份、三一重工、徐工、湘电等。国内市场每年的刚性矿用货车新车销量为 180～300 台。

非公路宽体自卸车是我国露天矿山工程机械的特有产物，其结合了刚性矿用货车和公路自卸车的优点，性价比较高，运营效率也较好，目前是国内矿区运输的主要工具，使用寿命 3～5 年，主要品牌有同力重工、临工、三一重工、徐工、重汽等。国内市场每年的刚性矿用货车新车销量为 1.2 万～1.5 万台。

由于非公路宽体自卸车是非刚性的车架结构，仅适用于装载散货物料，不能承担大块矿石和岩石运输，这类运输多由刚性矿用货车进行。因此，在矿山刚性矿用货车和非公路宽体自卸车将会长期共存。

普通公路自卸车与一般的重型货车区别较小，通常只对重型货车进行改造就投入矿区使用，对矿山环境的适用性较差，安全性不足，已逐步退出矿山运输市场。

1. 矿用货车运输面临的挑战 [22]

（1）安全隐患大 矿用货车类运输工具的事故分为设备事故和行车事故，其中行车事故指的是车辆在行驶过程中发生碰撞、行车伤人或翻车等事故，进而造成车辆损坏、其他物质损坏或人员伤亡。矿山环境恶劣，路途颠簸，极易造成侧翻、溜车等现象。另外，排土环节中，排土场多为 20～30m 的深沟，侧翻风险极大。

国家安全监管政策下，若发生安全死亡事故，所属矿区需停产整顿数月。涉事矿区将造成千万甚至上亿元的损失，更为严重的会被吊销采矿许可证，管理者承担刑事责任。因此，政府和企业都希望最大限度避免安全事故，降低人员伤亡。

（2）人员招聘难 刚性矿用货车驾驶员的薪酬一般是 12 000 元/月以上，而占主流的非公路宽体自卸车驾驶员的薪酬只有 8 000 元/月，比干线物流货车驾驶员还要低一些。而工作环境糟糕，劳动强度极大，运输工作通常是 24h 进行，8h 一班，导致很多矿用货车驾驶员都罹患不同程度的职业病。比如，吸入甲烷、含硫有害气体、矿物粉尘引发的尘肺病，车辆颠簸、饮食作息不规律引发的胃病和腰椎间盘突出等。

在薪酬和环境的双重影响下，矿用货车驾驶员的流动率特别高。而比驾驶员流动性高更严重的问题是，年轻人不愿意到矿山当驾驶员。目前矿用货车驾驶员的平均年龄超过 40 岁。根据国家规定，这一特殊工种的退休年龄是 55 岁。

另外，矿山运输车属于工程机械，而驾驶工程机械车的前提是必须先有 B 类驾照。但有 B 类驾照的人很大可能会选择去驾驶工作环境更好、薪酬也相对更高的干线物流货车。

（3）管理成本高　矿用货车驾驶员平均学历较低，这导致矿方和施工方对驾驶员的日常管理工作难度非常大。另外，驾驶员操作不规范造成的车辆维修、轮胎损耗、油耗等成本也居高不下。

2. 自动驾驶矿用货车的价值

矿山场景非常适合自动驾驶落地，主要有以下有利条件：矿区相对封闭，运输路线相对固定；速度往往低于30km/h；装载和卸料环节都不需要人工对物料进行额外操作；矿用货车属于工程车辆，在矿区使用不受牌照等法规准入的限制。2008年，矿业巨头力拓（Rio Tinto）与小松合作，试运营无人驾驶，经过验证后，2012年开始正式商业化，标志着矿区无人驾驶正式进入商业化纪元。

自动驾驶矿用货车将带来如下价值：

（1）提高生产安全　无人矿用货车可以有效避免车辆侧翻和其他安全问题发生时影响驾驶员生命安全。例如，引入自动驾驶后，在西澳大利亚的金布尔巴（Jimblebar）矿场涉及货车的重大事故数量减少了90%。对矿企而言，驾驶员意外死亡引发的停产整顿、全员扣奖金等已成为不能承受之痛。因此，矿企有很强的动力应用自动驾驶。

（2）降低运营成本　无人驾驶系统替代驾驶员，可以节省驾驶员人工成本，同时可以节省后勤成本，有效降低燃油消耗、车辆维护费用、轮胎等易损件消耗。

每台非公路宽体自卸车需要配备2~4名月薪8000元的驾驶员，驾驶员薪酬总成本为20万~40万。而一个挖掘机通常对应4辆矿车，需要8~16名驾驶员，年薪酬为80万~160万。这意味着，运输环节无人化后，一组设备每年可省掉驾驶员成本80万~160万。

另外，运输车辆驾驶员的人数往往占施工方人数的70%左右。在驾驶员减少后，矿场不仅可以节省一大笔后勤保障成本，还可以免除产能低谷时期的裁员烦恼。

在矿用货车整个生命周期，燃油成本占比通常在40%以上。根据巴西著名铁矿石生产和出口商淡水河谷公司公布的数据显示，采用无人驾驶可使燃料成本下降10%、车辆维护费用降低10%、轮胎磨损降低25%。

在无人化后，由于省去了交接班、吃饭及参加日常安全会议的时间，矿用货车实际有效工作时间也会延长。比如，澳大利亚矿业技术集团项目经理在2017年初称，在人工驾驶下，每辆矿用货车每年可工作5500~6000h，而在无人化后，每辆矿用货车每年能工作7000h。

（3）优化管理效率　传统作业模式智能化程度低，缺乏大数据分析等智能管理手段，无法对实时生产信息进行优化调度。无人驾驶系统可借助实时运营数据、大数据分析，帮助矿山企业优化业务管理流程，提升整体生产经营管理和决策水平。

在无人化之后，车队调度的效果也会更好。人工驾驶的车队也有调度系统，但调度对象是驾驶员和车辆，其中人员相对来说较难管理，而无人驾驶的话，调度的对象就只有车辆，问题简单很多。2019年9月，和卡特彼勒合作使用无人驾驶矿用货车达八年的澳大利亚铁矿石出口商FMG表示，无人运输的效率比传统人工运输提升了30%。

3. 自动驾驶矿用货车面临的挑战

自动驾驶矿用货车产业链上游包括感知设备（摄像头、毫米波雷达、激光雷达等）、计算平台、高精度地图和定位、线控底盘等关键零部件供应商。

整车功能线控化主要由车辆的控制系统通过电信号实现包括线控转向、线控驱动、线控制动、线控货箱升降等功能。线控货箱升降是通过电信号控制货箱升降系统的电比例阀组实现举升、迫降、锁止、浮动四个挡位的线控功能。后装方面，100~200t刚性矿用货车的控制层技术由国外零部件供应商提供，因此多采用加装机器人的方式；60~70t的非公路宽体自卸车多是手动挡，无法用机器人控制，需要进行线控改造。

自动驾驶矿用货车产业链中游是解决方案提供商和主机厂。与国外主要由主机厂提供自动驾驶方案不同，我国的自动驾驶矿用货车解决方案提供商以创业自动驾驶科技公司为主。而国内主机厂更倾向于前装自动驾驶车辆本体的研发与测试，如线控底盘、传感器整合等。

自动驾驶矿用货车产业链下游是矿企、工程公司、运输公司。

由于矿山环境特殊、作业场景特殊，矿山自动驾驶也面临独特的挑战。

1）矿山道路路况差，存在着粉尘多、温差大、振动强等复杂工况。因此，传感器需要经过技术优化，才能满足矿山全天候工作的作业要求。

2）矿山道路上非结构化障碍物多，如撒料、落石、土丘、积水、坑洼等，对感知和决策规划算法都提出特殊要求。

3）矿山运输是一个复杂的生产作业场景，随着开采推进，生产作业环境一直在变化，并且无固定清晰路标，对高精度地图的采集更新频率、路面循迹避障算法的要求都不同于结构化道路场景。

4）矿山作业区域广阔，矿坑之间高低落差大，对矿区整体的无线通信覆盖要求高。

5）矿山采剥作业中，装载和卸载都需要矿用货车和其他人工驾驶的工程车辆协作配合完成任务，如挖掘机、电铲、推土机等，局部变量多，因此要求生产组织、车辆调度具有较高的灵活性和科学性[23]。

随着自动驾驶矿用货车应用深入,场景复杂度不断加深,自动驾驶矿用货车还面临其他诸多挑战。

1)随着应用规模扩大,各种场景的复杂度也明显加大,对平台的调度能力与车辆决策能力提出更高要求。

2)各种矿区不同的工况特点对技术的可靠性和通用性带来挑战。

3)目前各矿区基本是由单个厂商提供解决方案,随着应用规模的扩大,可能会出现不同厂商设备间互联互通的障碍。

4)矿用运输车辆每年的产量有限,自动驾驶矿用货车上游关键零部件供应商在产品的适配工作上支持力度有限,这会导致供应商的技术不够成熟和一些关键零部件价格昂贵。

5)随着未来商业化程度的加深,行业监管部门对于矿区无人驾驶的安全性规范,必然会提出更明确的要求[24]。

4. 自动驾驶矿用货车的商业模式

自动驾驶矿用货车商业模式主要有两种类型:第一种是自营或合资成立无人化作业运营商,直接参与采装运输运营服务;第二种是提供自动驾驶技术方案改造车辆,通常是自动驾驶科技公司和主机厂向矿企、工程公司、运输公司提供可规模化量产的前装自动驾驶矿用货车,或者进行后装融合改造。矿山自动驾驶整体解决方案除了自动驾驶矿用货车外,还需要车联网和云平台等软硬件设施,因此自动驾驶科技公司还会向矿企、工程公司、运输公司提供各种技术服务,如图4-9所示。

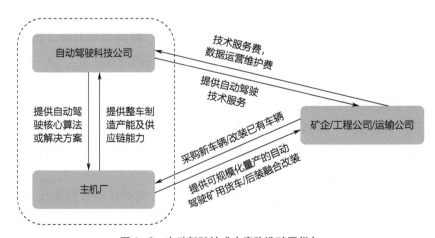

图4-9 自动驾驶技术方案改造矿用货车

参考文献

[1] 2020—2023 中国高等级自动驾驶产业发展趋势研究 [R]. 北京：亿欧智库，2020.

[2] 中国自动驾驶行业生态图谱 2021 [R]. 北京：易观分析，2021.

[3] 史上最全的自动驾驶研究报告 [R]. 深圳：安信研究中心，2019.

[4] 场景致胜——汽车产业趋势洞察 [R]. 上海：蔚来资本&罗兰贝格，2018.

[5] 北京市自动驾驶车辆道路测试报告（2021年）[R]. 北京：中关村智通智能交通产业联盟，北京智能车联产业创新中心，2022.

[6] 广州市智能网联汽车道路测试报告（2021年度）[R]. 广州：广州市智能网联汽车示范区运营中心，2022.

[7] 上海市智能网联汽车发展报告（2021年度）[R]. 上海：上海市智能网联汽车测试与示范推进工作小组，2022.

[8] 智能驾驶芯片快速发展，中国厂商有望突围 [R]. 北京：国泰君安证券，2022.

[9] 智能驾驶系列报告之二：智能汽车千里眼，激光雷达未来可期 [R]. 杭州：浙商证券，2022.

[10] 激光雷达降本可期，配套汽车放量在即 [R]. 上海：德邦证券，2021.

[11] 毫米波雷达：技术升级，拥抱智能化又一春 [R]. 北京：中金公司，2021.

[12] 箩筐技术. 箩筐分享 浅析高精地图发展现状及关键技术 [EB/OL]. (2021-02-23)[2022-10-31]. https://baijiahao.baidu.com/s?id=1725519864694522559&wfr=spider&for=pc.

[13] 局部动态地图（Local Dynamic Map, LDM）的介绍 [EB/OL]. (2019-03-21)[2022-10-31]. https://blog.csdn.net/weijimin1/article/details/88709293.

[14] 智能网联汽车高精地图白皮书（2020）[R]. 北京：中国智能网联汽车产业创新联盟自动驾驶地图与定位工作组，2021.

[15] 智能网联汽车高精度卫星定位白皮书（2020年版）[R]. 北京：中国智能网联汽车产业创新联盟自动驾驶地图与定位工作组，2021.

[16] 面向自动驾驶的车路协同关键技术与展望 [R]. 北京：清华大学智能产业研究院，百度Apollo，2021.

[17] 中国自动驾驶行业研究报告 [R]. 北京：36Kr，2022.

[18] 公共交通中的低速自动车辆（LSAV）[R]. 纽约：美国国家科学院出版社，2021.

[19] 2020年环卫工人收入现状及环卫装备替代人工发展潜力白皮书 [R]. 深圳：盈峰环境科技集团股份有限公司，2021.

[20] 2021中国自动驾驶环卫场景商业化应用研究报告 [R]. 北京：亿欧智库，2021.

[21] 自动驾驶应用场景与商业化路径 [R]. 北京：中国电动汽车百人会，2020.

[22] 2021中国矿区自动驾驶研究报告 [R]. 北京：亿欧智库，2021.

[23] 自动驾驶赋能智慧矿山 [R]. 上海：辰韬资本，2021.

[24] 中国矿区无人驾驶行业研究报告 [R]. 北京：北京甲子光年科技服务有限公司，2022.

第5章

出行即服务（MaaS）

5.1 MaaS 理念

5.1.1 MaaS 来源与定义

出行即服务（MaaS）是近年来全球交通出行领域流行起来的一个概念或领域。这个术语是 2014 年芬兰智能交通协会主席桑波·希塔宁先生（Sampo Hietanen）参照云计算的服务模式（PaaS、IaaS 和 SaaS 等）首次提出并定义的。同时，在 2014 年欧盟智能交通系统（Intelligent Transport System，ITS）大会上，MaaS 概念被首次公开提出，并在 2015 年世界 ITS 大会上逐渐成为全球智能交通领域的热门议题。紧接着 2016 年欧盟 ITS 协会牵头成立了全球首个区域性 MaaS 联盟，为全球 MaaS 理论、模型方法和技术应用等奠定了基础。MaaS 理念逐渐引入我国，我们通常根据其意译 MaaS（Mobility as a Service），称之为"出行即服务"。

MaaS 概念源于欧洲，至今没有业界公认的标准定义。维基百科中定义为：MaaS 是将各种交通方式的出行服务进行整合进而满足各种出行需求的交通系统。对于用户来说，可以通过一个自己申请的唯一账号访问提供出行服务的程序，并通过单一的支付渠道进行支付。

MaaS 在百度百科中定义为：MaaS 意为"出行即服务"，主要是通过电子交互界面获取和管理交通相关服务，以满足消费者的出行要求。通过对这一体系的有效利用，可充分了解和共享整个城市交通所能提供的资源，以此实现无缝对接、安全、舒适、便捷的出行服务。

基于上述定义，可以通过以下几个关键词来解读 MaaS：

（1）多元交通出行 主要指公交、地铁、长途客运、高铁、民航、出租车、网约车、共享单车/电单车、自动驾驶汽车等公共交通和共享交通工具为主体的多元交通出行方式。

（2）单一渠道支付 即支付一体化，出行用户通过一张智能卡或一个注册账户，在单一（统一）平台上完成多种交通出行服务的费用支付。

（3）无缝对接换乘 即通过统一的应用（APP等），实现出行行程预订、路径一键规划、多种交通方式无缝对接换乘，增强一体化出行体验。

（4）统一整合服务 所有出行服务（服务商）集成整合在一个服务系统平台上，即MaaS系统平台，出行用户将在MaaS系统平台上获得多样化、统一整合的出行服务。

基于上述解读，可以将MaaS概括为：通过一个移动应用（如APP或小程序等）来统一管理与交通出行相关的资源和服务，以满足每一位出行者的个性化交通出行需求。

MaaS的内涵是以深刻理解交通出行者需求为核心，将多元交通工具（模式和方式）全部整合在统一的服务平台或体系的基础上，基于数据共享服务原理，充分利用大数据技术进行资源配置分析、决策优化，建立交通出行无缝切换与衔接、最大限度满足不同出行需求的端到端一体化出行服务系统，并以统一的信息与数据服务平台为出行者提供出行规划、预订、支付与评价等服务，进而打造一个更为灵活、高效、经济的出行服务体系。

5.1.2 MaaS 核心在于出行理念的转变

MaaS的核心是可以用一个平台的服务来满足人们日常的出行，包含从出行计划、路线规划到预订购票和支付的所有内容，即通过从离散交通子系统向一体化综合交通系统的转化，打造一个比自己拥有车辆更方便、更可靠、更经济的交通出行服务环境，让出行者从拥有车改为拥有交通服务，实现由私人交通向共享交通的转变。

因此，MaaS本质上代表了出行方式从理念到实际应用的一种彻底转变，即从个人拥有出行工具到将出行作为一种服务来进行消费。在MaaS系统下，出行者把出行视为一种服务，不再需要购买私有交通工具，而是依据出行需求购买由不同运营商提供的出行服务。在当下的交通系统中，最常见的转变就是通过公共交通工具或系统尽可能减少对私家车的依赖。随着MaaS系统的不断演进、发展和成熟，当公共交通等MaaS无论是时效性、便捷性，还是经济性都全面超越私人交通工具的时候，才代表着MaaS时代真正到来。

5.1.3 MaaS 是未来出行发展主流趋势下的必然产物

随着交通领域变革与发展的深入，考虑到交通以人为本、提高效率、降低成本、与城市规划协同、与城市环境匹配等特点，出行领域呈现出四大主流发展趋势，即"四化"：共享化、一体化、人本化和低碳化，如图5-1所示。

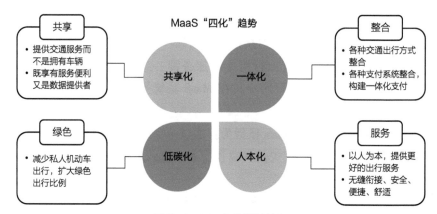

图5-1　MaaS的关键特征

第一，共享化。 强调出行即服务更应注重提供交通服务而不是拥有车辆；对乘客而言，他既是交通服务的受益者，同时也是交通数据的提供者与分享者，并基于数据的挖掘分析使整个出行服务得以优化。

第二，一体化。 基于时间或费用等敏感因子，高度整合多种交通出行方式，实现最优出行方案的动态推荐，并完成支付体系的一体化。

第三，人本化。 提倡以人为本，强调为人服务而不是为了汽车。其主要目标是为民众提供更高效率、更高品质、更具安全的出行服务、无缝衔接等出行体验。

第四，低碳化。 出行即服务将更多地鼓励民众使用公共交通方式出行，提高绿色出行的比例，减少私人机动车的出行，节能减排。

因此可以认为MaaS是未来出行发展主流趋势下的必然产物。

5.2　MaaS 系统架构

5.2.1　MaaS 系统关键属性

目前MaaS平台能够支持多种交通方式的联运模式，包含但不限于公交、地铁、长途客运、高铁、民航、出租车、网约车、共享单车/电单车、自动驾驶汽车等。通过预订系统、快捷方便的支付软件、实时路况（地图与定位）信息，MaaS用户能根据自己的需求来购买合适的出行服务。

基于各种交通出行方式和运输模式（系统），MaaS系统构成的关键属性主要分为用户体验和使能要素两大类，即通过使能要素构建的流程应用，支撑MaaS用户获得更好的出行体验。其中用户体验包括：无缝衔接个性化出行、以生活为中心的定价、优化出行、一体化增值服务；使能要素包括：一体化支付、即插即用API、开放数据与分析研究、产品与服务相协调。MaaS系统关键属性见

表5-1，MaaS 系统关键属性的逻辑关系如图5-2所示。

表5-1 MaaS 系统关键属性

分类	关键属性
用户体验	无缝衔接个性化出行
	以生活为中心的定价
	优化出行
	一体化增值服务
使能要素	一体化支付
	即插即用 API
	开放数据与分析研究
	产品与服务相协调

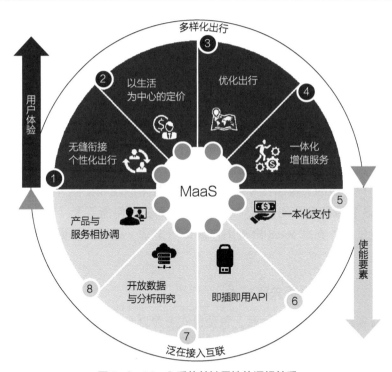

图5-2 MaaS 系统关键属性的逻辑关系

（1）无缝衔接个性化出行 无缝衔接是 MaaS 出行的核心属性，基于出行需求，整合多种交通出行方式，通过数据共享和路径优化实现出行全链路的无缝衔接与切换，满足多样化的个性出行。

（2）以生活为中心的定价 基于属地经济发展水平与出行环境，以出行者生活便利、高效和经济性等为中心，对出行消费进行合理定价。

（3）优化出行　基于出行需求和体验视角，对出行方式（交通工具选择）、换乘方式、支付方式等服务，通过数据共享进行多维优化。

（4）一体化增值服务　基于一体化出行模式，通过集成统一的服务平台，提供一体化和多样化的增值服务。

（5）一体化支付　基于金融科技和互联网支付，通过统一的 MaaS 平台实现一体化支付，同时具备多样化支付方式接入能力。随着支付技术的发展，支付模式呈现四个方面发展趋势：由有形卡支付向虚拟卡支付转变，进而向无卡化支付升级；由离线支付向在线支付转变，进而向移动支付升级；由不记名向实名制转变，进而向生物识别升级；由单一支付交易向聚合支付服务发展，进而向生态服务升级。

（6）即插即用 API　MaaS 平台具备出行方式（多样化交通工具）、支付方式、地图定位与路径规划服务、出行周边增值服务等接入能力，具备各种资源和应用接入的标准 API 接口，可以实现即插即用，减少定制开发。

（7）开放数据与分析研究　MaaS 平台构建的基础源于数据共享，因此其本身就具备数据开放属性，可以向交通出行领域监管部门、应用企业、研究院所、增值服务供应商等提供开放数据（以数据安全为导向，以符合"数据安全法"为底线），并在此基础上进行 MaaS 的分析和研究。

（8）产品与服务相协调　基于相关技术构建的出行产品，要与出行服务匹配和协调，避免出现技术产品与服务脱节，影响出行体验。

用户体验和使能要素本身也是融为一体的，两者相辅相成，互相驱动。一方面，基于用户体验的关键属性和需求可以推动技术应用和使能升级迭代，牵引新技术在 MaaS 领域的融合创新与应用；另一方面，以使能要素（技术或流程）创新驱动行业发展，支撑 MaaS 出行用户获得更丰富、更便捷、更高效的出行服务和体验。

5.2.2　MaaS 系统关键技术

早期各项运输模式单独运营，每种模式有着自己的票务、付款、预订和移动应用程序，这大大阻碍了出行者在不同出行模式之间转换使用的效率。为了使出行做到灵活性、便利性和高效性，需要通过一体化技术来打破不同交通模式之间的屏蔽，真正地实现无缝衔接。一体化共包含六个方面的关键技术。

（1）共享交通技术　出行者不再需要购买交通工具，对供应商提供的交通工具只有使用权，而没有所有权。

（2）票务一体化技术　使用一张有形卡或者一张虚拟卡就可以访问所有交通服务模式。

（3）支付一体化技术　用户通过一个账户进行付费。支付一体化是整合各类交通运输模式最基本的要素。

（4）ICT 一体化技术 只需要一个应用程序或在线接口就可以访问所有交通服务模式的相关信息。

（5）供应商一体化技术 由单一公司进行所有出行模式交通服务的提供和管理。

（6）定制的个性化服务 根据出行者需求生成出行解决方案，出行者可选择预定这种方案。

5.2.3 MaaS 系统构成主体

MaaS 系统构成主体主要有四类：一是交通运营商，即公交公司、出租车公司等运营主体；二是数据提供商，包括地图服务提供商、通信运营商以及出行者（出行者也在分享数据）；三是 MaaS 服务商，即为乘客提供预约交通服务者；四是 MaaS 用户，如图 5–3 所示[1]。

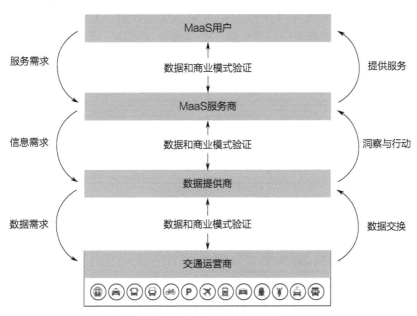

图 5-3 MaaS 系统构成主体

MaaS 系统构成主体中最重要的是 MaaS 服务商，它通过整合交通运营商向用户提供服务。交通运营商提供载运工具和载运能力，它们可以提供各种出行服务，比如公共交通、航空服务、高速公路通行服务、货运服务、停车运输、电动汽车充电服务、加油服务等。另外，MaaS 用户可以通过共享自己的载运工具成为交通运营商的一部分。

MaaS 服务商提供一个可以在各种设备（智能手机、计算机等）上使用的用户界面。通过这个界面，用户可以选择各种出行方式。其功能包括：为出行付费、接收个性化的实时交通出行信息、为 MaaS 服务商提供反馈的窗口等。这个用户界面还可以提供附加服务以满足用户生活方式的要求。用户界面和后台工作系统之间可以进行数据传输，这些数据可以为制定出行计划、交易、付费、账单和使用信息提供便利。用户可以通过用户界面使用定制的智能设计。

MaaS 服务商从数据提供商收集用户出行数据，不断调整和优化运输服务。数据提供商提供数据和数据分析服务，包括数据处理、数据打包和数据公开。这些数据包括公共数据和私人数据：供使用的出行线路数据、用户上车/下车位置数据、定价信息、MaaS 用户交易失效信息、载运工具实时定位信息、载运工具特性信息、用户使用载运工具信息等。此外，MaaS 服务商还能根据用户历史出行数据分析用户的出行偏好，以提供个性化出行服务。

5.2.4　MaaS 系统总体架构

MaaS 系统总体架构可以参考云计算架构进行设计，在横向上分为数据源（DaaS）层、基础设施服务（IaaS）层、平台服务（PaaS）层、行业应用（SaaS）层和客户端，如图 5-4 所示[2]。

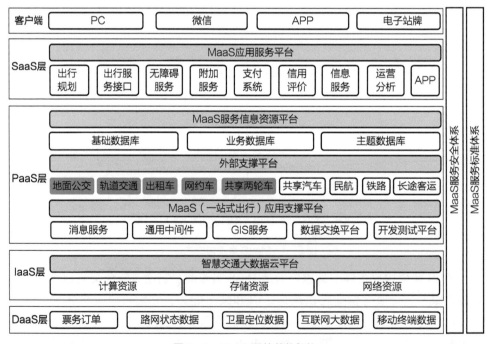

图 5-4　MaaS 系统总体架构

（1）数据源层　交通运营商必须提供一些基本信息，如公共交通的运营时刻表、共享汽车的可用车辆信息、位置信息和预订信息，方便用户策划最优的选择。另外，一些特殊服务信息，有助于平台迎合出行者的不同偏好，如是否为电动汽车、在停车点是否有充电服务，见表5-2。

表5-2 不同交通模式运营商提供资料清单

序号	供应商	履行义务
市内交通		
1	地面公交	提供运营时刻表
		提供价格信息
		提供站点位置
2	轨道交通	提供运营时刻表
		提供预订信息
		提供价格信息
		提供站点位置
3	共享两轮车	提供价格信息
		提供停放点位和可用车辆信息
		提供健康信息（如热量消耗）
4	共享汽车	注册的要求
		提供价格信息
		提供车辆信息
		提供预订信息
		提供车辆停放点及可用车辆信息
		提供可持续方面的信息（如对电动车辆奖励信息）
		提供特殊服务的相关信息（如是否为电动汽车、在停车点是否有充电服务）
5	出租车/网约车	提供价格信息
		提供车辆信息
		提供预订信息
		提供可持续方面的信息（如对电动车辆奖励信息）
		提供特殊服务的相关信息（如泊车服务）
城际交通		
1	民航	提供航班时刻表
		提供价格信息
		提供预订信息

（续）

序号	供应商	履行义务
		城际交通
2	铁路	提供列车时刻表
		提供价格信息
		提供预订信息
3	长途客运	提供客车时刻表
		提供价格信息
		提供预订信息
4	航运	提供船次信息
		提供价格信息
		提供预订信息

（2）基础设施服务层　将服务器、存储、网络等资源进行整合，进行统一的、集中的运维和管理。利用虚拟化技术按照用户或者业务的需求，从池化资源层中选择资源并打包，形成不同规模的计算资源。

（3）平台服务层　包括外部支撑平台与MaaS应用支撑平台。外部支撑平台包括市内交通的地面公交、轨道交通、出租车、网约车、共享两轮车、共享汽车，以及城际交通的民航、铁路、长途客运等平台。MaaS应用支撑平台依托基础设施服务层，通过开放的架构，提供共享云计算的有效机制。平台服务层构建在虚拟服务器集群之上，把端到端的分布式软件开发、部署、运行环境以及复杂的应用程序托管当作服务提供给用户。

（4）行业应用层　包括出行规划、出行服务接口、无障碍服务、附加服务、支付系统、信用评价、信息服务、运营分析、APP等多个应用服务平台。

（5）客户端　通过PC、微信以及APP等向普通民众提供交通行业执法相关的各种服务。这些业务应用系统均依托云计算平台提供的运行环境来运行。

5.2.5　MaaS应用服务系统

1. 出行规划系统

（1）服务流程分析　出行即服务平台提供APP供MaaS用户使用，同时MaaS用户也可在网页端进行操作，能够实现多种交通方式的联合运输，包含了地面公交、共享汽车、共享单车、共享停车、轨道交通、出租车和网约车等。通过该系统可实现行程预订、快捷方便的支付、实时路况信息获取。MaaS用户能根据自己的需求来购买合适的出行服务，实现出行全过程的无缝衔接。

使用出行即服务平台主要包含以下几个步骤：

1）注册并选择出行服务模式：理论上，出行即服务平台注册只限成年人，对于未成年人，需要限定出行模式。通过填写年龄、性别、家庭状况、健康状况、是否残疾、是否有驾驶证、驾龄等相关信息，让平台了解 MaaS 用户偏好。出行服务模式指出行服务是按次收费还是按月等模式收费。

2）预订：预订系统是 MaaS 用户和 MaaS 服务商都会参与的平台，用户只需要一键预订，不同的 MaaS 服务商便会收到订单信息，用户无须因为一次出行包含不同交通模式的服务而多次下单。

3）行程规划：一旦用户注册成功并选择了相应出行服务模式，随后出行即服务平台会要求用户选择出发地和目的地并填写相应信息（如可忍耐等待时间、出行预算、偏好的出行模式等）。平台会根据相关出行信息将行程进行分解并制定出行计划供其选择。

4）支付服务：出行即服务平台支持一键式付款，用户仅需要一次支付即可支付全程多种交通方式的费用。平台的付费模式相当灵活，用户可以按月或年提前预存，也可实时支付。

5）使用出行服务：当用户在开始享受出行服务时，用户只需一个账户即可随时访问各种交通模式。

6）信用评价：用户与平台在出行服务结束后将进行互相评价，为用户及交通运营商建立信用评价体系。

（2）行程预订　行程预订是出行即服务平台最基础的功能，预订系统集成了所有可用的交通运营商，因此不再需要用户单独进行与不同交通运营商的预订。

当用户的行程中出现了需要预订的运输方式，如定制公交、自动驾驶车辆、出租车、共享汽车，系统 APP 内提供"预订"按钮，用户可以在其中预订他们的旅程。不同运输方式的时间和价格都呈现给用户，以便他们做出决定。

用户行程预订后，系统将用户行程进行分解，并分别向各交通运营商提交订单，进行预约。接收各阶段预订信息并整合反馈给用户，无问题则提示预订成功，并向用户展示行程具体流程；若其中某一阶段或多阶段服务预订失败，则为用户发送提示信息并提供备选方案。

（3）行程分解与寻订　MaaS 用户向 APP 输入出发地、目的地等基本信息和优选持续时间、预算和模式等高级信息，出行即服务平台将根据用户提供的旅行信息将行程进行分解，每一个阶段的行程都提供可用的出行服务供用户选择，并对路线选项进行相应的排序，匹配最适合用户的路线。

对于具有多个交通运营商的出行服务，行程计划能够基于用户的个人数据推荐"最佳"选项，但同时保持其他选项可见。行程计划提供交互式地图，为所有站点提供全面的位置信息覆盖。用户可以被告知到特定站点的距离、持续时间和方向。

在出行规划和出行进行阶段，用户可以了解实时交通状况。系统将提供可行的替代模式或路线的建议，以应对任何延误、取消和其他意外中断的风险，以便维持运输效率。

系统与在线地图进行集成，针对地图的 API 接口进行二次开发，将地图的行程规划功能与换乘功能集成在系统中，实现行程规划功能，包括以下几方面：

1）能够根据用户出行需求进行路径规划，支持用户自主选择出行方式（自驾、共享交通），可根据不同的关注点（如时间短、消费少、换乘少等），进行路径的选择与自动切换。

2）针对公共交通出行，系统自动提供轨道交通、长途客运、地面公交、客车、网约车等换乘信息。

3）针对共享汽车的需求，系统自动提供车辆取送地点、租赁费用、行车路径、行车里程、行程时间、通行费用、公路路况、气象、充电站等信息。

4）针对城际交通出行，系统自动提供民航航班、铁路车次、长途客运班次及相应的站点信息。

（4）行程确认　根据分解的各个行程段的规划与预订信息，形成总体的方案，包括路线、交通方式、换乘地点、行程时间和费用等，统一展现给出行用户，由出行用户确认后提交。成功完成预订服务后，将全部行程统一并发给出行用户。

2. 出行服务接口系统

出行即服务平台的高度一体化需要城市及城际所有交通运营商之间的合作来实现。为了使出行实现无缝衔接，各个模式的交通运营商需要和出行即服务平台签订合同，在能提供出行服务的同时提供相关资料。出行服务接口系统如图 5-5 所示。

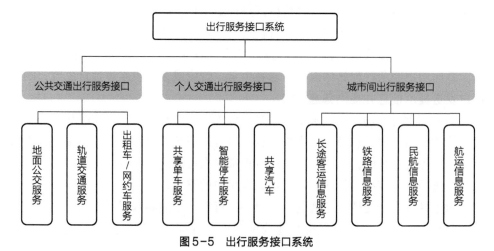

图 5-5　出行服务接口系统

（1）公共交通出行服务接口

1）地面公交服务：地面公交不仅是单一的常规公交线路，还包括日班、夜班、社区地铁接驳线、高峰快线、商务专线、节假日专线、旅游观光线等多种响应式公交服务形式。多种公交运行方式通过运行时间接驳协同、运量运力协同，实现干支线协同，快普线协同。通过预约公交服务，乘客可体验"发起需求、订购座位、在线支付"一站式服务。地面公交接口提供运营时刻表、价格信息、站点位置等。

2）轨道交通服务：轨道交通作为大运量、快速准时、集约高效的公共交通方式，弥补了地面公交运量短缺的短板。轨道交通服务接口提供运营时刻表、价格信息、站点位置等。

3）出租车/网约车服务：出租/网约车服务接口结合用户定位信息，可提供价格信息、车辆信息、预订信息、可持续方面的信息（如对电动车辆奖励信息）、特殊服务的相关信息（如泊车服务）。

（2）个人交通出行服务接口

1）共享单车服务：共享单车灵活性强、排放低、节约个人支出、减少拥堵和能源消耗，有利于解决公共交通"最后一公里"衔接问题，支持多种交通方式换乘。系统与共享单车平台进行对接，共享单车服务接口提供价格信息、停放点位置和可用车辆信息、健康信息（如热量消耗、排放减少信息）。

2）共享汽车服务：共享汽车可满足多人次出行，且对于出行舒适度及效率要求较高的用户，共享汽车服务接口提供注册的要求、价格信息、车辆信息、预订信息、车辆停放点及可用车辆信息、可持续方面的信息（如对电动车辆奖励信息）、特殊服务的相关信息（如是否为电动汽车、在停车点是否有充电服务等）。

3）智能停车服务：用户选择共享汽车的新能源车辆服务时，为用户提供停靠点车位信息（如停车场位置、数量、规模、空余停车位、是否有人工服务）；若停靠点车位已满且无人工服务，则在出行服务预订时提示用户。

（3）城市间出行服务接口

1）民航信息服务：乘坐飞机出行凭借其运行速度快、舒适度高的优势一般被当作中远途出行的首选方案，系统接入各大航空公司票务系统，为用户提供航班时刻表、价格信息及余票情况、乘员定额、航班型号等信息。

2）铁路信息服务：铁路具有准点率高、覆盖面广、价格亲民、出行便捷等优势，尤其是高铁近年来高速发展，已成为中近距离出行优先考虑的方式。系统将接入铁路售票系统，为用户提供列车时刻表、车次信息、车型信息、余票信息等。

3）长途客运信息服务：长途客运在部分中小城市及区县的中短途出行可作

为铁路及航空的补充方式。系统接入长途客运售票系统，为用户提供车次时刻表、余票信息、车辆信息等。

4）航运信息服务：部分船舶通航地区需要接入航运票务信息系统为用户提供相关服务，信息主要包含航运班次信息、船舶信息、余票信息等。

3. 支付系统

MaaS用户需要在系统内注册账户来获取运输服务，通过整合各类交通运输模式，让用户只需要点击一次就可以选取所有交通服务，并且通过一个账户即可支付这些服务。MaaS系统后台自动将费用支付给不同的交通运营商。

（1）智能售票　出行将依赖城区内的出行系统，智能手机APP等可作为访问出行服务的通用票据。对于跨区域出行的乘客，系统对民航、铁路、客运站的资源进行整合或通过网页嵌入的方式向乘客提供购票服务。通过民航、长途客运、航运等售票平台或第三方平台进行链接或WEB嵌入，实时获取班次、余票信息，用户可根据行程进行查询，并进行购票。

（2）一键支付　平台将接入各大银行的支付接口以及支付宝、微信等第三方支付平台。支持用户现收现付以及在账户内充值购买出行套餐两种支付方式。如果用户购买了出行套餐，并且出行计划包括在他们的套餐中，那么在使用时他们不必支付任何费用。如果用户没有购买预付费出行套餐，或者超出他们的出行套餐，根据服务类型，通过使用现收现付服务，每次使用时将支付相应金额。

（3）分账　出行结束，MaaS用户完成支付后，根据与合作商的协议，完成费用分账和自动支付各合作商的费用。

4. 信用评价系统

（1）信用评价体系　用户出行后，对于运输产品或者运输工具所提供的服务使用APP等进行评价，评价自动计入交通运营商的信用评价记录中。

同时，系统可以对用户的诚信度和行为进行评价，系统自动记录用户的诚信记录。对信用好的用户可以进行补贴奖励。

（2）信用评分　MaaS用户可对出行的各个行程服务质量进行评分，系统自动将评分纳入各个行程段的相关交通运营商的应用记录。系统同时也可以对MaaS用户的信用进行评分，纳入用户的信用记录。

（3）优惠激励　实行账户积分激励策略，账户会员可享有完成运输服务的积分激励，依据一次行程服务的时长、里程、运输工具、金额给予账户积分累计。平台账户会员分享服务、邀请新会员加入也会有积分激励，积分可换购平台服务和商品。

（4）投诉管理　MaaS用户可以投诉MaaS服务商，平台需要及时联系双方进行处理，并将结果反馈给用户，系统同时将投诉记录在案。

5. 信息服务系统

系统可根据用户的个人偏好向用户推送交通、气象、时政等信息。这些建立在大数据基础上的个性化推荐可以更好地服务用户，促进平台发展，提高用户黏性。

（1）运营分析系统　对系统的服务数据、用户数据及收支数据等进行统计分析，发现问题，验证所做的运营策略是否有效，实现产品与运营的优化，为平台经营决策提供辅助支持。

（2）APP　MaaS用户通过各种途径下载出行即服务平台客户端，然后注册账户，登录APP进行出行服务预约等功能，满足自己个性化的出行需求。

6. MaaS 系统与相关系统的关系

与出行即服务平台相关的主要系统平台分为政府部门、城区出行服务商、城际出行服务商、支付系统、个性化服务商等。

（1）与政府部门应用系统平台的关系　出行即服务属于公共出行服务，需要受当地政府交通运输局行业监管，因此出行即服务平台需要向交通运输局信息管理系统上报相关出行服务信息。

（2）与城区出行服务商服务平台的关系　平台在城区出行服务部分需要与城区出行服务商合作。城区出行服务商包括公交、轨道交通、出租车、网约车、共享汽车、共享单车等服务商。平台与城区出行服务商的业务平台需要共享出行、订单、结算的数据。

（3）与城际出行服务商服务平台的关系　平台城际出行服务需要与城际出行服务商，包括民航、铁路、长途客运、航运等合作。平台与城际出行服务商的业务平台需要共享出行、订单、结算的数据。

（4）与支付系统的关系　与支付系统共享电子认证信息、银行支付信息、第三方支付信息等。

（5）与个性化服务商服务平台的关系　个性化服务部分，包括酒店、餐饮、购物、景区旅游等，需要与相应服务商交互相关订单、支付、结算等信息。

5.3　全球 MaaS 发展情况

5.3.1　全球 MaaS 发展概述

自 MaaS 诞生以来，全球很多城市开始进行 MaaS 示范应用，包括哥德堡的UbiGo、赫尔辛基的 Whim、斯图加特和汉堡的 Moovel、柏林的 BeMobility、维也纳的 WienMobil 和 SMILE、蒙特利尔的 EMMA、汉诺威的 MobilityShop、乌特勒支的 HelloGo、拉斯维加斯的 SHIFT 等[3]。这些应用示范大多数集成了 3 种以上的公共客运方式，公共汽车、地铁或电车、出租车、共享汽车、共享自行车等已经部分通过信息平台进行整合，提供出行规划、预订、支付和票务清分。应用效果显示，MaaS 系统可以较好地满足不同乘客的全出行链出行需求。

我国是世界上人口最多、出行需求最为旺盛的国家。城镇化与机动化的快速发展使得我国城市普遍面临日益严峻的交通拥堵、环境污染等问题，出行时间和经济损失不断增加，迫切需要改变现有困境。政府及行业相关部门也出台了很多政策文件，希望通过跨模式一体化的服务整合来提升公共客运体系的运输服务效能，并以此推动交通运输与旅游、消费等领域的深度融合。MaaS 理念和技术服务体系与我国长期提倡的集约化理念不谋而合，可为改变当前困境提供新的可能。

我国公共客运服务体系和运输模式在管理体制机制、运营模式、票制票价、补贴、数据开放等方面与西方国家间存在较大差异，西方国家现有的体系框架并不能完全适应我国 MaaS 服务体系的发展。为促进我国建立可持续的 MaaS 生态系统，迫切需要充分结合我国不同公共客运方式的特点，研究形成适合我国国情的 MaaS 体系框架和发展路径。

5.3.2　MaaS 行业发展环境与市场规模

1. MaaS 行业发展环境

近年来，在经济发展、社会进步、技术变革三股力量的共同驱动下，交通的阶段性特征发生重要变化，呈现出"基本供需矛盾依然存在、交通出行需求不断升级、交通治理手段瓶颈显现"叠加的特点。行业急需一种能够供需两端发力、需求精准响应、资源高效配置的新型运输服务理念及模式，来破解当前阶段所面临的不平衡、不充分、不协调的交通困境。正是在这样的时代背景下，新一轮信息技术革命驱动下出现的 MaaS 正当其时。

随着城市化进程加快，城市交通压力增大，对出行服务提出了新的要求，MaaS 逐渐受到交通研究人员的关注，主要是由于：

（1）城市化　2007 年，全球城市人口历史上首次超过农村人口。随着城市化进程的加快，城市人口占比不断提高，据联合国预测，到 2050 年，城市人口将达到世界总人口的 66%，这将给城市交通带来很大的压力。

（2）共享交通的发展　近年来共享交通已经取得了很大发展，未来发展空间巨大。

（3）消费理念的转变　MaaS 的一个重要服务对象或者理念是把驾驶汽车的

人拉回到公共交通方式来。

（4）私人机动化交通、公共交通的问题　地铁和公交的总分担率在上升，但实际上地面公交面临各种各样的问题。

（5）智能终端的普及　信息技术发展给 MaaS 发展提供了技术支撑。

（6）电子支付的发展　以前主要是现金支付，现在也可以通过手机支付，并可以跨平台支付。

（7）数据的开放　各类数据不断开放为 MaaS 发展提供了新的机会。

2. MaaS 市场规模

Tractica 预计，到 2025 年，MaaS 的全球市场将以 24.0% 的复合年均增长率（CAGR）增长，成为一个价值 5 633 亿美元的市场。

5.3.3　我国 MaaS 快速发展的多重因素

MaaS 在我国之所以会快速流行、发展和应用，得益于多重因素的叠加与融合应用，包括但不限于城镇化进程加速、智慧城市建设方兴未艾、出行工具多元化发展、新一代信息技术突飞猛进等。

1. 从我国城镇化进程加速来看

城镇化是国家现代化的重要标志之一。我国第七次全国人口普查数据显示，城镇常住人口为 9.02 亿人，城镇化率 63.89%，首次突破 60%。自 2010 年以来，有 1.6 亿乡村人进入城镇，变成城镇人口。近 10 年来，我国城镇化率平均每年提高约 1.42%，基于庞大的人口基数，这是一个不小的指标，因此未来还有大量的乡村人口进入城市。

随着城镇化进程加速，大量乡村人口涌入城市，势必对城市空间承载与规划、城市系统管理与治理带来诸多需求与挑战。譬如居住成本上涨问题、公共安全问题、交通拥堵问题、环境污染问题等。基于以人为本的城市治理理念，市民的"衣食住行"是最基本的底层和刚性需求，分别对应了"消费"（衣食）、"住房"（住）、"交通出行"（行）。这些底层和刚性需求将直接关系和影响到城市居民的工作生活体验与幸福感指数。

因此，从这个意义上讲，城镇化与交通出行密切相关，且影响到方方面面。《新型城镇化与交通发展》论述了新型城镇化与交通发展的关系，包括交通与区域发展、交通与服务业发展、交通与城市成本、交通与房地产、交通资源配置与市场、交通配置标准与城市发展、交通港站与城市发展七方面。

另外，我国的城镇化带有较为明显的中国特色，一方面，前面提到过，城镇化是国家现代化的标志之一，同时也是经济社会发展到一定水平的重要标志，大量乡村人进入城市，在经济上获得了一定的空间和自由度，首先会在住房和出行工具上进行投资，尤其是出行工具，即购买私家车，必然会为城市机动车保有量贡献不小的增量，势必会加剧交通拥堵和环境污染，为城市治理带来更大挑战。另一方面，不少扩张型城市，城镇化的进度一般都先于城市空间规划和交通规划，这就导致城市预留规划空间不足、交通规划滞后，必然带来环境污染和交通拥堵等一系列问题。从这两方面来看，站在城市治理者的角度，如何引导新市民交通出行理念（如尽可能选择公共交通，放弃私家车出行方式）、如何规划和发展城市公共交通和新型交通（如更便捷、更高效、更舒适的交通出行方式），就是摆在城市治理者面前最紧迫的任务之一。

所以，城镇化进程加速必然为交通出行带来问题与挑战，进而也就成为MaaS发展的重要诱因和推动力，即智慧出行就是解决交通拥堵、提高出行效率等的最佳手段。

2. 从智慧城市建设的角度来看

2008年智慧城市概念引入，至今国内智慧城市建设方兴未艾。其中，无论是较早的智慧城市建设，还是最近和最新的智慧城市打造，智慧交通都是非常重要的领域。因为交通是一个城市人流、物流和多种时空交互的生命线和通道。

同时，对于智慧城市建设，基于可建设与可落地的领域来看，有三个主流方向，即：智慧交通与平安城市、智慧园区与智慧社区、中小城市整体解决方案。由此来看，智慧交通依然是智慧城市建设的核心内容之一。另外，我国智慧城市也是城镇化进程与新一代信息技术发展时期高度重合与融合后的必然产物。基于智慧城市的发展环境与要素，智慧交通的发展也同样受到城镇化进程与新一代信息技术发展的影响与推动。所以，智慧交通是基于智慧城市的大框架提出，强调如何将交通系统全面融合到城市总体发展和建设中，发挥其对城市各个要素的连接、传导和交换功能，是智慧城市建设的重要组成部分。

公众出行是智慧交通重要的领域，所以"智慧出行"也必然是智慧交通的重要分支。另外，MaaS将会成为私人和商业用户的最佳价值主张，这是因为出行即服务关注的是服务而不是方式，核心理念是以用户（出行者和货物）为运输服务的核心，为他们提供基于个人需求的量身定制的出行解决方案，有助于满足个性化出行或运输需求，并提高整个运输系统的效率。因此，从这个层面来理解，智慧出行也是智慧交通的"终极目标"。

基于上述分析，智慧出行作为智慧交通的终极目标，在如火如荼的智慧城市建设中，亦占据着非常重要的地位，会直接影响到智慧城市建设成效与可感知的智慧城市美好生活体验。

3. 从出行工具多元化角度来看

出行工具多元化，既是人类技术进步的标志，也是现代化社会的重要标志。人类出行工具经历了从畜力（骑马或马车）时代走向蒸汽机动力时代，进而演化出了火车、汽车、轮渡、飞机等现代社会的主流交通工具。

再到当代，随着城镇化进程加速，城市生活成为多数人群的主流生活方式。由此，就衍生出了城市化交通工具，包括单车、私家车、出租车、公交、地铁（轻轨）、中短途客车、城际高铁等，及近年来基于互联网技术和模式诞生的共享出行，如共享单车与电单车、网约车等新的便捷出行方式。

这些城市化交通工具，一方面呈现多元化的交通出行方式，另一方面也表现出交通方式的碎片化。在这种趋势下，它们既带来了交通出行的便捷性，也带来了多样化交通工具在出行过程中转换与衔接的多种挑战，反而增加了交通出行的不确定性。在这种背景下，就急需一种系统或平台，来对多元化的出行工具、碎片化的出行方式进行整合，为出行消费者提供一种可预见、可掌控、统一的出行规划。因此，MaaS 就是最好的系统或平台。

4. 从新一代信息技术突飞猛进的角度来看

新一代信息技术，包括但不限于高速通信网络（5G）、物联网、互联网、大数据、云计算、人工智能等，这些新兴技术正在构建新兴产业，一方面推动自身数字化与信息化产业发展，另一方面影响和推动传统领域数字化革命和转型升级。交通出行作为传统行业，也毫不例外地参与到这场由新一代信息技术引导的数字化革命大潮中来。

新一代信息技术之于交通领域，最大的价值就是通过感知技术对物理交通世界和要素（包括人、车、路、物等多种要素）进行感知与连接，通过大数据计算与人工智能分析决策，打造出更智慧的交通出行方式和体验，譬如"更聪明的路+更智能的车"，通过车路协同，构建智能网联汽车与车联网，实现一体化出行方式。

正如前面所述，出行即服务的重点和核心目标在"服务"，即通过新一代信息技术对物理世界的路和车进行关联与整合，以为出行消费者提供更好的服务为导向，屏蔽掉复杂的路网规划和多元的交通工具，基于信息与数据的多维优化，为出行消费者提供更高效、更便捷与更舒适的出行服务，比如缩短出行全程时间、减少交通工具换乘、提供无缝转换与衔接引导和说明。因此，从新一代信息技术的角度来看，其快速发展与融合应用，为 MaaS 提供了更好的技术基础与保障，也让 MaaS 的迭代与发展驶入了快车道。

5.3.4　MaaS 国内外进展和发展策略

1. 国外 MaaS 进展

芬兰赫尔辛基成为第一个实践出行即服务的城市。为建立公共价值的出行即服务系统，政府当局强调通过数字化技术来改变城市交通策略，并考虑到公共交通创新、商业创新和标准化的生态系统，实现多种交通方式的融合发展，鼓励市民减少私人汽车使用，在比较分析几种管制模式之后，采用市场方式来推进出行即服务。

在这样的背景下，2015 年，赫尔辛基本土运营商 MaaS Global 公司注册成立，并于 2016 年 6 月发布 MaaS 产品 Whim，同年 10 月在赫尔辛基进行示范应用，2017 年 11 月全面上线运营。

作为全球第一家 MaaS 服务商，Whim 的根本目标是向用户提供一种异于私家车出行的新型出行方式。Whim 的口号是 "One APP for all your transport needs"，意译就是 "一个 APP 走遍天下"。再从 "Whim" 的意译上来看，Whim 翻译过来是 "心血来潮，一时的兴致，突发的奇想"，特别契合我们常说的 "来一场说走就走的旅行"，这也可能是 Whim 的初心和愿景，即 "你只负责出行，剩下事情都交给我了"。

Whim 官网上有一段文字描述，翻译过来就是："Whim 基于出行即服务（MaaS）概念。MaaS 结合了多样化的交通方式使出行比以往任何时候都更容易。MaaS 概念的核心是让你日常的出行可以用一个平台的服务来满足。这就是 Whim 的核心：它负责从出行计划、路线规划到预订购票和支付的所有事务。"

Whim 在 2017 年 11 月上线后，有 4 万多名注册用户（约占赫尔辛基居民数量的 4%），大多数人使用的是 Whim to go（即走即付）。全面上线 1 个月后进行的调查显示，Whim 下载最多的群体是 18～54 岁的男性（一半有家庭和小孩），年收入在 5 万～8.5 万欧元。Whim 里提供的赫尔辛基的交通方式分为两类。一类是赫尔辛基地区交通管理局管理的公共交通，包括有轨电车、市郊铁路、地铁、公交汽车、轮渡和共享单车。另一类则是共享汽车、出租车这一类市场化运营的交通方式。

Whim 平台通过开放接口，先后接入出租车公司、城市公共交通公司、共享单车服务商、共享汽车服务商等独立出行服务平台，由面向消费的单一平台转向面对独立出行服务平台的综合接入平台，并在此基础上集成开发新的出行服务。Whim 平台在具体应用过程中操作便捷，可供选择的交通工具广泛，并针对不同需求制定了相应的套餐内容和收费标准。用户可通过绑定银行卡和信用卡，或使用 "Whim point" 为出行付费，按月结付出行费用，无须提前锁定出行成本。

Whim 平台系统技术架构如图5-6所示。

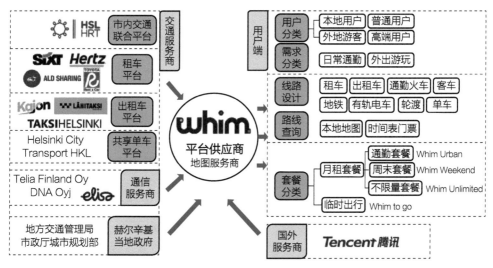

图5-6　Whim 平台系统技术架构[4]

目前，Whim 为用户提供了4种可选方案，如图5-7所示。

图5-7　4种出行方案包含3种套票方案

（1）Whim to go　即走即付，不需要注册费、附加费等。

（2）Whim Urban　价格为30天59.7欧元，包括30天的公共交通票（公交车、地铁、轮渡和通勤火车），无限次的共享自行车服务（30min内免费，之后1欧元/min），距离小于5km的车费上限10欧元的出租车服务，49欧元/天的租赁特定车型，标准价格的电动踏板车。

（3）Whim Weekend　价格为30天249欧元，包括任意周五15:00到周一14:00的特定车型租赁（高级车型需增加费用，超出这个时间段按照相应优惠价格收费），使用赫尔辛基地区的出租车全部享受 15% 折扣，限定区域内 30 天的公交车票，无限次的共享自行车服务（30min 内免费，之后 1 欧元/min），标准价格的电踏板车。

（4）Whim Unlimited 每月 499 欧元，共享自行车与电踏板车服务与 Whim Weekend 相同，限定区域内无限次的公交车票，可多次使用车辆租赁服务，5km 内最多 80 次的出租车服务。

Whim 开创了 MaaS 服务先河，并积累了宝贵经验，供全球参考学习。同时，Whim 能够持续运营至今，其成功得益于多方面的支持。

首先，是当地政府的铺垫与支持。Whim 能够在赫尔辛基实现 MaaS 的重要原因是赫尔辛基地区交通管理局已经完成了各个公共交通方式的整合，从票制上统一了公交、地铁、有轨电车、市郊铁路和轮渡。赫尔辛基实施的是区域票制，无论单程票还是周期票都针对特定的区域。赫尔辛基划定了 A、B、C、D 四个区域，行程的票价与跨越的区域有关，而与采用的交通方式无关。这完美体现了 MaaS 的特征，只关注用户实际的空间移动。

其次，是获得了生态伙伴的支持。除交通服务商外，Whim 与当地政府、国内通信服务商和国外服务商共同构成 MaaS 生态系统。除了通过开放接口与出租车公司、城市公共交通公司、共享单车服务商、共享汽车服务商等交通服务商进行互通，Whim 与其国内数据提供商（地图服务提供商、通信运营商、大数据平台等）、当地政府和国外服务商共同构成了 MaaS 生态系统。其中，国外服务商是腾讯，两者联合开发专为我国游客设计的赫尔辛基"城市行囊"微信小程序，用户可使用微信支付购买不同有效期的电子车票，在赫尔辛基市内无限制地享受地铁、公交、电轨电车、火车和芬兰堡轮渡等全部公共交通的通票服务。

最后，是获得了用户的认可。2017 年，凭借 Whim APP 独特的服务设计，Whim 团队相继获得芬兰视觉传达设计师协会颁发的服务金奖和创新银奖、2017 芬兰最佳移动服务奖以及德国通信设计奖；2018 年，Whim 团队获得 IF 设计奖和欧洲最佳初创公司（出行领域）两项荣誉。

业界评价 Whim 的成功是全面的成功，即想法、设计和企业运营每个部分都受到了用户、政府、投资人等多方的认可。Whim 作为它山之石，对于国内 MaaS 运营商来说提供了很好的参考和借鉴，包括政策保障、生态支持、用户体验和资本支持等。

另外，芬兰模式的创新也促使芬兰的出行即服务计划项目得到欧洲智能交通协会的支持，其下属的 ERTICO 机构积极地推进智慧城市项目，专门成立出行即服务联盟，通过出行即服务的创新计划或启动，帮助交通运营商、服务提供商和用户进行合作，解决与用户需求、监管挑战、治理和商业模式、技术和标准化相关的问题，把出行即服务当作新的交通范式来推进，在欧洲建立迅速发展的出行即服务生态体系。

出行即服务与欧盟成员国在交通运输领域推动使用公共交通代替私家汽车作为应对全球变暖对策的政策方向是一致的，有助于人们从基于所有权的出行转变到基于使用的交通范式。

放眼国际，在MaaS领域，除了芬兰的Whim，还有不少运营商参与其中，积极尝试改变当地的交通出行方式，向更高效、更便捷、更绿色和更好出行体验的方向发展。较为典型的如下：

（1）瑞典哥德堡的UbiGo　2012年，瑞典启动了一项智慧出行项目，该项目的目标是推广更好的可持续出行方法，通过示范新的商业模式来观察提供"出行服务"如何能降低对私家车的需求。该项目持续两年，投入2 000万瑞典克朗，包括了多个子项目，UbiGo就是其中一个。

（2）奥地利维也纳的SMILE　奥地利维也纳的城市发展战略中希望将小汽车的出行分担率从2012年的27%降低到2025年的20%，因此，需要大力发展及推动公共交通等绿色出行方式。2013—2015年，维也纳试点MaaS项目（SMILE），1 000多名用户对该应用进行了测试。2017年6月维也纳正式上线WienMobil，开始提供MaaS概念下的集成出行服务，该款APP可以让出行者预订和购买的出行服务包括共享汽车、租赁汽车、出租车、共享单车以及公共交通。

（3）德国奥格斯堡的Mobil-flat　Stadtwerke Augsburg是一家市政公用事业公司，投资、运营了奥格斯堡的公共交通系统。除了有轨电车和公共汽车外，Stadtwerke Augsburg还运营着该市唯一的汽车共享系统（包括无充电桩的和有充电桩的）以及共享单车系统。这种多式联运服务组合有助于Stadtwerke Augsburg同时将自己定位为该市的公共交通运营商和移动服务中间商。根据它们的长期的多式联运战略，Stadtwerke Augsburg团队于2017年10月启动了一个名为Mobil Flat的MaaS项目。

（4）澳大利亚悉尼的Tripi　Tripi试验项目是澳大利亚首个MaaS试验项目，由iMOVE合作研究中心资助，由悉尼大学运输与物流研究所、澳大利亚保险集团（IAG）和应用程序开发商SkedGo合作共同完成。它的目的是促进人们对MaaS在改善出行方面的理解，使用多种补充交通服务的体验，通过提供一种与拥有和使用私人车辆相关的替代方案来促进改善更广泛的社区福利。

从上述的多个典型案例来看，它们都有一些共通点，即地方政府支持，企业与研究机构合作，多方交通运营商和产业链构建出行生态，通过小范围的实验获取系统改进的宝贵经验。

2. 我国MaaS进展

2021年11月2日，交通运输部发布了关于印发《综合运输服务"十四五"

发展规划》的通知[5]。

（1）提出构建协同融合的综合运输一体化服务系统　即"围绕实现客运'零距离换乘'、货运'无缝化衔接'目标，推动各种运输方式功能融合、标准协同、运营规范、服务高效，不断提升综合运输服务一体化发展水平。"其中，加快旅客联程运输发展提到三方面的内容。

1）推广"出行即服务"理念，发展基于智能终端的"一站式"出行服务。积极发展空铁、公铁、公空、公水、空水等模式，大力发展"行李直挂""徒手旅行"等服务。推进"高铁无轨站"、国际枢纽和区域枢纽机场城市候机楼建设，推行异地候车（机）、行李联程托运等服务。

2）推动运输方式间票务数据信息互联共享，发展旅客联程运输电子客票，努力实现"一站购票、一票（证）通行"。加快推行跨运输方式安检双向或单向认可，开展安检流程优化试点工作。

3）支持建立旅客联程运输企业联盟，推动运输线路、站场资源等共享，合理划分联运安全与服务责任，完善客票退改签、行李托运等合作机制。

（2）提出构建舒适顺畅的城市出行服务系统　即"提高城市轨道交通服务能力，推进城市轨道交通一码通行、一键问询、信息推送等客运服务。推动全自动列车、智慧车站、无人值守设备房规范化运行，提升城市轨道交通智慧化水平。"

（3）提出打造数字智能的智慧运输服务体系　即"加强大数据、云计算、人工智能、区块链、物联网等在运输服务领域的应用，加速交通基础设施网、运输服务网、能源网与信息网络融合发展，推进数据资源赋能运输服务发展。"其中包括推动城市交通智能化发展。即"全面提升城市交通基础设施数字化管理水平，推动大数据、5G、人工智能等技术在城市出行服务领域的应用，构建城市交通运行监测与信息服务平台。深化基于大数据的多模式资源优化、协同调度技术应用，实现智能动态排班、跨模式的协同调度和各要素的全局优化配置。提升城市交通运行分析和预判能力，研究推进都市居民交通调查，构建城市交通数据采集体系，推动城市交通精准治理。"

从上述规划中可见，我国的智慧出行或综合运输服务体系，在国外 MaaS 理念上做了更大的拓展与扩充。智慧出行或综合运输服务，不限于无缝换乘、联程转运等，还包括随身行李的无缝转运服务、一码通行与安检流程优化、运输线路与场站资源共享，以及通过交通基础设施网、运输服务网、能源网与信息网络融合发展（四网融合），其中信息网络，即利用新一代信息技术（5G、大数据和人工智能等）对前三张网的设施、服务和能源等要素进行连接、汇聚与融合，最终通过数据资源的分析、优化和匹配，去赋能出行和运输服务的发展。

目前国外的典型案例，基本聚焦在一座城市内部的出行即服务领域，并且只限于"人"的出行，不包括关联的行李与货物、通行许可（一码通行）、物理空间和基础设施资源的关联、优化与配置（运输线路、场站资源和能源网络，比如新能源充电桩或充电站资源）。

如果把基于人的出行即服务看作是海面冰山上的部分，那么要获得更便捷、更高效和更顺畅的美好出行服务体验，就需要海面冰山下更智能的基础设施、更敏捷的服务体系和更优化的资源配置来做支撑，进而实现更广义的出行即服务体系，让人、车、物（行李与货物）、基础设施（运输线路规划、道路资源匹配，如充电网点、共享单车停放点、智慧停车系统等）实现立体空间的联动，构建出行即服务的最优解。而要打造冰山下的智能基础设施、敏捷的服务体系和优化的资源配置，则需要包括但不限于5G通信、车联网、大数据和人工智能等技术。

除了国家部委，地方政府也在积极行动。2021年6月，上海市印发了《上海市综合交通发展"十四五"规划》。其中提到，推进一站式出行体系建设，即"加快道路交通、公共交通、长途客运、航空、铁路、水运等多方式出行信息融合。探索政企联合机制，实现实时、全景、全链交通出行信息服务共享互通，融合地图服务、公交到站、智慧停车、共享单车、出租汽车统一预约服务平台、市级充电服务平台等既有出行服务系统，推进出行即服务系统（MaaS）建设。进一步丰富交通卡、不停车电子收费系统（ETC）应用场景，推进交通卡（含虚拟卡、二维码）全国互联互通应用"。2021年11月，上海市又正式公布了《上海市道路运输行业"十四五"发展规划》，其中提到上海今后还将鼓励具备条件的主城区、新城、重点区域发展中运量公交系统，在重点地区将试点应用自动驾驶公交、Maas服务等新交通技术。

从上海市的两份"十四五"规划不难看出，我国在智慧出行领域，更着眼于"大出行"，即广义的出行即服务，既包含基于人的智慧出行体系建设，也包括非人属性的一体化运输服务体系。这种立体式的泛在出行体系构建，相较于国外，战略层面更高，将会大力推动我国智慧出行体系服务建设。

我国智慧出行体系应用，不仅在政策上积极规划与部署，也在推动具体的项目落地。2019年11月，北京市交通委员会与高德地图签订战略合作框架协议，双方采用政企合作模式，共享融合交通大数据，依托最新升级的高德地图APP，打造北京MaaS平台，为市民提供整合多种交通方式的一体化、全流程的智慧出行服务。高德地图也从驾车导航工具升级为综合出行服务平台，积极倡导和推动市民绿色出行。

北京MaaS平台整合了公交、市郊铁路、地铁、步行、航空、铁路、骑行、网约车、长途客车、自驾等交通出行服务，还可以为市民提供智慧决策、行中全程引导、行后绿色激励等服务，这样的一站式服务可以基本解决居民日常出行问题。在出行之前，人们可以查看当前道路情况是否拥堵，然后应用将提供路线规划、步行导航、换乘引导、下车提醒等服务，还会将路线各种细节呈现出来，为使用者提供全面的引导服务。北京 MaaS 平台还可以查询公交、地铁实时拥挤度，公交已覆盖95%区域，匹配准确率高达97%，北京全市所有地铁站点可实时在线查询当前的拥挤情况。通过最新版的高德地图，北京市民能够方便地查看要乘坐的公交车的实时位置，掌握车辆抵达时间，减少等待时间，享受绿色出行。

3. MaaS 发展策略

基于出行即服务的智慧出行已经成为全球各主流国家在交通出行领域的战略规划与核心目标。基于我国的现状，要想在智慧出行领域获得实质性的成功，还有很长的路要走。参考芬兰 Whim，我们不难发现 Whim 的成功得益于政府的引导和政策支撑、多方合作的生态支撑、便捷的用户体验和服务。因此，我国要在智慧出行领域获得突破，对于出行领域的头部企业或是新兴创业企业，不妨先从这几方面入手，不断夯实基础建设，并持续创新应用服务体系，或可探索出一条适合中国特色的智慧出行发展路径。

（1）关于政府的政策支撑 需要从两方面去推动和实现：

一是需要协调多方利益相关方。MaaS 平台建设需要协调多方利益主体，包括车辆服务供应方、基建服务商、政府交通监管和平台运营方等。在规划、管理、决策等问题中容易出现权责不明、互相推诿的现象，因此需要打破传统的利益格局，形成新的商业发展模式。

二是需要加快统一技术标准建设。我国具备发展 MaaS 的技术支撑水平，移动端在用户渗透领域已进入成熟期。移动网民规模为 9.86 亿，移动网民渗透率达 70.2%。与此同时，5G 网络通信也在大力建设和快速应用中，5G 和车联网技术是智慧出行的关键支撑技术。然而，我国仍存在发展 MaaS 的技术壁垒。目前我国尚未开发出"一端对多端"的多出行模式平台，现有的出行服务应用虽然提供出行方案，用户仍需要跳转到其他平台进行支付。尤其在大数据产业中，数据流标准化和共享开放仍存在业务壁垒。这些都需要政府通过政策规划，推动统一的技术标准建设。

（2）关于多方合作的生态支撑 需要从两方面去推动和实现：

一是行业生态构建，包括交通运营商、地方政府、通信服务商和国外服务商，以及产业资本等。

二是技术生态构建，包括通信服务商（通信设备提供商和通信运营商）、交通运营商或服务商（市内公共交通、租车服务、出租车、网约车、共享两轮车等）、整车制造商、高精度地图服务商、互联网平台（包括大数据、云计算和人工智能及 APP 应用开发等）运营商等，需要全产业链生态协作，才能更好地赋能智慧出行。

（3）关于便捷的用户体验和服务 要实现便捷的用户体验和服务，需提高产品用户体验，构建"千人千面"精准营销服务。移动互联网产品用户具备全天候、低容忍度和缺乏专注性的特点，因此软件开发与设计需要提高用户使用体验，增强用户忠诚度。

消费者对产品的使用体验由实效价值和享乐价值两部分构成，应确保出行软件使乘客高效地达成出行目标，并为乘客定制个性化的出行方案，实现虚拟环境中乘客、交通和社会的三方交互。同时，通过线上电子车票将新出行与新零售深度结合，实现便捷出行与商业热点相结合，为消费者提供"千人千面"的精准营销服务，在满足乘客出行服务的基础上，拉动生活服务、娱乐服务、商业服务等多方需求，实现多方互惠共赢。

5.4 MaaS 典型案例：智慧停车

5.4.1 停车现状

2021 年 5 月，国务院办公厅转发国家发展改革委等部门《关于推动城市停车设施发展的意见》（简称"意见"），"意见"提出到 2025 年，全国大中小城市基本建成配建停车设施为主、路外公共停车设施为辅、路内停车为补充的城市停车系统，社会资本广泛参与，信息技术与停车产业深度融合，停车资源高效利用，城市停车规范有序，依法治理、社会共治局面基本形成，居住社区、医院、学校、交通枢纽等重点区域停车需求基本得到满足。到 2035 年，布局合理、供给充足、智能高效、便捷可及的城市停车系统全面建成，为现代城市发展提供有力支撑。

停车场主要分为三大类：配建停车场、公共停车场、路内停车。①配建停车场（居住小区和公共建筑）：在各类居住小区、公共建筑或设施附属建设，为与之相关出行者提供停车服务的停车场。其中公共建筑为配套商业、文化娱乐、医院、机场、车站、码头等附属设施的停车场；②公共停车场：为社会车辆提供停放服务，投资和建设相对独立的停车场所。主要设置在公共设施周边，面向社会开放，为各种出行者提供停车服务；③路内停车：马路边占道供公众停车的地方。

停车存在"空位难求"（城市核心区域永远找不到空余停车场，一方面表现为无泊位资源可用，另外一方面是有车位但是车主未能有效获取空位信息，甚至需要下载多个停车 APP 以应对不同区域的停车需求，使用体验差）、"进场排队"（车辆在车场排队进场，其中医院、商场等排队尤为严重）、"价格不低"（停车场高收费，养车不菲）、"停车困难"（偌大的停车场找空位全凭视野和感觉）、

"缴费烦琐"（支付通道单一，支付页面烦琐，造成通行效率低下，严重阻碍出行及车主体验）、"无法确保停车安全"（部分露天停车场无法确保车辆安全）、"交通拥堵"（不少车辆未能在规定泊位内停放造成城市交通拥堵，或者是停车场出入口通道狭窄容易造成城市交通拥堵）等各类问题。

停车难问题产生的实质是稀缺资源供需不平衡的矛盾，即当前有限的停车位资源无法满足日益增长的日常停车需求。国际惯例汽车保有量/总车位为1:1.3，目前我国大城市小汽车与停车位的平均比例约为1:0.8，中小城市约为1:0.5。

解决停车位供需不平衡的关键在于先逐步提高供给端的供应，路径包括：

1）新增供给：随着汽车保有量增加，以及未来车位比向国际惯例靠拢，未来停车场增建的空间巨大。

2）存量改造：效仿海外，对存量停车场进行集约化的改造，比如向上可搭建立体停车楼增加容积，向下则挖潜立体停车库，硬件化改造实现单位面积的停车位增加。除此之外，通过安装智能化停车设备提高停车的效率，实现一站式停车。

3）利用互联网提高车位利用率：借助互联网手段，可以通过智慧停车串联各车场车位信息，从而盘活停车资源存量，充分配置现有车位资源。打通车场信息实现车辆引流，将繁忙车场需要停车的车辆引流到周边闲置车场的车位[6]。

5.4.2 智慧停车

智慧停车是指将人工智能、无线通信、定位技术、车联网技术、云计算技术等综合应用于城市停车位的状态采集、管理、查询、预订、支付与导航服务，实现停车位资源的实时更新、查询、预订与导航一体化服务，实现车主停车服务最优化、停车场利润最大化、停车位资源利用率最大化。采用智慧停车方案，具体可以实现如下目标。

（1）提升市民停车体验 道路和场库停车管理系统均采用视频高清识别技术等，准确记录出入车信息，实现无卡化停车体验。接纳车主各种支付习惯，支持车主APP绑定微信/支付宝/银联等各类支付方式，在授权开通支付免密的情况下，实现出场自动扣费，减少出入口岗亭人工收费环节，提升通行效率和车主体验。实现统一账号体系，一个APP停全城，具备跨区域车位查询、预约和路线导航，并有效引导车辆在目的地附近快速寻找车位，加上APP中其他发票管理、后市场服务等丰富应用与可操作性，让车主有更良好的停车体验。

通过车联网手段，可以实现的功能有：

1）车主能够实时获取出行目的地附近停车位信息，实现车位查询、车位预订和路线导航等停车服务，让出行和停车更便捷。

2）价格透明、流程规范、支付便捷，使停车消费更舒心。

3）多渠道了解车场配套充电桩、洗车服务等信息，让停车点选择有的放矢。

4）及时了解停车优惠信息，使停车消费更实惠，对停车服务质量评价与投诉，监督停车运营服务质量，享受更优质的停车服务。

（2）优化运营服务能力　实现自动计时收费并逐步向"无感支付"升级，改变以往依赖人工的收费模式，有效规避"跑冒滴漏"与收费纠纷等负面状况，降低管理成本。城市停车运营管理平台通过多种媒介向公众发布实时车位和诱导信息，提高车位使用效率。通过数据对车位使用情况和规律进行分析，及时调整运营策略。实时掌握停车管理系统设备设施的使用维护状况，及时进行故障抢修，保证正常运营。通过技术手段对车主进行画像分析，构建城市停车征信体系，有效缓解逃费现象，提高运营水平。

通过车联网手段，可以实现的功能有：

1）车主能与停车场之间实时交互信息，让驾驶员不用再苦苦寻找车位。

2）解决大量车位利用率和周转率较低的问题，解决核心区域泊位爆满而周边区域停车场泊位空闲等问题。

3）减少收费人员数量，避免收费人员直接接触现金，加强管理力度，降低管理成本。

4）向公众发布实时的车场资费信息和泊位利用率信息，增加营收。

5）能获得实时、全面的运营数据，了解车位使用情况、营收情况和系统运行状况等信息。

6）扩展商业引流等增值应用，如汽车维修、保养、充电等服务，为运营工作提供更丰富的盈利模式。

（3）改善城市停车秩序　配合停车执法部门做好停车规范引导和数据采集，协同城市道路监控体系，加大执法力度，丰富处罚手段，疏堵并用。用政策约束车主自觉性，改变停车习惯，减少停车乱象，间接改善城市停车面貌和交通状况。

通过车联网手段，城建规划部门可以有效掌握城市整体停车数据，结合停车数据和城区汽车保有量趋势进行研判，协同城市功能区域划分、人口分布、时间规律等信息，形成动静交通管理有机衔接，提供停车负荷分析、停车潮汐分析、停车需求分析等服务，优化停车设施布局规划。

（4）加强停车换乘衔接　出行停车与公共交通有效衔接，大中城市轨道交通外围站点建设"停车 + 换乘"（P + R）停车设施，公路客运站和城市公共交通枢纽建设换乘停车设施，优化形成以公共交通为主的城市出行结构。

通过车联网手段，可以将静态交通和动态交通的数据结合在一起，统筹停车设施资源、道路资源、公共交通资源，实现停车、充电桩、出租车、智能公交、单车、轨道交通等出行服务的有效衔接，用一套APP、一套出行接口为市民提供服务。

5.4.3　自主泊车（AVP）

停车场是智能交通最后一公里的延续，随着智慧交通的不断深化，高速公路、城市内交通到最后一公里停车场的联通效应进一步增强。AVP技术正是动态交通与静态交通联通的桥梁。通过"自主泊车"＋"智慧停车"为解决停车困难提供新思路，自主泊车既是自动驾驶的必备功能，也将是智慧停车的基础服务。

自主泊车主要有单车智能方案、强场控方案和车场协同方案[7]。

（1）单车智能方案　全部由车端进行感知、决策和控制，不需要对停车场进行任何改造工作。现阶段获得车企青睐，利益相关方仅车企与解决方案供应商，落地推进难度小。其优点是，对停车场设施依赖性小，可向其他自动驾驶场景迁移；缺点是车端成本高，对传感器、计算平台要求高，功能可靠性低，在停车场不标准、反光等复杂环境下受限，无法全部解决障碍物遮挡、定位、全局调度等刚需问题。

（2）强场控方案　感知、决策和控制全部在停车场端，车辆开放控制接口，车企对于开放控制接口的安全隐患存在顾虑，商业化落地难度大。其优点是车端改造较少，前装落地相对容易；缺点是停车场投资大，需要较高密度传感器，停车场投资回报周期长，而且需要车辆开放控制接口，较难适配多种车型。

（3）车场协同方案　在车场协同AVP路线中，AVP系统的三个组成部分，即车辆、停车场、管理中心分别承担不同的责任：

1）车辆：确定周边安全，沿场侧指定路径低速行驶，完成停车。

2）停车场：与普通车辆/行人通道分离规划和建设，布置摄像头、雷达等设备确保安全。

3）管理中心：发送地图，规划AVP车辆行驶与停车路线。

车场协同方式涉及利益相关方较多，当前还未形成统一方案，商业模式有待探索。其优点是降低场端投资，仅需提供辅助感知、地图定位等信息，传感器要求低，另外降低车端成本，可复用量产车现有传感器与自动泊车入位功能，也可为自动驾驶功能安全提供双份冗余，确保车辆行驶安全；缺点是未形成统一方案，产业涉及利益相关方较多，协同困难，车场协同涉及场端改造与车端适配，产业需要统一通信、数据、地图等标准。

参考文献

［1］谢振东，方秋水，吴金成，等．基于智慧支付的MaaS出行服务研究与创新［M］．北京：人民交通出版社，2021.

［2］智能交通技术. 出行即服务 MAAS 专辑（2022）［EB/OL］.（2022－10－01）［2022－10－31］. https：//www. sohu. com/a/589441090_ 468661.

［3］智能交通技术. MaaS（出行即服务）的实践应用及其未来发展思考［EB/OL］.（2021－07－19）［2022－10－31］. http：//www. 360doc. com/content/21/0719/18/39540953_ 987334568. shtml.

［4］李川鹏，王秀旭. MaaS 国外发展经验借鉴——以芬兰 Whim 应用程序为例［J］. 中国信息化，2019，11：46－47.

［5］中华人民共和国交通运输部. 综合运输与服务十四五规划［Z］. 2021，11.

［6］智慧停车：百亿赛道群雄逐鹿，"头号玩家"谁主沉浮？［R］. 武汉：天风证券，2018.

［7］自主泊车技术发展机遇、应用场景与政策环境［R］. 北京：中国电动汽车百人会，2019.

第6章
城市公共交通

 6.1 城市公共交通概述

"城市，让生活更美好"，城市是公众多元需求最为集中体现之所在，亦是获得满足之场所。同时，它也是科技创新、文化融合、经济发展的基座与舞台。城市交通作为城市运行的重要系统，相当于城市有机体的血脉和经络，是构建"美好生活"的重要因素；城市交通承载的人流、物流和信息流，既是"城市"的需求，也是需求驱动下的行为与结果。

本章不重复介绍在高等院校交通专业教材里面所讲的城市公共交通相关的系统组成、线网规划、站场规划、停靠站设计、轨道交通线网规划、客流预测等内容，而是着重社会实践层面，基于5G和智慧交通科技创新带来的机遇和挑战，加速政府优化调整城市公共交通规划和管理的进程，促进公共交通企业经营者改变经营模式和服务方式，引导乘客主动融入交通大系统，在总体上改变未来出行格局。具体地，以问题和需求为线索，提出对5G和智慧交通科技的现实需求、解决方案和未来设想，供相关学者、政府管理者、企业家、学生以及爱好交通的朋友参考。

城市交通是实现人流、物流、车流空间位移并到达一定目的地的基本手段[1]，对于城市（圈、群）而言，它发挥着关键的链接和疏通作用，是"血脉"、是纽带、是管道。交通是经济发展的"先行官"，是城市经济的"晴雨表"，城市交通包括城市客运交通和城市货运交通，作为城市发展运送客流、物流的重要通道，是城市发展的主要动力，交通对生产要素的流动、城镇体系的发展有着重要的影响，是影响城市兴衰的重要因素之一。本章节主要围绕城市客运来阐述，以下未作特殊说明的情况下都是指客运交通。

6.1.1 数说城市公共交通

城市公共交通作为城市交通的组成部分，主要区别于私人交通而言，一般是由政府和国有企业等公共服务部门提供，属于城市公共服务的一部分。随着时代的发展，城市公共交通在内容、形式和外延等方面都不断变化，并因每个城市的人口规模、地理物候、经济发展的差异而呈现出不同的形式。但这一差异正随着我国城市化进程深入，以及互联网、5G、物联网等技术进步引发的新管理服务和新商业模式而不断缩小。航空、铁路、水路、公路以及管道等运输方式在城市（圈、群）中因为这些模式的变化而迎来变革的挑战。交通出行的变革已成为趋势，或是发生在内部的主动变革，或是发生在外部的被动变革。

对于城市管理者，企业经营者以及参与其中的乘客（交通参与者）而言，在"新时代"里面临着共同的课题：如何应用好科技创新手段更好地实现城市公共交通的规划和管理，城市公共交通的运营、安全与服务，以及让城市居民更好地享受城市公共交通。要完成好这样的课题，要先从数据上了解一下公共交通发展状况，并和其他交通运输方式进行对比。根据国家统计局编制的《中国统计年鉴2021》[2]：2020年我国共有34个省级区划、333个地级区划（其中包含直辖市的地级以上城市297个，户籍人口400万以上的城市22个）；城镇人口90 220万人，占总人口的比例63.89%，即城市化率达到了63.89%；城区面积18.66万 km²（占国土总面积的1.9%）；城市人口密度为每 km² 2 778人，城市市政道路长度49.3万 km；城市公共汽电车运营车辆数为58.99万辆，每万人拥有公共汽电车12.9标台，运营线路总长度为104.23万 km，客运总量为395.13亿人次；城市轨道交通配属车辆为4.94万辆，运营线路里程为7 355km，客运总量为175.9亿人次，截至2020年我国共有43个城市开通地铁，其中大陆城市38个，台湾地区5个，仅剩下青海、宁夏、西藏三省及自治区未有地铁。

2020年，我国公路、铁路、水路、民航的客运总量为95.65亿人次。对比同期城市公共汽电车与城市轨道交通客运总量511.03亿人次，二者之比约为1:5；即，我国机动化社会出行总量中约有六分之五发生在城市公共汽电车和城市轨道交通系统。通过这组数据，可以大体了解到城市交通在国土上的分布情况。相当于以城市为节点的一张流动的网，其中约80%的客流发生在各大结点（大城市）上，结点内最大的为城市公共交通流量。这与城市（群）通勤的刚性需求密切相关。下面再看一组数据，为了后续章节的展开需要，这里选取了2019年和2020年的交通运输业相关数据，详见表6-1～表6-5。

表6-1　2019年和2020年交通运输业基本情况表1（运输线路长度）[2]

（单位：万公里）

年份	铁路营业里程	公路里程 (#高速公路)	内河航道里程	定期航班 航线里程	管道输油 (气)里程
2019	13.99	501.25（14.96）	12.73	948.22	12.66
2020	14.63	519.81（16.10）	12.77	942.63	13.41

表6-2　2019年和2020年交通运输业基本情况表2 [2]

指标		铁路	公路	水路	民航
运输客运量/万人	2019	366 002	1 301 173	27 267	65 993
	2020	220 350	689 425	14 987	41 778
旅客周转量/亿人公里	2019	14 706.6	8 857.1	80.2	11 705.3
	2020	8 266.2	4 641.0	33.0	6 311.3

表6-3　2019年和2020年交通运输业基本情况表3 [2]

指标		铁路	公路	水路	民航	管道
货运量/万吨	2019	438 904	3 435 480	747 225	753.1	91 261
	2020	455 236	3 426 413	761 630	676.6	85 623
货物周转量/亿吨公里	2019	30 182.0	59 636.4	103 963.0	263.2	5 350
	2020	30 514.5	60 171.8	105 834.4	240.2	5 450

表6-4　2019年和2020年交通运输业基本情况表4 [2]

（单位：万辆/万艘）

年份	民用汽车 (#私人汽车)/万辆	民用其他 机动车/万辆	民用运输 机动船/万艘	民用运输 驳船/万艘
2019	25 376.38 （#22 508.99）	6 899.43	121 440	10 115
2020	27 340.92 （#24 291.19）	7 266.91	126 805	8 874

表6-5　2019年和2020年全国城市公共交通情况表 [2]

年份	公共汽电车			轨道交通			出租汽车/辆
	运营车辆数/辆	运营线路总长度/km	客运总量/万人	配属车辆数/辆	运营里程/km	客运总量/万人	
2019	584 026	964 919	6 288 266	40 998	6 172	2 387 796	1 102 470
2020	589 961	1 042 348	3 951 265	49 424	7 355	1 759 044	1 113 153

从表6-1至表6-5来看，2020年对比2019年交通基础设施的建设在增多，物流的总量也在增长，公共汽电车和轨道交通的客流明显减少。在国家统计局的统计分类中，出现交通运输业和城市公共交通两大类别。至此，引用了国家统计局的数据，涉及的客运交通方式包括空中交通、水上交通、地面交通、地下交通以及轨道交通。这里有一个问题：在当前社会发展状况下，城市公共交通应该具体包括哪些交通运输方式？或者说如何定义新时代的城市公共交通？

6.1.2 城市公共交通概念新解

城市公共交通是随着人类的活动和城市化进程而不断发展变化的概念，其内涵和外延都随着时代的发展而发展变化。其本质是更好地服务在城市空间中，满足人的"衣食住行游购娱"等活动需求，其表现方式也随着科学技术和生活理念的发展而发生变化调整。

前面提出新时代的城市公共交通的概念是什么？城市公共交通具体包括哪些交通运输方式？事实上，政府各相关部门并未就这个概念形成统一的认识，在上一节的统计数据中可以发现端倪。下面，先将城市里面可能有的交通方式枚举出来，见表6-6。按照其运行空间划分，城市交通方式常见的有空中交通、陆地交通和水上交通。空中交通包括民用航空、通用航空和商业航空等。陆地交通又可以分为地面交通和地下交通。城市的客运交通形式主要集中在地面，有轨道交通（城际铁路、轻轨、有轨电车等），城市公共汽电车（BUS），快速公交（BRT），出租车（Taxi），网约车（小型汽车为主），租赁汽车（含大、中、小型汽车），共享汽车（小型汽车），通勤班车（大型客车和中型客车为主），楼巴（大车为主），公路客运班车和包车（大型客车和中型客车），私人小型汽车、摩托车、自行车、电单车、公共自行车（PBS）、共享单车、共享电单车以及步行；地下交通主要是地铁，有的城市建立了地下城市空间，构筑了较好的步行环境。水上交通包括水上公交、轮渡、摆渡等。此外在城市交通中还包括索道，尤其是江河居多的城市比较常见。这里罗列了这么多，哪些是属于公共交通呢？

表6-6　城市常见客运交通方式汇总

运行空间分类		交通运输方式	备注
空中交通		民用航空、通用航空、商业航空、索道	
陆地交通	地面交通	城际铁路，轻轨，有轨电车，公共汽电车、快速公交、出租车，网约车，租赁汽车，共享汽车，通勤班车，楼巴，包车，公路客运班车，私人小型汽车，摩托车，单车，电单车，公共自行车，共享单车，共享电单车，步行	
	地下交通	地铁、步行	大型城市地下空间连廊
水上交通		水上公交、轮渡、摆渡、邮轮、游船	

判断某种交通方式的属性，要遵循相关标准、规范。国家建设、交通、司法等部门都出台过相关城市交通或公共交通的规章或规范性文件。目前在国家层面

还没有出台城市公共交通管理条例。接下来，简要梳理一下国家部委规章相关公共交通的内容。

交通部2017年第5号令发布了《城市公共汽车和电车客运管理规定》[3]，规定指出，"城市公共汽电车客运，是指在城市人民政府确定的区域内，运用符合国家有关标准和规定的公共汽电车车辆和城市公共汽电车客运服务设施，按照核准的线路、站点、时间和票价运营，为社会公众提供基本出行服务的活动。"同时，对配套设施也进行了明确，"本规定所称城市公共汽电车客运服务设施，是指保障城市公共汽电车客运服务的停车场、保养场、站务用房、候车亭、站台、站牌以及加油（气）站、电车触线网、整流站和电动公交车充电设施等相关设施。"这是对常规公交的规定，也是大众都接受的、统一共识的一种公共交通方式。

交通部2018年第8号令发布《城市轨道交通运营管理规定》[4]，在其正文中没有关于城市公共交通属性的规定，但在起草说明中有相关表述：城市轨道交通是大城市公共交通系统的骨干，是建设现代城市的重要基础设施，是便民惠民的重大民生工程，在引领和支撑城市发展、满足人民群众出行、缓解交通拥堵、减少环境污染等方面发挥着越来越重要的作用，已成为大城市人民群众日常出行重要的交通方式和城市正常运行的重要保障。城市轨道交通建设对所在城市有相关标准和条件要求，目前我国内地有41个城市开通了地铁。北上广深等大城市先后出台了城市轨道交通管理规定，不约而同地在条例或规定的前三款中给出了城市轨道交通是公共交通的表述，例如《广州市城市轨道交通管理条例》第二条规定："本条例所称城市轨道交通，是指地铁、轻轨、有轨电车等城市轨道公共客运系统。"[5]公交和地铁是城市公共交通，这在全国范围内都取得了共识。那么，出租车、公共自行车、共享单车、共享汽车、网约车、通勤班车、民用航空、通用航空、水上公交等其他方式是否属于公共交通呢？

交通部2014年16号令发布《出租汽车经营服务管理规定》，其中第三条规定："出租汽车是城市交通的组成部分，应当与城市经济社会发展相适应，与公共交通等客运服务方式协调发展，满足人民群众个性化出行需要。"[6]这可以理解为，交通部不认为出租汽车属于公共交通，而属于可以与公共交通协调发展的城市交通方式。这一点，与国家统计局的统计口径不一致，见表6-5，统计局将出租车列入了公共交通的统计口径。

带有"公共"两字的自然属于公共交通，例如公共自行车，上海、南京、杭州和广州等地市都有相应规定，《南京市公共自行车管理办法》提到，"公共自行车是具有公益性质的城市公共交通组成部分。"[7]《广州市公共自行车系统管理办法（2015年）》指出，"本办法所称公共自行车系统是作为城市公共交通系统的重要补充，主要服务于居民中短距离通勤出行和与公共交通的短距离接驳换乘，兼顾休闲、旅游、健身等功能的自行车租赁服务系统。"[8]

相关部委和地市都没有将共享单车和共享汽车等纳入公共交通的范畴，例如《广州市互联网租赁自行车管理办法》（2020年11月1日施行）规定，"本市推动互联网租赁自行车与公共交通融合发展，构建绿色低碳出行体系。"[9]综上，国家部委和地市对城市公共交通的规定范畴，较为明确的是城市公共汽电车和城市轨道交通，以及公共自行车等明确"公共"前缀的方式，其他常见空中和水上交通方式以及近些年随着移动互联网兴起的网约、共享类的交通方式均没有计入城市公共交通的范畴。

国家层面的《城市公共交通管理条例》仍在立法进程中。2009年，国务院法制办将《城市公共交通条例》列入立法工作计划，并于2010年10月开始公开征求社会各界意见；但是对立法草案的很多内容，社会认识差距较大，行业内分歧众多，立法进程缓慢。2019年，司法部发布《城市公共交通管理条例（征求意见稿)》[10]，其中第二条给出了城市公共交通的定义："本条例所称城市公共交通，是指在城市人民政府确定的区域内，利用公共汽（电）车（含有轨电车，下同）、城市轨道交通系统和有关设施，按照核定的线路、站点、时间、票价运营，为公众提供基本出行服务的活动。"从这个定义中可以梳理出以下几个关键点。

一是运行区域。公共交通的运行区域是由城市人民政府确定的区域。一般地，城市都设置有零公里的范围，用来区分市政道路和乡村公路。城市公共交通默认为在市政道路范围内运行，超出范围后就要适用道路运输的相关规定。实际上随着城市化进程，很多城市的零公里范围之外已经不再是乡村，已经发展为城市，原来的乡村公路已经成为城市市政道路网的一部分。因此，城市公共交通的运行区域需要人民政府来确定或者确认。因为区域的确定直接影响到城市公共交通线路的身份，而身份直接关系到诸如财政补贴、燃油补贴、票价等相关公交政策的享有与否。但是，这种划分方式，往往是基于地面公交的规划和管理而衍生来的，对于轨道交通（地铁、轻轨、城际轨道）以及在比邻城市之间开展同城化的背景下，零公里对于轨道交通的运行范围已经失去意义，这些是专有路权。城市公共交通运行区域的规划设计以及裁定者是当地政府。

二是交通工具及其配套设施。这里规定了两类交通工具，分别是公共汽（电）车（含有轨电车）和城市轨道交通系统。公共汽车、公共电车以及有轨电车是城市中最常见的公共交通工具，广为城市居民所熟悉；城市轨道交通系统主要指地铁和轻轨，有些城市圈也包括了城际铁路，城市轨道交通主要使用电能。"配套设施"，从乘客使用相关性看，主要是首末站和中途站，包括公共汽车以及地铁的首末站、中途站。这些共同构成了公共交通系统。

三是运营要素需要核定。地面公共汽车的线路、站点、时间和票价是具有较大的变动可能性的，线路站点以及线路长度与运行时间、票价都直接相关，地面公交线路也会根据城市功能区布局、交通小区的变化在一定时期内进行调整。例如很多城市会每十年开展一次大型的公交线网调整，零星的线路调整会按照规定的程序经常性调整。这些调整，每个城市都设置了相应的行政管理部门负责，公共交通企业的线路开行、站点调整、运行时间和发车间隔都会受到基本的约束，这些需要交通行政部门核定并监督企业的执行情况；对于轨道交通，因其构造方式决定了建成后，其线路长度和站点会相对固定，但线路运行时间和票价会根据相关程序发生变化。

四是服务保障范围。"为公众提供基本出行服务"，这主要是指基于固定的时间和线路提供的出行服务，包括日班线路和夜班线路，满足通勤出行和其他生活出行需求。

从这份征求意见稿来看，并未将出租车以及面向公众提供基本出行服务的共享交通和互联网＋交通方式列入公共交通范畴。这里面可能有财政补贴范围和强度的相关考量，但公共交通一定要财政补贴吗？这些都可能是国家层面的城市公共交通管理条例还没有正式出来的影响因素之一。

各省市出台的相关城市公共交通管理条例，开始在适应城市内出现的新交通出行模式和方式，例如共享汽车、共享单车等。随着 5G 等新一代移动通信技术的发展，基于手机 APP、卫星定位（北斗/GPS）和地图 LBS（Location Based Services）技术，结合人们出行更有计划性、更有确定性、更加舒适性的需求，出现了很多新的出行方式，但它们是否属于城市公共交通，存在着社会的争论，正如前述立法过程的缓慢原因之一就是社会的认识不统一，在未获得共识前，又不断出现新情况，立法的滞后性十分明显。2016 年，《最高人民法院关于审理抢劫刑事案件适用法律若干问题的指导意见》（法发〔2016〕2 号）中明确[11]："公共交通工具"，包括从事旅客运输的各种公共汽车，大、中型出租车，火车，地铁，轻轨，轮船，飞机等，不含小型出租车。对于虽不具有商业营运执照，但实际从事旅客运输的大、中型交通工具，可认定为"公共交通工具"。接送职工的单位班车、接送师生的校车等大、中型交通工具，视为"公共交通工具"。

最高法的视角，从运输旅客的大众性、交通工具的大容量特征，用公共交通工具来界定公共交通，公共交通工具的界定从属其运输群体和目的，从属其公共性和群体性的本质，即非特定的个人。最高法的解释，给出了公共交通的判定方法，对上述部委规章中涉及的公共交通的内容和外延进一步地扩大了，也应和了城市交通和社会的发展趋势。但不含小型出租车值得商榷。

公共交通以公共性和群体性为判定标准。公共交通属于社会服务产品。根据公共经济学理论，社会产品分为公共产品和私人产品。按照萨缪尔森在《公共支出的纯理论》中的定义，纯粹的公共产品或劳务是这样的产品或劳务，即每个人消费这种物品或劳务不会导致别人对该种产品或劳务消费的减少。而且公共产品或劳务具有与私人产品或劳务显著不同的三个特征：效用的不可分割性、消费的非竞争性和受益的非排他性。而凡是可以由个别消费者所占有和享用的产品或服务，其具有敌对性、排他性、可分性，符合这三个特点的产品就是私人产品。此外，介于前述二者之间的产品称为准公共产品。从这个划分来看，公共交通属于公共产品，其效用具有不可分割性、消费的非竞争性和受益的非排他性。从这个理论角度来看，公共交通的外延与最高法的视角是一致的。

再看一下大学院校教材是如何定义城市公共交通的，"在城市及其所辖范围内供公众出行乘运、经济方便的各种客运交通方式的总称，是为居民生产、工作、学习、生活等需要服务的。"[1]，这个定义很宽泛，从服务的对象以及目的性、运行的区域和经济性方面做了界定。具体地，"城市公共交通体系由公共汽电车、城市轨道交通（主要包括地铁和轻轨）、快速公共交通、出租车组成。"[1]，这样具体化后，将之前的定义又限制到了四种交通方式组成的体系之内，而公共自行车，水上公交等没有列入体系之中。

以上是对城市公共交通概念的简要梳理，无论是从政府投资、管理或财政补贴的角度，还是交通工具的划分，以及公共产品和私人产品属性和特征的区隔，遵循"以人为本"服务大众的公共服务的判断是一致的。城市的人口集聚效应，率先发展出公共交通，其发展走过了从无到有，从少到多，从单一到多样，从固定到定制，从好到优的过程。先后面临的问题也由解决出行问题，到如何有更多出行方式选择，最后转变为如何更快、更安全、更舒适地出行。市场运营也由"有路大家行车，有水大家行船"的全面放开、自由发展，到特许经营、规范管理，再到"互联网＋"、定制服务、共享服务，逐步实现"物畅其流，人享其行"。这是社会向好发展的趋势，也符合社会主要矛盾的转化方向，我国社会发展进入了新时代，社会的主要矛盾已经转换为"人民日益增长的美好生活需要与不平衡不充分的发展之间的矛盾"。这个矛盾的解决，要用科技手段和创新模式，在传统的交通运输领域融入更多的科技创新成果，实现对其改造和提升，输出的服务和产品可以更好地满足人们对美好生活的向往。

美好生活需要多样化选择，这里将多种交通出行方式进行了对比，包括用户是否实名、运营要素的政府核定，用户行程大数据获取以及企业运营数字化等方面，详见表6-7。

表6-7　多种交通出行方式比较

类型	用户是否实名（是否有用户画像）	是否政府核定运营要素（线路、站点、票价、时间等）	是否能提前获知用户行程（是否事先购票或线上预约及选择行程）	是否可直接获取OD数据	是否有专有路权（航道、航线）	运营全面数字化
公共汽电车	无（没有）	是	不能（否，即时购票，部分定制公交线上购票，但行程信息不全）	否（极小部分后门刷卡可实现O，无D，大部分有O、无D）	否或部分有（公交专用道，分时段，不连续）	部分
轨道交通（地铁、轻轨等）	无（没有）	是	不能（否，即时购票，但知道准确的进出站OD信息）	有	有	是
铁路（高铁、城铁等）	是（有）	是	能（是）	有	有	是
民航	是（有）	是	能（是）	有	有	是
水运	是（有）	是	能（是）	有	有	部分
共享汽车（网约车）	是（有）	否	能（是）	有	无	是
共享单车	是（有）	否	能（是）	有	无	是

"新时代"的城市公共交通,不再以单一城市为边界,不局限在具体的某几种交通工具,而是围绕大众日常工作、学习和生活的主线,充分利用好城市自然资源和空间资源,以及最新的科技和工业成果,发展空中、水上、地面和地下的综合交通服务体系,具体形式和内容也应当丰富多样,对应配置满足大众需要的高、中、低的多样化解决方案。因此,公共交通应是以满足公众日常出行的多种出行服务和慢行交通基础设施服务的总和,包括城市公共汽电车、城市轨道交通、水上公交、轮渡、索道以及民用航空、通用航空、公交化运营的城际轨道交通,依托互联网组织承载大众日常出行的大中型汽电车、道路运输车辆等,公共自行车(含电动)、互联网租赁单车(含电动)以及绿道等步行基础设施。承担政府指令性的公共交通服务可适当获得财政补贴,鼓励社会资本投资建设城市公共交通。城市公共交通以服务城市人民日常生产生活及娱乐休闲出行活动为主,这符合"以人为本"的"城市,让生活更美好"的主题,符合人民对美好生活的向往的方向。

通过前述讲解和上表的比较,可见在以上的众多"公共交通"方式中,城市公共汽电车在我国的城市中是普遍存在的,也是最不可或缺的基本保障,其面临的运营条件和管理条件是最为复杂,难度最大的,需要更多的科技创新手段介入和提升。因此,本章以后各章节,都将围绕城市公共汽电车(以下简称城市公共交通)来阐述相关管理侧和运营侧存在问题、现实需求和解决方案设计,并辅以轨道交通等其他交通方式的说明。相对而言,城市公共交通的运行环境和经营条件是最为复杂的,只要能解决城市公交这个最为复杂的场景,其他公共交通方式借鉴和加以微调后即可实现。

6.2 城市公共交通变革需求

前面对城市公共交通进行了概述,从全国的统计数据上看,它占了社会机动化出行量以及城市交通量的主要比例,但考虑到我国的地区和城市发展不平衡,在统计数字之下存在情况各异的城市发展状况及其对应的公共交通发展阶段。交通是"先行官","逢山开路,遇水架桥",公共交通的发展离不开所在地经济和社会发展状况。我国各地区发展存在梯度变化,除了环渤海、长三角、珠三角、成渝、关中(中原)、海西和中部城市群之外,其他地区的公共交通发展处于初级或者中级阶段;发展公共汽电车和轨道交通的"公交优先"政策是解决大城市交通拥堵的不二法门,是中小城市交通出行的重要保障。随着经济社会的发展和科技创新成果的涌现,对公共交通的内涵和外延存在一定的不同认识,这些是社会对城市公共交通变革的呼声。在全球经济出现危机，各国经济普遍放缓，政府财政收入减少的大背景下，城市公共交通急需变革。

这里通过一组数据来说明城市公共交通发展状况和面临的挑战，选取了《中国统计年鉴2021》2019年和2020年数据进行简要分析。2020年我国总人口14.12亿，其中城镇人口9.02亿，城市公交运营车辆58.99万辆，客运总量为395.13亿人次；城市轨道交通配车4.94万辆，客运总量为175.9亿人次，二者合计571.03亿人次。2020年私人汽车2.43亿辆。按照最值原理对以上数据进行简单解构，按年工作日250天算术平均（本节内以下简称日均），城市公交日均客运量约为1.58亿人次，车日客运量约267.93人次，按每车全天运行6班次估算其每班车次客运量为89.31人次，按照车日运营8小时估算小时客运量为66.98人次（目前各城市使用最普遍的标准单层公交车型，一般车长11~13m，额定载客80人左右[1]）；城市轨道交通日车均客运量为976人次。同样地，简单估算，2020年我国每万人拥有私人汽车1 720.96辆，汽车工作日平均出车率取60%（2020年北京为49.8%[12]，2019年为74.4%[13]，2018年为70%[14]，大城市的出车率偏低，中小城市的比例偏高），工作日私人汽车按照最小的日承载量2人次估算，保守估计2020年私人汽车的载客总量约711亿人次，这一数字高于常规公交和地铁的总和571亿人次。

2020年全国出租车客运总量为253.27亿人次[15]，网约车客运总量占出租车客运总量的36.2%[16]，约为91.68亿人次。若将上述几种机动化出行方式作为2020年社会机动化出行的总体，则基于上述数据，2020年全国公共交通机动化出行分担率⊖约为35%。若扩大到社会出行总量的维度，2020年公共交通出行分担率的最大均值约为30%。按照城市规模估算，小城市的公共交通分担率一般不到10%，中等城市的分担率约10%~30%，大城市和特大城市的分担率一般在30%以上，最高的能超过60%，众数约为43%。按照国家"公交都市"的指标要求，城市公共交通机动化出行分担率要达到60%，目前已公布的四批公交都市示范城市累积达到33个，占全国地级以上城市数量的比例约为11.11%，占

⊖ 公共交通机动化出行分担率 = 公共交通出行量/机动化出行总量。
公共交通机动化出行分担率定义：统计期内，中心城区居民选择公共交通的出行量占机动化出行总量的比例。（单位:%）
其中：公共交通出行量包括采用公共汽电车、轨道交通、城市轮渡等（不含公共自行车、出租车）交通方式的出行量；机动化出行总量是指使用公共汽电车、轨道交通、城市轮渡、汽车、出租车、摩托车、通勤班车、公务车、校车等各种以动力装置驱动或者牵引的交通工具的出行量。

全国县级以上城市（不含市辖区）数量的比例约为 1.5%[17]。

由此可见，城市公共交通承载量占社会出行总量的比例逐年走低的趋势是个巨大的挑战，无论对政府部门，还是企业或者市民而言，公共交通承载量占比降低，意味着人民群众出行对公共交通的选择排序和黏性变化了，其他非公共交通属性的交通占比提升，私人汽车以及网约车、出租车不断增多势必加剧大城市的交通拥堵，最终影响城市总体出行效率，但私人交通在出行自由度、舒适性甚至经济性方面也许更好地迎合了这样的趋势。私人汽车拥有前两项，电单车至少占了自由度和经济性两项，甚至有的使用者认为是三项。这对城市公共交通而言是现实的挑战。

大力发展城市公共交通是解决大城市和特大城市交通拥堵病的良方，这是世界各国城市管理者取得的共识，我国 2004 年以来大力推动"公交优先"政策并取得了较好成效，但从客流上看，城市公共交通受到了近些年出现的网约车、共享单车、共享电单车以及私人电单车的分流，又在新冠疫情的冲击下进一步受挫（详见表 6－8）。一方面，疫情期间的 2020 年，公共交通客运总量在客运总里程和总车辆数未减少的情况下，相较新冠疫情前的 2019 年和 2018 年的客运总量减幅分别达 37.2% 和 37.8%，疫情是不可抗力，是公共交通管理部门和运营企业不得不面对的挑战。另一方面，共享单车、网约车、电单车等替代出行方式增多，分流了大城市的公交出行市场；此外，随着新能源政策和电动汽车的发展，私人汽车的拥有成本越来越低，尤其是纯电动汽车政策削弱了大城市的汽车号牌调节政策效用。这些综合因素导致各大城市公交企业经营困难加剧，对于中小城市本就不大的市场规模更是将公交企业逼近"生死"临界点，近三年以来陆续出现公交企业关停的消息（尤其是民营企业）。对于城市公交自身而言，运行速度，到站准点率或时间确定性，乘坐舒适性以及公交线网、站点覆盖率，公共交通系统换乘效率等都影响到城市公交的吸引力，这是对行业自身运营模式和服务方式变革的挑战。最后，从世界政治和经济形势看，总体上各国经济发展都出现了迟滞或衰退迹象，加之新冠疫情的影响，减税、返税等暖企、支持企业政策以及防疫支出等导致政府财政资金紧张，对城市公交的支持力度减少，拉大了公共服务供给与人民群众需求的差距，也使得政府与企业投入与城市公交占社会出行分担比例失衡的矛盾显现，这是对各级政府和运营企业的一大挑战。以上选取的客流数据分析，概述了城市公交运行面临的挑战，这个挑战既是政府的，也是企业的，也影响到每一个交通参与者。接下来，着重从政府侧和企业侧说明相关具体的挑战。

表6-8　2011年至2020年全国公共汽电车和轨道交通客运数据[18]

年度	公共汽电车			轨道交通		
	运营车辆数/辆	运营线路总长度/km	客运总量/万人次	配属车辆数/辆	运营里程/km	客运总量/万人次
2020	589 961	1 042 348	3 951 265	49 424	7 355	1 759 044
2019	584 026	964 919	6 288 266	40 998	6 172	2 387 796
2018	565 933	876 650	6 356 469	34 012	5 295	2 127 659
2017	554 820	791 365	6 627 688	28 617	4 570	1 843 000
2016	515 051	725 690	6 826 235	23 791	3 728	1 615 081
2015	482 975	666 444	7 054 193	19 941	3 195	1 400 102
2014	458 955	617 235	7 228 457	17 300	2 816	1 266 576
2013	446 604	575 173	7 162 676	14 366	2 408	1 091 872
2012	419 410	549 736	7 014 989	12 611	2 058	872 925
2011	402 645	519 554	6 725 785	9 945	1 699	713 400

6.2.1　政府侧的挑战与需求

各级政府是发展城市公共交通的主要推动者，他们要根据城市的区位特点、财政水平等，由交通、财政、规划、公安等部门通过资源调配、立法执法等手段保障公共交通的良性发展。2012年，国务院发布了《国务院关于城市优先发展公共交通的指导意见》，《意见》指出[19]：优先发展公共交通是缓解交通拥堵、转变城市交通发展方式、提升人民群众生活品质、提高政府基本公共服务水平的必然要求，是构建资源节约型、环境友好型社会的战略选择。2019年，国务院印发《交通强国建设纲要》[20]，"优先发展城市公共交通，鼓励引导绿色公交出行，合理引导个体机动化出行。推进城乡客运服务一体化，提升公共服务均等化水平，保障城乡居民行有所乘。"《纲要》提出：到2035年，基本建成交通强国。旅客联程运输便捷顺畅，智能、平安、绿色、共享交通发展水平明显提高，城市交通拥堵基本缓解，无障碍出行服务体系基本完善；交通科技创新体系基本建成；基本实现交通治理体系和治理能力现代化。到21世纪中叶，全面建成人民满意、保障有力、世界前列的交通强国。基础设施规模质量、技术装备、科技创新能力、智能化与绿色化水平位居世界前列，交通安全水平、治理能力、文明程度、国际竞争力及影响力达到国际先进水平，全面服务和保障社会主义现代化强国建设，人民享有美好交通服务。目前距离交通强国建成的十年和到21世纪中叶的三十年，是给公共交通规划建设管理和市场经营主体的时间窗，是重要的发展期。

1. 城市公共交通规划的问题和挑战

新冠疫情终将过去，这场全球公共卫生危机放缓了世界经济和我国经济，引发了金融危机、政治危机和国际关系危机，后疫情时代下，这些危机不会很快消除，还将长期影响社会经济发展，包括经济贸易、产业布局、人员流动等。对国内的城市而言，城市公共交通规划都不是一张白纸，既不能"任由挥洒"，也不能"停滞不前"，更不能"推倒重来"，循序渐进，科学改造和完善，是适应时代和社会发展的稳妥方案。

《交通强国建设纲要》给出了规划方向：坚持以供给侧结构性改革为主线，坚持以人民为中心的发展思想，牢牢把握交通"先行官"定位，适度超前，进一步解放思想、开拓进取，推动交通发展由追求速度规模向更加注重质量效益转变，由各种交通方式相对独立发展向更加注重一体化融合发展转变，由依靠传统要素驱动向更加注重创新驱动转变，构建安全、便捷、高效、绿色、经济的现代化综合交通体系，打造一流设施、一流技术、一流管理、一流服务，建成人民满意、保障有力、世界前列的交通强国。具体到每个省和地市就要因地制宜地开展规划落地工作。

以下是国内主要省市"十四五"交通规划有关公共交通的内容，从其中可以发现总的发展方向、共性的问题，也有十分明显的地域特征和经济发展所处阶段的规划考量。

（1）七大经济核心区的省市追求快捷、守时、绿色和智慧 以京、沪、广深港澳、成渝、西安郑州、福州厦漳泉和武汉等为核心的环渤海、长三角、珠三角、成渝、关中、海西和中部城市经济圈，既是我国经济发展引擎，也是公共交通发展的高地。

《北京市"十四五"时期交通发展建设规划》[21]明确，北京市将重点加快轨道交通"四网融合"、轨道与公交融合，推进交通运输绿色发展，建设步行和自行车友好城市，鼓励绿色低碳出行，力争"十四五"末中心城区绿色出行比例达到76.5%。到2025年，轨道交通（含市郊铁路）总里程力争达到约1 600km。同时，将提升交通智慧化水平，打造"智慧地铁""智慧公交""智慧停车""智慧道路"示范工程，到2025年智慧道路总里程超过300km。

《广州市交通运输"十四五"规划》[22]提出，打造更具吸引力的公共交通服务。一是完善城市轨道交通运营管理。实现地铁车站客流监测实时化、管控决策科学化、信息发布及时化，有效提高地铁车站客流组织效率和运营安全水平。二是提升城市轨道交通接驳服务。完善地铁站点衔接设施，解决轨道出行"最后一公里"问题。推动轨道站点周边形成"轨道＋慢性"的绿色出行模式。三是持续推进公交现网优化。四是提供更有竞争力和吸引力的公交服务。探索守时公交，提高公交准点率。

《上海市综合交通发展"十四五"规划》[23]提出，进一步优化城市交通网络体系。一是轨道交通方面，构建市域（郊）铁路骨架体系，加强整体统筹和顶层设计。二是地面公共交通方面，完善中运量及多层次的地面公交系统。构建骨干线、区域线、接驳线三级线网，形成网络化运营。三是改善慢行交通环境，依托"15分钟生活圈"建设，提升慢行通道的连续性和功能性，优化慢行交通环境，保障慢行交通路权。完善轨道交通站点"最后一公里"慢行接驳通道建设。四是推进一站式出行体系建设，加快道路交通、公共交通、长途客运、航空、铁路、水运等多方式出行信息融合，推进出行即服务系统（MaaS）建设。

《西安市"十四五"综合交通运输发展规划》[24]提出，要建成"轨道上的西安都市圈"，打造都市圈快速通勤网。继续推进区域路网融合发展，逐步构建都市圈"七横七纵"城市快速路体系。加快推进城乡交通运输一体化，推进客运一体化融合发展，推进多样化的联程模式，实现"旅客零距离换乘"。构建由轨道交通、中运量公交、常规公交、辅助公交等构成的多模式、一体化、高效率城市公共交通系统。推进"一站式"客运服务，支持民航、轨道与道路客运的售票合作。推广智慧交通数据化应用，优化智慧公众出行服务，为市民提供行前智慧决策、行中全程引导、行后绿色激励等全流程、一站式"门到门"的出行智能诱导及全过程规划服务。

《福州市"十四五"综合交通运输发展专项规划》[25]同样提出，要重点建设城市轨道交通，形成轨道交通主骨架。提升城市公共交通品质，完善轨道交通接驳设施以及换乘枢纽布局，推广公交换乘出行优惠，促进公交与地铁双网融合。提升公交专用道里程，保障公交优先通行。以新型城市基础设施建设为抓手，积极推进"两新一重"建设，开展人工智能、物联网、车联网、5G网络、大数据等新一代信息技术交通应用示范。重点构建福州综合交通运行监测调度中心（TOCC），打造福州综合交通运输"数据大脑"。加快打造智慧机场、"5G＋智慧港口"、智慧航道、智慧轨道、智慧公路、智慧枢纽等新型智能化管理交通基础设施。

（2）西部、北部、西北、西南和东北沿边省市以及中小城市要实现基础设施成网及信息化　我国西部、北部、西北、西南和东北沿边省市和中小城市的公共交通发展相对薄弱，其当前的交通发展主要以实现基础设施成网为重要目标，逐步开展交通信息化建设与应用。

《新疆维吾尔自治区"十四五"交通运输发展规划（征求意见稿）》[26]指出，"十四五"期间，新疆交通运输发展仍处于基础设施加快成网的攻坚时期，运输服务全面提升的重要时期。围绕"进出疆快起来、疆内环起来、南北疆畅起来、出入境联起来"发展目标，促进公众出行基本实现全疆主要城市"2小时"通达，都市圈"1 小时"通勤，都市圈公共交通分担率不断提升；基本实现城乡公共服务均等化；旅客联程运输水平明显提升，客运"一站式出行""一卡式支付"广泛应用；共享交通、定制客运、网络预约、互联网租赁等新业态、新模式得到长足发展。征求意见稿还提出，推进城乡客运服务一体化，扩大农牧区客运通达深度，保障城乡居民行有所乘。

《青海省"十四五"综合交通运输体系发展规划》[27]的发展目标是：到 2025年，交通基础设施覆盖程度进一步扩大，对外联通能力进一步增强，内部网络更加完善，技术等级不断提高，各种交通方式间转换衔接更加顺畅，人民群众出行更加便捷，运输服务品质、能力和效率不断提升，现代化高质量综合交通运输体系加快构建，为富裕文明和谐美丽新青海建设筑牢坚实的基础。其中公共交通方面，运输服务更加便捷高效，城乡交通一体化发展水平达到 AAAA 级以上的县区比例达到 50%，城市公交一卡通覆盖比例达到 90%，二级及以上客运站和定制客运线路全部实现电子客票使用。

《内蒙古自治区"十四五"综合交通运输发展规划》[28]的目标是实现交通运输行业智能化、数字化水平显著提升，基础设施智能化建设水平和服务水平取得突破，自治区"一卡通"互联互通工程取得新进展，城市公交"一卡通"盟市所在地覆盖率达 100%，优化城市公交服务，分类建立合适的城市客运发展模式。

《云南省"十四五"综合交通运输发展规划》[29]有关公共交通的内容是：公众出行便捷快速。旅客出行服务系统更加智能，旅客联程运输比例大幅提升，客运"电子客票"广泛应用，二级及以上道路客运站、省际和市际客运班线电子客票覆盖率分别达到 99% 和 80%，客运出行体验显著提升。城市公共交通网络更加完善，特殊人群出行更加便利，交通出行适老化服务水平显著提升。农村客运服务水平进一步提高。

（3）资金、政策、技术和数据是规划中最大的问题和挑战　前面梳理了全国各省市综合交通运输规划存在的有关问题和相关公共交通规划内容，总体上经济发达地区的城市公共交通发展已经进入追求高质量和满足人民群众对美好出行需求的阶段，由供给侧向需求侧转换，更多关注了解需求、创造需求和满足需求方面；经济欠发达的省份和城市还处在交通基础设施的建设时期，注重供给侧结构性优化，保障交通基础设施的建设、联通和网络化，推动城乡一体化客运，保障城乡居民出行有所乘。

首先，无论是转型升级还是高质量发展，架桥修路等传统基础投资和 5G、V2X 等新型基础设施建设，以及更新公交车辆，提升公交车信息化、智慧化水平等，都需要大量资金保障。没有资金配套和支撑的规划，其可实现性或大打折扣，因此对政府而言的挑战首先是资金。

其次，中央到地方的经济政策和产业政策等决定了各省市的发展定位，不同的产业特征决定了配套交通的形态是工业生产型还是旅游环保型，既要避免重复投资建设，又要形成省际互补和组团式发展，同时还要将周边国家、全球大市场的因素一并考虑。综合交通运输规划是一项复杂的系统工程，城市公共交通仅是其中很小的一个部分，但其是关系到城乡居民日常出行的民生工程，十分重要和必要。

最后，在明确了资金和政策之后，影响规划质量的还有技术和数据的了解和掌握情况。国民经济和社会发展的各项指标数据，有历史数据和未来五到十年的分析预测数据，直接影响到规划的投资强度、国土规划、项目立项和规模等；技术包括了工业化、信息化、数字化等技术手段，也包括管理、规划编制等软科学和方法论，这些都直接影响到规划编制与现实结合的紧密度，以及规划实现的误差情况。因此，政府部门希望能尽可能地掌握到准确、全面的数据，并了解到相关产业、科技相关技术状况，找到最适合国情、省情、市情的先进技术和大数据；同时，在规划编制过程中有掌握先进规划编制技术的团队参与也十分重要。

2. 管理的问题与挑战

按照时间点来铺排，对公共交通而言，政府部门当前面临的最大挑战是客运量的减少、城市公共交通占社会机动化出行比例降低，以及市民对美好生活之出行需求与城市公共交通供给服务之间的差距仍很大。这其中既有新冠疫情的影响，也有政府部门的政策调整以及企业自身经营服务的问题，更是在社会经济发展、科技进步和人民出行习惯改变之后对政府部门和交通企业提出的客观要求，城市公共交通不得不面对业已形成的发展趋势。古诗云："做天难做四月天，蚕要温和麦要寒。行人望晴农望雨，采桑娘子望阴天。""做天"的城市管理者，最难的是获得一个众人都满意的方案。

（1）管理政策制定中缺乏数据支撑和可平衡各方诉求的系统或平台解决方案　城市公共交通规划、建设和运营服务等涉及的政府部门较多，包括发展改革委、公安部、财政部、交通运输部、国资委、税务总局、自然资源部、生态环境部、住房和城乡建设部、安全监督管理局、应急管理部、卫健委等。例如对于某地块的公交场站用地规划问题，发展改革委和住房和城乡建设部希望用来发展商业楼宇，交通运输部希望建设公交场站，生态环境部希望建设绿地公园等，这需要有大数据和数字化平台工具，将各方诉求形成综合方案开展比较评估。建立完整的城市信息模型（City Information Modeling，CIM），并接入城市运行数据，形成可推演计算的数字城市，是城市管理者的迫切需求。同时，依托专业化的系统将城市各条块的数据采集准确、全面，例如城市社会、经济发展以及城市居民生活、流动的相关数据，以及各种算法，这些是顶层的需求。

（2）建立和完善交通管理相关专业化的信息系统和平台，实现管理数字化和智能化的需求　城市公共交通的管理涉及交通组织管理、轨道交通运行和服务质量监管，地面常规公交运行和服务质量监管，水上公交的运行和服务监督，出租车的运行和监督管理，自行车的投放和使用监管等。此外，还有交通企业的运行成本核算、财政补贴、政府各项优惠、鼓励政策执行情况等专业化系统，例如交通大脑、公交云脑等行业平台的建设。这些专业化的系统是智慧城市的核心层，是城市大脑的感知层和执行层。建设条块的专业化系统以及数据信息采集终端，从底层、中间层到顶层形成大系统，使得城市公共交通的宏观、中观的管理完全系统化，决策数据化，这是所有城市公共交通管理者的需求。在经济发达的省份和城市已经在开展相关实践和试点，在经济欠发达的地区也已经开展了信息化建设。

（3）数字化管理水平和管理经验有待提升　数字城市或者数字孪生城市、平行空间是新生事物，大数据的应用以及效用发挥需要积累和经验总结。对于城市交通规划与管理者，应用数字化的能力与水平需要学习与锻炼，相关的应用经验需要积累。

系统的建设相对于用好系统的难度要小很多，工具的建设只要适当投资和找好承建团队后就容易实现，但建成交付使用的过程以及能够达到预期效果，就需要城市管理者提升自身的能力与水平，并能够秉持开放的态度、学习的心态去接受自己的能力不足、经验不足，从而驾驭这些具有科技含量的工具。在工具打造过程中，存在几个关键点。一是对于末端城市感知体系，要建立可操作的精细管理规程，保障物联网等终端信息和数据采集设备的正常运行，这是系统的基础。没有基础数据的输入，就是无源之水，无法实现后续的顶层设计。二是数据进入系统后的数据治理需要一定的过程，包括标准的制定，元数据的管理，对于多源异构数据的标准化需要大量的工作，这很考验城市交通管理者对基础数据的理解以及业务标准的掌握。第三要求公共交通管理者将多年来沉淀下来的管理策略、方法、手段相对清晰地描述，由专业的团队进行建模和形成算法，通过不断地数据校验和实践检验，最终成为系统的标准功能。完成这些之后，管理者的人力不足，经验不足，能力不足等问题才会逐步得到解决。而且，这个过程是循环往复和与时俱进的，绝对不是一劳永逸和一成不变的。社会在进步，管理的策略和手段也要跟随着变化，否则就不能适应城乡居民的美好出行需求。

6.2.2　企业侧的挑战与需求

除去新冠疫情的影响因素，公共交通企业面临的最大挑战是客运总量的减少，或者说公共交通的吸引力在降低，这里主要指全国城市中普遍存在的地面常规公交，这个拐点出现在2014至2015年，如图6-1所示，2015年以后虽然常规公交的运力和营运里程都在增加，但客运总量在持续减少（见表6-8）。全国轨道交通的客运总量与运营里程的增加呈现正相关，如图6-2所示。总体上，城市公共汽电车和轨道交通的客运总量在新冠疫情前都是稳步增长的趋势。对于地面常规公交运营企业和轨道交通公司，二者面临的挑战既有交集，也有不同。相对而言地面常规公交公司面临的问题和挑战更多、更大，有些企业已经到了生死边缘。地面常规公交客运量的减少引发了一连串问题，或激发了此前就已经存在的各种问题。

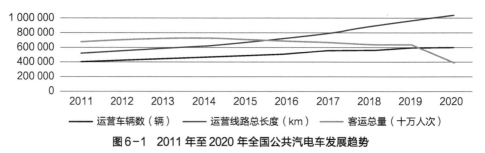

图6-1　2011年至2020年全国公共汽电车发展趋势

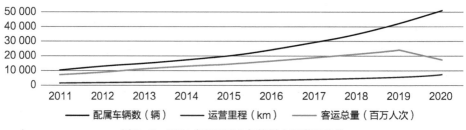

图6-2　2011年至2020年轨道交通发展趋势

1. 与人相关的问题与挑战

对于地面常规公交企业来说，一线生产人员占总体员工的比重非常大，包括驾驶员、技工、营运调度员和安全员等。第一是驾驶员，公共汽电车的驾驶者、营运计划的执行者、安全生产的操作者都集中到驾驶员身上；对于轨道交通企业而言，虽然相对于地面常规公交运行环境好很多，其在独立体系内闭环运行，有独立的路权、信号控制、自动驾驶、进出站管理等，但司机群体、技工等一线员工的安全生产管理尤为重要。第二是营运调度员和安全员；第三就是乘客。公共自行车、水上公交等其他公共交通形式也有类似的问题。

（1）驾驶员　地面常规公交的驾驶员，在全国公交行业内普遍存在招聘难、老龄化等问题。一是驾驶员的薪酬总体不高，一般在社会平均工资的水平；二是工作强度较大，早出晚归，存在行车线路单调、如厕难等问题，年轻人对这一职业选择度低。三是驾驶技能要求高。驾驶员直接关系到正常的运营服务和安全生产，为确保驾驶员的身心健康，公交企业需要投入大量人力、技术和资金确保驾驶员的身体健康、心理健康和行车安全。这包括对驾驶员定期体检，出车前的身体健康状况检查，行车中通过视频等设备监控驾驶员的健康状态和安全驾驶行为，收车后要持续关注驾驶员的休息和心理等状况。企业工会关心职工的家庭和日常生活，防止驾驶员不良嗜好，家庭纠纷，治安事件等影响心理健康。要从每个细节关心和关注驾驶员，倾注大量人力和财力，因为驾驶员驾驶的公交车乘坐大量的乘客，驾驶员的驾驶安全是十分重要的环节。

（2）营运调度员和安全员　公交企业的工作人员普遍存在老龄化问题，地面常规公交在开放和复杂环境下运行，营运调度和安全管理岗位都十分具有挑战性。一般来说，培养一名成熟的营运调度员要花三至五年的时间，实现线路优化和车辆排班调度等工作。安全员也要至少两到三年才能全面掌握安全生产相关的规范、事故处理和应急响应等工作。岗位培养时间较长，这与公交调度管理基于经验积累和客流规律掌握的手段相关。以往依靠营运调度员出站、现场线路观察等手段，考察住宅小区或者商圈客流。公交企业对地面常规公交的线路和站点的OD客流以及城市居民的职住数据、日常出行大数据掌握得不充分、不及时、不连续。相对而言，轨道交通的营运调度方案稳定性较高，站点OD数据准确，不会像地面常规公交一样，轨道交通会根据道路条件、天气条件、大型活动或者车辆故障、交通事故等各种影响因素灵活调整发班。

（3）乘客　乘客端存在什么问题和挑战呢？他们是服务对象，是需求方，是企业运营和服务的评价方，是公共交通政策制定的参与者，是城市公共交通企业和城市管理者工作的起点和终点。

早期的公共交通服务，企业占主动和主导地位，线路设置、发班间隔、站点设置等一般都由行业管理者和经营企业确定，乘客的参与度不高；对于轨道交通而言，更是如此，线路和站点的设置，一经规划确定就固定下来，而地面常规公交对线路和站点设置还有调整优化。

进入新时代，社会的主要矛盾发生了变化，要满足城乡居民对美好生活的向往，首先要了解和掌握到他们的需求。这是对公交企业最大的挑战，长期以来企业承担运输的角色，并不了解运送的乘客是谁，或者说公共交通企业没有将乘客转化为用户，没有建立与乘客常连接的渠道，不能准确、实时掌握乘客的需求。这不仅跟公交乘客非实名制乘车有关，还与企业的经营服务理念和技术服务手段有关。乘客的需求，就是产品和服务设计的方向，是企业转型和进化的方向。公交企业的挑战是将"熟悉的陌生人"变成熟人和客户，并充分掌握到用户的需求，优化运营和服务产品，留住用户、吸引用户、增加用户。只有这样才能获得城市公共交通的可持续发展，才能真正保障"公交优先"的效果。

2. 与生产经营安全服务相关的问题与挑战

城市公共交通的经营自2015年"移动互联网＋交通"的模式出现之后，其客运总量出现了如图6-1所示的折点，共享汽车、共享单车、网约车和定制出行等新的出行方式至少分流了常规公交和轨道交通的20%和10%的客运量，这一方面说明新生事物更好地满足了城乡居民的出行需求和喜好，另一方面也说明了现有的常规公交和轨道交通的服务存在问题，需要进行变革和优化，以更好地满足用户的需要，放缓和停止乘客的流失，创新服务产品和形式留住用户，并努力增加用户量。

(1) 服务优化问题　用户对常规公交和轨道交通的需求集中在希望常规公交快起来，运行时间更具确定性，希望地铁班次更密，乘客不要太拥挤。这些需求的满足对公共交通企业以及城市管理者来讲都是挑战，而且要争取乘客最大程度的满意。

具体地，经济发达省市的城乡居民对常规公交的需求已经不再是有乘就好，而是要舒适、快捷，时间具有确定性；对轨道交通的要求是地铁配置更多，发班更密，乘客不要太拥挤；经济欠发达省市的城乡居民对公共交通出行的需求是希望班次能够多一些，保障上班和上学的需要。

正如前述，公共服务要获得一个各方都满意的方案是个巨大的挑战。要完成这个挑战，就要能充分掌握用户需求，能够清楚资源的分布和有能力灵活调配这些资源、创新产品来满足用户的需求。

首先，公共交通企业经营者有将乘客变为用户的能力。将每天成百上千的人次变为较为清晰的用户个体，掌握用户的出行规律和个性化需求，进而掌握各类通勤、商业、旅游等群体的出行规律和需求，以此为导向去优化经营服务。如常规公交服务，定制公交服务，定点班车服务，校车服务，微型客车、小型客车、中型客车，女士专车，女士车厢，蔬菜公交，餐厅巴士等。

其次，常规公交企业经营者、轨道交通企业经营者都想掌握到对方的线路客流规律，更好地实现接驳与换乘，以及了解住宅小区、工业园区、校园、商业办公区、娱乐休闲区等功能组团的客流吞吐和相关规律，从而有针对性制定出行服务产品，如通勤线，循环线，接驳线，定制线等。

最后，在满足用户出行服务的同时，开发用户的其他需求并配套相关的服务，延伸服务内容，增强用户的黏性。

而上述需求共同的痛点在于相关数据的获取比较困难，要么没有获取途径，要么成本偏高，要么获取之后应用的能力不足。

上述用户需求的解决方案，往往不是企业单方面可以完成，还需要政府相关管理部门的全程介入，包括相关政策、法规、资金等配套。例如，要地面常规公交运行快起来，需要城市交通拥堵治理好，城市公交专用道建设好（连续和专用），地铁线路、站台、车辆编组规划设计好，车辆营运调度好等。尤为关键的是充分利用好科技，包括数据采集技术，数据处理技术以及将管理经验转化为有效算法的能力等。

（2）运行安全问题 地面常规公交、轨道交通车辆的技术安全和运行安全问题，企业经营管理者对此都希望能够有预防、预测和及时发现、消除隐患的科技手段。"不治已病治未病"，虽然公共交通企业已经拥有较为成熟的安全风控体系，但车辆安全技术相关总成和组件的全生命周期监测和管理系统和手段还不完善，还有很大的提升空间。公共交通工具的零部件还没有做到航空时控件和时寿件那么精细，但应该朝着该方向去对公共交通相关的车辆、船只部件进行精细化管理。这是公共交通运行安全的基础需求。

企业管理者的需求是在车辆、船只运行期间对地面、水上、轨道存在风险因素的排查、感知、预防和处理，是行车和行船的安全及其运营服务的安全。这是在车船技术安全的基础上，配合驾驶员、驾驶系统以及主动安全系统、辅助安全系统等的综合运用。轨道交通和航空已经较早地实现了自动驾驶，地面常规公交的经营者对大中小型公交车的自动驾驶运营的需求比较迫切，并将其视为解决企业存在问题和未来可持续发展的重要选择。

（3）场站、加油、充电等配套设施问题 影响地面常规公交运营服务与安全的因素，除了前述提及的因素之外，还包括公交首末站、加油加气加氢站、充电站充电桩、停车保养场、停车维修厂和中途站候车亭厅等配套设施，它们都直接关系到公共交通运行的效率、成本等。例如，城市常规公交的线路设置、发班排班计划安排都要将车辆场站、驾驶员住址、加油充电以及中途补油补电等因素充分考虑在内，才能制定较为合理的出作业计划。对于地铁而言，在规划建设之初已经较好地解决了首末站和保养场等问题，一般偏差会出现在中途站的设计容量上，只能靠营运调度来弥补；公交企业经营者希望能够获得较为充分的资源来解决公交车停车的问题，定期补给燃料和返厂维修保养，并能直观地掌握到车辆的位置和作业状态情况。这是城市公交经营者共性的需求，在土地资源金贵的大城市，公交首末站和停车保养场用地缺口很大，城市道路占道经营的公交线路还占有一定比例。企业经营者对于占地少、容量大、多功能的智能化公交立体停车场的需求迫切，对于常规公交配置设施的信息化和数字化的需求迫切。企业经营者希望能够将所有运营安全服务相关的全要素数字化，并整合到一个系统或平台中，使得经营管理者可以直接拥有全局的数据信息来支撑生产经营服务和安全管理。

6.3 5G与智慧交通解决方案

在前面的第1至4章详细介绍了5G与智慧交通产业的发展状况，5G技术的特点与行业应用，智慧交通产业的技术和行业应用案例，以及自动驾驶技术在交通领域的应用。移动通信技术使得万物互联成为可能，并保证了高可用、多连接、大带宽、低时延，网络技术的进步使得远程控制等同于现场控制成为可能，例如远程医疗、远程工业制造、远程维修和远程自动驾驶等。智慧交通更是将最新的网络、地图、定位、传感、视频、计算等技术成果应用到交通领域。本章前面几个小节都在讲述城市公共交通的特征和变革需求，行业发展的痛点和面临的挑战，本节将结合前述内容提出针对需求和挑战的5G与智慧交通解决方案。

6.3.1 规划建设管理方面

城市公共交通是城市交通的重要组成部分，城市交通是城市建设与运行的基础设施和支撑系统，要应对前面提出的城市公共交通规划与管理方面的挑战，就需要用好5G和智慧交通提供的技术手段，系统地搭建智慧城市系统这一类集数据采集、分析、建模、计算以及辅助决策功能于一体的综合平台，实现规划决策有支撑、管理监督有手段、优化调整有抓手。

1. 规划决策有支撑

要建设智慧城市和数字城市，在顶层设计上需要率先建立城市信息模型（City Information Modeling，CIM），如图6-3所示，支撑城市规划、建设、运营、

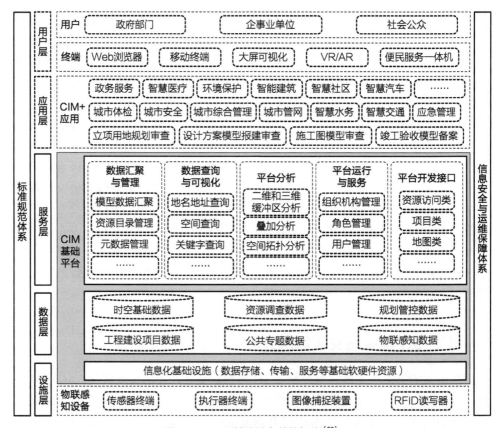

图6-3 CIM基础平台总体架构 [30]

管理全生命周期的智能化。通过顶层搭建 CIM，垂直分解到各专业条块，提出数据、标准和系统等方面的要求，促进各条块开发完备的数据采集、分析、共享和计算功能，建立专业化的业务系统，逐步充实 CIM，最终形成数字孪生城市，使得城市公共交通规划和管理方案可以放到平台中仿真计算、推演评估，支撑城市规划和管理者科学决策、科学行政。

2019 年 6 月，住房和城乡建设部发布了《住房和城乡建设部办公厅关于开展城市信息模型（CIM）平台建设试点工作的函》，将广州市、南京市列为 CIM 试点城市，通过建筑信息模型 BIM 向城市级应用进化形成城市信息模型 CIM。2021 年 3 月，《中华人民共和国国民经济和社会发展第十四个五年规划和 2035 年远景目标纲要》提出，"完善城市信息模型平台和运行管理服务平台，构建城市数据资源体系，推进城市数据大脑建设，探索建设数字孪生城市"。CIM 平台至少要具备六方面的能力，即多源海量数据高效渲染能力，物联网设备数据实时接入能力，模型与信息全集成能力，模拟仿真能力，可视化分析能力，二次开发支撑能力。其中最核心的是模型和信息全集成能力，通过三维引擎建立城市模型，并与 GIS、BIM 和 IoT 等多源异构数据体系融合，成为可计算、可仿真的数字孪生城市模型，如图 6-4 所示。

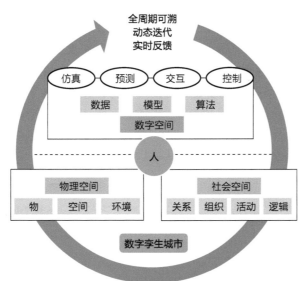

图6-4　数字孪生城市概念模型[31]

数字孪生城市可以提升城市的智慧化水平，结合 5G、IoT 和 AI 等技术，充分采集城市地上与地下、室内与室外、物理与逻辑等全域数据，构建一个数字化的"虚拟城市"或平行空间。

在"虚拟城市"中通过仿真模拟、回溯推演等方式，审视城市发展中决策与结果之间的各种可能，从而以最优的方式发展城市、治理城市。

数字孪生城市将是城市管理者重要的支撑平台，其基础是实现城市各要素的泛在互联，包括通过5G、云计算、IoT、WiFi 6、RFID读写器、高清视频、边缘计算以及卫星定位、高精度地图等技术将城市时空要素全域链接。之后，进行"三维立体自然资源一张图"和CIM等构建，完成算法置入和运行监测与智能预测。

2. 管理监督有手段

城市公共汽电车、轨道交通等公共交通的运行情况监督要依托5G和智慧交通技术定制的专业化的系统，实现对城乡居民的公共交通服务质量监督管理，包括营运班次、运营里程、营运时间以及客流总量与类别等。北斗卫星定位技术和GIS结合，可以实现对地面常规公交车辆位置信息及时获取，基于此开展对发车班次、停靠站情况的实时监管，进而增加各项管理功能，形成公交运行监督系统。

一般地，公交公司和轨道交通企业都会建设运营调度系统，政府管理部门也可以通过企业的系统实现监管。基于5G通信和视频技术，可以实时掌握到每辆运营车辆的车厢拥挤度情况，可以监督驾驶员的驾驶行为；通过中途站点站台视频可以监督公交车停靠站、快速公交BRT的进出站情况等。国内某些城市建设了综合性的监督管理系统，例如城市交通运行监测调度中心（TOCC）、城市交通大脑以及城市公共交通运行监测平台等。其中，城市交通大脑基本逻辑架构如图6-5所示。综合运用5G和智慧交通技术，将管理职能融入专业系统，实现全天候、全视角、全功能的监督和管理，既弥补了管理人员和手段的不足，也切实提升了管理的科学性、有效性和及时性。例如对行车作业计划管理，未有系统之前依靠现场检查档案资料和线路上抽查，以及乘客投诉反馈，建设监督管理系统

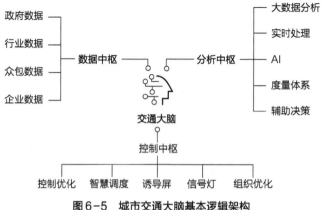

图6-5　城市交通大脑基本逻辑架构

后，可以系统自动巡查、AI 比对、自动报警和生成工单，对应形成文字、视频和录像等电子档案，优先提升了对企业运营和服务质量的监管水平。由于其数据和档案全面，该系统也为特许经营权的管理、企业运营成本监审、财政补贴发放提供可客观依据。

这些信息化、智能化手段的配置，改变了政府交通管理部门的管理行为，例如变事后追究补救多一些为事前监督预防多一些，变被动听报告多一些为主动提醒协调多一些等，使得各项管理职能更好地落实到位，更精细化。政府各职能部门协调联动、数据信息共享，相比公共交通企业，发挥数据掌握全面等优势，可以更好地平衡公交经营主体之间、不同公共交通服务形式之间的服务与诉求，最大程度保障城乡居民服务均等化与优质化。例如，对于公共交通相关的线网优化调整，新开线路以及临时调整行径路段，首末站设置，站名规范，站牌服务信息管理，候车设施管理，运营车辆管理，车载服务设施管理，车辆技术要求，车辆服务设施配置要求，存在竞争的不同企业之间都会提出各自的解决方案，交通管理者借助专业化的系统可以获得较好的平衡。

3. 优化调整有抓手

继法规和标准之外的又一抓手，就是数据。直接、完整和权威的数据发布，在交通规划管理中发挥重要的作用。基于 5G、IoT、AI、DVT、AR、VR 和 ITS 等技术推动的数字城市、交通大脑等建设，过程中形成的数据和以此为基础的大数据应用是政府部门和交通行业管理者的抓手，直接的数据结果和大数据分析结果，作用于和影响到规划、管理政策制定和各行政行为。

财政投资建设了大量的城市基础数据采集设施，包括道路交通视频、治安视频、公交场站视频、智慧灯杆、智能路侧设施以及公安、医疗、环境、气象、应急、交通、安全监管等领域的监控系统，接入大量的物联网终端设备。

这些结构化和非结构化的数据，几乎涵盖了社会生产、生活的方方面面。例如道路车流量、城市道路承载量等通过视频计算技术可以得到统计与计算，为城市道路建设、交通组织与调节、机动车牌照投放等提供数据，并支撑政府决策；以数据驱动城市治理的科学化和专业化，调节单纯市场行为可能产生的无序和浪费。例如对共享单车的治理，新生事物也有量变到质变的过程，过量以后反而给社会正常的交通环境产生负面影响。因此，对共享单车公司在某一区域投放共享单车的监控数据与该地区的容量数据进行关联，管理部门形成的相关规则得以有效落地。管理部门发布的数据，就是调节阀和指挥棒。

国内越来越多的城市开始建设城市交通大脑这类综合的数据平台，从宏观、中观和微观的维度，直观地审视城市公共交通等与城乡居民生产生活直接相关的活动，定期发布各种数据来引导和调节人们的生产生活与社会秩序。例如空气质量指数，交通拥堵指数，高温、寒潮、台风等气象预警，以及各行业条块定期发布的运行情况报告，都是通过数据来引导与调节社会各种秩序趋向有序。无数据不规划、无数据不决策是一种进步的趋势。共享单车投放，看骑行数据，公交车辆更新，看运力数据，交通拥堵治理，看黑点数据，轨道交通调价，看成本数据，中小客车投放，看汽车保有数据。各种数据在政府搭建的数据共享平台流动，使得政府大数据在城市公共交通管理中的作用越来越大。

6.3.2　运营服务安全方面

公共交通的运营、服务和安全，不再完全由企业决定，它们不仅有前述政府管理部门的监督，还有社会对服务质量的反馈与投诉建议。运营安全更是重中之重，不仅有车辆技术安全、车辆运行交通安全，还有信息安全、数据安全。作为公共交通运营企业，无论是五大空间的任何一维，都要强化载运工具健康治理，保障运输装备技术安全；完善网络信息安全保障体系，增强科技兴安能力，加强交通信息基础设施安全保护；建立自然灾害交通防治体系，提高交通防灾抗灾能力；加强交通安全综合治理，切实提高交通安全水平；健全用户信息的保护和安全防控体系，防止信息泄露，规范使用用户信息，提供安全服务。

1. 企业管理的数字化进化

5G 和智慧交通的进步属于外因，虽然起到促进和推动作用，但核心还需要交通服务的提供者即公共交通企业主动地接受和应用这些技术和手段，并率先在理念上践行。企业在内部管理和生产经营方面主动开展数字化进化才是可持续的，这是落实公共交通运营服务升级的根本。

前面讲到公共交通发展面临来自外部的挑战，各种出行替代方式充分地运用了互联网、大数据和用户需求管理等手段，迎合了城乡居民对出行服务的新需求。作为公共交通服务产品的设计者、决策者，如果不能将数字化理念融入日常的经营管理行为之中，作为一线的驾驶员、调度员，无论从能力素质还是责任心等方面，都不可能越俎代庖地去代为完成，组织原则也不会支撑这种行为，有的仅仅是来自一线的个别意见、建议和提案。某公交集团的管理一体化模型如图 6-6 所示，这部分应用到的不是直接的 5G 和智慧交通技术，而是传统的 ERP 以及协同办公平台、人力资源共享、财务共享、数据中台、业务中台以及大数据仓库或数据湖等技术或产品，但其元数据和底层支撑用到的都是基于 5G 和智慧交通技术搭建的生产和服务系统。这些技术和产品是实现公共交通一体化管理的数据内核。

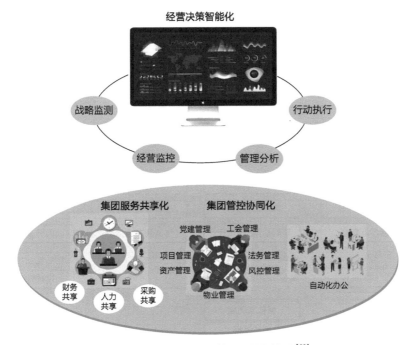

图6-6　某公交集团的管理一体化模型[32]

2.安全生产的软硬件进化

安全生产是公共交通企业排在第一位的工作,事关人民群众的生命财产安全,通过"人防、物防、技防"的综合手段,提升"主动安全、事前预防、事中控制"的能力,已经成为行业的共识。人防主要是提高员工安全防范的意识、工作责任意识和安全知识技能水平;物防是指保障责任制度落实以及隐患排查整改到位相关的资金和物资;技防是指运用科技手段打造的信息化系统、智慧平台以及智能化设备等,可实现巡查监测监控、预警预测预判、处置和应急联动指挥等功能,弥补传统安全生产在"主动安全、事前预防、事中控制"的能力不足。"技防"在5G和智慧交通技术的支撑下,其重要性越来越凸显出来。

(1)安全管理平台　基于视频和物联网等环境感知、事件捕捉设备,依托IoT基础环境和软硬件设施,构造涵盖公共交通运营服务生产安全管理体系要求的管理平台,实现安全数据的采集、统计、分析、管理、服务等一系列应用,形成集事前预防、事中处置、事后分析、应用服务于一体的综合型安全系统,可掌握公共交通的安全情况,达到事中监控、安全预防等效果提升。平台具备统一规范化基础档案和过程档案的采集、查询、应用,对数据进行关联,实现信息多维度掌握,为企业提供全方位一体化的数据支撑,利用信息化手段集中体现公共交通安全管理水平。利用通用一般移动入口建立移动端安全应用线下结合线上的服务，达到有效提升公交企业整体安全管理水平的目的，如图6-7所示。

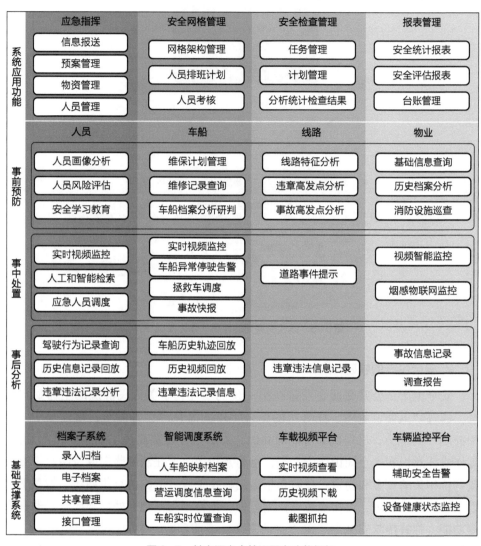

图6-7 某交通安全管理平台功能框架

（2）自动驾驶 前面讲到营运调度和安全管理方面的挑战，无论是与驾驶员、车辆相关还是与道路、行人等交通环境相关，自动驾驶及其综合解决方案是城市公共交通企业应对上述问题与挑战的重要选择之一。

自动驾驶汽车依靠人工智能、视觉计算、雷达、监控装置、无线通信和全球定位系统等协同合作，让电脑可以在没有任何人类主动的操作下，自动安全地操作机动车辆。自动驾驶飞行器和自动驾驶轨道列车的应用相对于自动驾驶汽车更早也更为成熟，航空和轨道交通相对汽车而言具有可控的交通运行环境，而不是开放的充满众多不确定因素的复杂系统。因此地面公共交通自动驾驶最后出现，它是现在与未来的发展方向。

　　充分利用好自动驾驶解决方案，尤其是随着自动驾驶车载套件和算法的成熟，将自动驾驶解决方案降维应用到常规公交等领域，可从车辆等硬件体系上提升运营安全水平，对于解决公交主动安全性有很好的帮助，如图 6-8 所示。同时，在符合法规和道路条件的区域将自动驾驶方案降维至 L0 至 L2 级别来使用，对于公交主动安全、辅助安全、消除人为安全影响因素、消除车辆安全隐患等都十分有帮助。

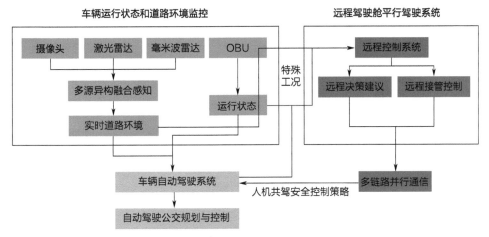

图 6-8　自动驾驶公交安全策略逻辑

3. 企业运营服务的确定性进化

　　企业运营服务的组织原则之一是以满足用户需求为导向。随着移动互联网和线上服务应用对用户习惯的培养，交通出行用户更多地接受了线上预订行程的行为模式，出行习惯更加倾向于时间的确定性。此外，地铁相对于地面常规公交被越来越多的乘客选择，其中一个重要的原因就是地铁行程时间的确定性。可见，出行时间的确定性已经成为用户出行选择的重要影响因素。同时，服务质量、价格和接驳组织等方面的确定性都直接影响着交通出行服务产品的组织和用户的选择，满足用户偏好的产品或者产品集合，才具有生命力和可持续发展的前景。

　　（1）公共交通大脑　对于企业运营管理者提出的需求和面临的挑战，城市公共交通数据大脑或公交智慧云脑之类的解决方案，可以较好地满足需求和应对挑战。一般地，这类平台产品都会运用 DT、AI、5G、IoT 等技术，集智能感知、大数据分析、AI 应用于一体，具备客流分析预测、智能排班、自动调度、主动安全防控、边缘云辅助驾驶、公交畅行指数发布等核心能力，其功能框架如图 6-9所示。公共交通大脑能够有效提升运营管理效率、安全管控水平、出行服务体

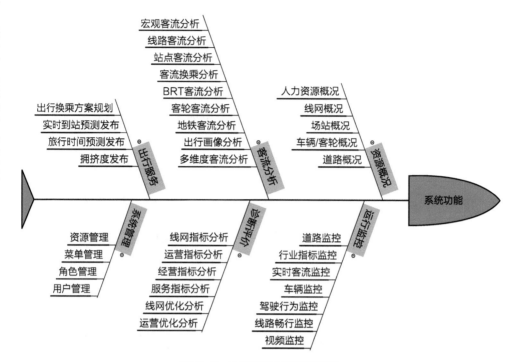

图6-9 公共交通大脑功能框架

验，同时可发布相关运行指数，供行业管理部门和市民出行参考。这类综合平台中经营分析子系统的参考架构如图6-10所示，系统将企业内部生产经营信息化系统以及外部相关数据按照一定的规范接入数据层，按照经营业务规则和模型，经过建模、分析和处理，以各种专业数据分析主题的方式呈现给企业经营者，供其开展经营分析和运行监控。

（2）出行即服务平台 出行即服务平台可以较好应对前述挑战和问题解决方案，在国外称之为MaaS，在第5章已有重点讲述。这个平台有效整合城市公共交通企业的内部资源和链接外部资源，将用户的各种出行需求以及相关需求一并加以满足。

出行即服务平台建设充分利用5G和智慧交通的相关技术，在技术层面以中台建设和后端能力建设为主，主要实现在数据层面拉通数据、业务、信息、运营资源以保证一体化出行服务的统筹协同，并建设统一的数据标准和规范。在业务中台层面，出行即服务平台至少要包括出行中心和运营中心两个业务共享体系。其中，出行中心主要以实时业务为主体，运营中心主要依据线下业务规则，通过线上信息撮合，来推动线下业务与线上需求的实时匹配。出行即服务平台逻辑架

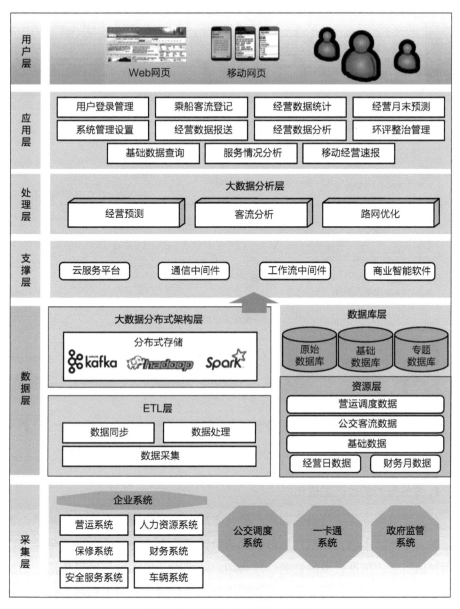

图6-10　经营分析子系统参考架构

构如图6-11所示，以人为中心获取其需求，以出行目的为主线设计产品和组织资源，以基础设施和运营服务商为资源池，运用平台的大数据、人工智能、区块链等技术能力，输出符合用户需求的综合出行产品。通过统一平台、门户、数据，打破线下业务独立经营的割裂局面，通过线上信息撮合实现业务的全面打通。

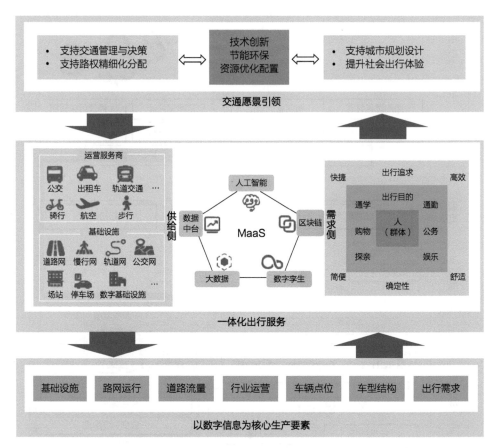

图6-11　出行即服务平台逻辑架构[33]

4. 企业服务的社区型进化

公共交通企业实现将乘客向用户转化之后，就要紧密地围绕用户需求，发挥交通融入生活的本色，以用户出行目的为设计出发点，将服务向生活延伸，以满足用户的需求，拓展企业的业务，增强用户的黏性，便利城乡居民生活。例如某用户要为车辆年审而出行，企业获知用户的出行目的后，可以利用公交驾驶员和汽车监测站等资源，推出代办车辆年审服务。通过公共交通大系统的能力，减少了一次用户的出行行为，又达到了用户的出行目的，对于综合性的公共交通企业而言，其收益一定不会少于一张公交票价。

（1）定制出行服务　由熟悉的陌生人到用户识别，就要关注用户的需求。"衣食住行"是人们的基本需求，出行是载体和媒介，城市公共交通企业除了满足正常的定线运输服务之外，通过用户需求管理等线上平台获得用户需求，相应地设计符合用户专有特征和个性化需求的出行产品。目前城市公共交通的三大刚性出行群体是学生、老年人和通勤族，城市越小，这个特征群体越明显。定制出行服务是适当的解决方案，甚至是个别亏损严重的城市公交企业重点发展的方向。校车服务、蔬菜班车、女性车厢、残疾人服务等是满足特征群体和出行特征的有效举措。发挥公交总站设置在社区、园区、工厂、学校附近甚至内部的便利，挖掘其居民的出行需求，推出包车服务、旅游服务、通勤班车、邮包专车、餐车服务等定制化服务，对于增强用户黏性，丰富公共交通企业的经营内容和提升企业可持续发展能力，这些解决方案都十分有助益。

（2）车生活服务　城乡居民的汽车保有量会随着生活水平的提升而增长，与车相关的事务会随之而来，包括加油、充电、洗车、维修和年审等。城市公共交通企业一般都拥有公交首末站、车辆维修保养场以及大量经验丰富的驾驶员和维修人员，有些综合性的交通企业自身还拥有车辆检测站等服务设施。同时，城市公共交通企业还拥有覆盖全市的公交网络和站台设施，这些都是服务城乡居民生活需求的重要基础设施。

例如车生活服务系统，面向城乡居民提供车生活业态的统一服务如图 6-12 所示。通过城市公交企业的用户系统和线下宣传阵地，首先进行用户标签，并在需求采集和分析的基础上引导用户流量进入相应的服务板块，如加油、充电、代

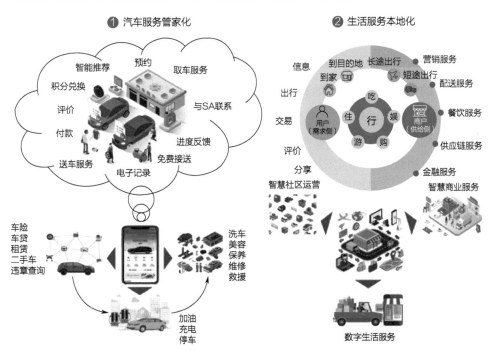

图6-12　交通服务融入社区生活[34]

办年审、代办修车等。此外，它还服务于公交总站、地铁枢纽站周边居住和途径居民的肉菜超市、休闲书吧、咖啡吧以及快递存放与收寄等，使得城市公共交通系统成为城乡居民的重要生活空间，不再仅仅是运输的单一环节，而是进入社区生活，将用户的各种生活需求努力在城市公共交通大系统内满足。

6.4 展望公共交通未来三十年

从时间的维度，向前看城市公共交通的发展变化，从新中国到改革开放的三十年，从改革开放到 2008 年北京奥运会的三十年，从北京奥运到如今 21 世纪 20 年代初，公共交通（城市公交 + 地铁）运力投放、运营里程和客运总量呈现一种由远及近缓慢爬升的形态，其增长类似以 2 为底的指数函数曲线，尤其是进入 21 世纪后的曲线斜率逐步加大。我国社会经济经历了改革开放以来四十多年的快速发展，取得一系列成果，经济发展促进了城市化进程，加大了城市常住人口规模，社会出行总量也随之增大，与前述曲线爬升趋势十分吻合。由于期间存在新冠疫情的折点，虽然总体趋势不改，但其后的增速出现放缓；未来三十年这条曲线将会继续稳步地爬升，而且会存在向上跃升的折点（有赖于除了城市公交和地铁之外更多公共交通成员的加入），其后会随着城市化极值点的到来而趋于平缓。

这一展望曲线的成画，要有赖于科技创新和政策优化支撑更多的成员加入到公共交通的大家庭之中，例如高速铁路、城轨、轻轨等轨道交通都同地铁一样的公交化运营、灵活的票制，"移动互联网 + 交通"的定制出行、分时租赁以及共享出行等融入 MaaS 体系。这些升级的交通方式和新的出行模式促使人们的出行选择更多、出行方式更加多元，成为大众日常生活出行的常态；公交化的高铁、城轨等轨道交通线路增多，平均出行距离增大，打破了原来日常出行在单一城市的界限，双城或多城生活的城市圈、生活圈融合现象越来越多；同时，对应更多基于互联网和移动互联网的应用（APP）和各类平台（*plat）服务支撑人们的"一站式"出行，形成交通出行大数据，并基于此分析，从而完善各项服务，促使需求与供给更加契合，这些都培养和促进了人们的出行更具规划性、规律性。这些出行变革无不有赖于科技创新成果在交通运输服务领域的深度应用，交通大市场的兴旺也吸引了越来越多的科技成果应用到出行领域。

立足现在畅想未来三十年，随着基础科学、芯片技术以及人工智能（AI）、自动驾驶（APS）、新一代通信技术（5G/6G/7G +）、超级计算（HPC）、大数据

（BD）、物联网（IoT）等技术迭代更新，以及其与交通应用结合深度和广度的增加，未来城市公共交通内涵将更加丰富，必将延伸至所有满足城乡居民美好生活出行服务的形式和内容。未来城市公共交通的发展会沿着持续落实"以人为本"发展理念的道路走下去，未来城市交通规划、管理与运营、服务也将逐步融合一体化发展。

6.4.1 管服一体的城乡综合出行体系

据相关预测，到2050年左右，即新中国成立100周年之际，新中国第二个百年目标得以实现，中国社会基本实现现代化，人均国民生产总值达到中等发达国家水平，人民过上比较富裕的生活。中国的城市化率将近80%[35]，步入高级城市型社会，城市人口进一步集聚，常住人口超过千万的城市将超过22个。"以人为本"的公共交通内涵更为丰富、体系更加完善，地、水、空综合出行平台和服务网络更加完善，城市公共交通与城市生活融为一体，人民出行更具规划性和确定性，交通规划、管理和企业运营服务全面实现数字化和智慧化。

1. 城乡公共交通规划管理一体化、数据化、智能化

公共交通规划所需的静态和动态要素实现全面数据化，智慧城市运行模型获得成长与完善，城市空间得以充分、合理运用，按照城市区位、规模、物候、发展形态以及智慧城市仿真规划运行结果等获得最适合本地化的公共交通解决方案。

一是公共交通综合规划全要素数据化。规划标的对应的城市或城市圈的各种历史、现状和未来信息，相关土地使用、交通需求、交通供应的信息和关系数据，涉及技术、经济、社会、环境等多种影响因素数据，动态交通（车船机行驶）与静态交通（车船机停放）需求量和供应量等现实数据和预测数据等均完整齐备。二是在城市公共交通综合规划在规划全要素数据化的基础上，借助城市规划方法和仿真平台，注入大数据并匹配相应算力、算法，在数字城市孪生空间实现模拟城市规划系列方案的推演，评估未来的结果，比较、优化出满意的规划方案。城市信息模型和智慧城市系统趋于完善和成熟，作为其子系统的交通系统规划模型和智慧交通系统可快速实现对规划方案的仿真与检验、评估，对道路系统规划、对外交通规划、轨道交通系统规划、停放车布局规划等逐一验证，并利用元宇宙技术与现实交通系统衔接推演，以获得匹配度高的最适合的解决方案。三是交通基础设施数字化和模块化，可适应公共交通规划方案调整对道路车道、路口与功能的调整，水陆交通的衔接，陆空交通的接驳以及水空交通的衔接，城

市基础设施类似"变形金刚"，模块化的基础设施具有一定的灵活度与可塑性，一定程度可以适应公共交通规划方案的快速落地与优化调整。四是综合交通规划政策更具稳定性、长期性和适应性，大数据和规划模型持续性修正作用得到法律固定，科学规划和执行得到持续保障。

公共交通管理依托智慧城市指挥中心和交通大脑等专业态势感知系统和分条块的管理系统，充分运用大数据、云计算、视频技术、物联网技术等，实现对城市公共交通宏观、中观和微观层次感知基础上的管理。上述感知系统和管理系统为城市管理者提供上帝视角、现场视角和微观视角的综合展现，同时拥有"所想即得"的信息服务和"触手可及"的指挥调度手段，管理者借助智慧化的系统实现对未来城市公共交通运行的五大空间管理。

这五大空间是地下空间，地面及其构筑物，水面及其构筑物，城市地表至城市天际线空间以及城市天际线上300m至低空空域上限3 000m的空间。这五大空间都将是城市公共交通的运行空间，都要实现数字化和平行数字空间建构。在以上空间之内，建立从静态到动态、从内在到外在的感知系统和管理系统。静态的包括城市不动产，例如城市住宅小区、商业楼宇和交通基础设施，以及交通规划和管理相关道路、桥梁、隧道、水道、索道、轨道、枢纽场站、中途站、加油站、充电站、维修场站等。动态的包括城市车流、物流、人流和信息流（数据流、大数据）等，一切在法律框架内可以应用到规划与管理范畴内的动态数据和信息都将以数据的形式被记录和进入相应的应用程序或算法模型。依托智能化管理系统，将管理规则等融入系统之中，包括交通执法、应急处突、信息发布、拥堵治理、交通调节、噪声治理、环境保护、污染防治、线路规划、客流疏导、大型活动的交通管理等。

2. 城乡综合出行体系"量体裁衣"、以城为本、以人为本

"以城为本"的城乡出行体系要根据城市规模，即特大城市、大城市、中小城市，灵活配置公共交通综合解决方案的比重。实事求是，不是千城一面，而是城乡出行体系"量体裁衣"因城而生，充分利用城市地理资源，既要满足市民公共出行需求，又能够使得当地企业和政府可承担、良性循环。

"以城为本"的综合出行体系建立在城市交通出行规律、城乡出行规律的基础上，结合城市地形地貌、道路和水体等特征，建成轨道交通、地面交通、水上交通以及空中交通等多元一体的和谐出行体系。出行体系要与城市和乡村适配，以当地政府和企业能够可持续经营和优化，提供稳定优质的服务为配置原则。对于私人交通占主体的小城市应当适应城市的"自然选择"，"量体裁衣"，不求全

责备，个别小城市可以没有公共交通系统或者只配置最小公交系统，既可以是公交小型化、班车化，也可以服务人群定向化、功能化，例如公共交通重点服务学生和老年人，作为私人交通或共享出行的补充。城市综合出行体系要适合所在的城市，要良性可持续发展，不成为政府负担，又不简陋与贫乏；符合条件的大城市和特大城市建立以轨道交通和常规公交为主体的公共交通服务体系，中等城市适当控制公共交通与私人交通的比例，达到平衡，按城市特点发展符合市民出行习惯的交通方式。

"以人为本"的公共交通概念在全社会形成共识，综合出行体系的机动化和慢行比例相得益彰，以满足公众高质量出行和美好生活感受为判定标准。机动化的公共汽电车、轨道交通、水上交通、索道以及民用航空、低空通航公共交通等，依托互联网组织的、承载不确定的、大众日常出行的大中型汽电车、道路运输车辆以及电动单车等，慢行交通及其配套基础设施如公共自行车、共享单车以及绿道、碧道、连廊等，快慢结合，相得益彰，城乡居民的出行在五大空间中灵活穿梭、接驳转换，居民的生活也融入其中。

6.4.2　智慧运营与服务体系多元融合

1. 全覆盖层次清晰的运营服务信息化、数字化、智慧化混合形态日趋成熟

基于全国公共交通企业的发展状况，从行有所乘，到高质量发展，虽然满足的需求不同，但在新时代里，尤其是随着互联网与移动互联网的普及，以及未来的量子通信网络、卫星通信网络的商用，城乡居民高质量出行的需求将趋于一致，不再只是能够出行，还要更多的服务选择、更加快捷、舒适和具有时间上的确定性。因此，各地公共交通企业都将会不遗余力地推动信息化建设、数字化建设以及智慧化建设。而且即便是在北上广深等一线城市的公共交通运营企业，所呈现的依然是信息化、数字化与智慧化的混合态向层次分明成体系不断演进的状态。

（1）信息化全面覆盖底层数据采集和生产运营业务　信息化是数字化与智慧化的基础，是企业管理、生产经营、安全应急等专业条块业务功能、业务流程的计算机化或信息系统化，形态呈现为点和线，重点解决效率方面，财务上记作成本投入。

以城市公共交通相关信息采集和生产经营系统全面实现信息化为基础，未来的公共交通信息化会呈现工具化、产品化的趋势，可方便地安装与配置使用，对于大中小城市的公共交通企业都可以 DIY 安装，也可以选用轻量级的 SaaS 服务，

大型的系统集成将会越来越少。例如会出现类似"城市公共交通操作系统"的产品，就像 Windows、UNIX、Linux、Mac OS、Harmony OS 等桌面、服务器、嵌入式系统一样，可安装在通用计算机环境以及车载、船载、机载硬件环境上，集成和兼容高清视频、激光雷达、毫米波雷达、无线通信、近场通信、卫星定位、地图位置服务等各类硬件驱动和基础算法，集成市场成熟品牌的排班系统、调度系统、规划系统和安全管理等功能系统，实现对城市公交相关软硬件系统的管理，并装载有各城市公共交通运营管理案例知识系统，辅助城市公交管理者、经营者以及学者、学生应用与学习。

城市公交操作系统将是开放社区系统，成为公交人共建共享的产品体系，从基础层实现城市公交信息化水平和能力均等化和均质化，全面提升全国各城市公交企业的运营信息化能力和水平，为数字化和智慧化奠定基础。

(2) 数字化融入决策流程和生产运营各环节　数字化是信息化的升级与进化，是信息化由量变到质变的结果，是由孤立的、分散的信息化向网络化和泛在连接的进化，是由成本中心向价值中心与利润中心的进化，是数据由资源化向数据资产化、价值化的进化。如果将信息化比喻为单个经济体或者局部经济合作，那么数字化就是经济全球化或者全域经济，这也符合当今世界经济发展历史，全球化促进了 20 世纪后期和 21 世纪初的经济繁荣，而反经济全球化和逆全球化的出现阻碍了全球经济的发展，这是历史事实。

信息化进化为数字化或者类似由实体经济向网络经济的转化，其中包括了虚拟经济的成分，例如数据的资产化、数据安全和信息安全等。总之，数字化建立在广泛连接的数据和大数据挖掘的基础之上，其本质特征就是打破壁垒和建立连接，实现大流通和广泛的联系，发展空间巨大。

在这样的趋势下，未来的公共交通企业将会无数据不决策。来自于企业信息化系统的各类数据，以及通过数据交易平台获得的各类社会数据、政府公共数据，成为城市公共交通企业投资经营辅助决策的基础或依赖，依靠投资、建设、生产运营、财务、证券和人力资源管理等全面实现价值评价、数据驱动。作为第三产业的公共交通运输服务业也将得到进化，就好比第二产业的工业，同样引发科技进步的力量，它们经历了工业 1.0 机械化时代、工业 2.0 电气化和自动化时代、工业 3.0 电子信息化时代，而后进入了新的工业 4.0 时代，新的驱动力量来自物联网、大数据、无人工厂、智能制造。作为第三产业的城市公共交通服务，曾经向第一和第二产业学习：农业有土地资源是根本，获得后种田，靠天吃饭。交通运输建路、修桥、建场，购置车、船、机，有了运营资源，等客上门等同于靠天吃饭；按照工业的自动化和"按需定产"订单式管理，交通运输也开展规模化定线服务与定制化个性服务。但是城市公共交通服务对市场的掌握、对用户的了解和对变动的适应能力仍然不足，未来借助科技进步也将步入新的时代，将由劳动力密集型向科技型转换，不断提升各类确定性在生产经营和服务中的比重，未来将要全面用数，无数据不决策，无价值不行动。

（3）城市公共交通智慧化逐步深化和延展　智慧化是在信息化和数字化之后的更深层次与更高阶段。城市公共交通智慧化是在信息化和数字化基础上，将深度学习、边缘计算等人工智能领域前沿技术融入城市公共交通管理、运营的过程与结果。智慧的源头在人，将一群人甚至几代人的智慧成果通过算法、模型、知识集等计算机可以读懂的方式存入或融入计算机系统，这些科技产品既是人类智慧的"容器"，来执行人类的智慧，同时，也有可能在"容器"内产生新的，不是由人类直接创造的成果。有时候这被理解为人工智能对人类的挑战或者威胁。但无论如何，智慧化的机器、设备或者系统，都极大地提升了人类的生活品质，丰富了人类的想象空间，与城市公共交通的结合会使得公共交通行业发生翻天覆地的变化。

未来的城市公共交通企业将是由智慧系统主导的服务行业，主要的工作人员将不再是驾驶员、调度员、维修工和安全人员，更多的将是跨界融合的程序员、流程设计员、系统监控员等，前面所述岗位有些会存在，例如驾驶员和维修工，但更多地以应急性质或者在兼任的情形下存在，主体地位将发生改变。随着智慧城市的发展，越来越多的智慧化系统被应用到城市运行的各个环节，例如城市规划、环卫、交通管理、供电、供水、供气、安防和城市交通等，使得城市的运行和管理成本大幅降低，城市熵值降低，各种工业、交通和安全事故数量将大幅降低，包括城市公共交通的运行都是有规划、有计划、有执行、有监控、有反馈、有优化、有评估、有应突和有重置的单线闭环总体开放的大智慧系统。

2. 全面信息服务引导的自动驾驶车船机混行体系支撑 MaaS 趋于成熟

上面讲到了城市公共交通信息化、数字化和智慧化的混合服务形态，为运营企业提升了效率，创造了价值和释放，提升了人力，那么对于城市的主人——城市居民包括城市管理者、企业运营服务者应该做些什么？发展这个状态和享受这些成果。

（1）全面信息服务覆盖用户需求　以用户为中心的信息服务，建立在对用户需求的全面感知、准确理解和及时服务的基础上，包括产品和服务的实施到位与调整优化。5G 和 IoT 等技术促进了人与人、物与物、人与物的泛在连接与互动，这使得信息的收集与反馈更加便利。

对于乘客用户而言，在法规允许的范围内，收集与接收用户的需求，准确了解和掌握用户的需求是做好城市公共交通服务的起点。而要实现这个，首先要能够直接联系到用户或者潜在用户，因此全面信息服务覆盖所有既有用户和潜在用户至关重要。未来的城市公共交通服务是用户参与型或者称之为用户需求导向型，服务的内容由用户的需求确定，一切服务起始于信息交互服务，包括传统交通服务相关的位移起止点，具体的交通工具，还有城市生活的食、购、娱等附带需求，在5G＋和智慧交通等科技支撑下的新型城市公共交通服务，借助互联网端和移动互联网端以及线下的用户服务界面建立的常连接，和通过广告、广播、邮件等方式建立的临时连接，来触达用户，实现用户交流，一张广覆盖的信息服务网将服务到所有可能的用户。

对于非乘客用户而言，要么是城市管理者、行业监督者，要么是公共交通运营服务者，全面的信息服务更是关键的管理、监督和运营手段，对于管理者和监督者而言，要获得乘客用户的反馈信息，或者运营服务者的执行情况信息，对于运营服务者，要获得乘客的需求信息、投诉与建议，还有管理者和监督者的意见和建议，从而去改进相关的服务。这些都有利于信息服务，未来的信息服务会借助5G＋、北斗、星链、天链、WiFi、V2X等各种通信和数据服务技术体系，为处于城市空间的各类不同用户提供信息服务。

（2）自动驾驶车船机主导混行体系　获得用户需求后要提供的公共交通服务需要执行体系的支撑，在6.2企业侧的挑战与需求那一节，讲到了与驾驶员相关的挑战与问题，其中就涉及排班计划的准确执行。在车辆正常的情况下，载运工具的调遣就受到驾驶员的制约，人有"三急"，人会临时请假，人会有情绪等，这些都会对能否准点出发、能否持续等候、能否规范安全驾驶等造成影响。目前在汽车行业自动驾驶系统是最热的方向之一，引来大量资本投资，集聚很多高科技企业，各大运输企业纷纷参与其中，未来的自动驾驶汽车将会越来越多。展望未来三十年，自动驾驶汽车保有量将会占到汽车总量的一半，城市交通领域会成为自动驾驶落地运营的首善之区。

城市公共交通五大运行空间中的载运工具，空中的飞机和轨道交通都已实现自动驾驶。在飞机上使用自动驾驶系统是为了减轻飞行员的负担，使飞机自动按照设定的姿态、航向、高度和马赫数飞行。飞机自动驾驶系统是一种通过飞行员操作设定，或者由导航设备接受地面导航信号，来自动控制飞行器完成三轴动作的装置。装有先进的数字飞行控制系统，从起飞后达到400ft（1ft＝0.305m）高度再到着陆，整个飞行过程都可以自动驾驶，而且飞机会自动选择最佳的飞行航路。这期间，自动驾驶仪由飞行管理计算机系统来控制[36]。地铁、轻轨、高铁等轨道列车也已经实现了自动驾驶。

20世纪90年代以来，随着通信、控制和网络技术的发展，可以在地车之间实现大容量、双向的信息传输，为高密度、大运量的地铁系统成为真正意义上的自动驾驶系统提供了可能[46]。轨道交通的自动驾驶系统是指列车驾驶员执行的工作完全自动化的、高度集中控制的列车运行系统。自动驾驶系统具备列车自动唤醒启动和休眠、自动出入停车场、自动清洗、自动行驶、自动停车、自动开关车门、故障自动恢复等功能，并具有常规运行、降级运行、运行中断等多种运行模式。实现全自动运营可以节省能源，实现优化系统能耗和速度的合理匹配。轨道交通与航空和地面交通项目是最自成体系的闭环系统中运行的公共交通子系统，因此其自动驾驶的应用和成熟度也最高。

地面交通是开放式的，最为复杂的混行交通体系，汽车自动驾驶的难度，尤其是城市公交自动驾驶的难度十分高，其中8m以上公共汽车的控制和运营标定具有极强挑战性。自动驾驶汽车依靠人工智能、视觉计算、雷达、监控装置、无线通信和全球定位系统等协同合作，让电脑可以在没有任何人类主动的操作下，自动安全地操作机动车辆。未来三十年，随着技术和法规的进一步完善，自动驾驶汽车保有比例的提升，城市公共交通中将会有超过60%的客流量由自动驾驶运载工具来承担，在超大城市这样的比例可能更高。自动驾驶汽车将会主导城市混行交通体系。同时，在低空、地下的自动驾驶飞行器和轨道交通将会与地面的自动驾驶汽车形成可编辑、可计算、易执行、立体接驳的自动驾驶公共交通服务体系。

（3）联通五大空间的MaaS公共交通服务趋于成熟　2019年，MaaS在我国兴起后赋予其"出行即服务"之意，是一种建立在移动互联技术和共享经济理念基础上的按需出行解决方案，融合了共享交通与公共交通出行方式。在我国，MaaS是以人为本、以用户出行为起点和终点的综合服务形式或服务集合，旨在提升出行的质量，给予用户一个美好出行体验，构建美好生活的一部分。

个人需求是基点，在前面已经讲过了需求的采集、分析与反馈；有效地执行是使得需求获得满足以及被好评的基础，在前面的自动驾驶主导的准时、高效的运载体系也做了说明。现在需要将二者有效地整合，以满足用户的多样性需求，就要借助MaaS平台的作用。现在国内北京、上海、广州、香港、澳门以及台湾等地都在试点或推行MaaS，有的基于支付一体化，有的基于票务，有的基于高端个性化服务，有的基于一体化运输服务，有的基于一体化的客户信息服务，每一条试验的路径都获得了一定的客户和拥趸。

展望未来三十年，MaaS 平台服务将联通城市交通的五大运行空间，将低空通航、航空、高速轨道交通、城际轨道交通、地铁、水上公交、客轮、邮轮、城市公交、出租车、网约车、公共自行车等出行方式统统纳入平台服务，并延展到出行目的相关的住宿、餐饮、娱乐、会议等领域，MaaS 将成为以完成出行目的为核心的服务聚合平台，为 MaaS 平台用户提供极大的便利，成为城市美好生活出行服务的重要载体。MaaS 平台将在用户需求的锤炼、各类服务商的支撑、各种科技创新手段的加持下不断走向成熟，成为城乡居民出行不可或缺的生活用品。

参考文献

[1] 冯树民，白仕砚，慈玉生. 城市公共交通［M］. 北京：知识产权出版社，2011：1.

[2] 国家统计局. 中国统计年鉴2021：16-2 中国交通运输业基本情况［DB/OL］. 北京：中国统计出版社，2021. ［2022-9-25］. http：//www. stats. gov. cn/tjsj/ndsj/2021/indexch. htm.

[3] 中华人民共和国交通运输部. 城市公共汽车和电车客运管理规定：2017 年第 5 号令［A/OL］. （2017-3-7）［2022-9-30］. http：//www. gov. cn/gongbao/content/2017/content_ 5217749. htm.

[4] 中华人民共和国交通运输部. 城市轨道交通运营管理规定：2018 年第 8 号令［A/OL］. （2018-5-24）［2022-9-30］. http：//www. gov. cn/xinwen/2018-05/24/content_ 5293175. htm.

[5] 广州市人大常务委员会. 广州市城市轨道交通管理条例［A/OL］. （2015-12-3）［2022-10-1］. https：//www. rd. gz. cn/zlk/flfgwjk/gzrdflfg/dfxfg/jk/content/post_ 232292. html.

[6] 中华人民共和国交通运输. 出租汽车经营服务管理规定：2014 年第 16 号令［A/OL］. （2014-9-30）［2022-10-1］. http：//www. gov. cn/gongbao/content/2015/content_ 2799021. htm.

[7] 南京市交通运输局. 南京市公共自行车管理办法：南京市人民政府令第 311 号［A/OL］. （2015-8-6）［2022-10-4］http：//jtj. nanjing. gov. cn/njsjtysj/202008/t20200807_ 2325139. html.

[8] 广州市人民政府办公厅. 广州市公共自行车系统管理办法：穗府办〔2015〕50 号［A/OL］. （2015-10-8）［2022-10-6］. https：//www. gz. gov. cn/gfxwj/szfgfxwj/gzsrmzfbgt/content/post_ 5444947. html.

[9] 广州市人民政府办公厅. 广州市互联网租赁自行车管理办法：广州市人民政府令第 174 号［A/OL］. （2020-10-9）［2022-10-6］. https：//www. gz. gov. cn/zwgk/fggw/zfgz/content/post_ 6820532. html.

[10] 中华人民共和国司法部官立法四局. 城市公共交通管理条例（征求意见稿）［A/OL］. （2019-5-8）［2022-10-8］. https：//zqyj. chinalaw. gov. cn/readmore? listType = 1&id = 3065.

[11] 中华人民共和国最高人民法院. 最高人民法院关于审理抢劫刑事案件适用法律若干问题的指导

意见：法发［2016］2 号［A/OL］. (2016 – 1 – 12)［2022 – 10 – 5］. https：//www. court. gov. cn/fabu-xiangqing-37412. html.

［12］刘洋. 北京市机动车保有量达 657.0 万辆 去年私人小汽车平均出车率为 47.5%［N/OL］. (2021 – 9 – 17)［2022 – 10 – 6］. https：//m. gmw. cn/2021 – 09/17/content_ 1302586834. htm.

［13］梁晓红，张红梅. 北京市机动车保有量及使用特征分析［EB/OL］. 北京：北京交通发展研究院，2020. (2020 – 9 – 28)［2022 – 10 – 3］https：//mp. weixin. qq. com/s/SGFO94UfgqhQlwZLfCsBCw.

［14］孙宏阳. 北京机动车保有量 608.4 万辆，出车率近 70%，每车日均跑二环一圈［N/OL］ (2019 – 8 – 30)［2022 – 9 – 30］https：//baijiahao. baidu. com/s? id = 1643270530939456964&wfr = spider&for = pc.

［15］华经艾凯（北京）企业咨询有限公司. 2020 年中国出租车客运量及市场规模分析［EB/OL］. (2021 – 9 – 8)［2022 – 10 – 8］. https：//baijiahao. baidu. com/s? id = 1710315708441920557&wfr = spider&for = pc.

［16］信鸽. 2020 年我国共享经济规模超 3.3 万亿元，网约车客运量占比 36.2%［EB/OL］. (2021 – 2 – 22)［2022 – 10 – 5］. https：//www. ithome. com/0/536/186. htm.

［17］王洋. 国家公交都市建设示范城市达 33 个［EB/OL］. (2021 – 8 – 11)［2022 – 9 – 28］. http：//www. gov. cn/xinwen/2021 – 08/11/content_ 5630714. htm.

［18］国家统计局. 中国统计年鉴 2011 至 2021：25 – 9 分地区城市公共交通情况［DB/OL］. 北京：中国统计出版社，2021. ［2022 – 9 – 25］. http：//www. stats. gov. cn/tjsj/ndsj/2021/indexch. htm.

［19］国务院. 关于城市优先发展公共交通的指导意见：国发［2012］64 号［A/OL］. (2013 – 1 – 5)［2022 – 10 – 10］. http：//www. gov. cn/zhengce/content/2013 – 01/05/content_ 3346. htm.

［20］中共中央 国务院. 交通强国建设纲要［M］. 北京：人民出版社，2019.

［21］北京市人民政府. 北京市"十四五"时期交通发展建设规划：京政发［2022］17 号［A/OL］. (2022 – 5 – 7)［2022 – 10 – 7］. http：//www. beijing. gov. cn/zhengce/zhengcefagui/202205/t20220507_ 2704320. html.

［22］广州市交通运输局. 广州市交通运输"十四五"规划［A/OL］. (2021 – 9 – 10)［2022 – 10 – 10］. http：//jtj. gz. gov. cn/attachment/6/6981/6981517/7822200. pdf.

［23］上海市人民政府. 关于印发上海市综合交通发展"十四五"规划的通知：沪府发［2021］8 号［A/OL］. (2021 – 7 – 22)［2022 – 10 – 9］. https：//www. shanghai. gov. cn/nw12344/20210721/ca22dbbbafb64f719f8b9350e151d879. html.

［24］西安市人民政府. 关于印发"十四五"综合交通运输发展规划的通知：市政发［2021］20 号［A/OL］. (2021 – 11 – 3)［2022 – 10 – 3］. http：//www. xa. gov. cn/gk/zcfg/zfgb/2021ndseq/wjfb/6182365af8fd1c0bdc61f6b5. html.

［25］福州市人民政府办公厅. 关于印发福州市"十四五"综合交通运输发展专项规划的通知：榕政办［2022］38 号［A/OL］. (2022 – 3 – 11)［2022 – 10 – 3］. http：//www. fuzhou. gov. cn/zgfzzt/sswgh/fzssswghzswj/202203/t20220311_ 4324109. htm.

［26］新疆维吾尔自治区交通运输厅. 新疆维吾尔自治区"十四五"交通运输发展规划（征求意见

稿）［EB/OL］.（2020-7）［2022-10-5］. http：//jtyst. xinjiang. gov. cn/xjjtysj/zwgg/202007/9a07eec07b3 144ee9a36eeb055318df3/files/d023eb3c70e64e03a9d513db8d3fa054. pdf.

［27］青海省人民政府办公厅. 关于印发青海省"十四五"综合交通运输体系发展规划的通知：青政办［2021］87号［A/OL］.（2021-11-19）［2022-10-10］. http：//fgw. qinghai. gov. cn/ztzl/zt2022/sswgh/zxgh/202202/t20220225_ 80428. html.

［28］内蒙古自治区人民政府办公厅. 关于印发自治区"十四五"综合交通运输发展规划的通知［A/OL］.（2021-9）［2022-10-10］. https：//www. nmg. gov. cn/zwgk/zdxxgk/ghjh/fzgh/202111/t20211101_ 1920626. html.

［29］云南省人民政府办公厅. 关于印发云南省"十四五"综合交通运输发展规划的通知：云政办发［2022］1号［A/OL］.（2022-1-13）［2022-10-7］. http：//www. yn. gov. cn/zwgk/zfxxgkpt/fdzdgknr/zcwj/zfxxgkptzxwj/202201/t20220113_ 234725. html.

［30］住房和城乡建设部办公厅. 关于印发城市信息模型（CIM）基础平台技术导则（修订版）的通知：建办科［2021］21号［A/OL］.（2021-6-11）［2022-10-6］. https：//www. mohurd. gov. cn/gongkai/fdzdgknr/tzgg/202106/20210609_ 250420. html.

［31］全国信标委智慧城市标准工作组. 城市数字孪生标准化白皮书（2022版）［R］. 2022：3.

［32］董志国，于洁涵，常振廷，等. 交通运输行业数字化转型认知与方法［M］. 北京：人民交通出版社，2022.

［33］杨军，周瑜芳，蔡静. MaaS发展展望与思考［EB/OL］.（2020-8-1）［2022-10-10］. https：//www. sohu. com/a/410844353_ 468661?_ trans_ =000011_ hw_ mz.

［34］董志国，于洁涵，常振廷，等. 交通运输行业数字化转型认知与方法［M］. 北京：人民交通出版社，2022.

［35］李凤桃. 社科院专家称2050年中国城镇化率可能会超过80%［EB/OL］.（2014-3-11）［2022-10-10］. http：//www. cn/finance/cjyw/201403/t20140311_ 871969. html.

［36］买购网. 什么是飞机自动驾驶系统 飞机自动驾驶系统包括什么功能［EB/OL］.（2022-05-10）［2022-10-10］. https：//www. maigoo. com/goomai/262714. html.

第7章
共享出行

7.1 共享出行发展概述

7.1.1 共享出行概念和现状

1. 共享经济

共享经济指拥有闲置资源或物品的机构与供给方通过有偿共享资源使用权的方式给他人，在使资源方获得回报的同时为闲置的资源创造价值。共享经济的核心价值在于可使用户以较低的价格使用或整合供给方的闲置资源，使供给侧与需求侧同时获得经济收益。此外，随着移动互联网高速发展，共享经济作为高效利用社会资源的商业模式，可在降低市场进入门槛，提供大量灵活就业岗位的同时，释放社会资源的潜在效益，并提高其流动效率[1]。

随着我国众多共享型企业切入共享经济市场，同时在我国共享经济领域受资本关注度愈发提高的趋势下，我国共享经济市场规模已从 2017 年的 20 772 亿元增长至 2020 年的 33 773 亿元，CAGR（复合年均增长率）为 17.6%。

2021 年我国共享经济呈现出巨大的发展韧性和潜力，全年共享经济市场交易规模约 36 881 亿元，同比增长约 9.2%；直接融资规模约 2 137 亿元，同比增长约 80.3%。不同领域发展不平衡情况突出，办公空间、生产能力和知识技能领域共享经济发展较快，交易规模同比分别增长 26.2%、14% 和 13.2%。随着共享服务与消费新业态新模式的发展，共享经济市场将持续保持增长趋势。

2021 年我国共享经济发展呈现出一些新特点。一是受监管政策、企业上市、资本市场形势等多种因素影响，主要领域共享经济市场格局加快重塑，竞争更加激烈，多元化商业模式的扩充和创新更加重要；二是一系列加强新就业形态劳动者权益保障的政策措施出台，共享经济新就业群体权益保障持续完善；三是共享经济市场制度建设步伐加快，监管执法力度加大，市场秩序进一步规范。

我国共享经济发展还面临一些需要关注的问题。一是宏观经济下行持续承压、平台治理和监管强化等多种因素影响共享经济企业预期；二是共享经济平台在参与主体、价格行为、用工管理、数据管理等方面的合规化水平急需提高；三是平台企业存在数据过度收集甚至是非法收集、数据滥用、数据泄漏等多种潜在风险，数据安全治理面临新挑战；四是共享经济平台企业在拓展国际市场过程中面临更大的不确定性和更高的合规成本，企业"走出去"面临新挑战等。[2]

2. 共享出行

汽车共享出行指多人合用一台车的方式，且开车人对车辆仅有使用权。随着我国互联网技术的不断发展，汽车共享出行逐渐步入居民生活。其中，除了私家车自驾此类非共享方式外，拼车、快车、专车、分时租赁、长短租车均为共享出行。汽车共享出行可有效解决交通供需矛盾，具备带动经济发展的作用。从汽车共享出行的商业模式分类来看，其包括 B2C、C2C 等主流运营模式以及 B2B2C。

汽车共享出行作为一种消费者无须拥有车辆所有权，以及与他人共同乘坐或共享的新兴交通方式，同时在我国交通拥堵、人均出行资源分布不均的背景下，可对我国出行市场带来较大变革。我国共享出行用户数量从 2016 年的 3.7 亿人增长至 2020 年的 5.7 亿人，CAGR 为 11.4%。用户数量的增长可以为我国汽车共享出行提供较大的、规模化的用户基数。

目前我国共享出行以单车和汽车为主，并形成用户端、云端服务器、出行工具三者间的应用闭环，同时依赖各种高新技术完成出行全过程。

从发展态势看，在交通出行领域，2021 年网约车客运量占出租车总客运量的比重约为 31.9%，占比较去年减少 2 个百分点。除疫情影响市场需求之外，监管趋严成为网约车客运量占比下降的主要因素。

一方面，合规化进程加快推进。2021 年 9 月交通运输部印发《关于维护公平竞争市场秩序加快推进网约车合规化的通知》，要求各地交通运输主管部门督促网约车平台公司依法依规开展经营，加快网约车合规化运行。各地监管部门不定期检查网约车是否合规运营，并对不合规的平台进行通报与行政处罚。各地规范的出台，对推动当地网约车市场健康、安全发展起到了重要作用，但网约车的跨区域经营条件限制、车辆合规化率要求提高等使得各地网约车清退数量短期内不断增加，网约车与巡游出租车的客运量比例也随之下降。另一方面，出行领域的信息安全问题受到关注，头部平台企业受到网络安全审查，也遭受了不小的冲击。头部企业的驾驶端和客户端的增量入口被切断，新的平台成长和顾客消费习惯建立需要时间，短期内造成网约车客运量减少[2]。

我国共享经济与汽车共享出行的相关利好政策为行业提供增长基础。2016—2021 年，国家发改委、国务院以及交通运输部等部门相继出台支持共享经济与汽车共享出行的政策，我国汽车共享出行行业在此背景下将迎来发展良机。

7.1.2　驱动因素

1. 消费需求与环境

我国较高的手机上网用户数量与城镇化率的提升为汽车共享出行提供发展基础，同时汽车共享出行市场发展受有驾无车人群的出行需求以及缓解城市交通压力的需求驱动。

我国有驾驶证但没有私家车的人员数量要高于我国汽车保有量。同时我国汽车保有量持续提升将进一步加剧城市的交通堵塞情况。汽车共享出行可通过提升单车的运载率减轻交通压力，以及为有驾无车人群提供租车、网约车、共享车等服务。

2. 社会价值凸显

汽车共享出行的社会价值在于提供就业岗位、缓解城市交通压力，以及降低居民出行成本。在我国巡游出租车发展受限、保有量下降的背景下，汽车共享出行将迎来发展良机。

以汽车共享出行中的网约车服务为例，网约车服务可通过提升汽车乘客搭载率以提高汽车资源的利用效率，同时降低居民的出行成本。此外，网约车以及共享汽车的服务可通过降低汽车的空置率来缓解部分城市的交通拥堵压力。同时，其可为社会提供如专车驾驶员、网约车驾驶员、汽车出租公司等岗位及企业以带动更多的社会就业与收入机会，在解决城市交通问题的同时为社会带来更多价值。

由于巡游出租车直接受政府监管，以及牌照发放受限，我国巡游出租车客运量增速与出租车保有量的增速总体也呈现下滑趋势。传统出租车相较于网约车服务存在价格过高、服务单一等问题，因此我国出租车保有量与客运量的下降可为汽车共享出行中的网约车服务带来发展机遇。

7.1.3　制约因素

租车服务模式受监管力度较低、分时租赁模式运营成本过高、基础充电设施不足等痛点是制约我国汽车共享出行行业发展的主要因素。

租车服务模式受监管力度较低。我国汽车共享出行中的细分赛道 P2P 租车主要以轻资产运营路线为主，为车主与租车用户提供信息匹配平台，可使私家车提升使用率并为提供者获取利润。但该细分赛道进入门槛较低，且缺乏严格的第三方监管，导致车主与租车用户间缺乏信任，使用户的复购率以及用户黏性较低。

分时租赁模式运营成本过高。分时租赁是汽车共享出行行业内另一细分赛道，用户可按个人需求与时间预定的小时数来缴费，从而获取汽车随取即用的租赁服务。但其在主要城市的办公与商业区域内存在车辆折旧费与停车成本过高的问题，整体较高的运营成本给服务提供方带来现金流压力，从而影响服务提供方的利润。

基础充电设施不足。我国共享出行市场中的汽车以新能源汽车为主，截至2021年10月，我国新能源汽车保有量已达到678万辆，而充电桩的数量仅为187万个，其中公共充电桩数量为百万余个。因此在新能源汽车保有量较高的地区存在供需不平衡、排队充电等现象，汽车共享出行的充电难问题潜在地加大了服务提供商的运维成本。

7.1.4 政策分析

在现代社会，居民衣食住行的信息化、互联网化都是时代大潮下不可避免的发展趋势。出行是我国最早实现互联网化的产业之一，网约车、顺风车、共享单车等互联网新业态近十年来不断涌现，为出行行业的发展进步开拓出新的道路。在低碳、绿色、经济的大背景下，共享出行低消耗的特点也大有可为。

1. 我国有适合共享出行模式发展的土壤

虽然共享出行概念最早并不是起源于我国，但经过多年的发展，我国无疑已经是共享出行领域最大的市场，我国有适合共享出行模式发展的土壤。根据公安部门最新公布的数据，截止到2021年6月份，全国机动车保有达到了3.84亿辆，其中汽车2.92亿辆，已经成为100年来首个在汽车保有量上超过美国的国家。但如果看人均车辆保有量，我国仅是美国的四分之一左右，较其他发达国家也有明显差距。

随着我国车辆保有量的继续提升，国家除了加强基础设施修建，发展公共交通外，也有动机通过政策鼓励私家车辆提升运载效率来降低整体拥堵情况。作为居民，也希望能够获得更多的便捷出行渠道，以缓解交通拥堵或公共交通缺失对日常出行的限制。

总之，我国具有人口密度大、车流密度大、公共交通发展程度不均衡、核心城市交通拥堵等特点，在这些特点的共同作用下，共享出行行业获得了比较良好的发展环境。

2. 庞大的消费需求促进了共享出行平台企业的发展

除了良好的生存土壤，我国旺盛的需求也促进了共享出行平台的发展。我国是全世界手机上网用户最多的国家，手机已经成为日常生活中不可或缺的组成部分。大量城市手机用户决定了共享出行在发展初期就能够拥有大量潜在用户。

与网约车业务直接对位的巡游出租车业务发展始终受限，也促成了网约车业务的快速发展。从 2000 年至今的近 20 年间，我国出租车牌照数受到严格限制，仅从 90 万张左右增长到 110 万张左右，年均增速不到 2%。如果看北京、上海这类核心城市，在城市规模不断扩张的情况下，出租车数量基本没有增长。在打车软件出现前，大城市打车难的问题已经被广泛讨论。

共享出行平台的盈利模式类似中介机构。平台通过对信息的有效整合，帮助客户实现闲置资源的有效利用，创造更多的效益，同时依靠提供的有效信息向客户收取合理佣金，从而实现资源供给方、需求方和平台本身的共赢。

与传统中介机构不同的是，共享出行平台的匹配对时效要求高，且匹配双方的位置信息、车辆的行使状态在不断变化，平台需要同时快速处理大的需求，并通过合理的资源匹配机制与路径规划帮助驾驶员与客户实现效益的最大化，这是共享出行平台的核心价值。

7.1.5　行业发展概述

1. 萌芽期：汽车租赁率先引入互联网技术，快的和滴滴相继入局

共享出行将出行的供需与互联网技术相结合，该业务模式首先被应用于传统的汽车租赁公司。2010 年 5 月，易到用车成立，是全球最早的网约车平台之一。2012 年，快的打车和滴滴打车相继成立。随着各路资本相继入局，快的和滴滴打响补贴大战，最终于 2015 年完成合并。此后，网约车平台不断整合，形成一强多极的局面。

2. 爆发期：共享单车行业野蛮生长，政策出台推动行业整合

为解决短途出行问题，同时作为中长途共享出行的补充，共享单车行业应运而生。2015 年，ofo 和摩拜开始运用低廉的骑行费用和免押金政策抢占市场。与此同时，各类企业纷纷入局，行业出现野蛮生长态势。2017 年 8 月，交通运输部等 10 个部门联合出台《关于鼓励和规范互联网租赁自行车发展的指导意见》，推动共享单车行业进行自我调整与整合，行业进入洗牌阶段，最终形成美团、哈罗、滴滴三个全国性共享单车巨头，以及数个地方性共享单车品牌共同竞争的新格局。

3. 发展期：资本市场趋于理性，政策加码带来新机遇

自 2017 年出台《关于鼓励和规范互联网租赁自行车发展的指导意见》以来，共享出行投融资事件与金额逐年下降，资本市场热度冷却，行业内部开始整合。2020 年 11 月，国务院办公厅印发《新能源汽车产业发展规划（2021—2035年)》，鼓励地方政府加大对共享出行等领域车辆运营的支持力度，给予新能源汽车停车、充电等优惠政策。随着"碳中和""碳达峰"相关政策的推出，共享出行领域逐渐步入成熟期，并迎来新的机遇。

7.2 共享出行具体应用

我国共享出行覆盖的领域呈现多样化的特点，可选的共享交通工具种类包括自行车、电单车、汽车和其他公共交通。共享的模式涵盖了拼车、顺风车、网约车、租赁等。根据不同的城市生活圈和范围，人们可以结合不同共享出行方式的优劣势，个性化地进行选择，共享出行在满足用户需求的同时还能高效地利用交通工具以及相关城市交通设施等资源。

7.2.1 网约车

1. 行业概况

网约车，全称为网络预约出租汽车，是通过互联网平台对接运力（驾驶员、车辆）和乘客，提供非巡游出租车服务的经营活动。其核心的商业逻辑比较简单，利益关联方主要是平台、驾驶员、车辆和消费者四方。平台分别对接驾驶员、车辆和消费者，通过有效供需匹配赚取整个出行系统效率提升的钱。具体表现为：消费者通过网约平台打车，平台匹配运力完成服务，消费者为打车服务付费，平台从交易金额中抽成（5%～20%不等）。整个网约车市场根据运力归属和市场定位的不同，又可以细分为网约出租车、快车、专车、顺风车四种主要形式。

据全国网约车监管信息交互平台统计，截至2021年12月31日，全国共有258家网约车平台公司取得网约车平台经营许可；各地共发放网约车驾驶证394.8万本、车辆运输证155.8万本。2021年12月共收到订单信息68 123万单。2021年12月订单量超过30万单的网约车平台共17家，其中订单合规率最高的是享道出行，最低的是花小猪出行。按订单合规率从高到低排列，分别是享道出行、如祺出行、T3出行、携华出行、蓝道出行、阳光出行、妥妥E行、招招出行、及时用车、神州专车、曹操出行、首汽约车、帮邦行、美团打车、万顺叫车、滴滴出行、花小猪出行。

网约车和出租车日完成订单总量已经超过高频核心用户总数。快车和出租车的客单价约30元，日均打车1次的话，月均交通花费金额超过1 000元，对于月薪低于5 000元的用户，交通花费占薪资比例已经超过20%，这样的支出是月薪5 000元以下的用户难以高频承担的。目前网约车业务正在触及第一层天花板。

共享出行是未来发展趋势，网约车市场空间广阔。根据灼识咨询数据，2020年我国共享出行总支出为2 330亿元人民币，其中网约车、出租车网约招车、顺风车、代驾分别占75.11%、14.59%、5.15%、5.15%。2025年，我国共享出行预计总支出为8 620亿元人民币，其中网约车、出租车招车、顺风车、代驾分别占81.21%、9.28%、4.29%、5.22%。从2020年至2025年，我国共享出行的总支出的复合年增长率预计为29.9%。

网约车出行市场平稳增长，疫情好转后，其需求有望快速增长。2022年1月全国网约车市场订单量为7.04亿单，环比上升5.3%。2021年3月完成订单量超过30万的订单仅有14家，2021年12月快速增长到17家。随着疫情逐步好转，出行需求逐步增加，网约车订单有望出现反弹趋势。

网约车市场格局动态调整，滴滴出行市占率降至八成。在网络数据安全审查背景下，网约车市场格局动态调整。从市场格局来看，滴滴出行市占率从2020年10月的89%下降到2022年1月的70%。与滴滴出行为首的C2C运营模式相比，享道出行、T3出行等B2C运营模式的网约车平台合规率相对好。

网约车合规化进程有望加速，网约车运力供给预计有所下降。近期，交通运输部等8个部门修订发布通知，加强网约车行业事前、事中、事后全链条联合监管，一是增加了事前联合监管要求，二是完善了全链条联合监管事项，三是细化了全链条联合监管流程。预计在2022年严格监管的局面下，各平台将会更加注重驾驶员和订单的合法合规程度，这必然会造成平台成本增加，因此在一定程度上，网约车的平台客单价格将有所提升，但这也是市场良性竞争的体现。

2. 发展趋势

网约车产业链包括上游（运力和第三方资源）、中游（平台）和下游（用户），其中平台处于核心地位。网约车平台作为撮合交易方，需要制定合理的价格机制，平衡好驾驶员收入、乘客成本以及平台佣金的关系，任意一方失衡都会导致供需不平衡。网约车三大要素为："驾驶员—车—乘客"：

第一，驾驶员。无论从企业端还是需求端来看，对驾驶员都有更多更精细化的要求。对于企业而言，无论从增强驾驶员管理，还是从提高驾驶员认同感与服务意愿的角度，企业都有很重要的责任。作为市场的参与者、驾驶员的合作方，网约车企业也在积极地从准入机制、驾驶员成长路径、驾驶员行为规范的建立，以及驾驶员在服务过程中的一些奖惩机制等不同维度，不断探索驾驶员的体系化管理制度，提升驾驶员的服务意愿和服务质量。

第二，车。整个行业中很多B2C平台开始向C2C轻量化转型。滴滴出行本身近似C2C模式，而对于一些后发的以车企为背景的企业，比如曹操出行和首汽约车等早期以B2C为主的企业，目前正在向C2C方向转型。首汽约车2018年就开放了加盟模式，到2020年，实现了全面的轻量化；曹操出行2019年开始尝试轻量加盟模式，在2020年运力受疫情影响的情况下推出了pro-A政策，开放驾驶员自由度，吸纳更多驾驶员加盟，为企业的服务提供更多保障。

从后发平台转型角度看，整个行业更加希望下压成本，更多聚焦服务升级。但转型需要一定过程，也存在部分背靠车企的玩家继续采用 B2C 模式。例如，T3 出行是典型的背靠车企的企业，在 2020 年订单量有很大增长，其转型移动出行的逻辑在于希望探索更多汽车销售模式，探索更多收入模式。

第三，乘客。聚合模式加入，很大程度上改变了竞争格局。地图服务厂商、本地服务厂商等纷纷加入这一领域，如高德、携程、美团等。

网约车存在如下模式：

（1）C2C 模式　C2C 模式（个人私家车服务个人消费者）即专车公司仅提供平台，车辆和驾驶员来源于汽车租赁公司或私家车辆接入（私家车挂靠）。秉承共享经济理念，公司提供独立的第三方商务车服务平台，通过网站或移动端 APP 将有用车需求的用户和汽车服务提供商（如私家车拥有者、汽车租赁公司等）进行匹配并形成交易。公司扮演中介角色，只负责供需信息的匹配，不提供车辆资源也不承担车辆的维护成本，不拥有车辆的所有权和使用权。C2C 虽然流程简单、运行高效，但是安全问题是 C2C 模式的一个重大缺陷，C2C 模式下的轻资产模式导致以供给侧组织与管理能力无法达成有效的监管和约束。

（2）B2C 模式　B2C 模式（网约车企业服务个人）由专车公司自备车辆和专业驾驶员为用户服务，类似于出租车公司自营，本质是城市交通体系的一环。专车公司自己购置车辆并聘请专车驾驶员，为用户提供专车服务。以神州专车为例，它的模式是以长租 + 短租结合的模式向神州租车租赁车辆，驾驶员为全职专业驾驶员。因为其采用车辆集中采购 + 规模化运营，成本固定，所以随着规模与量级提高，单均的成本就会下降。规模与量级提高之后，总利润提升会摊薄单均成本的压力；其次全职专业的驾驶员，从服务上来说也比业余的人要好很多，能够保证成本结构最优和用户体验更好。由于 B2C 模式对车辆的高要求、驾驶员的严把控、标准化的服务流程，相对来说有更好的客户体验，也符合网约车上行到高端市场的需求，相较 C2C 模式而言具有更低的政策风险，但是运营成本增加。

7.2.2　汽车分时租赁

1. 行业概况

分时租赁是一种以分钟或小时等为计价单位，利用移动互联网、全球定位等信息技术构建网络服务平台，为用户提供小微型客车自助式车辆预订、车辆取还、费用结算服务的小微型客车租赁服务。

国际上，汽车分时租赁由来已久，伴随 2010 年全球共享经济大爆发传入国内。作为一种新型的互联网 B2C 汽车租赁服务，相比于传统长租类汽车租赁服务，分时租赁租期时间更加灵活，用户可选择性强，租车流程更简洁，"租—用—还"过程在线全流程操作，更加方便快捷。

分时租赁场景定位城市中短途出行，形成交通结构补充。以我国一线城市为例，分时租赁覆盖的最常出行距离为 25km±25km，该距离覆盖与公共汽（电）车重合度相较低，与网约车、出租车服务距离重合度较高。同时，分时租赁在性能、体验、灵活度上完全匹配私家车出行，因此成为城市内交通系统以及城—郊公共交通网络边缘系统的有力补充。

尽管分时租赁平台表现各有不同，但受新能源汽车补贴政策和车企方面推动的影响，绝大多数分时租赁平台投放车型以小微型电动汽车为主。车企背景运营商主要采用自家品牌车辆，互联网创业运营商因其资源触及和运营策略的差异，投放车型与品牌呈现低端低速电动车和高端豪华品牌车两种模式，租车公司背景运营自带车辆，投放车型最为广泛。

随着基础设施覆盖面扩大、地方性行业政策支持落地等条件成熟，以及分时租赁用户习惯养成，分时租赁平台在车辆投放、价格、车辆利用率、周转率等方面将会有所提高，分时租赁将会保持较为明显的增长趋势。未来随着 L3 级自动驾驶的广泛落地，分时租赁将在服务范围、市场业绩上迈上一个新台阶。

汽车分时租赁发展有如下驱动因素：

政策方面，基于新能源汽车发展战略，分时租赁享多重利好。分时租赁的兴起与发展离不开多方政策驱动，产业层面上，大力发展新能源汽车产业的国家级战略为新能源汽车及其相关产业提供了发展动力，分时租赁处于新能源汽车产业下游，将直接受益；行业层面上，加快电动汽车充电基础设施建设，为分时租赁发展提供了基础保障；平台层面上，政策对于分时租赁的官方认可，打破了合规桎梏，极大地促进行业发展。

社会层面，道路资源增速缓慢，车、道匹配不均推动分时租赁发展。随着城镇化发展，城市拥堵和环境问题越加凸显。以历史和可持续发展的眼光看，人类不断发展壮大的社会需要与环境资源间的矛盾一直存在，社会发展问题已经不能只依靠单方面的索取和不断增长来满足，社会资源调配的最大化、利用率的最优解是未来发展的必然方向。

公共交通增长缓慢，互联网出行替补程度加深。传统公共交通系统作为城市基础设施，面临时间长、便捷性差的问题。互联网出行凭借降低消费者出行时间成本和机会成本的极大优势，同时改变了消费者出行方式和出行态度，形成高速增长和强势替补。随着网约车、共享单车、分时租赁等移动出行服务渗透提升，新的出行方式对传统公共交通出行的补充和取代程度加深。

用户方面，潜在驾驶需求旺盛，买车行为客观受限。在我国有大量人员处于有证无车状态，潜在驾驶需求巨大。但在客观条件上，消费者买车行为受到多方面限制。第一，交通运输部实施的城市限牌、限号政策，制约了消费者购车行为；第二，城市交通拥堵现状、汽车购买和保养成本消耗了消费者买车热情；第三，个人在购房、租房上与日俱增的成本压力，对衣食、出行等其他方面的消费支出形成挤压，消费者对于购车、出行的成本控制和价格敏感度提高。

价格优先，分时租赁出行成本更低。以单次出行所投入的时间、金钱成本来比较，公共交通出行投入最大时间成本与最小金钱成本，舍弃了出行体验、便捷和灵活性，而私家车则是投入最大的金钱成本和最少的时间成本，同时购买到出行的独享、私密和舒适性；分时租赁介于上述两种出行之间，达成以相对少的金钱和时间投入，获得便捷、灵活、舒适、经济同时满足的最佳出行结果。经过对出行时间成本相当（即出行所需时间相近）的出行方式进行横向对比与理论测算，当前分时租赁在与私家车、租车、网约车、出租车的对比中，金钱成本最低。

技术上，互联网提供平台基础，车联网等实现产品功能。分时租赁平台搭建、产品功能以及业务提升依赖相关技术的有力支持与保障。我国互联网、移动支付的高成熟度与高普及率为分时租赁搭建服务平台提供了基础；新能源汽车为分时租赁提供了更好的产品，而车联网实现用户与车辆互通，平台前端与后端连接，是实现产品功能的重要条件；大数据、人工智能及自动驾驶技术为分时租赁的下一阶段模式创新、效率优化、体验升级、行业繁荣创造机会[3]。

2. 发展趋势

分时租赁是一项重资产、重运营的业务，对运营商资本实力、运营强度、技术水平有更高要求。在资产端，平台采购或租赁车辆投放，形成资产积压，自建、维护充电设施进一步加重资产投入，同时，充电桩、停车位属于稀缺型资源，涉及城市规划和公共空间占用，对平台在政府端的协调力提出高要求；在运营端，一方面是线上，当前分时租赁缺乏用户信任，规模不足导致用户自传播效应差，流量增长主要靠平台强运营，另一方面是线下，车辆调度、车辆故障检修维护需要人工完成，人车管理比是评估平台运营能力的关键性指标；在技术上，车联网实现平台前端与后端、用户与车辆的互通，数据算法实现平台运营成本更低和效率更高。

车型车价更丰富，服务场景更深入。随着平台发展和用户规模扩大，分时租赁完成了从代步工具到场景服务的拓展。服务场景由通勤延伸到景区出游、周末聚会、上学接送、商务拓展、摄影外拍等，完成用户到场景的实质性细分。此外，在产品上，运营车型从基础2门2座、4门4座，拓展到5~7座等多种车型，不仅从价格上贯穿低、中、高档不同车型，在计费方式上更采用分段计价、早（晚）用车、波峰波谷分层计费等多种方式，租期选择更加丰富，不再局限于小时、日的租期形式，更能满足不用类型用户在不同场景下、不同用车时段的出行需求。

功能性提升明显，体验性提升较弱。随着平台运营时间和经验的积累，分时租赁产品的功能性提升明显：第一，采用第三方征信、人脸识别等技术，使平台注册审核环节变得更加精炼高效；第二，更多车型的投入满足更多"非常"需求，变相突破用户对于续驶里程的隐忧；第三，用户出行数据不断积累并形成策略，运用到精准投放中，提高平台服务效率。对于是先满足更多的人用车，还是先满足少部分人更好地用车这个问题，前者与互联网商业模式的快速扩张不谋而合，同时第三方服务供给市场又不成熟，因而整体体验性提升较弱。

分时租赁依然面临商业模式的挑战。分时租赁成本投入主要包括车辆购置、运营网点建设、车辆保险投入的固定成本，以及车辆折损、停车费用、技术开发维护费用、车辆管理费用、用户端营销费用等运营成本，而收入几乎全部来自于车辆租金，由于分时租赁本身产品定位和用户运营策略，分时租赁价格几乎是网约车、出租车的一半，而订单量又极大地受限于规模，依照现有的商业模式，运营商很难达到收支平衡，续存发展。

车辆规模和车辆运营周转率是分时租赁成败的两大决定性因素。根据运营公式：分时租赁平台收入 = 单车收入 × 车辆规模，车辆周转率越高，则单车收入越高；分时租赁平台成本 = 车辆规模 × 单车成本，分时租赁平台成本随车辆规模扩大而增大。因此，只有当周转率足够大时，才能实现基本的盈亏平衡。

分时租赁规模化过程中边际成本降低效应较弱，规模化过程中的风险倍数级增加。第一，分时租赁本身的重资产投入以及运营过程中不断叠加产生的各项成本，难以在规模化程度低时形成边际成本效应；第二，车辆周转率增长与车辆规模增长没有必然的联系；第三，车辆周转率增长为不稳定的波动曲线，这种波动主要产生于用户转化率的不稳定性；第四，分时租赁作为众多出行方式的一种补充性产品，而非唯一性产品，容易陷入用户心智争夺，受到强烈的外部因素干扰，而低规模化难以降低和规避这种干扰。

7.2.3 共享公交

1. 行业概况

共享公交，也称定制班车，是指用户可通过微信公众号、手机 APP 购买已有路线的车票，或根据需求定制路线，实现一人一座、专车直达模式，缓解了上班族高峰时段"乘车难"问题，有效降低通勤成本，减少通勤时间，同时提升了乘坐体验。

共享公交的目标人群为有通勤需求的个人和企业，以及短途旅游人群。收入来源主要是客票、公交载体广告、公交载体异业合作以及其他增值服务。其中客票收入由个人班车预订、企业班车以及其他活动的包车服务收入组成。营销方面，可通过发放优惠券来提高个人用户的使用度，增加客票收入；通过同路线交流论坛等各类互动活动聚集活跃用户，线上通过微信、社群、APP、官网等渠道，线下通过车外身、车内座椅套、车载屏、车座背后彩页等投放广告，获得公交载体广告收益；通过与公交载体异业合作开展促销活动，例如与银行联合办信用卡即送公交优惠券等活动，扩大客户群。

2. 发展趋势

共享公交的轻资产模式是通过整合社会资源获得车辆，所需资金量较少，进入门槛低，有利于快速扩张。但轻资产模式容易被新进入者"复制"并抢占市场份额，对车辆和服务进行统一管理也比较难，该模式适用于缺乏资金的技术型中小企业或者是特别注重抢占用户流量的企业。

共享公交的重资产模式指共享公交企业自备车辆，有利于统一管理，保证服务质量，但快速扩张需要巨额资金，适用于资金充足或融资能力强、注重长远回报的企业。

共享公交不仅面临同类企业的竞争，还面临着传统中小型客运企业和汽车租赁企业的竞争，容易出现竞争显性化、服务同质化问题。当某共享公交企业在大数据分析基础上开发一条优质路线后，中小型客运企业也会跟随此路线抢客源。由于车辆运营资质、牌照限制等因素，共享巴士难以像滴滴出行平台那样依靠大量圈地、圈人来取得优势。共享公交开通定制路线需达到一定的用户量，便利性不如网约车，运营成本较高，达到盈亏平衡点耗时较长。

7.2.4 共享两轮车

1. 行业概况

共享两轮车是指人们无须拥有车辆所有权，但可以与他人共享使用两轮车辆，按照出行需求，根据骑行时间或骑行里程付出相应使用费用的一种新兴交通方式。共享两轮车主要包括共享单车与共享电单车。共享两轮车具备站点密度高、建设难度小、运输灵活等优势，可有效解决城市交通痛点，助力构建多元城市交通体系，已经成为城市交通闭环中不可或缺的一部分。

共享两轮车出行场景具有刚需、高人群覆盖、高使用频次等特点，自2015年创业潮形成以来，在市场刚需及资本推动下，大量企业涌入两轮共享出行赛道。但由于实际运营盈利能力弱、商业模式不成熟、存在市场壁垒等因素，共享两轮车经历了新玩家层出不穷的膨胀期、大量共享单车企业相继倒闭的幻灭期与行业趋于冷静的复苏期。

2020 年开始，共享两轮车进入相对冷静的复苏期，行业盈利模式逐渐清晰、科技持续赋能、政企合作加深、同时竞争加剧。运营模式成熟、经过市场验证的共享两轮车企业留存下来，形成哈啰出行、美团单车与青桔单车"三足鼎立"的格局。

共享两轮车市场用户规模稳定增长，基本实现全国覆盖。在跨过野蛮生长的阶段之后，行业呈现优胜劣汰的演变过程，加之政企合作有效治理，共享单车及电单车的有效投放总量得到控制，存量市场实现有序发展，增量市场有望稳定发展。

共享电单车市场升温，换电模式成为电池管理主流思路。《绿色产业指导目录（2019 年版）》将互联网租赁电动自行车纳入发展绿色产业目录，共享电单车发展前景积极明朗。换电模式由于节约时间、灵活和稳定的优势，逐步成为行业解决充电问题的有效思路。相比共享单车，共享电单车监管不力带来的安全隐患和城市管理问题更为突出，不同城市之间的监管措施不一，落实情况及管理效果因地而异[4]。

2. 发展趋势

存量市场竞争中，企业更加注重共享两轮车精细化运营能力和生态体系的构建，加大创新技术的投入，从而提高运维效率、提升产品体验、提高服务品质，使得产业由劳动密集型向技术密集型转变。

在车载硬件方面，技术水平得到不断升级，车身传感器、北斗导航等智能化硬件普遍使用，有效促进了高精度位置识别、降低了车辆丢失率等；在软件方面，提高效率是核心目标，大数据能够基于用户出行轨迹及销售场景等进行精准营销，云服务能够提高运营效率和优化服务分工，精细化城市共享车辆管理，人工智能算法能够提供精准的供需预测，实现路径规划、智能调度等，从而优化运营管理水平。与此同时，共享两轮车出行产业的科技化开始反哺两轮出行制造产业，助力后者加速智能制造升级。

共享两轮车出行产业链日臻成熟，兼跨上游零部件供应、整车供应、通信服务、定位服务、充换电服务，中游共享两轮车出行服务，与下游支付服务、运营服务、维保服务、平台开发合作等。同时，共享两轮车出行用户规模呈现递增的趋势。

共享两轮车出行企业流量入口呈现多元化趋势。除 APP 外，小程序已成为用户享受共享两轮车出行服务的重要入口。其中，哈啰出行凭借出色的 APP 与小程序双渠道流量，领跑共享两轮车出行月活用户数，其 2020 年 11 月的总体月活用户规模达到 7 232 万；青桔单车的小程序月活量领先，其 2020 年 11 月的小程序月活用户规模达到 4 167 万人。

共享两轮车出行的绿色、低碳、环保属性，是其获得长期良好发展的底层逻辑之一。随着市场盈利模式得到进一步验证，结合科技转型升级、精细化运营与用户质量提升等多维利好，部分共享两轮车出行企业有望实现盈利。共享电单车的广阔需求亦不可忽视，预计到2025年，共享电单车投放规模存在700万辆增长空间。

7.3 绿色低碳交通出行

我国承诺"二氧化碳排放力争于2030年前达到峰值，努力争取2060年前实现碳中和"。"十四五"是我国推动高质量发展、建设美丽中国的重要时期，也是落实国家自主贡献目标的关键时期。我国将继续实施积极应对气候变化的国家战略，采取措施控制温室气体排放。交通出行是主要碳排放源之一，也与人民群众的消费习惯、低碳认知等息息相关，大力倡导低碳出行是降低家庭碳排放、提高公众低碳意识、促进公众低碳实践的重要举措。

为了推进低碳出行，一方面要建设低碳出行友好环境，例如提供低碳出行的便利条件，加强慢行、公交、新能源汽车等低碳交通方式的基础设施建设等，增加低碳出行方式的吸引力；另一方面要增强公众低碳出行意识，加强公众行动和政策反馈、设施完善之间的正向循环，激发公众低碳出行的积极性，进一步提高城市低碳出行水平。

碳中和是拉动汽车产业数字化进阶发展的新引擎，是我国汽车产业未来30年发展的总纲之一。短期看，我国车企推进碳中和的主要方式为建立绿色工厂以及购买碳信用额，与汽车产业数字化的联系较浅；但从中长期看，我国车企推进碳中和的方式主要包括发展新能源车型、提升智能制造水平、加强供应链管理，无一不与汽车产业数字化息息相关。综合来看，碳中和是拉动汽车产业数字化进阶发展的新引擎[5]。

同时，数字化技术对汽车产业低碳发展有很强的赋能作用。数字化技术能够为碳排放提供可测算、可规划的量化参数标准，并从制造端、使用端、供应链端等不同领域有效减少不必要的碳排放，并且基于智能化车载服务触点，提高各环节的衔接效率进而提升用户的用车体验。汽车产业的碳中和，除依靠车企的努力外，还必须依赖供应链上各个环节的企业共同配合、共同努力，尤其是注重数字化技术对于汽车产业链碳中和的支撑。换言之，发展数字化是实现汽车产业链碳中和的必要条件[6]。

科技出行企业作为我国出行领域实现"碳中和"发展战略目标的中坚力量，车企、出行服务平台企业、出行解决方案企业以及补能及配套服务企业四大类企业应根据自身特点，各自扮演至关重要的角色。这四类企业在科技出行领域相辅相成，涵盖了科技出行载力、出行方式、出行效率、补给方式。作为出行载力，车企提供出行载力工具，与出行服务平台企业、出行解决方案企业以及补能及配套服务企业达成合作，在推广新能源车型、优化新能源消费场景的同时，倡导绿色出行方式，缓解交通拥堵等问题，加速出行领域能源转型与节能减排。出行服务平台企业与补能及配套设施服务企业的合作，可为补给站提供公域客户流量，在增加补给站收入的同时，为新能源用户提供更加优质的补能环境与更加便捷的支付场景。出行解决方案企业则是与车企合作，通过对传统出行方式进行赋能，利用智能驾驶、车路协同等技术，优化用户出行体验，为交通出行节能增效。

对这四类企业，有着不同的"碳中和"发展策略：

（1）车企　车企作为科技出行载力工具的供给方，自身的"碳中和"实现是出行领域实现"碳中和"的前提。目前，全球多数传统车企已经对外宣布自身禁燃油汽车时间表，虽然我国车企稍有落后，但在2021年上半年也陆续结合企业自身特点制定了"碳中和"战略发展相关条例。

（2）出行服务平台企业　一众出行服务平台企业依托自身技术优势和数字化科技创新能力，通过提供碳足迹管理、用户出行碳减排认证等解决方案，在实现自身低碳零碳发展的同时，助力出行行业提高效能。顺风车、共享单车等共享出行方式减少了人均出行碳排放，具备天然节能减排属性，属于绿色低碳的出行方式。而出行服务平台企业作为用户与出行方式之间的纽带，通过为用户进行"碳减排"认证等方式，让用户深切感受到自己的每一次出行选择都与"碳中和"的发展息息相关。

（3）出行解决方案企业　出行解决方案企业基于数字化发展，结合人-车-路协同、车联网等技术，为城市交通出行提供了更高效、更智能、更舒适，同时更加低碳排放的出行解决方案。人-车-路协同等技术作为智慧交通"新基建"的重要组成部分，对缓解交通拥堵、加速"碳中和"具有明显赋能作用。目前众多出行解决方案企业已将助力交通出行"碳中和"作为自身长期的发展目标。

（4）补能及配套服务企业　补能及配套服务企业通过与5G通信、大数据、云计算、区块链、人工智能、车联网等数字技术的深度融合，使补给站作为数据接口实现大规模组网，利用规模化、集成化、数据化、网联化的优势，打造智能化补给网络，扩展多种商业模式，优化消费场景，实现经济效益与节能减排的良性循环。

参考文献

[1] 2021年中国汽车共享出行行业概览：新模式变革下的汽车市场 [R]. 广东：头豹研究院，2021.

[2] 中国共享经济发展报告（2022）[R]. 北京：国家信息中心，2022.

[3] 2019年中国分时租赁行业研究报告 [R]. 上海：艾瑞咨询，2019.

[4] 中国两轮共享出行产业科技转型升级研究报告 [R]. 北京：亿欧智库，2021.

[5] 2022中国汽产业数字化创新研究报告 [R]. 北京：亿欧智库，2022.

[6] 中国科技出行企业"碳中和"之路 [R]. 北京：亿欧智库，2022.

第 8 章
智慧物流

8.1 智慧物流发展概述

8.1.1 物流业发展概况

经过改革开放四十多年以来的持续快速发展，物流业已经成为国民经济的支柱产业和重要的现代服务业。同时，我国已经成为有全球影响力的物流大国，2013 年我国物流市场规模首次超过美国，自此成为全球第一。回顾近十年的发展，物流业呈现出几个方面的特征。

一是物流需求规模持续增长，社会物流总额增速在经历了波动以后，在 2021 年恢复至正常年份平均水平。2021 年，全年社会物流总额 335.2 万亿元，是"十三五"初期的 1.5 倍。按可比价格计算，同比增长 9.2%，近十年社会物流总额的变化情况如图 8 - 1 所示。

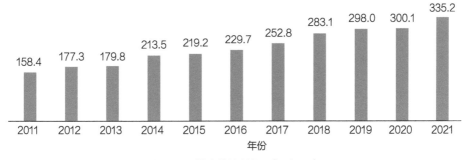

图 8-1　社会物流总额（万亿元）

具体到 2021 年的构成来看，工业品物流总额 299.6 万亿元，按可比价格计算，同比增长 9.6%；农产品物流总额 5.0 万亿元，同比增长 7.1%；再生资源物流总额 2.5 万亿元，同比增长 40.2%；单位与居民物品物流总额 10.8 万亿元，同比增长 10.2%；进口货物物流总额 17.4 万亿元，同比下降 1.0%。

二是从社会物流总费用来看，呈现出较高的增速。2021 年社会物流总费用 16.7 万亿元，同比增长 12.5%。从结构看，运输费用 9.0 万亿元，同比增长 15.8%；保管费用 5.6 万亿元，同比增长 8.8%；管理费用 2.2 万亿元，同比增长9.2%。近十年社会物流总费用的变化情况如图8-2所示。

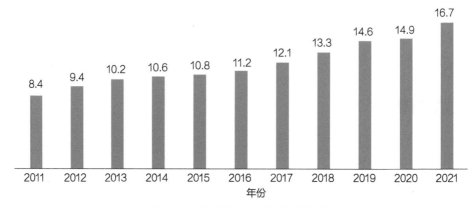

图8-2 社会物流总费用（万亿元）

三是从社会物流总费用GDP占比来看，2015—2021年，呈波动下降趋势。2021年社会物流总费用16.7万亿元，同比增长12.5%。社会物流总费用与GDP的比率为14.6%，比2020年下降0.1个百分点，整体来看，我国社会物流总费用与GDP的比率已从2015年的15.7%下降至2021年的14.6%，但相对发达国家8%~9%的水平，我国社会物流总费用与GDP的比率仍然偏高。近十年社会物流总费用GDP占比的变化情况如图8-3所示。

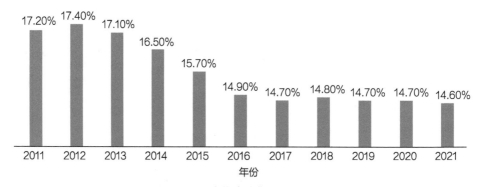

图8-3 社会物流总费用GDP占比

当然，社会物流总费用GDP占比的高低并不必然反映物流成本高低，还和我国的经济结构、产业链情况等相关，实际上我国物流成本和日本基本相当，远低于美国。这个占比高更多反映出，从整个供应链效率角度，我国仍有较大的优化和提升空间，通过数字化等手段，物流效率仍有提升空间。因此，智慧物流成为物流行业重要的发展方向。

8.1.2 智慧物流面临的挑战和问题

智慧物流（Intelligent Logistics System，ILS）首次由IBM于2009年提出，是

指通过智能软硬件、物联网、大数据等智慧化技术手段，实现物流各环节精细化、动态化、可视化管理，提高物流系统智能化分析决策和自动化操作执行能力，提升物流运作效率的现代化物流模式。

近年来，随着物流信息化不断提高，美国、日本、欧洲等发达国家和地区的现代物流朝着智慧化不断发展，并取得了很好的效果。

美国成为智慧物流发展的领先国家。美国经济高度发达，也是世界上最早发展物流产业的国家之一。依托其宽松有序的物流发展环境、良好的物流基础设施、较强的第三方物流企业、全球化的物流服务管理能力、先进的物流技术、职业素养良好的职工等，其物流管理成本占总成本的3.8%，物流总成本仅占GDP的不到10%。

日本智慧物流注重精细化发展。完善的现代技术装备是日本物流企业占据制高点的关键所在，在当今信息化时代，日本以现代物流技术为支撑，重视精细物流的发展，物流配送社会化程度高，物流信息系统发达。

欧洲在物流产业上具有明显特色，但相较美国和日本发展相对缓慢。科技进步尤其是IT技术的发展及相关的合作联盟，促进了欧洲物流业的快速发展，物流业潜在市场达1 910亿美元，特别是第三方物流市场迅猛发展，服务收入占物流总收入的24.42%。

以互联网、云计算、大数据等为代表的智慧技术已经在我国有了广泛的应用，并已经显现成效，目前我国智慧物流在物流信息平台建设、智能管理、智慧供应链以及智能配送等方面取得积极成效。但由于我国智慧物流起步相对较晚，面临物流企业智慧化程度低，物流信息标准体系不健全以及智慧物流专业人才缺乏等问题，物流产业在我国仍然是智慧技术应用的"洼地"。据中国物联网应用市场结构调查显示，物流智慧应用只占相关产业规模的3.4%。智慧技术在智慧物流领域的应用还有巨大的发展空间。具体来看，智慧物流在我国存在如下挑战和问题：

一是智能设备投入不足。物流大数据与物流云等智慧设施，都离不开分布在各个环节上的智能设备。目前虽有部分企业已经开始利用新技术构建智慧物流系统，但这些企业普遍规模不大且区域分布不平衡。与此同时，大部分企业因为资金限制难以引进智能化设备，或是引进的设备中大部分无法满足智慧物流的需求，所以管理出现混乱，资源配置得不到进一步优化，生产要素流动自由度较低，无法打造成系统联动的产业集群。

二是智慧物流标准不统一。智慧物流是建立在物流信息标准化的基础之上的，在目前发展阶段，信息的基础标准不统一、不健全，各类不同信息系统的接口制约了信息化发展，导致物流行业标准化体系不够完善，使得物流信息在传递过程中存在信息失真与不全的情况，降低了物流大数据的准确性，很大程度上影响了物流的运输效率。

三是专业智慧物流人才缺乏。智慧物流急需各类专业性的人才，人才短缺已制约我国物流业进一步发展。大部分物流企业缺乏既掌握计算机技术、网络技术和通信技术等相关知识又熟悉现代物流运作规律的复合型人才，导致物流行业的工作人员信息化水平不足，不仅大大影响了物流的周转效率，还阻碍了智慧物流的发展速度。

8.1.3　智慧物流发展趋势

尽管存在一些问题和挑战，但在政策、技术、市场等因素的驱动下，国内智慧物流行业发展迅猛。首先我国自2013年起成了全球最大的物流市场；其次国家密集出台了数十项促进智慧物流发展的政策；最后在技术层面，物流互联网逐步形成，物流大数据得到应用，物流云服务强化保障，协同共享助推模式创新，人工智能正在起步。

预计智慧物流将从以下几个方面得到升级。一是连接升级，物流人员、装备设施以及货物将全面接入互联网，呈现指数级增长趋势，形成全覆盖、广连接的物流互联网，"万物互联"助推智慧物流发展。二是数据升级，随着信息化系统建设、数据对接协同和手持终端的普及，物流数据将全面做到可采集、可录入、可传输及可分析，预计未来5~10年，物流数字化程度将显著提升。三是模式升级，预计未来5~10年，众包、众筹及共享等新的分工协作方式将得到广泛应用，重构企业业务流程和经营模式。四是设备升级，智能仓储是目前需求最大、有望最早全面应用智能设备的领域，已经成为智慧物流实现自身长久发展的关键技术。五是供应链升级，大数据驱动整个供应链由线性的、树状的供应链转型为网状供应链。以网络货运平台为典型呈现形式，平台链接整个供应链体系，智慧物流将凭借靠近用户的优势，带动互联网深入产业链各个环节的强化联动和深入融合。

技术是驱动智慧物流发展的核心和最重要因素，预计以下几个方面将是未来智慧物流发展的主要技术趋势。

首先是自动驾驶将走向商用，未来可期。一直以来我国的物流业作为劳动密集型行业，通过各环节层次不一的从业人员支撑从而保持低成本高速扩张，但在人口加速老龄化和物流信息化需求的双重影响下，物流行业必须要向少人化、自动化方向发展。自动驾驶是汽车工业与人工智能、物联网等高新技术高度融合的产物，是目前和未来全球交通运输领域发展的主要方向。

其次是智能新技术应用加快。人工智能是智慧物流行业的重要应用方向，通过人工智能对实际情况的分析计算，规划出最佳物流路径，减少物资的配送以及时间成本，改变传统人工操作的局限性，大大提升了物流行业的运行安全与效率。目前我国已要求载重货车安装北斗定位装置，通过传感器将物流信息实时汇入数据库，从而实现"物流在线化"，从而推动智慧物流＋人工智能服务的全面发展。

再次是物流行业的数字化程度将得到大幅提升。数字化是智慧物流发展的必然趋势，物流的数字化程度将得到提升，并打破传统的信息不对称甚至信息闭塞的局面，形成公开透明的物流信息，使得物流数据可以实时共享，提升物资周转效率以及突发状况的应急水平，强化智慧物流的基础，使智慧物流可持续发展。在数字化程度提升后，可以在以下方面实现突破：①通过订单管理系统同步信息流，实现线上一键下单、询价快速反馈，实现在线支付、对账、开票等工作；②运输管理系统可实现车辆管理、实时位置及历史轨迹查询、历史行为及信用查询、智能调度匹配和数据管理等功能；③车辆管理模块利用车辆信息大数据和全球定位技术，实现对车辆的静态、动态信息管理，完善信用评价体系，减少运力风险；④系统定价模块基于市场供需关系，综合考虑需求时间、费用、车辆类型和使用成本等因素，通过大数据分析等技术实现智能定价；⑤智能调度模块基于运营策略及用户画像的深度解读，实现精准车货匹配和个性化推荐，同时结合路径优化运输路线、返程资源匹配、智能调度和指挥，降低整体运输成本；⑥运输监控模块利用北斗定位、电子围栏、车载物联网等技术，基于大数据统筹分析，实现异常事件反馈和处置。

最后在"双碳"背景下，物流环保水平将得到提升。绿色环保是物流行业可持续发展的目标，物流环保在物流行业的发展中占据着重要地位，在未来5年的智慧物流发展中，快递的包装、仓储以及运输的绿色环保水平都会得到大幅度提升与推广应用。对社会闲置资源进行再利用，从而减少物流行业的能源耗费。

8.1.4　智慧物流产业链概况

智慧物流行业围绕物联网、人工智能、大数据、区块链等底层技术已经形成一套相对完整的产业链。基础设施、物流科技、物流企业、物流平台构成了整个智慧物流的产业链。其中，物流科技与物流企业在产业生态之中处于核心地位，其产业图谱如图8-4所示。

智慧物流产业链核心环节主要包括以下三个方面：

基础运作。智慧物流可以运用感知识别和定位追踪技术进行物品信息数据的获取，通过对物品档案、客户需求、商品库存等信息数据进行大数据挖掘和处理，实现物流智能化的运作能力。

物流平台。智慧物流云平台将运输、仓储、配送、货运代理、金融等业务模块的优势资源进行汇总，形成基础静态资源池；同时，利用现代互联网技术，优化物流资源配置及动态管理，为生产制造业、物流业、金融业、商贸业及政府机构等提供一体化的物流服务与供应链解决方案。

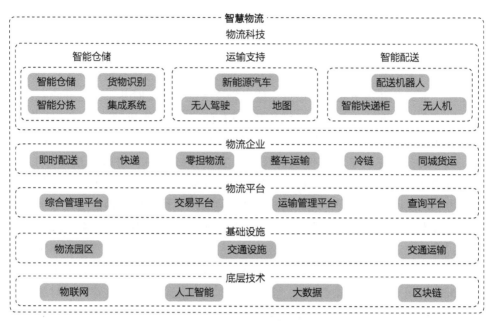

图8-4 智慧物流产业图谱

产业群落。智慧物流通过数据产品开发，将大数据运用到生产制造、物流、金融、商贸等多个产业群落里。在政府、协会等的扶持下，智慧物流通过物流资源整合，满足生产制造群的市场需求，保障金融机构群的投资融资顺利进行，促进商贸企业群交易流通高效运转，最终构建起多产业群协同发展的可持续生态圈。

智慧物流价值链将互联网技术、智能感应技术、物联网、大数据、区块链等技术相融合，从而形成更具有效率的新型物流业态。智慧物流价值链具有五个主体（客户、零散车主、物流车队、物流企业、供应链企业）与四大平台（供应链平台、物流管理平台、物流电商平台、客户服务平台）。

智慧物流通过互联网技术将整个价值链中的制造、采购、电子商务、配送、仓储等物流环节联系起来，以实现高服务和低成本。同时，智慧物流可以为供应商、生产商、消费者提供运输、仓储、包装、配送等全方位的信息服务，以降低运营风险。智慧物流产业链如图8-5所示。

智慧物流的新态势朝着共享经济、自动化、服务高效化和成本低廉化的方向发展。大数据、人工智能、区块链等新兴科技正重新定义信息与数据的传递方式，深刻影响物流业务链条的各环节。这些科技手段不仅助力物流行业降本增效，还影响业务的底层逻辑进而重构行业价值链。技术已不再作为行业的"副产品"存在，而是不断反向创造需求与价值，成为行业发展的新动能。

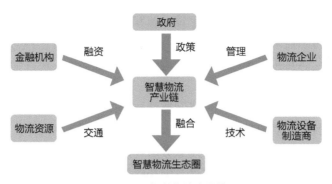

图8-5 智慧物流产业链

8.2 智慧物流技术

智慧物流系统架构包含四层,最下层是数据感知层,往上是数据传输层,再上面一层是数据存储层,最上层是应用服务层,如图8-6所示。

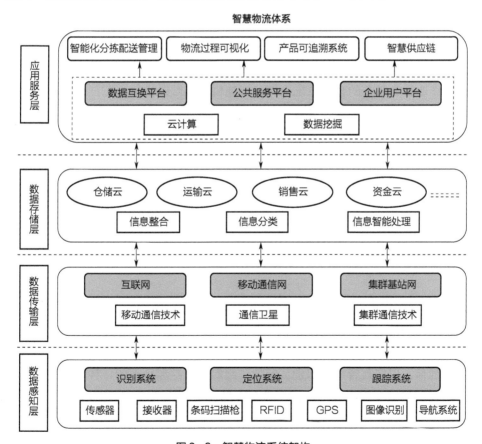

图8-6 智慧物流系统架构

数据感知层。包括识别系统、定位系统和跟踪系统。感知技术设备（RFID、条码扫描枪、传感器等），结合GPS/北斗、导航系统，实时、自动采集物流系统单元的信息，信息再按系统结构和运营逻辑进行处理，可实现对物和其他对象的实时信息掌握。

数据传输层。利用各种传输网络和通信技术，即时、安全地传输感知设备所收集的信息。传输介质包括互联网、移动通信网、集群基站网等。

数据存储层。数据存储层在应用服务层和数据传输层之间，对数据感知层获取的信息进行处理和管理。通过对信息的智能处理，可为各类对象（客户、管理人员、驾驶员等）提供信息服务，常称"仓储云、运输云、销售云、资金云"等。

应用服务层。包括数据互换平台、公共服务平台和企业用户平台。它可以直接为用户提供所需信息，为其决策提供数据支撑。同时它还为使用者提供定制化服务，降低应用成本，并能提高处理效率。最终实现商品溯源、运单跟踪、智能化分拣配送、预测与预警等功能。智能决策系统能够制定科学决策，为配送路线提出优化建议，为企业、运输部门和政府部门等提供决策参考。

智慧物流的高级形态是人工智能与智能设备的深度应用和深度整合。未来随着无人车、无人机、无人商店等技术集成的成熟化，现有物流运营模式将极大改进。以作业最为复杂的仓储系统为例，智能机器人可以代替人工，仓库内的移动路线更合理，分工协同运作更快捷，分拣速度更快，提高了仓储利用率。在末端的配送环节，无人车替代人力进行，解决最后一公里问题。

从智慧物流的系统架构我们可以看出，数据感知层的物联网技术、智能识别技术、GIS技术，数据传输层的移动通信技术，以及数据存储和应用服务层的云计算技术、大数据技术、区块链技术、人工智能技术是智慧物流的核心关键技术。5G和车联网技术的发展，以及与云计算、大数据、人工智能、区块链技术的融合、聚变，将极大推动物流从单一物流环节，全面向"仓运配一体化"智慧物流方向发展。

8.2.1　5G+IoT推动物流智能互联

物联网是指通过无线射频识别（RFID）装置、红外感应器、GPS/北斗、激光雷达等信息传感设备，按约定的协议，把任何物品与互联网相连接，进行信息交换和通信，以实现智能化识别、定位、跟踪、监控和管理的一种网络。

物联网具有三方面的特征：一是全面感知，利用RFID、传感器、二维码等随时随地获取和采集物体的信息；二是可靠传递，通过无线网络与互联网的融合，将物体的信息实时准确地传递给用户；三是智能处理，利用云计算、数据挖掘以及模糊识别等人工智能技术，对海量的数据和信息进行分析和处理，对物体实施智能化的控制。

物联网技术在物流运输、智能仓储、物流配送等环节都能得到应用，5G 技术的发展进一步强化了物联网在泛在连接、边缘智能方面的能力，推动了物流的智能互联。

智能仓储：利用 5G 的大连接特性，基于物联网实现仓储机器人、装备设施、货物联网，推动智能仓储。

智能园区：利用 5G 的高速率、低时延特性，基于物联网提升物流的生产效率和人员、车辆、运维等管理能力。

智能配送：利用 5G 的低时延、高带宽特性，基于物联网保障无人车、无人机安全行驶和飞行，实现智能配送。

智能安防：利用 5G 的高带宽特性，基于物联网高清视频监控，提供多重安全保障。

智能运输：利用 5G 车联网技术，实现远程驾驶、自动驾驶、编队行驶等功能，提高运输效率。

8.2.2 5G + 分布式云计算实现仓运配一体

云计算是与信息技术、软件、互联网相关的一种服务，通过将许多计算资源集合起来，形成计算共享的资源池，共享的资源池叫作"云"，提供的计算服务即"云服务"。云计算技术通过软件实现自动化管理，只需要很少的人参与，就能让资源被快速提供，极大地改变了计算资源的提供方式，使得计算能力像水、电、煤气一样，可以方便获得，灵活使用，且价格相对低廉，降低了应用门槛。

5G 在架构上与云计算天然融合，既能够成为末端设备连接中心云的通道，同时也提供灵活部署的多接入边缘计算，将云和网融合起来，适配物流应用云化、运输配送数字化的需求和发展方向。

仓储上云：仓储系统部署在中心云上，包括仓储管理、生产优化、配送管理、智能排产、仓配协同、能源管理、设备管理、路网协同等应用，以及订单监控、货物分析、智能巡仓、智能仓管等监控功能。仓储上云可以实现管理的集中化、配送的协同化。

智能仓储：利用 5G + MEC 实现仓储的智能化。通过 5G + MEC 与仓储机器人的融合，如举升式 AGV/AMR、箱式仓储机器人、穿梭车、叉车/地牛等搬运机器人，进行整托/料车/料箱的搬运，实现货架到人、货箱到人、发货分拣等。其中 5G 提供高带宽、低时延、广连接的通道能力，MEC 提供本地部署的计算能力，减少仓储的部署成本，降低创新门槛。

智能配送：通过5G提供对运输、配送环节的智能管理。订单按需从部署在中心云上的仓储系统下达到最适合的仓储，通过智能仓储实现智能分拣、搬运和包装。再通过网联的运输车辆和配送无人机、机器人、配送员等，实现全过程的实时监测。

8.2.3　5G+人工智能助力物流行业降本增效

物流业的核心痛点决定了该行业最迫切的需求，即"降本增效"，物流企业的自动化、信息化转型升级都是为实现降本增效的目的而做出的努力。而人工智能技术能够进一步推动物流业向"智慧物流"发展，更大限度地降低人工成本、提高经营效率。同时对于人工智能行业而言，随着技术的不断迭代，人工智能不再是高悬于天上的空中楼阁，"商业落地"已成为人工智能企业发展到当前阶段鲜明的主题词。从落地难度及发展前景来看，业务流程清晰、应用场景独立、市场空间巨大的物流业无疑是人工智能落地的绝佳选择。

而5G和人工智能技术能够很好地实现融合。首先是5G提供了高带宽数据、广覆盖连接、高可靠低时延的控制能力，一站式满足了物流智能应用在数据量、连接数、智能控制等领域的需求，同时5G与异构增强的分布式云计算融合，可以满足人工智能在计算能力、算法部署方面的需求，推进深度学习、计算机视觉、自动驾驶、自然语言理解等人工智能关键技术在物流领域的应用创新。

5G和人工智能的结合呈现出更灵敏、更精准、更智能的特性，在智能运输、智能仓储、智能配送、智能客服等物流环节均有应用，自动驾驶、智能机器人、智能识别、数字孪生、决策辅助等智能物流应用创新活动异常活跃，具有广阔的市场空间。

8.2.4　5G+区块链技术支持数字化供应链

5G技术商用，将给物流行业带来规模化的物联网应用，而物联网则成为区块链与物理世界映射的连接器。供应链相关参与方验证业务规则，实时在供应链中的每个点生成不可变、透明、可信赖的产品记录。上链数据可以借助物联网技术和传感器设备采集，例如温度、湿度、坐标等，通过区块链技术加密分布上链，并通过智能合约提供危险因素自动报警功能。这些物联网提供的数据也可被海关、口岸办、检验检疫局等监管机构利用，进行实时监控、电子签章、港口作业调度、事故原因追溯、运输责任认定等。数字化供应链如图8-7所示。

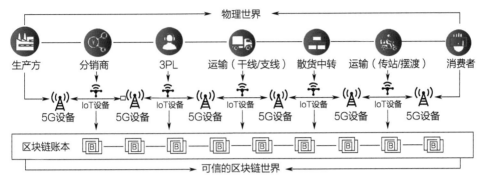

图 8-7　数字化供应链

8.2.5　5G+自动驾驶技术提高物流效率

基于自动驾驶的物流运输具有广阔的市场。5G能够有效提升自动驾驶的能力。首先5G V2X在网络架构、通信协议、SLA保障等方面均进行了专门设计，以满足车联网的通信和部署要求。其次，5G为高精度地图、高精度定位提供了基础能力。最后，5G和计算云的融合为车联网的部署提供了连接和计算基础设施。

　智慧物流运输

干线物流指在公路运输网中起骨干作用的线路运输，运输距离长（跨省运输500km以上，省际运输200～500km），运输线路多为高速公路，运输车型是以重型载货车和牵引车为主的重型货车。我国目前有500万辆大型货车用于500km半径的干线运输；有1 000万辆货车用于50km半径区域运输；有3 000万辆微型车、两轮车和三轮车在5km半径的物流领域为电商物流和外卖市场服务。

8.3.1　公路货运物流行业面临的挑战

（1）货车驾驶员短缺，就业满意度低　目前物流行业的公路运输面临严重的货车驾驶员短缺情况，仅我国缺口就达到1 000万。工作强度大、安全风险高、社会地位与福利难以得到保障等因素造成货车驾驶员就业满意度低。这种情况在个体货车驾驶员身上更为明显。据统计，我国的个体货车驾驶员占比为70%以上，超过6成的驾驶员没有相应的保险。

70%以上的货车驾驶员每天的工作时间在10小时以上，40%的货车驾驶员每天的工作时间在12小时以上。另外，货运驾驶员可能遇到各种各样的罚款，以及丢油、丢轮胎、丢货，可能构成约薪酬10%以上的固定成本支出。

同时，货车驾驶员招聘难，并趋"老年化"，2020年我国53.40%的货车驾驶员年龄在40岁以上，群体老龄化现象明显。

（2）公路货运市场高度分散，引发无序竞争多 尽管我国公路货运市场具备万亿级规模，但60%的运力掌握在小型车队与个体散户手中。物流企业在高度分散的市场中只能以低价的无序竞争方式争取更多订单，议价能力降低。并且，物流企业通常只能通过超量运输、长时间运输等方式降低运输成本以达到低价竞争的目的。物流企业还普遍存在驾驶员难招难管的问题，人员管理与培训的成本与压力增大。

（3）公路货运安全事故频发，造成巨大损失 2019年我国公路货运百万公里事故数为3.7起，而美国该指标为1.3起，我国高出近三倍。在我国约700万辆城际中重型货车中，平均每年发生5.07万次交通事故，几乎每年每1000辆车就会出现一起死亡事故。公路货运企业平均每年的事故保险赔付额约为3万元/车，单次事故还将带来平均3万~4万元的停工损失。事故风险同样会对行业上下游的经济效益造成影响，尤其是保险公司。

在我国，大宗行业的货运风险最高，快递快运次之，危化品运输相对最安全。造成货运风险：大宗行业 > 快递快运 > 危化行业格局的因素多样，例如危化品运输本身的时效性要求低，疲劳驾驶极少发生，多为短途固定路线且安全风险低。大宗行业虽然也多为短途固定线路，但因为受成本及路线制约，大多数选择非高速，路口风险极高，且大宗运输行业疲劳驾驶现象极为严重[5]。

公路货运交通事故的直接原因主要包括驾驶员因素、装备因素、环境因素、突发因素等。

其中，驾驶员因素主要包括激进驾驶、疲劳驾驶、危险驾驶、注意力分散等。激进驾驶包括超速、过快转弯、超车剐蹭、未保持安全距离等；疲劳驾驶包括长时间驾驶未得到充分休息、身体状况欠佳等；危险驾驶包括打电话、看手机、抽烟等；注意力分散包括逆行、溜车等。

装备因素以视觉盲区为主。视觉盲区是指驾驶员位于正常驾驶位置，其视线被车体遮挡不能直接观察到的部分区域。与轿车相比，重型货车由于高车身与长挂车，在行驶过程中，尤其是右转弯过程存在更大的视觉盲区。

环境因素包括天气、路况等。

突发因素包括自然灾害、被动事故等。

（4）物流企业降本增效需求强烈 在美国，公路货运的两大主要成本占比分别是驾驶员薪酬占将近39%，燃油以及保养占53%。而在我国，公路货运的主要成本占比分别是通行费占24.09%，燃油成本占22.36%，驾驶员薪酬占21.05%。人力成本与燃油成本的攀升进一步挤占物流企业微薄的利润空间，企业降本增效需求强烈。

8.3.2　干线物流自动驾驶的价值

自动驾驶技术商业化落地，物流领域成为非常好的切入点。干线物流的总体运力最大，场景较为集中。同时干线整车物流运输是一个比较标准化的产品，技术复用度高，能够产生的规模经济效应很强。

（1）成本方面　近年来运输成本占物流总成本比例均超50%，而运输成本中的人力费用和燃油费用占比较大，存在压缩空间。一方面，自动驾驶技术通过变"三驾"为"两驾""一驾"，最终实现全无人，可以有效降低驾驶员成本。另一方面，通过优化行驶速度及加减速策略，提高燃料的使用效率，每年减少10%~15%的燃料费用，约为3万~5万/年/车。若采用编队行驶技术，多辆货车跟车距离缩短，减少风阻，进一步减少约10%燃料消耗。

（2）效率方面　自动驾驶可以提高车辆持续行驶时间，同时以较高速和较短间距行驶。L4级及以上自动驾驶重型货车，理论上可实现24小时运营，意味着更短的交付周期、更多的运输量。另外，可由车队管理平台统一调度管理，对驾驶任务、行驶线路优化，全面提升公路货运的运输效率与运营管理效率。预计自动驾驶通过增加运行时长、提高效率，为物流企业带来约1倍的收入增长。

（3）安全方面　一方面，自动驾驶可有效避免激进驾驶、疲劳驾驶、危险驾驶、注意力分散等驾驶员因素造成的安全事故，且360°无死角感知与超长视距，可减少视觉盲区造成的安全事故，具备比人类驾驶员更快的反应速度，能够打造更安全的公路货运。另一方面，通过车联网技术，自动驾驶重型货车可提前预知道路前方潜在的各种危险，提前避免交通事故的发生。

（4）环保方面　自动驾驶技术应用可优化驾驶策略，节省油耗，进而减少公路货运的污染物排放量，打造绿色物流[6]。

8.3.3　干线物流自动驾驶面临的挑战

（1）技术方面　重型货车车身较高，车辆视觉盲区大，需要重点覆盖的感知范围更大；重型货车较长的车身导致所需变道时间较长，对感知距离与预判时间要求更高；重型货车车头与车挂之间的柔性连接也让自动驾驶车身姿态控制难度增大；重型货车载重波动在14~49t之间，巨大波动对车身高度、重心有较大影响，对自动驾驶车身控制要求较高；重型货车在行驶过程中，车身悬架抖动明显，传感器在线标定比较困难；重型货车速度高、载重大，在雨天路滑的情况下，安全制动距离需要大约500m，所需的感知距离更长，要求的反应速度更快且控制更加精准。

（2）供应链方面　本土商用车主机厂与供应商在线控底盘技术与产品积累方面较为薄弱，自主供应能力弱。另外，线控系统需要做多重冗余，才能保证自动驾驶车辆安全行驶，而目前线控底盘的冗余技术还不成熟。除此之外，国内物流公司名下的重型货车大部分是非线控的，不能应用自动驾驶技术，只能通过改装形式，去做存量替换，但受国内车规的限制，后装无法满足车规要求，一旦要替换全部的车辆，购车需要有买单方。

（3）政策法规方面　国内高速公路已开展自动驾驶专用道建设，例如杭绍甬智慧高速（预计2023年通车）、北京延崇高速北京段（已通车）、湖南长益高速公路（已通车）、山东京台高速泰安至枣庄段及济青中线（规划）、京台高速（已通车）等。但国内尚无高速公路应用场景的自动驾驶相关具体管理细则及测试评价标准，来指导相关企业高速公路自动驾驶功能的研发。

8.3.4　干线物流自动驾驶的商业模式

自动驾驶干线物流的参与方主要包括自动驾驶科技公司、整车厂、物流平台公司。

干线物流自动驾驶科技公司通常会面向L4级自动驾驶搭建技术架构和底层硬件配置，当然也会有公司选择切入L3级自动驾驶赛道。L4级自动驾驶重型货车商业化进程可分为原型、工程验证、设计验证、生产验证和量产五个阶段。自动驾驶科技公司还需要和关键零部件供应商，即包括自动驾驶传感器、算力平台，也包括商用车线控底盘等供应商，进行深度合作。

对于自动驾驶科技公司而言，车与货是自动驾驶干线物流产业的关键生态资源。一方面，自动驾驶重型货车量产需要完善的生产线及供应链，需要大量资金与人员投入，这对于自动驾驶科技公司而言无疑是沉重负担；另一方面，商业化应用的前提是具备付费能力的真实货源，而在我国高度分散的物流行业背景下，车货匹配平台以及头部物流平台公司正是货源的重要集中地。

按照中国汽车工业协会分类标准，载货汽车按照总质量划分重、中、轻、微四大类，其中总质量大于14t的称为重型货车（重卡）。重型货车大致可以划分为三个细分市场，即完整车辆（整车）、非完整车辆（底盘）和半挂牵引车，其中整车销量占据半壁江山。

我国重型货车整车厂市场集中度高，一汽解放、东风集团、中国重汽、陕汽集团、福田集团稳居前五，前五家企业市场占有率长期在75%以上。2021年全年重型货车销量139.1万辆，同比2020年全年重型货车销量162.3万辆，销量大幅下降16.7%。其中一汽集团销售重型货车34.38万辆，市场份额24.7%；中国重汽销量28.53万辆，市场份额20.5%；东风汽车销量26.46万辆，市场份额19%；陕汽集团销量19.17万辆，市场份额13.8%；北汽福田销量10.57万辆，市场份额7.6%。

物流平台公司有阿里菜鸟、京东、满帮、G7、狮桥、顺丰、苏宁、安能、福佑卡车、德邦等，掌握着车队与货源等关键生态资源。

干线物流自动驾驶具有多种商业模式，其中一种是自动驾驶科技公司、整车厂、物流平台公司三方合作，由整车厂向物流平台公司售卖自动驾驶重型货车，自动驾驶科技公司提供自动驾驶技术服务。物流平台公司直接采购自动驾驶重型货车，再依托自动驾驶科技公司提供的技术支持，向客户提供物流服务，收取服务费，如图8-8所示。

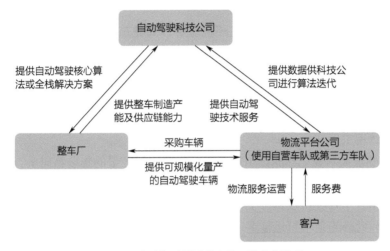

图8-8 自动驾驶重型货车的一种商业模式

8.4 智慧物流港口

港口作为交通运输的枢纽，在促进国际贸易和地区发展中起着举足轻重的作用，全球贸易中约90%由海运业承载，作业效率对于港口至关重要。2021年我国主要港口完成货物吞吐量155.5亿t，完成集装箱吞吐量2.8亿标准箱（Twenty-feet Equivalent Unit，TEU）。

集装箱码头采用闸口——场桥——集装箱货车——岸桥的系统，配合码头作业的装卸船、场堆吊装和水平搬运设备进行货物运输，如图8-9所示。集装箱在港口的装卸过程通常会涉及三个作业环节[10]。

外集装箱货车（水平运输） 闸口（水平运输） 外集装箱货车（水平运输） 场桥（垂直运输） 内集装箱货车/跨运车/AGV（水平运输） 岸桥（垂直运输）

图8-9 集装箱在港口的流转过程

1）货物通过岸桥设备，在码头面进行装卸船作业。

2）货物通过水平运输设备，在码头面和堆场之间运输。

3）货物通过场桥设备，在堆场进行装卸箱作业。

集装箱水平运输指的就是作业环节2），使货物按照指定的路径，完成码头面和堆场之间的运送。

8.4.1 港口集装箱水平运输面临的挑战

（1）人员招聘难　港口的天气环境恶劣，驾驶员需要24小时倒班运输，工作强度高，环境艰苦，对年轻人吸引力差。51.5%的驾驶员年龄在35岁以上，驾驶员新生力量不足。

港口运输集装箱货车驾驶员须持A2级驾驶证，考取A2级驾驶证至少需6年驾驶经验（3年C1及3年B1/B2）。货车驾驶员中仅有48.5%的驾驶员持A2驾驶证，导致用工短缺。

（2）管理成本高　在我国100万以上集装箱吞吐量的集装箱码头，共配置了6 000~8 000辆内集装箱货车，拥有约1.5万~2万名内集装箱货车驾驶员。目前内集装箱货车驾驶员成本（含工资和社保）平均约15万~20万元/年，并且逐年上涨。此外当前港口运输多采用柴油集装箱货车，能耗大，人力及能耗成本占港口总成本65%以上。

8.4.2 港口自动化解决方案

（1）AGV方案　自动导引运输车（Automatic Guided Vehicle，AGV）在港口的应用普遍使用磁钉导航技术，需要在码头建设中预先铺设非常多的磁钉。但磁钉导航技术对于金属比较敏感，一旦磁钉附近有太多金属，AGV导航会受到很大的干扰，要求整个码头的土建中不能使用常规的钢筋浇筑混凝土结构。

（2）自动驾驶跨运车方案　自动驾驶跨运车（Autonomous Straddle Carrier，ASC）单车成本较高，融合水平、垂直运输于一体，适合5层堆垛以内的堆场应用，在欧洲、美洲、大洋洲应用较多。我国集装箱码头普遍堆场密集，为保证空间利用效率会堆放多层集装箱。在我国的集装箱堆场，普遍采用轮胎式和轨道式集装箱门式起重机方案。

（3）自动驾驶集装箱货车方案　自动驾驶集装箱货车与其他港口自动驾驶解决方案相比，成本较低，仅限于水平运输应用，适合全部类型的堆场应用，亚洲港口应用较多。

综合考虑下，自动驾驶集装箱货车对场地改造要求低，单车成本较低且使用灵活便利，是新旧港口水平运输自动化改造的最优解决方案[11]。

8.4.3 自动驾驶技术在港口落地面临的挑战

（1）作业环境特殊 自动驾驶集装箱货车需要在大雨、大雾、台风等极端天气下持续作业，对自动驾驶感知与决策要求高，同时高盐潮湿的作业环境也会加快硬件器械的损耗，增加替换成本。

（2）作业精度要求高 港口金属集装箱、大型基建设备都会干扰自动驾驶集装箱货车的定位信号，扩大基于 GPS 的 RTK 高精度定位误差。自动驾驶集装箱货车配合中大型机械交互作业时，融入码头生产业务流程，需要实现厘米级的对位作业精度要求，比如与吊桥交互作业时，停靠距离误差不超过 5cm。

（3）场景标准化程度低 港口虽然是半封闭的低速限制环境，但集装箱装卸灵活，集装箱堆放形态、道路轨迹面临经常性变更，环境高度动态变化。比如当堆场面积不够或者临时集装箱数量增多时，港区内道路可能会用于临时堆放集装箱。

8.4.4 港口自动驾驶集装箱货车的商业模式

港口自动驾驶集装箱货车具有多种商业模式，其中一种是自动驾驶科技公司和主机厂/机械设备商向港口企业提供可规模化量产的前装自动驾驶集装箱货车，或者进行后装融合改造。另外，港口自动驾驶整体解决方案除了自动驾驶集装箱货车外，还需要和码头操作系统（Terminal Operating System，TOS）融合，因此自动驾驶科技公司还会向港口企业提供各种技术服务，如图 8-10 所示。

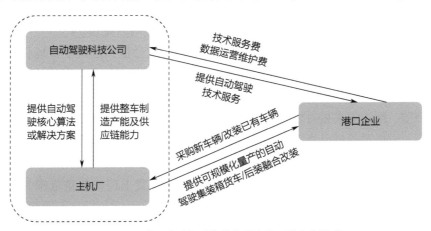

图8-10 港口自动驾驶集装箱货车的一种商业模式

8.5 智慧物流配送

末端物流配送，即物流配送"最后一公里"，是指送达给消费者的物流，以满足配送环节的终端（客户）为直接目的的物流活动需要。在物流整个运作流程中，末端物流配送大体指包裹从物流服务商最后一个配送网点直至消费者手中的这个阶段。

典型的末端物流场景包括快递场景、商超零售场景、外卖场景、移动零售场景等。各种场景特点见表8-1[7]。

表8-1　末端物流场景特点

应用场景	服务内容	配送模式	时效性	覆盖半径/km
快递场景	一般包裹配送	B2C 模式（物流点–个人）	2～3 天	2～5
商超零售场景	生活用品、生鲜、蔬菜水果等配送	B2C 模式（商超–个人）	1h	5
外卖场景	外卖类即时配送	C2C 模式（小商家–个人）	30～45min	3
移动零售场景	移动销售食品、饮料、纪念品等	特定范围内灵活配送	无时效性要求	5

（1）快递场景　快递场景以电商为主，我国电商的市场份额高度集中。截至 2020 年 6 月 30 日，阿里年活跃用户数为 8.28 亿，京东年活跃用户数为 5.319 亿，拼多多年活跃用户数为 8.499 亿。

快递场景是 B2C 模式，实现包裹从物流配送站点到社区/家的便利服务。快递配送一般要求 2～3 天内送达，覆盖范围为物流配送站点附近 2～5km。包裹在物流配送站点首先进行分拣，按片区分配，再进行分时段配送。

（2）商超零售场景　商超零售业的特点是高度分散，且线下市场仍旧是主力。但近年来，传统零售企业积极拓展线上化，为了更好地发展私域流量并控制成本，头部零售企业也在建立自己的线上购物 APP、微店、小程序等。由于市场相对分散、配送需求相对较少，商超零售企业一般难以自建配送体系，通常选择外包第三方或是通过电商平台进行人工配送，并支付较高佣金费用。

商超零售场景是 B2C 模式，消费者通过线上方式购买生活用品、生鲜、蔬菜水果等日常所需品。商超配送一般要求 1h 内送货上门，覆盖范围为门店附近 5km。

（3）外卖场景　在我国的外卖市场，美团和饿了么两家长期占据 95% 左右的份额。外卖场景是所有末端配送中对时效性要求最高的，通常要求 30～45min 送达，覆盖范围 3km 以内，而且外卖餐食对储存环境、平稳性、温度等都有比快递、商超零售更高的要求。

外卖场景是 C2C 模式，在取货和交付端，外卖场景是从 N 点到 N 点，即从 N 个不同商家取货，交付到 N 个不同消费者，面临着非常复杂的交互需求和行驶路径。

（4）移动零售场景　传统线下零售和外卖均为"人找货"模式，移动零售模式实现了"货找人"。用户通过扫码、招手、呼叫、触摸显示屏等多种方式叫停移动零售车，通过扫码支付餐食、饮料、纪念品等各类商品。移动零售不仅节约了用户等待外卖和取货的时间，而且还可以节约寻找便利店的时间。对于商家来说，在需求最大化的时间段将商品呈现在顾客面前，可以大幅度提升成交量。商家营业范围从门店周围 1~2km 扩展至 5km。

8.5.1　物流配送面临的挑战

（1）末端物流配送呈现"多、小、散、乱"特征　配送物品种类众多，包括快递、餐饮、生鲜、药品等，且在不断增加，不同物品意味着具体配送要求不同，极大提高配送难度。

配送场景复杂，包括城市社区、商业区、办公区、公寓住宅楼、酒店、高校、超市、便利店、餐厅等，不同场景面临着不同的规定和限制，增加了交货难度及送货成本，其中住宅区场景需求最多，其他场景需求相对分散。

配送服务时间分布分散，从凌晨到深夜均有需求。

配送路线复杂，目前主要依赖配送员人力作业，系统会进行路径规划，但实际情况可能存在差异，配送员也有较大机动性，且存在各种突发情况，影响配送效率提升。

（2）末端物流配送成本高、监管难　配送成本高，配送对象广泛，且收件时间不一，存在多次配送问题，导致配送效率低、成本高，末端物流配送成本是前端运输及仓储成本的 2~3 倍。另外，快递员人工成本占整个配送作业成本的 30% 以上，末端物流配送人力成本居高不下。

配送工具游走在灰色地带，存在上路难问题，带来安全隐患。电动两轮车、三轮车是成本较低、效率较高的配送工具，但各地对电动车的管理办法并不一致，尤其近几年，多个地方"禁摩限电"政策，成为困扰配送"最后一公里"难题。电动两轮车和三轮车逆行、闯红灯、占用机动车道等造成的交通事故逐年增加。

（3）末端物流配送面临劳动力短缺　快递员不足情况明显。2021 年 4 月人社部发布的《2021 年第一季度全国招聘大于求职"最缺工"的 100 个最短缺职业排行》中，快递员位列第八名。

配送人员工作强度大、社会地位不高，造成流动性大、雇佣难。我国快递员每天工作 8~10h 的占 46.85%，工作强度大。快递员一年内离职率高达 40%，流动性较强[8]。

8.5.2 物流配送自动驾驶的价值

中国汽车工业协会等联合发布的《汽车工业蓝皮书：中国商用汽车产业发展报告（2022）》显示，末端物流自动驾驶将在未来快速发展，到2025年，中国末端物流自动驾驶小车将达到6万辆。末端物流自动驾驶具有如下价值：

（1）节省物流成本，提高配送效率 现阶段自动驾驶末端物流配送车成本还偏高，但随着供应链和解决方案逐步成熟、规模化应用，其成本将快速下降，效率将逐步赶上并超过传统人工配送，这将为物流行业节省大量成本。

与此同时，在自动驾驶末端物流配送车使用过程中，除了充电、维修保养、保险外，较少涉及其他费用，而且各项费用都会随行业发展逐步下降。

无人配送网络可以实现消费者与自动驾驶末端物流配送车的联网功能，可提供定制化服务，减少重复配送，提高配送效率。

（2）减少配送安全事故，提升末端物流配送管理规范性 自动驾驶末端物流配送车可以较大程度缓解快递、外卖行业工作压力。车辆为无人驾驶，将有助于提升人员安全水平，并且能提前动态规划行驶路径，避开交通拥堵，还能避免各类逆行、闯红灯、占用机动车道等交通违法行为。

另外，自动驾驶末端物流配送车作为运力补充，在管理法规、相关标准、产品逐渐成熟后，将有助于末端物流配送管理规范性和城市整体管理水平提升。

（3）补充劳动力短缺 我国适龄劳动力人口在不断减少。国家统计局数据显示，我国劳动年龄人口（16～59岁）在2013年开始逐年下降，7年内减少2 300万。然而，末端物流配送的用户需求却在逐年上涨。自动驾驶末端物流配送车有望成为"最后一公里"难题的有效解决方案，可以减少对配送人员的需求，解决快递员流动性大、雇佣难问题，对运力进行有效补充，提高总体作业效率。

8.5.3 物流配送自动驾驶面临的挑战

快递场景、商超零售场景、外卖场景、移动零售场景等末端物流场景实现自动驾驶的难易程度有所不同。一般来说，难度从高到低，外卖场景＞商超零售场景＞快递场景＞移动零售场景。末端物流场景自动驾驶难易程度见表8-2[9]。

表8-2 末端物流场景自动驾驶难易程度

外卖场景	商超零售场景	快递场景	移动零售场景
即时性要求最高，通常以分钟为单位	除生鲜外，即时性要求较低，通常以小时为单位	即时性要求不高，通常以天为单位	无时效性要求

（续）

外卖场景	商超零售场景	快递场景	移动零售场景
C2C 模式，商家众多，不仅送餐复杂，取餐也复杂	B2C 模式，服务单个或固定商家，行驶路线相对固定	B2C 模式，行驶路线基本固定	行驶路线可提前固定
区域多在繁华地带，路况差异大	区域多在繁华地带，路况差异大	配送区域相对集中	区域可集中
储存环境要求高，注重品质感	商超有专门拣货人员，可负责装车	配送站有专门人员负责装车	有专门拣货人员，可负责装车

　　自动驾驶末端物流配送车的类别归属尚未明确。目前未明确其属于"机动车"，还是"非机动车"，若定义其为机动车，则需要进行场地测试、公开道路测试方能上路，同时接受严格的产品标准、市场准入、牌照等管理；若被定义为"非机动车"，则在最高速度、空车质量、外形尺寸等方面须符合国家标准。

　　另外，自动驾驶末端物流配送车在道路事故中的法律责任主体不清晰。自动驾驶末端物流配送车上路发生交通事故时，如何判定责任，由谁来承担相关刑事、民事与行政处罚等问题尚待确认。

　　美国将自动驾驶末端物流配送车按照体积大小分为两类管理：一类是个人配送设备（Personal Delivery Device，PDD），另一类是低速车。

　　个人配送设备主要用于食品、外卖、小包裹配送，通常只有一个货仓，行走在人行道上，最高速度为 10mile/h。此类产品多以机器人技术切入市场，具有体积较小、载重较轻、速度较慢等特点。通常不要求个人配送设备运行时有操作员跟随，但必须要有人远程监控，以便在出现问题时接管。在人行道上行驶的个人配送设备可借鉴行人的所有权利和义务，但必须以不干扰行人或交通为前提，并且必须让道行人。

　　体积与载重较大、车速较快的自动驾驶末端物流配送车归属于低速车辆进行管理。归属机动车的自动驾驶末端物流配送车需要按照相关法规申请测试牌照。由于自动驾驶末端物流配送车没有驾驶舱，部分会安排操作员跟随车辆。

　　线控底盘是无人配送车的重要部件，无人配送车由线控底盘搭载不同功能、形态的上装组成。无人配送车线控底盘与乘用车底盘差异较大，不能简单视为乘用车的降维或者机器人的升维产品。在产品开发和设计逻辑上，乘用车设计以人的驾乘体验和车内安全为核心，而无人配送车是一个生产工具，是以功能性、稳定性、出勤率为核心，也不用过多考虑车内安全。近年线控底盘成本下降不明显，主要因为无人配送车还处于小批量供应阶段，高昂的开发费用和专有模具、检具等制造费用无法按量摊销。

8.5.4 物流配送自动驾驶的商业模式

自动驾驶末端物流主要的商业模式如下：

第一种，轻资产模式。不直接拥有自动驾驶末端物流车，而是提供硬件产品、整车、整车租赁，或软硬件解决方案给自己下游相关方，收取产品服务费和技术支持费。例如，自动驾驶末端物流车上游的线控底盘制造商提供硬件产品给中游的解决方案提供商；中游解决方案提供商售卖整车或者租赁整车给下游配送服务商。

第二种，重资产模式。拥有自动驾驶末端物流车，直接提供自动驾驶运营服务。在运营过程中，与下游配送服务商进行合作，以收取运营服务费、广告服务费等，目前生鲜、零售即时场景配送单价为6~9元，快递配送单价约1~3元。

参考文献

[1] 何黎明. 围绕"十四五"规划 谋定高质量发展 开启现代物流体系建设新征程—2021年我国物流业发展回顾与展望 [Z]. 2022.

[2] 钱钧. 浅谈智慧物流发展现状及未来趋势 [J]. 现代企业, 2021 (4): 46 – 47.

[3] 魏际刚. 中国物流业发展的现状、问题与趋势 [J]. 中国经济报告, 2019 (1): 55 – 61.

[4] 智慧物流产业现状与前景 [EB/OL]. (2021 – 12 – 20) [2022 – 08 – 24]. https://zhuanlan.zhihu.com/p/447620361.

[5] 中国公路货运安全白皮书2021 [R]. 上海: G7, 科尔尼咨询, 2021.

[6] 2021中国自动驾驶干线物流商业化应用研究报告 [R]. 北京: 亿欧智库, 2021.

[7] 无人配送"车"的身份与上路安全 [R]. 北京: 中国电动汽车百人会, 2021, 7.

[8] 自动驾驶赋能末端配送 [R]. 上海: 辰韬资本. 2021, 6.

[9] 2021中国自动驾驶末端配送产业商业化应用研究报告 [R]. 北京: 亿欧智库. 2021.

[10] 自动驾驶赋能智慧港口 [R]. 上海: 辰韬资本. 2020, 10.

[11] 中国高等级自动驾驶港口应用 [R]. 北京: 亿欧智库. 2020, 10.